La sombra de Lucifer

DAVID HEWSON

La sombra de Lucifer

TRADUCCIÓN DE ANA ROBLEDA

nausícaä

MURCIA

1.ª edición Nausícaä octubre de 2006
Azarbe del Papel, 16 · 30007 Murcia
www.nausicaa.es
www.nausicaaedicion.com

Título original: *Lucifer's shadow*

ISBN 13: 978-84-96633-07-0
ISBN 10: 84-96633-07-1
DEPÓSITO LEGAL: CO-1148-2006

Impreso en España - Printed in Spain

Impreso y encuadernado por Taller de Libros, S.L.

Visite la página del libro en:
http://www.nausicaa.es/lucifer.html

Para Helen, Catherine y Thomas,
cuya música me trajo aquí

MESTRE

Aeropuerto Marco Polo

TORCELLO

Mazzorbo   Burano

S. Francesco

S. ERASMO

MURANO

Vignole

S. Michele

Certosa

VENECIA

LIDO

S. Clemente

Sacca
Sessola

Mar Adriático

La Laguna

N

Alberoni

Venecia

Isla de S. Pedro

CASTELLO

Dársena Grande

Canal de S. Marcos

Canale delle Navi

● **S. BIAGIO**

S. MICHELE

Fondamenta Nuove

● **LA PIETÀ**

S. GIORGIO MAGGIORE

Canale della Grazia

PZA. S. MARCOS ●

Pta. de Dogana

P. Rialto

S. MARCOS

LA SALUTE ●

CANNAREGIO

CA' SCACCHI ●

Gran Canal

CA' DARIO ●

S. STAE ●

S. POLO

P. Academia

GUETO ●

Gran Canal

● **S. POLO**

Canal de la Giudecca

● **S. ROCCO**

DORSODURO

S. CROCE

Estación de S. Lucía

GIUDECCA

PLE. ROMA ●

● **S. NICOLÒ D. MENDICOLI**

N

0   100   200   300

San Michele

No había olvidado ponerse de negro. Tenía un traje de ese color, barato pero ligero que se había comprado en Standa, y llevaba zapatos negros y unas Ray-Ban Predator que le había robado a un japonés en el autobús de la Piazzale Roma.

Rizzo encendió un cigarrillo mientras esperaba junto a la verja de San Michele. Era el primer domingo de julio, y la presencia inminente del verano se dejaba sentir en el griterío de las golondrinas que sobrevolaban la laguna y en el bochorno húmedo que ascendía del agua. La brisa arqueaba los cipreses que salpicaban el cementerio como gigantescos y verdes signos de admiración. A su derecha y discretamente escondidas en una hornacina, había una ordenada pila de ataúdes de madera vacíos, y en ella creyó ver moverse algo a la luz de un rayo de sol. Una pequeña lagartija con dos hileras paralelas de motas recorriéndole el lomo se detuvo un instante en círculo de luz dorada y volvió a desaparecer en una grieta de la pared.

"Menudo trabajo", pensó Rizzo. "Que le paguen a uno por asegurarse de que un cadáver esté donde debe estar".

El supervisor del cementerio salió de su despacho y miró significativamente el cigarrillo de Rizzo hasta que éste lo tiró y lo aplastó con el pie. El tipo era bajito y gordo, y llevaba una camisa de algodón blanco empapada de sudor. Debía rondar los cuarenta, tenía una pelambrera grasienta y densa y su bigote era como un manojo de hierba o un peine que hubieran partido por la mitad y le hubieran pegado sobre su boca carnosa.

—¿Trae los papeles?

Rizzo asintió e intentó sonreír, pero el supervisor lo miró como con desconfianza, como si sospechara algo. Tenía veinticinco años, pero podía pasar por treinta vestido de ese modo. Aun así, debía dar la impresión de ser un poco joven para andar reclamando un cadáver a medio comer por los gusanos como si fuera el equipaje olvidado en la consigna de una estación.

Sacó los documentos que le había dado el inglés aquella misma mañana en el enorme apartamento que tenía alquilado detrás de la galería Guggenheim. Massiter había dicho que servirían. Que para eso habían costado una pasta.

—¿Es usted familiar? —preguntó el supervisor sin dejar de leer.

—Primo.

—¿No tiene más familia?

—Todos han fallecido ya.

—Ah —dobló los documentos y se los guardó en el bolsillo trasero del pantalón—. Podría haber esperado otras cuatro semanas, ¿sabe? No están aquí más que diez años, y en general la gente llega más tarde que pronto.

—Estaba ocupado.

El supervisor compuso un gesto agrio.

—Ya. Los muertos tienen que encajar en la agenda de los vivos, y no al revés. En fin… —miró a Rizzo con lo que podría ser un ápice de comprensión—. Al menos usted ha venido. Le sorprendería saber la cantidad de desgraciados a los que nadie reclama. Se pasan sus diez años en la tierra y luego nos vemos obligados a llevarlos al osario público. No hay otra opción, ¿sabe? Es que no tenemos sitio.

Cualquier veneciano estaba al tanto de ello. Si querías ser enterrado en San Michele, había que acomodarse a sus reglas. La pequeña isla que se asentaba entre Murano y la orilla norte de la ciudad estaba ya llena. Los nombres famosos que servían de reclamo a los turistas podían descansar tranquilos porque todos los demás muertos sólo podían conseguir un permiso temporal de residencia que duraba precisamente diez años y concluido éste, la responsabilidad del traslado de los restos recaía en los familiares, o bien la ciudad se ocupaba de enviarlos al osario público.

El inglés lo sabía bien, y por razones que Rizzo no quería conocer, había preparado con tiempo los papeles para la exhumación y ser así el primero en ver lo que había dentro del ataúd. A lo mejor es que había alguien más interesado en aquel cadáver putrefacto, alguien dispuesto a esperar a que expirase el plazo de los diez años. O a lo mejor no. Quizás lo que quería Massiter era asegurarse de que de verdad había un cuerpo dentro del féretro. Era lo más probable, aunque a él, lo mismo le daba. Si aquel tipo estaba dispuesto a pagar dos millones de liras para que con aquellos documentos falsos desenterraran un ataúd, estupendo. Para él aquel trabajo era un descanso, un cambio en la rutina de robar carteras a los turistas que se paseaban por San Marcos.

—Hay ciertos protocolos que cumplir en esto casos —decía el hombre—. Nos gusta hacer las cosas como es debido.

Echó a andar y Rizzo le siguió, dejando atrás la sombra y la ordenada y brillante colección de ataúdes sin estrenar. Atravesaron el primer cuartel del cementerio en el que los muertos tenían sepultura perpetua y llegaron a la zona exterior que se utilizaba para el ciclo inacabable de enterramientos temporales. Unas lonas verdes delimitaban las zonas en las que se estaban cosechando los cuerpos. Cada pequeña lápida llevaba una foto y en ellas jóvenes y viejos, congelados en un instante de sus vidas, miraban a la cámara como si creyeran que nunca iban a morir. Se detuvieron en el cuartel 1, calle B, en mitad de un océano fragante de flores. El supervisor señaló una lápida. En ella aparecía primero el apellido y después el nombre, como en todas las demás de aquel cementerio: Gianni, Susanna. Acababa de cumplir los dieciocho cuando murió. La sepultura estaba vacía y la tierra parecía recién removida.

Su fotografía estaba en un marco oval pegado al mármol de la lápida y Rizzo no podía apartar la mirada de ella. Susanna Gianni era una chica preciosa, más que cualquier otra que hubiera conocido. Sonreía. La fotografía debía haberse tomado en el exterior, un día soleado próximo quizás al de su muerte. No parecía estar enferma. Llevaba una camiseta morada y suelta la melena de cabello largo y oscuro. Tenía el rostro y el cuello bronceados, y la boca en una amplia sonrisa. Parecía una cría a punto de graduarse en la universidad, inocente pero con un brillo en la mirada que parecía traslucir algunos secretos. Era una locura, pero sintió que la visión de aquella joven desconocida que había fallecido diez años atrás le excitaba.

—¿Quiere llevarse la lápida? —le preguntó de pronto el supervisor, arrancándole de aquella ensoñación deliciosa y terrible a un tiempo—. Si la quiere, podrá llevársela junto con el ataúd. Supongo que habrá reservado una barca para el traslado, ¿no?

Rizzo no contestó, y guardándose las manos en los bolsillos de su chaqueta barata, se preguntó si el tipo se habría dado cuenta de su incomodidad.

—¿Dónde está? —le preguntó.

—Dígale al barquero que venga. Ellos ya saben dónde tienen que ir.

—¿Dónde está ella? —insistió. El inglés le había dado instrucciones muy precisas.

—Tenemos un lugar especial para eso —contestó el supervisor con un suspiro, como si supiera lo que se le avecinaba.

—Enséñemelo.

Sin decir esta boca es mía, el tipo dio media vuelta y se encaminó a un rincón desierto en la parte norte del cementerio. Uno de los grandes barcos con destino a Burano y Torcello pasó por la derecha, flanqueado por un sinnúmero de gaviotas que parecían estar suspendidas en el aire húmedo. Unas cuantas figuras se movían entre las lápidas, algunas con ramos de flores en la mano. Era la segunda vez que estaba allí. La primera había ido con una antigua novia suya que iba a visitar la sepultura de su abuela, y aquel lugar le producía escalofríos. Cuando muriera, no quería que le enterrasen. Prefería quedar reducido a un montón de cenizas en el crematorio municipal de Mestre, en la ciudad, y no que lo metieran bajo aquella tierra reseca para que diez años después tuvieran que desenterrarlo.

Llegaron a una construcción de una sola planta y una sola ventana y el supervisor, deteniéndose ante la puerta sacó del bolsillo una cadena con un juego de llaves. Rizzo se quitó las gafas de sol y entraron. Esperó a que encendiera la luz y a que los ojos se le acostumbraran primero a la oscuridad y después a la iluminación descarnada del fluorescente solitario que colgaba del techo.

El ataúd de madera gris, vieja y sin brillo, estaba sobre un soporte colocado en el centro de la estancia. La tierra de San Michele debía ser muy seca, porque daba la sensación de que tanto el féretro como su contenido habían perdido por completo la humedad durante la decena de años que habían estado bajo su superficie.

—Como le decía antes —continuó el supervisor—, envíe aquí al barquero, que él sabrá lo que tiene que hacer. Mejor que no lo vea usted, créame.

Pero el inglés le había dado instrucciones exactas al respecto.

—Ábralo.

El supervisor, maldiciendo entre dientes, se cruzó de brazos.

—Eso no se puede hacer. ¿Pero qué pretende usted?

Rizzo sacó del bolsillo dos billetes de cien mil liras. Massiter ya sabía que podían surgir escollos que salvar.

—Mire, señor, los Gianni hemos sido siempre una familia muy unida. Déjeme ver a mi querida prima por última vez y no le molestaré más.

—Mierda —murmuró al tiempo que se guardaba los billetes en el bolsillo. Luego cogió un barra de hierro que había apoyada contra la pared—. ¿Quiere que sea yo quien levante la tapa, o prefiere hacerlo usted mismo?

Rizzo sintió deseos de fumarse un cigarrillo. El aire de la estancia era denso, y del ataúd emanaba un penetrante olor a moho.

—El empleado del cementerio es usted, ¿no? —respondió, señalando el féretro con un gesto de la cabeza.

El supervisor introdujo el extremo plano de la barra bajo la tapa del ataúd. Parecía no prestar atención a lo que estaba haciendo. Debía haber abierto cientos de ataúdes, y aquel trabajo debía ser como el de la morgue, que después de un tiempo se hacía sin pensar.

La palanca fue recorriendo el borde del ataúd despacio, con cuidado, levantando tan sólo unos pocos centímetros cada vez, dejando al descubierto los clavos herrumbrosos que habían mantenido la tapa en su sitio. El hombre terminó de dar una vuelta completa y miró una vez más a Rizzo.

—¿Está seguro de esto? Muchos toman la decisión de hacerlo a la luz del sol, pero cuando entran aquí y llega el momento, deja de parecerles buena idea.

—Hágalo.

El supervisor volvió a meter la palanca y presionó para levantar la tapa del todo.El féretro quedó en dos partes con un repentino crujido que a Rizzo le hizo dar un respingo. Un polvo denso y otras partículas llenaron el aire, acompañados por un olor fétido y penetrante que sin duda tenía origen humano. Sólo tenía que echar un vistazo. Era lo que le había pedido el inglés.

Se acercó y miró. La cabeza quedaba en la sombra que proyectaba la esquina del ataúd. Su cabello largo se había vuelto gris. Quebradizo, seco y gris. Caía a ambos lados del cráneo, sobre el que aún quedaban algunos restos de piel que parecían láminas de cuero viejo. Había algo en las cuencas de los ojos, algo que no quiso examinar detenidamente. Sobre los hombros quedaban los despojos de lo que debió ser un sudario blanco.

Ya no pudo conjurar el hermoso rostro que había contemplado en la fotografía. Su erección incipiente había desaparecido por completo. Sentía frío en aquella habitación y el aire parecía moverse como en ondas. No le sorprendería sentir ganas de vomitar, y no por el horror o el asco, sino por la atmósfera asfixiante e insidiosa del lugar. Era como respirar una nube de polvo humano formado por las partículas de todos los seres que habían pasado por San Michele a lo largo de los siglos.

La joven tenía los brazos cruzados sobre el pecho, unos brazos largos que habían quedado reducidos a una delgadez extrema, y sorprendentemente había algo entre ellos, un objeto grande que le llegaba desde debajo de la barbilla hasta más allá de la ingle. El supervisor también lo miraba sorprendido, y resultaba tan chocante y tan fuera de lugar que tardó un momento en darse cuenta de lo que era: el cadáver de Susanna Gianni, quienquiera que hubiera sido, había sido enterrado con una vieja funda de violín, acurrucada en su seno como si se tratara de un niño.

Massiter no le había hablado de eso. Sólo le había pedido que se asegurara de que los restos estaban dentro, y él lo había hecho, y siempre y cuando no dejase de cumplir con su trabajo, nadie podía culparlo de obtener un beneficio inesperado.

Con cuidado soltó las manos de la muerta y deslizó la caja hasta sacarla.

—No debería hacer eso —le reprendió el supervisor.

Rizzo se detuvo y suspiró. Estaba empezando a cansarse de aquel canijo y de aquel lugar, y del bolsillo sacó la pequeña navaja que llevaba siempre. Apretó el botón y su hoja fina y plateada silbó en el aire. Luego agarró al supervisor por el cuello y vio cómo el terror le desorbitaba los ojos al apoyar la punta de la navaja bajo su párpado izquierdo ejerciendo presión suficiente para levantar una pequeña pirámide de carne y que una burbuja de sangre se concentrara allí.

—¿Qué es lo que no debería hacer? A lo mejor vuelvo y le obligo a enterrarse. ¿Qué le parecería eso?

La mirada del supervisor se había vuelto vidriosa presa del pánico y Rizzo le soltó para volver a ocuparse de la caja del violín. Con la manga de su traje barato le limpió el polvo y vio el nombre de la muchacha en un ajado cuadradillo de papel. La cogió por el asa y la caja cayó pesadamente contra su costado. Había algo dentro, sin duda. Podían ser sólo piedras. Ni siquiera los locos enterraban a sus muertos con un tesoro en las manos.

El supervisor se refugió en un rincón. Debía haberse orinado encima y seguro que ansiaba estar en su casa, con su mujer que seguro que estaba tan gorda como él y que debía estar preparándole la comida. Rizzo sacó otros dos billetes de cien mil liras y se las metió al hombre en el bolsillo de la camisa.

—Hoy es su día de suerte, amigo. Esto es cosa de familia, ¿sabe?

El hombre se sacó los billetes del bolsillo y los arrugó en el puño. El dinero consiguió que le guardase el respeto que le había perdido, ya que, de alguna manera, los igualaba. Ay, el respeto. Se había perdido en el mundo en que vivían. Se colocó sus Predator y dio media vuelta para salir.

—¡Eh! —le gritó el funcionario—. ¿Dónde están los hombres de la barca? Son ellos quienes tienen que ocuparse de esto ahora.

Rizzo se volvió a mirar desde la puerta el ataúd y al hombre que seguía junto a él.

—¿Qué hombres?

—¡Por amor de Dios! ¿No iba a ocuparse usted de todo?

—Yo nunca he dicho tal cosa.

—¡Dios bendito! ¿Y qué hago yo ahora con esto?

Rizzo se encogió de hombros. La americana le quedaba un poco estrecha. Era un asco tener que llevar aquella ropa barata cuando en realidad lo que le gustaba era lo que se vendía en San Marcos: Moschino, Valentino y Armani.

—Haga lo que quiera —contestó. Quizás estaba presionando demasiado al gordo. Parecía a punto de echarse a llorar o de tirarse a su cuello, aunque seguro que se imaginaba que en ese caso utilizaría sin dudar la navaja que llevaba en el bolsillo. Era un error permitir que personas como él trabajasen en un cementerio, pero también cabía la posibilidad de que sólo personas como él se interesasen por esa clase de trabajo.

—Haga el favor de calmarse y de mantener la boca cerrada, que con esa mirada de loco podría asustar a alguien.

Y sin más salió a la luz del sol. Anduvo sobre sus pasos para volver al cuartel B y pasar por delante de la que había sido su tumba; eso sí, sin mirarla, ya que algo le decía que no sería buena idea hacerlo.

El *vaporetto* de Murano iba medio lleno y se acomodó en el centro, en la zona abierta, pero aun así la gente se apartaba de él porque aquella dichosa caja apestaba, a pesar de estar al aire libre y de que la brisa dispersara el tufo. El barco aminoró la marcha y se detuvo. Delante de Fondamente Nuove, que era donde atracaría el *vaporetto*, se estaba celebrando lo que debía ser una regata. Varios barcos se perseguían unos a otros empujados por las voces de ánimo de los espectadores acomodados en las terrazas de los bares del muelle. Rizzo se acordó de las madres de todos ellos. El violín pesaba mucho, y el hedor crecía por momentos mientras el *vaporetto* se mecía torpemente y como borracho en las aguas turbias y grises que empujaban las olas.

Rizzo cerró los ojos y cuando volvió a abrirlos estaba frente a la isla y tres lanchas de la policía con las sirenas encendidas avanzaban directas hacia el barco. Era increíble. ¿Cómo podía ser tan estúpido aquel enterrador?

Con la funda del violín bien agarrada, corrió hacia la barra de metal que bloqueaba la salida y vomitó por encima de ella y sobre las aguas grasientas y caldosas. Las gaviotas que parecían suspendidas del cielo azul lo observaban con avidez. San Michele flotaba en la distancia como si fuera un borrón verde y blanco entre la ciudad y la línea sólida y baja que era Murano. Miró la iglesia tan blanca erigida en la plataforma en la que atracaban los barcos y juró no volver jamás a traspasar su umbral.

El día de la Ascensión

GUARDA BIEN EN la memoria este momento: jueves, cinco de marzo del año de Nuestro Señor mil setecientos treinta y tres, Día de la Ascensión. Lorenzo Scacchi, un joven alto y agraciado de diecinueve años y siete meses de edad, está de pie sobre la amplia plataforma de piedra de San Giorgio Maggiore mirando hacia la dársena de San Marcos, viendo como el Dux renueva su compromiso con el mar. El agua bulle con el gentío. Las góndolas del color de la noche se disputan el sitio más próximo a las bordas doradas y rojas del Bucintoro, que avanza majestuosamente por el Rio del Palazzo hacia las columnas gemelas de San Marcos y San Teodoro y el espigado pináculo del *campanile*.

Hay un temblor en el aire. El Dux, dicen, está enfermo, y ha de elegir un sucesor que dirija el Gran Consejo. La República Serenissima hace difíciles equilibrios entre el esplendor y la decadencia. ¿Qué hombre podrá salvarla? ¿Qué genio sublime podrá restaurar la fortuna de la ciudad y repeler los ataques del Turco?

Nadie lo sabe, pero... ¡espera! El Bucintoro vira, se aleja de la fachada de filigrana del Palacio, de la orilla rebosante de gente. Lentamente, impelido por el bosque de remos dorados que salen de sus costados como si fueran las patas de un insecto fantástico y ornamentado como una joya, se aleja deslizándose sobre las aguas de la dársena hacia el joven que permanece de pie en el lugar en que mueren las olas, las piernas abiertas, las manos en las caderas, el rostro vuelto hacia las aguas y el cabello dorado brillando al sol. Los remeros hunden sus palas en el agua y doblan la espalda para que el navío avance a toda velocidad. Luego la hermosa embarcación aminora obedientemente la marcha para alcanzar la isla plana y gris sobre la que él espera y detenerse con galanura y majestad ante el joven que no se deja impresionar.

—¡Lorenzo! —grita el Dux con una voz rota por la edad pero que aún posee la autoridad de su posición—. Os lo ruego. ¡Por el amor que sentís por la Sereníssima! ¡Por todo lo que la República significa! ¡Reconsideradlo, os lo ruego una vez más! Guiadnos en esta oscuridad y conducidnos a la luz.

Una nube solitaria cruza el azul inmaculado del cielo y durante un momento nadie puede ver el torbellino de angustia que aparece en el rostro del joven. Pero luego desaparece y su sonrisa, amable pero firme, un rasgo noble y sabio en un hombre tan joven, ilumina su rostro.

—Como deseéis, señor —responde, y en un gesto de humildad se encoge de hombros. Los gritos de alegría de miles de almas parten de la laguna como el trueno que invirtiera su recorrido habitual y partiera hacia los cielos con un estruendo ronco. Ya hay un nuevo Dux y pronto...

Bueno, hermanita querida, ¿mi imaginación ha conseguido ya toda tu atención? Si para escribir estas cartas y que tú no dejaras de leerlas tuviera que hacerme pasar por un insignificante cuentacuentos que anduviera por las calles rodeado de mendigos y tullidos, ten por seguro que lo haría. Hace ya seis semanas que partimos de Treviso tras quedar huérfanos por un giro cruel del destino, y no deseo sentirme solo en este mundo. Eres mi hermana mayor por dos largos y cruciales años, y necesito de tu sabiduría y de tu amor. Una sola carta en la que dedicabas casi todas sus letras a quejarte de la indigestión que habías padecido no me proporciona el alimento que tanto necesito.

Aun así, y antes de que pueda aburrirte, volveré a la narración. De lo que acabo de contarte lo ignorarás seguramente todo excepto el principio. Es en verdad el día de la Ascensión, y yo he estado bajo el monolito de piedra de San Giorgio durante un tiempo indeterminado. Necesitaría ser un gran escritor para poder retratar en palabras lo que ha sido el día de hoy, y puesto que no lo soy, he decidido no intentarlo. Venecia es un universo asombroso, te lo aseguro. Incluso después de estar aquí un tiempo ya sigo maravillándome cuando tras girar en una esquina me enfrento con el esplendor diario que desborda toda imaginación. Cuando los dignatarios de la República tienen algo que celebrar y deciden echar a la mar su barco, lo único que puedes hacer es quedarte donde estás y contemplar el espectáculo con la boca abierta. Tú viniste a esta ciudad en una ocasión con papá, pero yo nunca me había aventurado a salir de nuestra pequeña ciudad hasta después del aciago día del funeral, y para un palurdo como yo, este lugar es inimaginable.

Hay hombres aquí a los que me gustaría que conocieras. Imagínate a nuestro tío Leo al borde del agua: es un hombre delgaducho, con los brazos cruzados y vestido con sencillez que contempla las lentas evoluciones del majestuoso navío delante del palacio. Se diría que ha visto este espectáculo un millón de veces y que nada de lo que pueda ocurrir en la toda la creación puede impresionarle. Pero es veneciano, un hombre de mundo que jamás habría podido llevar la vida de granjero de nuestro padre. Lleva este espectáculo bajo la piel, le circula por la sangre como los humores del cuerpo. No cabría esperar menos de él. Estoy convencido de que va a ser un buen tutor y que me enseñará los entresijos del negocio de la edición para que pueda hacer de él un medio honrado de ganarme la vida.

A su lado está un caballero inglés de nombre Oliver Delapole, un noble aristócrata que debe rondar la misma edad de nuestro tío, unos treinta y cinco años, pero cuyo origen es completamente distinto, igual que lo es el volumen que se dibuja en la línea de la cintura bajo su elegante atuendo. El señor Delapole es un hombre adinerado que se viste con elegancia aunque quizás peque un poco de extravagante. Posee un rostro amable y sonrosado en el que sólo desdice lo que yo supongo que es la cicatriz de un duelo que parte de su ojo derecho y dibuja la curva de una cimitarra en su mejilla. Sin embargo, no percibo en él rasgos belicosos. Es un hombre de sonrisa afable y modales exquisitos que consigue que todos los hombres que hayan estado en su compañía (hombres y mujeres, que aunque nosotros somos gente de campo, no debemos escandalizarnos de esa clase de cosas) se separen de él con una sonrisa en los labios.

De lo que te he contado, lo que debes retener por encima de todo es lo de su fortuna. Es la seña de identidad más importante que se puede dar de un hombre en estos pagos. El señor Delapole es la riqueza personificada, y por esa razón lleva siempre a la mitad de la ciudad pegada a sus talones. La semana pasada estuvo de visita en nuestra casa y se dejó el sombrero en el salón. Yo salí corriendo tras él con la esperanza de alcanzarle y vi que uno de esos rufianes gondoleros lo llevaba a casa en su embarcación. Cuando ya sin aliento e incapaz de articular palabra llegué junto a él, me preguntó riendo:

—¿Por qué me persigues, muchacho? ¿Es que soy el único hombre que queda en Venecia que lleva dinero en el bolsillo?

Los ducados son la llave que abre todas las puertas de la ciudad, y el señor Delapole es generoso con ellos. Se dice y no me extraña que es tan pródigo con ellos que los prestamistas tienen que cubrir el tiempo que tarda en recibir nuevos fondos de Inglaterra. Y no es que yo me queje ni mucho menos, como comprenderás. Con un poco de suerte, la *Editorial Scacchi* sacará a la luz varios trabajos de autores y compositores nuevos costeados por él. De hecho ya ha dado varias muestras de su generosidad al señor Vivaldi, el famoso sacerdote músico de La Pietà, que es una destartalada iglesia que queda también al borde del agua, pero un poco alejada de la ceremonia de hoy. Tampoco Canale, el artista local al que todos llaman Canaletto para diferenciarlo de su padre que se dedica a lo mismo que él, ha sido ajeno a su prodigalidad. Parece ser que es un artista que detecta el olor de la plata a varias millas de distancia. Mientras te escribo estas letras, está sentado frente a nosotros, encaramado a una gran plataforma de madera, dando pinceladas en un lienzo destinado a la colección del señor Delapole.

Canaletto es un tipo bastante raro, polémico y hay quien dice que un timador también. Emplea para su trabajo lo que el llama una *camera ottica*, un aparato que dice ser de su invención. Lo lleva oculto en una especie de tienda de tela negra bajo la que trabaja y desde la que se asoma de vez en cuando para asegurarse de que el mundo real sigue donde lo dejó. Al parecer capta una imagen de la escena que quiere pintar a través de una especie de lente de cristal y la proyecta sobre una pantalla interior que le sirve de base sobre la que trabajar después. Un día y por pura curiosidad, trepé por el andamio para examinar el exterior de ese trasto, lo que me valió una mirada desabrida y un montón de insultos venecianos cuando sacó la cabeza de aquella manga negra para ver qué estaba pasando.

—Si un solo burro más se atreve a decir que esto es un engaño, juro que le quito el sentido de un mandoble —me advirtió a mí, aunque en realidad el mensaje era para todos.

Pero yo, sin amilanarme, seguí examinando el mecanismo a través de la abertura que quedaba en la tela al tener él dentro la mano.

—¿Cómo se puede llamar engaño a la ciencia puesta al servicio del arte, señor? —le pregunté con sinceridad—. Por esa regla de tres, se le acusaría de fraude si no empleara las mismas pinturas que usaban los romanos en sus frescos.

Eso me valió lo que yo andaba buscando, que fue una especie de asentimiento de aprobación por parte de Canaletto.

—Lo que necesitaría ahora —añadí—, sería un lienzo químico que reconociera la imagen y que la copiara con los pigmentos necesarios. ¡Entonces no haría falta ni pincel!

Oí la risa ahogada de Gobbo, el criado del señor Delapole, y estimé oportuno bajarme del andamio lo antes posible...

Espero que tú hayas encontrado alguna amiga, porque yo creo haber encontrado un amigo, o algo parecido. Luigi Gobbo es un muchacho que el inglés conoció en Francia hace ya tiempo, según tengo entendido. Es el hombre más realista que conozco, con una sonrisa picarona y la sugerencia impía siempre dispuesta. En cuanto supo de mi infortunio, me tomó bajo su ala y me prometió que ningún rufián veneciano me aliviaría del peso de mi exigua bolsa. Me gusta el muchacho, pero no tenemos mucho en común, ya que me temo que nuestros padres nos mimaron en exceso educándonos en casa. Pensando que quizás Gobbo, como nosotros, hubiera leído algo de literatura le pregunté si tenía algo que ver con el famoso Lancelot y si había abandonado a un conocido judío para prestar sus servicios al señor Delapole, un hombre tan afable como el propio Bassanio, aunque bastante más adinerado. Él me miró como si hubiera perdido el juicio o, aun peor, como si me estuviera burlando de él, por lo que deduzco que los escritores ingleses no han estado presentes en su educación. En cualquier caso, sé que se toma en serio mi suerte, lo mismo que yo la suya. Me reconforta saber que en esta ciudad también hay sitio para la amistad.

Ahora pasemos a asuntos más graves (que son breves, por lo que te ruego que no bosteces y dejes sobre la mesa esta carta). Ha pasado ya una semana desde que Manzini me escribiera para hablarme del estado de nuestra herencia (sí, estoy de acuerdo contigo en que no está bien que tenga que dirigirse a mí en lugar de hablar contigo, pero la ley es la ley). A ese respecto no albergo grandes esperanzas. Nuestros padres invirtieron una gran suma en la granja y en esa biblioteca que tú y yo tanto adoramos, y de haber vivido más, todos nos habríamos beneficiado de su generosidad, pero puesto que el cólera decidió cruzarse en su camino y cambiar nuestra suerte, debemos sacar el máximo partido de lo que tenemos. Te propongo un trato: seamos sinceros el uno con el otro a la hora de hablar de nuestras faltas, escribamos con justicia sobre los que nos rodean y trabajemos diligentemente para hacernos dignos de llevar el apellido Scacchi hasta que una espada de buen acero español nos desarme.

Yo te adoro, Lucía, hermanita querida, y Dios sabe que cambiaría una eternidad de esta magnificencia por un momento de tu compañía y de la de nuestros queridos padres en la pequeña granja y en las tierras que son nuestro hogar. Pero puesto que eso es imposible, miremos con esperanza hacia el futuro.

Un momento. Veo al afamado Canaletto que mira frunciendo el ceño desde su atalaya una vez más. Un pequeño grupo de holandeses arremolinándose como un rebaño de ocas está intentando echar una ojeada a su preciado trabajo. Pobres incautos...

—Malditos turistas... —mascula el artista, y acompaña una ristra de viejas maldiciones que sólo Cannaregio puede entender—. ¡Que el diablo os lleve, arenques apestosos!

—Sean generosos y ofrézcanle unos cuantos florines, que un hombre con dinero huele siempre a rosas para nuestro amigo —los arenga el señor Delapole.

Molestos y hablando entre ellos, los intrusos se alejan. Supongo que es que nuestro amigo no queda al alcance de sus bolsillos.

Mientras Canaletto se vuelve para blandir un puño amenazador en el aire, ha dejado abierta la puerta de su misterioso palacio de tela negra y yo aprovecho la ocasión para encaramarme con agilidad al andamio de madera y ver cómo ha progresado su lienzo en apenas una hora de trabajo. Este hombre es sorprendente. Mi modesta opinión es que va a llegar a ser un gran pintor. Un día, cuando te hayas instalado a tu gusto en Sevilla y puedas disponer de tiempo y dinero para volver a visitar las tierras que te vieron nacer, espero poder llevarte a ver su trabajo. Podremos medir así cómo nuestros trabajos han disminuido y ha crecido nuestra fortuna en los meses que hayan pasado desde que el *Bucintoro* fue retratado en este lienzo. Es un talento inigualable el que permite atrapar con los pinceles un momento glorioso en el tiempo para que los siglos venideros puedan presenciarlo, mientras que yo sólo tengo capacidad para ofrecer estas palabras. Nacen libres, eso sí, y manan de un corazón que te adora.

Un nombre del pasado

GIULIA MORELLI ERA inspectora del turno de noche. Estaba revisando unos documentos que tenía sobre la mesa, pero el calor que hacía en el interior del moderno edificio que albergaba la comisaría de policía de Piazzale Roma y el trabajo en sí estaban empezando a aburrirla. A veces se planteaba pedir un traslado. A Roma quizás. O a Milán. Daba igual, con tal de que fuera un lugar en el que poder enfrentarse a algún caso que desafiara su inteligencia.

Pero le bastó con pasar la mirada por la página que había quedado sobre las demás para sentir que los años se esfumaban en un instante. El nombre de la chica muerta parecía gritarle desde la mesa. Descolgó el auricular del teléfono y consiguió localizar al oficial que había redactado el informe y que en el momento de recibir su llamada se estaba cambiando para marcharse a casa, por lo que no pareció hacerle demasiada gracia tener que quedarse un poco más en aquella asfixiante comisaría, pero Giulia se aseguró de que en su tono de voz se leyera con claridad que no iba a permitir que se marchara sin antes haberle referido todos los detalles.

Estuvo escuchando en silencio y con perplejidad creciente durante casi cinco minutos. Luego colgó el auricular, se acercó a la ventana, la abrió y encendió un cigarrillo. En la calle los más rezagados se dirigían al aparcamiento de varios pisos que quedaba cerca del puente que comunicaba con la tierra firme y Mestre, que era donde vivía la mayoría, y mientras los veía dispersarse en busca de sus coches pensó en lo que el oficial le había contado. No tenía ningún sentido. Es más, cabía la posibilidad de que fuese del todo irrelevante en el caso de Susanna Gianni.

El empleado de una funeraria les habían llamado desde San Michele, muy enfadado porque habían llegado a la hora indicada con todo organizado y el encargado del cementerio no aparecía por ninguna parte. Al final lo habían encontrado en un edificio que se utilizaba para las exhumaciones, al parecer muy afectado por algo. Cuando el empleado de la funeraria le recriminó su falta, el encargado arremetió violentamente contra él y contra dos hombres más antes de que pudieran reducirlo.

El oficial que había atendido la llamada había querido interrogar al empleado del cementerio, pero al parecer no había sacado nada en claro porque, según rezaba el informe, el desgraciado incidente se había debido al efecto del calor y todo se había saldado con una reprimenda, una notificación a las autoridades y nada más. En todo aquello sólo había un detalle fuera de lo normal y Giulia le había preguntado por él. El oficial le confirmó lo que había escrito: que en la sala de exhumaciones estaba el ataúd de una tal Susanna Gianni, abierto. Y según el policía, le habían quitado algo de las manos. La forma de un objeto de quizás un metro de largo estaba impresa en el cadáver.

Con el cuidado y la prudencia propias de los policías de uniforme, al bueno del oficial le había parecido que el detalle era digno de mención pero no de actuación, con lo cual había dispuesto que la lancha de la policía llevase al supervisor a su casa y que se continuara con el trámite habitual. Es decir: que como no había ninguna disposición al respecto de sus familiares, el servicio funerario del cementerio se encargó del cuerpo, con lo que el ataúd, a aquellas alturas, sería ya un montón de cenizas. Los restos de Susanna Gianni (sólo con recordar su nombre, se le erizaba la piel), estarían amontonados sobre el mar de esqueletos que constituían el osario público emplazado en una de las islas menores de la laguna.

Giulia no tenía en aquel momento la energía suficiente para decirle a aquel inútil lo que pensaba de él, así que prefirió volver a descolgar el teléfono y pedir una lancha. En cuestión de minutos, tomaba el Gran Canal en dirección a Cannaregio, preguntándose qué podría haber empujado al supervisor de un cementerio, acostumbrado más que de sobra a aquellos procedimientos, a perder los estribos de ese modo y en esa compañía, y quién y por qué se habría llevado el objeto misterioso del féretro de la muchacha.

Ordenó al tripulante de la lancha que atracase en Sant'Alvise y caminó a buen paso en dirección sur a través del laberinto de bloques de pisos de la era fascista. Le había pedido a la lancha que la esperara, porque contra lo que dictaban las normas, iba a interrogar al sujeto ella sola. Los detalles del caso Gianni, del que había pasado al menos una década, estaban ya algo borrosos en su memoria, pero lo que sí recordaba bien era el cuidado que se había puesto al instruir el caso, acaecido cuando ella era una cadete bastante lenta en su trabajo.

El sujeto vivía en un bloque que quedaba a las afueras de la zona, limpio pero destartalado, al que se accedía por un deteriorado portal. Entró y dio la luz. Una línea perpendicular de bombillas amarillentas y desnudas se iluminó sobre su cabeza. Su piso era el tercero y pulsó el interruptor de la luz, pero no funcionó. Sin razón aparente, Giulia palpó el bolso en busca del perfil tranquilizador de la pequeña pistola reglamentaria que siempre llevaba allí.

—No seas idiota —se reprendió, y comenzó a subir.

El tercer rellano estaba sumido en la oscuridad más absoluta y se maldijo por no haberse llevado la linterna. ¿Por qué se habría empeñado en entrevistarse a solas con aquel hombre? El caso tenía ya una década. El oficial que conducía la lancha, por ejemplo, ni siquiera estaba en el cuerpo cuando Susanna Gianni murió.

El piso en cuestión quedaba al final del pasillo, sumergido en una pecera de oscuridad total. Pronunció en voz alta el nombre de su inquilino e inmediatamente tuvo la sensación de haber cometido un error. Se oyó un ruido y vio una delgada línea de luz amarilla colarse por debajo de una puerta mínimamente entreabierta. Se acercó para oír mejor: el sonido resultó ser un gemido largo, un gemido que tanto podía ser de éxtasis como de muerte.

Sacó la radio del bolso. No había señal. Mussolini había construido bien aquellos bloques. Con el emisor en la mano izquierda, metió la derecha en el bolso para sacar el arma mientras se aseguraba de quedar resguardada en la oscuridad.

Las palabras frías y oficiales que solía utilizar en la mayoría de casos en los que se ocupaba y cuyos protagonistas eran pequeños rateros a los que podía intimidar sin dificultad, no le iban a servir, pensó al contemplar lo que poco que se podía ver desde su posición, teniendo en cuenta que la luz era escasa y que no iluminaba directamente al protagonista, cuyo rostro quedaba oculto por la sombra. Lo que se veía era un brazo delgado que empuñaba una navaja manchada de sangre, y lo que se podía oler era el tufo a cigarrillos baratos, seguramente africanos, y el inconfundible hedor a sudor provocado por el miedo.

Giulia sólo pudo pensar en el cuadro, en aquel maldito cuadro que no había conseguido olvidar desde que lo vio siendo niña en el coro de San Stae, el *Martirio de San Bartolomé* de Tiépolo, en el que se representaba a un hombre que se diría extasiado, con un brazo alzado hacia el cielo, ante el que aparecía sólo a medias un atacante que estudiaba cuidadosamente su piel como preguntándose por dónde empezar con su trabajo. Entonces le pidió a su madre que le explicase el significado del cuadro, y ella evadió la cuestión contestándole someramente que el santo iba a ser desollado. Sólo más tarde, cuando buscó la palabra en el diccionario, pudo comprender. En el cuadro se reflejaba el momento inmediatamente anterior al horror. El verdugo estaba planeando su trabajo, que consistiría en despellejar viva a su víctima, mientras que el condenado elevaba sus ojos hacia el cielo como si lo que iba a ocurrirle fuera una bendición. Nunca conseguiría comprenderlo.

El supervisor de San Michele no estaba precisamente extasiado sino muerto, o al menos eso esperaba ella por su bien. Le habían seccionado la garganta de parte a parte, cuidadosamente, y el corte dejaba al descubierto una amplia banda de carne y tendones. Y el asesino, que seguía sin estar en su campo de visión, estaba moviéndose, terminando el trabajo.

Giulia empuñó su arma. Le estaban sudando las manos, y en un instante, la pistola se le escurrió y cayó estrepitosamente al suelo de cerámica, pero ella era incapaz de apartar la mirada del supervisor.

Una forma se materializó a su izquierda y le propinó una patada. Cayó de rodillas y esperó el siguiente golpe mientras intentaba discernir si sería capaz de mirar a su atacante, al cielo, a la nada, como el santo de la pintura. Pero no quiso ver el rostro de su atacante.

Intentó hablar, pero no le salió nada inteligible. Algo plateado brilló brevemente ante ella y sintió un dolor intenso en el costado, seguido del calor de la sangre que manaba de la herida. Su respiración se volvió entrecortada, y esperó.

Entonces la radio cobró vida en su mano. Sin darse cuenta había pulsado el botón de emergencia, y de alguna manera su llamada de socorro había atravesado los muros del engendro de Mussolini. Una voz reverberó con sonido metálico y se oyeron pasos en la escalera. Era demasiado pronto para que fuera la policía, pero la silueta que permanecía a su lado empuñando la navaja de cuya hoja le caían gotas de sangre en la cara no podía saberlo.

—Queda arrestado —le dijo absurdamente, pero él había desaparecido. No quedaba nadie más en aquella habitación, excepto el supervisor que la miraba con ojos vidriosos y aterrados.

Se palpó el costado en busca de la herida. No era grave. Viviría para encontrar al tipo que se la había hecho y para descubrir por qué había saqueado el ataúd de Susanna Gianni y qué se había llevado de él. Tenía trabajo por delante, y mucho.

A duras penas consiguió ponerse en pie. Había alguien en la puerta. El portero quizás, y un vecino, y era importante no perder el control.

—No toquen nada —dijo, intentando pensar con claridad.

Los dos la miraron entre sorprendidos y asustados, y cuando siguió la dirección de su mirada, vio una mancha redonda se sangre empaparle el costado de la chaqueta y caer por la falda corta hasta quedar coagulada a la altura de la rodilla.

—No toquen... —repitió, y de pronto sintió que los ojos se le volvían en su órbita y vio por último la luz amarillenta de la habitación antes de que todo se volviera oscuridad y desapareciera.

Un spritz

TRES SEMANAS DESPUÉS de que se abriera la tumba de Susanna Gianni y de la muerte del supervisor de un cementerio en Cannaregio, Daniel Forster salía de la terminal de llegadas del aeropuerto de Marco Polo con un violín cuya funda ni era vieja ni olía a podrido; eso sí, era tan modesta como el instrumento que albergaba en su interior y como la otra maleta pequeña y flexible que colgaba de su hombro y que transportaba prácticamente su guardarropa completo, y que debía bastarle para pasar cinco semanas, o al menos así lo esperaba él. El vuelo desde Stansted había durado dos horas durante las cuales habían cruzado los Alpes cubiertos de nieve antes de descender rápidamente hacia el noreste del Adriático. Aunque acababa de cumplir los veinte, aquel era su primer viaje al extranjero. Llevaba el pasaporte aún sin un solo sello en su interior, en el bolsillo de la cazadora verde de algodón que llevaba puesta, junto al sobre de plástico de Thomas Cook en el que había metido trescientos euros, casi el total de lo que había en su cuenta corriente de estudiante.

Medía poco menos de metro ochenta, tenía el pelo rubio y lo llevaba un poco largo, y su cara era de rasgos agradables, aún algo aniñados. Yendo y viniendo por el vestíbulo del aeropuerto, parecía un empleado novato de una agencia de viajes a la espera de su primer grupo de turistas. Un hombre corpulento, vestido con pantalones oscuros y una holgada sudadera azul, se acercó y agachándose un poco para mirarle a los ojos, le preguntó:

—¿Señor Daniel?

33

Daniel parpadeó sorprendido.

—¿*Signor* Scacchi?

El hombre se echó a reír y su carcajada fue como una explosión que partiera de su enorme estómago. Debía rondar los cuarenta y su cara curtida parecía la de un pescador o un campesino.

—¡Signor Scacchi! —repitió, y de su aliento se desprendió un olor dulzón a alcohol—. Anda, vamos.

Salieron del vestíbulo y Daniel se llevó una sorpresa al descubrir que estaban prácticamente al borde de la laguna. Una docena de lanchas estilizadas y de madera bruñida esperaban en fila a sus clientes, pero ellos pasaron de largo hasta llegar al muelle en el que esperaba una vieja barca de color azul. En la proa, apoyados uno contra otro como si fueran amantes, había dos hombres. En el centro, una mujer con vaqueros y una camiseta roja estaba inclinada sobre dos cestas de plástico, de espaldas a la borda y junto a ella un pequeño *field spaniel* negro, con las orejas cortadas y el morro compacto, miraba con curiosidad el contenido de las cestas a pesar de que la mujer lo apartaba casi constantemente. Pero él insistía.

El hombrón que le acompañaba miró a los pasajeros del barco, pero puesto que ninguno se percató de su presencia, dio unas cuantas palmadas al aire.

—¡Eh! ¡Que ya está aquí nuestro invitado! Habrá que darle la bienvenida, ¿no?

El más pequeño de los dos hombres se levantó. Llevaba un traje tostado y de buen corte, y en opinión de Daniel debía andar por los sesenta largos. Él debía ser su anfitrión: el señor Scacchi. Tenía el rostro moreno y lleno de arrugas, y parecía demacrado. Debía estar enfermo, lo mismo que el hombre de menos edad que estaba a su lado, quien se había recostado en los almohadones que había a popa desde donde contemplaba al recién llegado con una mirada inexpresiva.

—¡Daniel! —exclamó el de más edad con una sonrisa que dejó al descubierto unos dientes demasiado blancos para sus años. Era de corta estatura y cojeaba un poco—. ¡Daniel, has venido! ¿Lo ves, Paul? Y tú, Laura, ya te lo decía yo. ¡En sólo diez días y sin conocernos de nada!

La mujer se volvió para mirarle. Tenía un rostro de facciones primorosas, mejillas redondeadas y barbilla suave, unos hermosos ojos grandes verde oscuro y el pelo liso y largo hasta los hombros teñido de un tono castaño. Miró a Daniel como si fuera una criatura del espacio exterior, pero con una curiosidad afectuosa, como si su presencia la divirtiera.

—Es cierto. Ha venido —dijo con un ligero acento veneciano, antes de sacar de su bolso unas grandes gafas de sol para ponérselas.

—Bueno... ¿quién lo iba a decir? —murmuró Paul. Parecía norteamericano. Llevaba vaqueros y una camisa vieja del mismo color, y tumbado como estaba en la popa, tenía la misma falta de gracia que un adolescente. A pesar de que al primer golpe de vista parecía ser bastante joven, un poco de atención revelaba que no era así, que su fachada tenía desconchones y grietas como la de esos cincuentones que intentan aparentar treinta años.

—Pues claro —contestó el hombrón antes de pasarle el equipaje a Laura y ofrecerle su manaza a Daniel para ayudarle a subir abordo—. ¿Quién no vendría a Venecia?

Daniel aceptó su mano y con un movimiento ágil, subió.

—Soy Piero, ya que nadie parece tener intención de terminar con las presentaciones —anunció—. El loco de la familia. Pero como soy un pariente lejano, no importa. Y ésta es mi barca: la encantadora *Sophia*. Una dama leal como pocas, sincera y que siempre arranca cuando se la necesita, algo que significa que tiene más bien poco de dama, supongo yo, aunque yo no sé demasiado de esas cosas. Sólo lo he dicho para evitar que Laura se me adelante.

El perro se acercó a olisquear los pantalones de Daniel, y Piero se agachó a acariciarle con afecto.

—Y él es Xerxes. Se llama así porque es el mejor general de cuantos chuchos puedas encontrar en la laguna. No hay pato que se escape a sus ojos, ¿verdad, Xerxes?

Con sólo oír la palabra *pato*, el animal movió su cola regordeta y Piero, riendo, le acarició debajo de la barbilla, sacó de una de las cestas una loncha de salami y se la dio.

Scacchi se inclinó hacia delante, con lo que la pequeña motora se bamboleó, e hizo el gesto de beber con la mano.

—¿Hace un Spritz?

—Claro —respondió Laura sin quitarse las gafas, y de la segunda cesta sacó unas cuantas botellas.

—Siéntate, por favor —dijo Piero, y con un tirón, arrancó el pequeño motor diesel de la barca y se acomodó en la popa para guiarla. Uno de los taxistas que los miraba desde su brillante embarcación dijo algo en un dialecto que Daniel no entendió refiriéndose al cascajo en el que iban, a lo que Piero respondió en la misma lengua y alzando un único y significativo dedo. La barca se separó del muelle y poco a poco fueron dejando atrás el aeropuerto y adentrándose en la laguna veneciana. Lo que llevaba años siendo un sueño, un universo completo imaginado dentro de la cabeza de Daniel Forster, cobró vida. En la distancia, surgiendo del mar como un bosque de piedra, el perfil de Venecia, con sus campaniles y sus palacios, fue dibujándose poco a poco, ensanchándose a medida que avanzaban.

—Spritz —repitió Scacchi.

Laura le dio tres botellas: una de Campari, otra de vino blanco veneciano y una tercera de agua mineral. Sirvió cinco copas a las que añadió hielo, una rodaja de limón y una aceituna, y se las pasó a Scacchi.

—¿Sabes lo que es? —preguntó Scacchi a Daniel , y éste tuvo la sensación de que había algo malicioso en su expresión.

—He leído sobre ello, pero nunca lo he probado.

—¿Le oís hablar? —dijo Scacchi a todos—. ¡Qué acento tan perfecto! No permitas que el deje de la laguna te lo estropee. Verás: el spritz te va a contar todo lo que necesitas saber de esta ciudad. El Campari nos da la fuerza que tenemos en la sangre; el vino, las ganas de vivir; el agua, la pureza… sí no te rías, Paul. Una hoja de olivo simboliza la unión con nuestra tierra, y para terminar el limón, para recordarte que, si nos muerdes, mordemos.

Le ofreció una copa llena hasta el borde de aquella bebida rojo carmesí y Daniel tomó un sorbo. Sabía sobre todo a Campari y desprendía el mismo aroma intenso y agridulce que había notado en el aliento de Piero.

Laura le sonrió, como si esperase alguna reacción.

—Lo mismo que la comida —añadió ella, ofreciéndole un plato con rebanadas de pan cubiertas con queso y jamón de Parma, y mientras Daniel daba el primer bocado, pensó que no tenía ni idea de la edad de aquella mujer. La ropa simple y barata que llevaba, además de las gafas oscuras, parecían elegidas para aparentar más edad, pero debía andar por los veintiocho, o puede que incluso menos, y no los treinta y tantos que parecía querer aparentar.

—¡Por Daniel! —anunció Scacchi, y los cuatro alzaron la copa. Xerxes ladró. El barco cabeceó un poco y Scacchi decidió sabiamente sentarse de nuevo junto a Paul—. Que el tiempo que pase entre nosotros sirva para abrirle los ojos al mundo.

—¡Por Daniel! —corearon los demás.

—Gracias —contestó él—. Espero hacer bien mi trabajo.

—Y lo harás —contestó Scacchi, quitándole importancia al asunto con un gesto de su esquelética mano—. Estoy convencido. Y en cuanto al resto, ya te he preparado unos cuantos entretenimientos. El tiempo que sobre será tuyo.

—Intentaré aprovecharlo bien.

—Eso es cosa tuya —contestó con un bostezo, y tras dar un trago largo de su copa, la dejó en el banco de madera que recorría toda la borda de la barca, apoyó la cabeza en el hombro de Paul y sin más, se quedó dormido.

La *moto topo Sophia* viró hacia la laguna propiamente dicha siguiendo el canal del aeropuerto primero y después tomando una ruta más corta hacia la ciudad. Todos quedaron en silencio cuando se durmió Scacchi. Paul le acariciaba el pelo de vez en cuando, Piero bebía y Laura le ofreció un cigarrillo a Daniel que éste rechazó, lo que pareció complacerla. Ella tiró la ceniza del suyo al agua. Al poco Paul se quedó también dormido, abrazado a Scacchi y apoyando la cabeza en la suya en un gesto de cariño que parecía teñido de tristeza. Piero y Laura se miraron, y ella volvió a llenarle la copa en más de una ocasión. La luz de aquel día del mes de julio estaba empezando a agotarse, a transformarse en un resplandor rosa y dorado que envolvía la ciudad.

Piero llamó con un silbido quedo al perro y el animal acudió inmediatamente a su lado. Sujetó al timón una pequeña correa de cuero y esperó a que Xerxes se volviera hacia la proa con la correa en la boca.

—¡*Avanti*! —le susurró, y el perro clavó la mirada en el horizonte—. Guíala tú, precioso, que papá necesita un descanso.

Luego se acercó a ellos, que estaban sentados en el centro de la barca y equilibró el peso sentándose en la otra banda.

—¿Has visto, Daniel? —preguntó, volviéndose a mirar a los hombres que dormían.— Esos dos se quieren como un par de palomas. No le hagas mucho caso al americano. Scacchi lo ha elegido para bien o para mal, y los celos son un sentimiento tan malo. Amor entre dos hombres... no lo comprendo. ¿Pero quién soy yo para entender o dejar de entender?

Daniel no contestó.

—Tampoco tiene nada que ver contigo, lo sé —añadió—. No es la razón por la que Scacchi te ha invitado a venir. Él mismo me lo ha dicho, aunque yo soy un bruto y no voy a fingir que entiendo. Dice que lo que tú escribes...

—Mi ensayo —aportó Daniel.

—Sí. Dice que es el mejor. Pero... tú ten paciencia. ¿Ves lo que hace el perro?

Xerxes seguía inmóvil junto al timón, la mirada fija en el horizonte y la correa de cuero firmemente sujeta entre los dientes.

—Es una maravilla.

—Es más que eso. Es la prueba de que Dios existe.

—¡Piero! —le reprendió Laura—. ¿Cómo dices esas cosas?

El hombrón alzó la mirada al cielo y Daniel prefirió no pensar cuánto Campari habría tomado en el camino desde la tierra firme hasta el aeropuerto.

—No digo nada malo, y voy a demostrarte por qué es la prueba de la existencia de Dios. Como ya sabrás, Daniel, este animal es un experto cobrador de P. No voy a decir la palabra porque soltaría inmediatamente el timón y empezaríamos a dar vueltas como locos, pero entiendes a qué me refiero, ¿verdad?

Volviéndose para que el perro no pudiera verlo, hizo el movimiento de alzar un rifle y disparar.

—Exacto. Su raza es de las más antiguas que se conoces. Un día te llevaré en mi *Sophia* a que veas al tatarabuelo de este animal retratado en un mosaico de la pared, por supuesto mucho antes de que las escopetas existieran. A ver cómo explicas eso, preciosa.

Laura le dio una palmada en la rodilla.

—Se llama evolución, tonto.

—Se llama trabajo de Dios. Verás: Dios no conoce el significado de la palabra *tiempo* como nosotros, pero cuando creó al spaniel, lo hizo consciente de que algún día otra de sus criaturas inventaría la escopeta, de modo que decidió meterle la caza en la sangre para ahorrarse el trabajo de tener que inventar un animal nuevo cuando llegase el momento. Es como los árboles, los hombres, el agua, la... —extendió el brazo con el vaso de plástico en la mano—. ¡Spritz! Además...

—Además, Piero —le interrumpió Laura, llenándole el vaso sólo hasta la mitad—, estás borracho.

—Supongo que sí —contestó, y de pronto fue como si le invadiera la tristeza. Olisqueó el aire como si algo hubiera cambiado y miró al perro, cuyo hocico húmedo seguía pegado al timón. La barca había virado hacia el este, aunque nadie se había dado cuenta. Piero volvió a la popa y metió el timón a la vía para recuperar el rumbo.

—*Avanti*, Xerxes —le ordenó con suavidad—. A casa iremos más tarde, cuando hayamos dejado a estos amigos en la ciudad. En su casa.

Laura le lanzó un par de almohadones.

—A casa —repitió, y luego miró a Daniel—. Scacchi dice que no tienes casa. ¿Es cierto?

—Mi madre murió hace un año, y mi padre se marchó antes de que yo naciera. Pero sí que tengo casa.

—¿Y tienes a alguien?

—Cercano, no.

—¿Y se supone que eres un chico listo? —se sorprendió.

Laura movió la cabeza, buscó unos cojines para colocarlos a modo de cama y volvió a sentarse junto a Daniel.

—Un hombre que no tiene casa no tiene nada —declaró Piero—. Es como Paul. Lo ha elegido Scacchi y me parece bien. Además Dios sabe que lo ha pagado caro, con la enfermedad esa que le ha pegado, pero éste no es su hogar. Es más, no tiene hogar. ¿Qué harán con él cuando se muera? Seguramente lo meterán en un avión para mandarlo de vuelta a América.

—Piero —dijo Laura con un leve matiz de desaprobación en la voz—, duérmete un rato, por favor.

—Vale —contestó él, y se recostó en los cojines encajando su enorme esqueleto en el estrecho suelo de la barca con una precisión tal que sólo podía provenir de la práctica. El perro dejó escapar un gemido lastimero, pero no soltó la correa. Daniel miró entonces a Laura, que alzó su vaso y dijo:

—Salud.

San Michele, con su interminable sucesión de tumbas reciclables, empezaba a verse a la izquierda, y tras acercar su vaso al de ella, intentó recordar los nombres famosos que habían sido enterrados allí: Diaghilev, Stravinsky y Ezra Pound acudieron a su memoria. Aquella ciudad llevaba tanto tiempo viviendo en sus pensamientos que había memorizado sus barrios y su historia, aunque en algún momento se había temido que la realidad resultase decepcionante y aquel lugar no fuera más que un parque temático para turistas, pero aunque algo le decía que ese no iba a ser el caso, también estaba empezando a sentir el convencimiento de que la ciudad real, la laguna, iban a resultar distintas de la imagen que se había formado en su cabeza a base de leer todos los libros que había podido encontrar sobre el tema en la biblioteca de la universidad.

Todo ello resultaba bastante confuso, tanto que ni siquiera se había dado cuenta de que Laura le ofrecía la mano. Era, verdaderamente, una mujer muy guapa.

—Yo soy la asistenta —se presentó—. Soy cocinera, ama de llaves, enfermera y cualquier otra cosa que se te ocurra. Mira Daniel, quiero decirte que Scacchi, aunque tiene sus manías, es el hombre más adorable de la tierra. No lo olvides cuando trates con él, ¿vale?

—No lo olvidaré —contestó, estrechando su mano con extrañeza y preguntándose si aquella advertencia se referiría a su propio comportamiento, o al del dueño de la casa, y preguntándose también si ella esperaría que besase la mano bronceada que le ofrecía.

—Y en cuanto a Piero —continuó—, es un loco delicioso. Paul y Scacchi son... me parece que tenéis un dicho en inglés para eso: son como dos peras de la misma rama. La única diferencia es que uno lleva su destino con más valor que el otro, aunque quizás el sentimiento de culpa tenga algo que ver en eso. Yo los quiero a los dos, y te agradecería que durante tu estancia aquí intentaras aprender a quererlos, o si no, lo fingieras.

—Lo haré.

Ella le dio una palmada en la rodilla.

—¿Cómo puedes decir eso si ni siquiera nos conoces, chaval?

Él sonrió como a quien pillan con las manos en la masa.

—¿Y qué quieres que te diga si no?

—Nada. Sólo escucha. Y espera. Sé que estas cosas con difíciles para los hombres y... ¡maldita sea!

La barca había vuelto a cambiar de dirección. Xerxes temblaba.

—¡Cómo se le ocurrirá pensar que un perro puede llevar una barca!

Laura avanzó con cuidado hasta la popa de la *Sophia* y le quitó el timón a Xerxes. El animal gruñó en señal de agradecimiento antes de subirse a la plataforma trasera, alzar la pata y soltar una copiosa meada. Luego se volvió a mirarla dócilmente hasta que se dio cuenta de que no tenía intención de devolverle el timón, de modo que bajó junto a Piero y apoyando el morro en su pierna, cerró los ojos.

Tres borrachos y un perro llamado Xerxes dormidos en una barca. Y una mujer extraña y sorprendente que lo miraba desde la popa mientras guiaba la barca hacia la ciudad. Se había imaginado muchas veces cómo sería su llegada a la ciudad, pero jamás había soñado algo parecido a la realidad.

Y mucho menos habría podido imaginarse lo que iba a ocurrir a continuación. Cuando la barca pasó frente al Cannaregio, una lancha estrecha y larga se acercó a ellos y redujo su marcha. Laura siguió donde estaba, aparentemente tranquila. En la popa de la lancha iba una mujer delgada y de cabello rubio y corto, vestida con un traje azul de chaqueta entallada y una falda ajustada por encima de la rodilla. En la mano llevaba un megáfono. Daniel miró a los tres hombres que dormían y lo mismo hizo la mujer, que después miró a Laura, y ésta se limitó a devolverle la sonrisa encogiéndose de hombros.

Había demasiado ruido y estaban demasiado lejos para poder estar seguro, pero Daniel habría jurado que la policía maldecía para sí misma antes de darle una orden al oficial que iba al timón. La lancha cobró velocidad inmediatamente y se alejó cabalgando sobre su propia plataforma de espuma.

—¿Lo ves? —dijo Laura—. Hasta la policía viene a saludarte.

Pero él casi no la oyó. La *Sophia* había virado y se dirigía a la bocana de lo que debía ser el canal Cannaregio, que registraba un denso tráfico de pequeñas embarcaciones. El *Vaporetto* de la línea 52 avanzaba hacia ellos. Pasaron bajo el puente de Tre Archi con su silueta geométrica y tan poco común para tomar después la dirección del Gran Canal guiados con mano experta por Laura. Daniel se enorgullecía de tener la geografía de la ciudad grabada en la cabeza, de modo que sabía que a su izquierda quedaba la parte más antigua del

Cannaregio, con su gueto judío escondido en la bruma. A la derecha, quedaba la zona más comercial y turística del barrio de la estación.

—¿Sabes por qué estás aquí? —le preguntó Laura, a quien no parecía inquietarle lo más mínimo la multitud de embarcaciones de todas formas, tamaños y colores que les rodeaban.

—Para catalogar la biblioteca del señor Scacchi —contestó, hablando alto para contrarrestar el ruido del canal.

—¡Biblioteca! —se rió ella. La risa le hacía parecer mucho más joven—. ¡Ha tenido el valor de llamarlo biblioteca!

El Gran Canal quedaba delante de ellos y la *Sophia* dio pequeños pantocazos al saltar sobre la estela de los barcos que iban y venían por la multitudinaria vía de agua.

—Entonces, ¿por qué estoy aquí? —preguntó a gritos.

Laura sonrió y dijo algo que no pudo oír porque un *vaporetto* furioso había hecho sonar su bocina para que una góndola cargada de turistas japoneses se apartara de su camino. Daniel prefirió no preguntar, pero tenía la sensación de que ella había dicho *para salvarnos*. De todos modos, no tuvo tiempo de darle más vueltas porque habían girado y con una velocidad insospechada estaban en mitad del Gran Canal. Nada, ni fotografía, ni pintura, ni palabras escritas, le habían preparado para aquella vista. La yugular palpitante de la ciudad estaba ante él. Magníficos edificios se alzaban a ambos lados, góticos y renacentistas, barrocos y neoclásicos, en una sorprendente yuxtaposición de estilos en el que los siglos parecían echarse la zancadilla los unos a los otros. *Vaporetti* y taxis acuáticos, barcos de transporte y góndolas iban y venían sobre el agua como insectos que patinaran en la superficie de una charca. Era un mundo que parecía vivir en múltiples dimensiones: en la superficie, más arriba de ésta en los enormes palacios e iglesias, y abajo, en las aguas negras y cambiantes de la laguna.

—Hay una cosa que hemos olvidado decirte —añadió ella.

—¿El qué?

Se quitó las gafas de sol y unos ojos verdes lo miraron con atención.

—Pues lo básico —contestó con una sonrisa pensativa que le hizo olvidarse de todo lo que había a su alrededor—: bienvenido a Venecia, señor Forster.

Un nuevo hogar

NUESTRO TÍO ME mira de soslayo cada vez que me refiero a este lugar con el nombre de Palazzo Scacchi. En realidad es una casa, y en la jerga veneciana sería Ca' Scacchi, pero en cualquier otro lugar del mundo esta casa tendría la categoría de palacio, aunque eso sí, un palacio necesitado de algo de atención y cuidados.

Vivimos en la parroquia de San Casiano, al lado de las *sestieri* de San Polo y Santa Croce. Nuestra casa queda al borde del *rio* San Casiano (al que cualquiera menos un veneciano llamaría canal), y un pequeño *campo* del mismo nombre. Tenemos, como es habitual aquí, una puerta que da a la calle y dos entradas desde el agua. Una de ellas, rematada por un arco de medio punto, da acceso a la planta baja de la casa y que como manda la costumbre en esta ciudad, se emplea de almacén. La segunda pertenece a la tienda y estudio que es la contribución de la familia Scacchi al mundo del comercio. El negocio está situado en un edificio adyacente, tiene tres pisos (¡cuatro nada menos tiene nuestra casa!), y ocupa la pared norte de la casa hacia el Gran Canal.

Queda un último modo de salir: un puente de madera con barandillas que parte del primer piso de la casa, entre las dos puertas que dan al *rio*, y que la comunica con el canal y la plaza. Es decir, que puedo cruzarlo por la mañana temprano y recoger agua del pozo que queda en el centro del *campo* aún con el sueño cerrándome los ojos. O incluso puedo alquilar los servicios de una góndola desde la ventana de mi dormitorio y en cuestión de minutos estar en el corazón mismo del más magnífico canal de la tierra, frente al incomparable

Ca' D'Oro. ¿No te parece que tiene merecido de sobra la clasificación de "palacio"?

Según me han dicho, el edificio ronda los doscientos años. Fue construido en ladrillo del color que tienen las castañas caídas de los árboles que han pasado todo el invierno sobre la tierra, tiene unas airosas ventanas rematadas en arco y enmarcadas por columnas dóricas en miniatura y unas persianas pintadas en verde destinadas a evitar que entre el sofocante calor del verano. Vivo en el tercer piso, en la tercera habitación a la derecha (las cosas siempre vienen en tríos, dicen... ¿o era a pares?). Por las noches, cuando me acuesto, oigo el rumor del agua, la conversación y las canciones de los gondoleros y en la plaza, la charla descarada de las prostitutas. Por desgracia este barrio es conocido por eso precisamente. Al fin y al cabo esto es una ciudad, y supongo que pasará lo mismo en Sevilla, ¿no? En cualquier caso, comprendo por qué el tío quiere seguir llevando su negocio aquí. Los precios no son tan altos, estamos en un emplazamiento céntrico y de cómodo acceso para nuestros clientes, y por añadidura, el mundo de la pintura está enraizado en esta zona: Scotto y Gardano, Rampazetto y Novimagio tienen residencia aquí. El barrio posee el espíritu de los libreros que viven y han vivido en él, aunque algunos de los nombres más antiguos no sean ya más que lomos de letras borrosas en las estanterías de los anticuario del Rialto.

¡Ay, hermanita, cómo deseo que llegue el día en que pueda enseñarte todas estas cosas en lugar de intentar describírtelas en una carta que puede tardar Dios sabe cuánto en llegarte a Sevilla! Venecia es como una inmensa reproducción de la biblioteca de nuestra casa, con estantes y anaqueles que se extendieran más y más, inconmensurables, llena de rincones y maravillas insospechadas, algunas de ellas a la puerta misma de mi casa. Anoche, cuando andaba rebuscando en el desván del almacén sin nada en particular que encontrar, descubrí tras una pila de cantatas que no habían podido venderse (porque francamente, eran de ínfima calidad), una única copia de la *Poética* de Aristóteles, publicada en la ciudad en 1502 por el mismísimo Aldo Manuzio. El sello de la academia aldina aparece en la cubierta, aquel famoso colofón del áncora y el delfín del que nos habló nuestro padre. Me apresuré a presentarle al tío Leo mi descubrimiento, y mi victoria fue ver aparecer en sus labios resecos algo parecido a una sonrisa.

—¡Buen descubrimiento, muchacho! Un hallazgo del que obtendremos una buena suma cuando lo lleve al Rialto.

—¿Puedo leerlo antes, señor? —le pregunté, y acto seguido experimenté cierta inquietud, ya que el tío Leo es bastante severo a veces.

—Los libros son para venderlos, no para leerlos —contestó, pero al menos pude tenerlo durante aquella noche, ya que los anticuarios estaban cerrados a esas horas. Desde entonces no he dejado de buscar afanosamente por los rincones más olvidados, pero lo poco que he encontrado era de escasa importancia. Nuestro tío es en primer lugar hombre de negocios, y en segundo, editor, aunque tiene buen oído para la música. A veces me pide que interprete obras que envían para que les hagan los arreglos, y a raíz de eso he descubierto que el tío tuvo una vez ambiciones en ese sentido (los Scacchi somos polifacéticos, hermanita, aunque el destino a veces nos impida desarrollarnos).

Hay un antiguo clavecín en un salón del primer piso. Imagínate que intentaras que dos de nuestras viejas gallinas, de aquellas que ya ni poner podían, cantaran a dúo rascándoles el buche. Así lo hago yo.

Aun así, como dice Leo, el instrumento es sólo una parte del resultado. Incluso un mal aficionado como yo puede obtener algo parecido a una melodía del teclado. Música o literatura, la mayor parte de las composiciones que imprimimos se ven reflejadas en papel y tinta por pura vanidad del autor, que es quien paga, a menos que haya encontrado algún bobo que corra con los gastos. Sin embargo, algunas veces llega algo que merece la pena. Tres noches atrás, el tío Leo colocó una sola página delante de mí y me ordenó:

—Toca.

Y lo que es más raro: luego me pidió mi opinión.

—Es… una pieza interesante —dije. Tenía la impresión de que debía ser político en mis comentarios—, pero es difícil juzgar con una sola página. ¿No tiene más?

—¡No!— contestó con una sonrisa burlona. Entonces alzó una mano y la puso delante de la cara, lo que me permitió observar lo que hasta entonces sólo había entrevisto. El dedo meñique y el índice estaban horriblemente desfigurados, como si los tendones de ambos hubieran decidido encogerse y tirar de la carne hasta hacerla

45

casi rozar la palma. En alguna ocasión me había preguntado yo por qué el tío era tan lento cuando se ocupaba de componer en la prensa. Entonces lo supe. Sus días como músico habían terminado—. Ni lo habrá con una mano así —añadió.

—¿Este trabajo es suyo?

Intenté no parecer demasiado sorprendido. Conociéndole, era lo mejor.

—Algo con lo que impresionar al *cura rojo*[1] y a sus chicas de La Pietà, si hubiera podido terminarlo antes de que apareciera esta... garra.

—Lo siento, tío. Si quiere, puede dictarme y yo intentaría pasar al papel sus ideas.

—¿Y si me quedo ciego, pintarías siguiendo mis instrucciones para hacerle la competencia a Canaletto?

Me pareció que lo mejor sería no contestar a eso. El tío Leo tiene pocos amigos, y ninguna amiga, lo que en mi opinión es una pena porque la presencia de una esposa dulcificaría un poco su carácter. Su negocio es su vida, un negocio bastante duro por la cantidad de horas que le dedica, lo que le deja muy poco tiempo para lo demás. Los dos nos ocupamos de todo en el proceso de la publicación, desde la composición en la prensa a su manejo, aunque me ha asegurado que contratará a alguien más si es necesario. Si Aldo Manuzio no pudo ganarse la vida como editor en Venecia, a veces me pregunto cómo un Scacchi puede arreglárselas.

He releído esta última frase, ¡y qué poco me gusta! Al demonio con el pesimismo... (perdóname el lenguaje). Todos somos Scacchi, y aquí tenemos una profesión que me mantiene en contacto con las palabras y la música. Puede que no seamos artistas, pero al menos somos quienes damos a conocer su obra, y eso ya es algo. Pero no es un modo sencillo de ganarse la vida. Esta mañana, cansado como estaba de haber trabajado buena parte de la noche, malinterpreté unas instrucciones del tío Leo y me equivoqué en la imposición de un pequeño panfleto sobre rinocerontes. Habrá que rehacerlo por completo, y a expensas del tío. Ya no hay modo de deshacer el error (en este negocio los errores tienen consecuencias nefastas). El tío me

---

1 Sobrenombre con el que se conoce a Antonio Vivaldi por el color de su pelo.

ha pegado, pero sin ensañarse, y me lo merecía. Un aprendiz debe aprender.

Frente a nuestra casa, en la iglesia del barrio, hay un cuadro del martirio de San Casiano, el santo patrón de los profesores. Esta tarde he estado contemplándolo durante un buen rato. Es una obra lóbrega, atormentada y triste (supongo que todos los martirios, de los que las iglesias de por aquí están abarrotadas, encajan en esa descripción). El cuerpo vigoroso y desnudo del santo aparece en primer término, y a su alrededor, la locura: plumas, cuchillos, azuelas... sus torturadores se preparan para enviarlo a la eternidad. El párroco dice que San Casiano era un maestro cuyos alumnos se volvieron contra él cuando pretendió iniciarles en el cristianismo. Me asegura que el cuadro es una alegoría, pero yo no dejo de preguntarme qué puede hacer que no sólo uno, sino varios alumnos se vuelvan contra su maestro con tan aviesas intenciones. ¿Habría empleado el castigo más de lo que se merecían? Es evidente por la expresión de sus caras que han caído en desgracia, pero ¿qué ha propiciado su caída? En el cuadro no hay ni rastro de Satanás.

Me temo que el tono de esta carta está decayendo peligrosamente, así que a lo mejor la abandonas para ir en busca de tus nuevos amigos y disfrutar de su compañía. Antes de que lo hagas, te envío en ella todo mi amor y la alegría que me produce saber que tu salud ha mejorado tanto.

Una cita con el inglés

Hugo Massiter tenía cincuenta y un años, y a Rizzo le recordaba a uno de esos personajes de las películas de los años sesenta que a veces ponían de madrugada en la RAI. Eran películas en las que las mujeres siempre llevaban minifalda y maquillaje en exceso y los hombres parecían una especie de versión desfigurada del *latin lover*, ligones caducos que creían estar eternamente en la adolescencia. Massiter se vestía igual que ellos. Se había presentado con unos pantalones tostados de raya perfecta, camisa blanca que de tan planchada parecía el mantel de un restaurante de cuatro tenedores, y como toque de gracia, un pañuelo de seda azul claro al cuello.

Es un hombre alto que tiempo atrás debía resultar guapo, con unas facciones patricias algo hoscas. Estaba moreno; es decir, todo lo moreno que pueden ponerse los ingleses que han pasado demasiadas horas bajo el sol, y de vez en cuando sonreía de un modo que incluso podría calificarse de cálido. Pero había dos rasgos que echaban a perder el cuadro: el primero, que la frente le crecía hacia atrás y con rapidez, a pesar de los intentos que él hacía por ocultar aquel ensanche rojizo y brillante. Y el segundo y más llamativo eran sus ojos. Massiter los tenía grises, grandes y de mirada inteligente y penetrante. Miraba a la gente como si tuviera una capacidad especial de enfoque que le permitiera ver más allá de la apariencia externa. Cuando Rizzo quería saber lo que estaba pensando de verdad, le bastaba con mirarle a los ojos. En su frialdad aparecían todas las respuestas y la verdadera naturaleza del carácter de Massiter. Eran precisamente sus ojos lo que le hacían temerle, unos ojos que a veces no parecían humanos.

Habían pasado ya tres semanas desde que habían desenterrado el cuerpo de Susanna Gianni y Massiter debía estar pensando en otras cosas mientras se tomaba un vaso de agua mineral disfrutando de la vista del Gran Canal. Vivía en un pequeño apartamento de Dorsoduro, entre la Academia y La Salute, que ocupaba el segundo piso de un palacio rehabilitado y que debía haberle costado una fortuna. Pero Massiter podía permitírselo. Además de aquel, tenía otros en Londres y Nueva York. El negocio del arte debía dar más dinero que el de robar a los turistas, aunque Rizzo estaba convencido de que si la tramoya del negocio del inglés quedara al descubierto, seguro que no había tanta diferencia entre ellos.

Massiter se volvió y le miró, y Rizzo supo lo que quería decir aquella mirada: *sé perfectamente cuando me mientes.*

—Cuéntame otra vez lo que ocurrió.

—Pues lo mismo que ya le he contado cien veces. ¿Qué más quiere que le diga?

—Descríbemela.

Aquel hombre le asustaba.

—Mire, si quería una foto, habérmelo dicho. Ahora sólo puedo contarle que era un cadáver dentro de un ataúd, y nada más.

Su respuesta debió hacerle recordar algo porque Massiter se levantó y de un escritorio antiguo que había junto a la ventana sacó una carpeta, y de ella una foto que le mostró tras sentarse junto a Rizzo, casi pegado a él. El sofá de cuero exhaló un suspiro al acomodar el peso de su cuerpo. Rizzo miró el cuadro colgado en la pared de enfrente, un torbellino de colores modernistas, y volvió a experimentar la sensación de estar atrapado en una película antigua. A lo mejor el cadáver de Fellini estaba oculto tras alguna de las puertas de espejo del ropero que ocupaba de parte a parte una de las paredes del salón. Incluso a lo mejor Massiter poseía uno de aquellos Alfa Spyder descapotables con el que salir de excursión por la carretera de la costa los días de sol, dejando que el viento le alborotase lo que le quedaba de pelo. Fuera como fuese, aquel hombre parecía insensible al tiempo, y a él no le gustaba perderlo en su compañía.

—Mira esta foto.

Era la primera vez que la veía. La muchacha estaba delante de La Pietà, aquella enorme iglesia blanca enfrente de San Marcos. Llevaba un vestido negro y tenía en sus manos el viejo y rechoncho violín que él tenía a buen recaudo en la consigna de la estación de Mestre. El sol inundaba la imagen, y en segundo plano había otros músicos, como si la fotografía se hubiera sacado antes o después de un concierto. No podía apartar la mirada de la chica, que parecía brillar con luz propia, llena de felicidad y de vida, con los ojos chispeantes y... de pronto se le ocurrió: con los ojos fijos en alguien. Sonreía a la persona que sostenía la cámara y que debía ser Massiter, con algo más de pelo y con su Spyder menos devorado por la herrumbre. Se le ocurrió en aquel momento que su primera impresión, la que le había causado la foto que había sobre la lápida, había sido acertada. Aquella muchacha estaba cambiando, pasando de niña a mujer, y era imposible no desear sentarse a contemplar el milagro. Una belleza magnética estaba surgiendo de su interior, como una obra de arte en proceso de creación. ¿Sería ese el origen de la obsesión de Massiter? No. No podía ser. Aquellos ojos tan fríos no tenían sitio para albergar esa clase de sentimiento.

—Ya la veo.

—¿Seguro que es la misma chica?

Casi deseó que Massiter hubiera estado allí para que se diera cuenta de lo absurdo de su pregunta.

—¿Que si estoy seguro? Vamos hombre, que llevaba diez años muerta.

—¿Podría ser ella?

—Claro.

—¿El pelo?

—Sí, el pelo era del mismo color.

—¿Y no había nada más? ¿Nada? ¿Ni siquiera una nota?

Rizzo le miró directamente a los ojos.

—Lo único que había era un cuerpo en un sudario. Nada más. Se lo he dicho ya mil veces.

Massiter suspiró y dejó la fotografía sobre la mesa.

—Luego está el asunto de ese supervisor muerto.

Rizzo pidió a Dios no mearse en los pantalones.

—¿Qué?

Massiter clavó sus ojos en él, y Rizzo sintió frío.

—¡Vamos! El pobre diablo murió ese mismo día. Supongo que lo habrás leído en la prensa.

Él asintió, sorprendido de la calma que era capaz de mostrar.

—Claro que lo he leído. Pero no había caído en la cuenta, eso es todo.

Massiter rebuscó entre un montón de recortes de prensa que tenía sobre la mesa y sacó uno que en el que se veía una foto del supervisor al lado del artículo.

—¿No le viste en el cementerio?

—No me acuerdo —contestó, mirando con interés la foto—. No. Éste no es el tío con el que yo hablé.

El inglés emitió un ruido insignificante, volvió a la mesa y de una caja de cartón blanco llena de papel de seda extrajo, con el mismo cuidado que emplearía un cirujano durante una operación, un objeto pequeño y policromado. Era un icono primitivo de la Virgen, la clase de chuchería que las tiendas de antigüedades mandan robar en los países del este para luego vendérselas a los turistas. Conocía a gente capaz de hacer copias baratas de esos chismes en un taller de Giudecca. Pero aquella pieza parecía auténtica. El halo que rodeaba la cabeza de la Virgen brillaba como si fuera oro puro.

—¿Ves esto? —dijo Massiter, mostrándoselo—. La semana que viene saldrá a subasta en Nueva York. Creo que alcanzará los cincuenta, o quizás los sesenta mil dólares. De ahí sale tu dinero.

Rizzo lanzó un silbido.

—Madre mía... me he equivocado de negocio.

—Tú eres un chorizo. Así es como nos conocimos.

Eso era cierto. Un domingo por la mañana había intentado birlarle la cartera al inglés cerca de La Salute, pero Massiter se dio cuenta a tiempo y para sorpresa de Rizzo, le invitó a un café en lugar de llevarlo ante la policía. Desde luego era una forma limpia de encontrar a alguien que se ocupara del trabajo sucio. Debía tener equivalentes a él en Nueva York y Londres, seguramente localizados del mismo modo.

—En eso tiene razón.

Massiter le dejó el icono en sus manos. Era pequeño y muy delicado.

—Proviene de Serbia —le explicó—. ¿Alguna vez te has parado a pensar la cantidad de mercancía disponible que hay últimamente en los Balcanes?

—La verdad es que no —contestó, sorprendido de oírle referirse a aquella obra de arte como *mercancía*. Mejor devolvérselo cuanto antes. No le gustaba tener tanto dinero en la mano.

—Ya me lo imagino. Proviene de un pequeño monasterio en la frontera kosovar. Unos cristianos que conozco se hicieron con él, y aunque yo soy agnóstico en materia de religión, estoy dispuesto a tratar con cualquiera.

De eso estaba convencido.

—Los negocios son los negocios.

—¿Tú sabes cómo es la gente capaz de hacer esto?

Claro que lo sabía. Había delincuentes balcánicos por todas partes: bosnios, kosovares, albaneses y serbios. Y todos ellos dispuestos a sacarte los ojos con una cuchara sólo por pronunciar su nombre con entonación incorrecta.

Massiter se acercó todavía más a él y le puso una mano en la rodilla. Tenía unas manos largas y fuertes, y se preguntó por qué no se habría dado cuenta antes.

—El año pasado, uno de ellos me robó. Sí, ya ves. Colaboro en sus negocios. Les pago a su debido tiempo. Les envío regalos. Acaricio la cabeza llena de piojos de sus hijos.

Rizzo empezaba a ahogarse.

—Yo jamás le haría una cosa así, *signor* Massiter. Usted sabe que no sería capaz de hacerle algo así ni aunque…

—Cállate —le ordenó, poniéndole dos dedos sobre los labios. Sus ojazos grises se clavaron en los de Rizzo como si fueran planetas gemelos, llenos de hielo y de odio.

—Me robaron, Rizzo —insistió—. Con toda la confianza que había puesto en ellos.

Desprendía un olor extraño. Era más perfume que loción de afeitar, y se asemejaba un poco al incienso de las iglesias. Bajó la mano y Rizzo apretó los dientes para no orinarse encima.

—Qué estupidez, ¿no?

Massiter asintió.

—Eso creo yo. ¿Me sigues?

—Sí.

—No. No te estás enterando de nada —respondió, y tomó un trago de agua con mano firme como la roca—. Eres un ladrón, lo cual resulta útil hasta cierto punto. La lección que debes aprender es que robar de lo que pasa por mis manos está mal, pero robar algo que es mío está mucho peor.

—Yo no sería capaz de...

Massiter sonrió de pronto, una sonrisa de bienvenido a la fiesta que le habría proporcionado un papel en el cine.

—Cállate, que estoy intentando explicarme. Hay cosas que poseo para venderlas, pero otras, objetos de mayor belleza, las poseo para mí solo. Si me robas algo que iba a vender, me enfado, pero si me robas lo que es mío... bueno, no sería de buena educación entrar en detalles, ¿no te parece?

Rizzo no dijo nada y Massiter se echó a reír.

—¿Sabes cuál es la diferencia entre nosotros, Rizzo?

—Que usted es listo, y yo soy tonto.

El inglés se echó a reír y le dio una palmada en el hombro.

—Yo no diría tanto. Es más, me pareces un chico listo. No. La diferencia es que tú robas cosas por su valor intrínseco, mientras que yo... yo las adquiero para ser su propietario. Lo que te interesa a ti es el objeto en sí. A mí lo que me interesa es el acto de la posesión.

—Entiendo.

—Dicho de otro modo: tú eres un ladrón, y yo soy un coleccionista. Dejémoslo así, ¿te parece?

Dicho esto, se levantó y estiró las piernas como si le dolieran.

—Esa chica poseía un objeto que me pertenece y que he echado de menos desde que murió. Tengo oídos, Rizzo, y me ha llegado a ellos que un objeto muy similar a ese podría estar en venta en este momento si alguien acudiera al lugar oportuno y ofreciera la cantidad conveniente. Me preguntó dónde estará y cómo habrá llegado hasta allí.

Rizzo se concentró en no mover un solo músculo de la cara.

—¿Qué quiere que haga?

—¿Que qué quiero? —repitió con su cálida sonrisa—. Que observes. Que escuches. Que seas mis ojos y mis oídos —consultó su voluminoso reloj de pulsera. Era casi la una—. Y que luego me cuentes todo lo que sepas. Pero ahora lo que quiero es que te largues. Tengo que asistir a una recepción, con gente que me considera la viva imagen de la rectitud moderna. Y como soy yo el que paga, espero pasar un buen rato mientras se beben mi vino.

Fuera de la ley

¡INTRIGA! ¡AVENTURA!

Ya está. Ya sé que he captado toda tu atención. Tu desventurado hermano está en el ojo del huracán y no puedo sino preguntarme qué peligros y misterios me esperarán a la vuelta de la esquina.

Ayer el tío Leo me hizo pasar al salón y me comunicó con suma gravedad que tenía que acometer un encargo importante y confidencial en nombre de la Casa de Scacchi. El trono de Vivaldi, el famoso cura rojo, se tambalea. Parece ser que su musa le ha abandonado, lo mismo que varios de sus músicos, aunque su reputación sigue apoyada en el pequeño grupo de intérpretes femeninos que ha reunido en La Pietà. La enfermedad, las discusiones (numerosas, por cierto) y el desgaste de los años le han pasado factura. Debe ofrecer su concierto de temporada y carece del talento para interpretar su propio trabajo.

Por un terrible momento pensé que el tío iba a pedirme que me pusiera faldas y entrase en el grupo, y empecé a preparar cualquier excusa (incontinencia, o una repentina parálisis en las manos). Pero él debió leerme el pensamiento porque con un gesto de impaciencia me dijo:

—Tú no, muchacho. Necesita una intérprete de violín y yo conozco a la mujer idónea, pero estoy demasiado ocupado y lo que quiero es que tú la acompañes. Que la lleves en góndola hasta allí y luego vuelvas a traerla. No repares en gastos. El poder de Vivaldi en esta ciudad está empezando a disminuir, sin duda, pero incluso un fantasma puede tener sus influencias.

Yo seguía perplejo.

—¿Quiere que acompañe a una dama a la iglesia, señor? ¿Es que está enferma?

—No. ¡Es que es judía!

Yo no sabía qué pensar.

—¿Judía? Pero... eso es imposible. ¿Cómo va a poder tocar en una iglesia? No creo que Vivaldi se lo permita.

—¡No tiene por qué saberlo! La dama en cuestión es más que presentable y de gran talento. Puede interpretar cualquier cosa que Vivaldi le pida, y más. Si fuera una gentil y varón, me atrevería a decir que llenaría ella sola las salas de conciertos, pero es judía y mujer, además de delicada y pequeña, sin nariz de gancho ni barba, así que... Siempre que vayas a ser capaz de llevarla hasta allí sana y salva y de convencerla de que se quite el pañuelo rojo antes de entrar en la iglesia, Vivaldi no pondrá objeciones. ¡Y en cuanto la oiga tocar, caerá rendido!

La temperatura en el polvoriento salón descendió varios grados de golpe. Yo no sé mucho de judíos, pero lo que sí sé es que no pueden andar por la calle sin una especie de placa que los identifica y que les está totalmente prohibido entrar en una iglesia, so pena de prisión o algo peor, tanto para ellos como para quienquiera que los haya alentado a transgredir la norma impuesta por el Dux.

—Nuestra carga de trabajo no es tal que no pueda hacer usted mismo ese encargo, tío. Yo soy sólo un muchacho y no conozco la ciudad tan bien como usted.

Los ojos de nuestro tío, de mirada severa en el mejor de los casos, se volvieron impenetrables.

—Soy yo quien da entrada a los trabajos de este negocio, Lorenzo. Cuando te saqué de la penuria en la que vivías para hacerte mi aprendiz, accediste a cumplir todos y cada uno de mis encargos, y ahora te ruego que cumplas con tu parte del trato.

—¡Pero tío! ¿Y si nos descubren?

—Me llevaré una tremenda desilusión y negaré saber de tus andanzas. Vivimos en un mundo sucio, muchacho, y no se puede prosperar sin mancharse las manos de barro de vez en cuando.

"Claro", pensé. "Mientras sean las manos de otro..."

—¿Y si me negara, señor?

—Si te niegas, ya puedes recoger tus bártulos y abrirte camino en la vida tú solo. Y si mañana por la mañana no hay una carta de agradecimiento de Vivaldi encima de la mesa, también lo harás. Para lo que me sirves en la prensa, derramando tinta e imprimiendo las páginas cabeza abajo...

Luego puso unas monedas en mi mano. Sólo cubrían el alquiler de la góndola de modo que tendría que ir andando a buscar a la hebrea bajo mi custodia y luego, después de dejarla, volver también andando; añadió una nota manuscrita con la dirección y volvió a la lectura de las pruebas de un tratado de medicina que estamos preparando para unos clientes árabes.

Por supuesto sigo vivo, hermanilla querida; vivo y libre para escribirte esta carta que confío quemarás en cuanto hayas terminado de leer. Como ves y hasta ahora, la aventura no ha acabado con la vida de tu hermano pequeño, aunque sí me ha quitado el sueño, y por varias y distintas razones.

Una misión

DANIEL FORSTER PASÓ su primer día completo en la ciudad, a petición de Scacchi, recorriéndola y admirándola él solo. Volvió a la casa de la plaza de San Casiano a las cinco, y cuando las campanas de la iglesia daban las seis, lo llamaron para el cumplir con el ritual de todas las tardes: el Spritz. Scacchi se bebió tres copas, todas ellas rojas como la sangre. Paul, algo menos y Laura, invitada y camarera a un tiempo, no tomó más que una que le duró toda una hora.

Scacchi tenía mejor aspecto que el día anterior. Tenía algo más de color en las mejillas y estaba de mejor humor. Daniel comprendía la naturaleza de la enfermedad que padecían los dos hombres, aunque no podía decir si su carácter se había alterado por ella o no. Aun así, la petición de Laura de consideración hacia ambos no habría sido necesaria.

—¿Sabes cómo se las ha arreglado este joven para encontrarnos, Laura?

Ella intercambió una mirada con Paul.

—Puede que lo hayas contado ya en un par de ocasiones, pero da igual. Refréscame la memoria.

—¡Pues haciendo uso de su inteligencia! Estaba tan tranquilo en Oxford, esa universidad suya tan famosa, escribiendo su tesis sobre la industria editorial de Venecia, ¿y qué se le ocurre? ¡Intentar averiguar si todavía subsiste alguna! Brindo por tu dedicación, Daniel.

Scacchi alzó su copa y los demás hicieron lo mismo.

—¡Han pasado ya más de doscientos cincuenta años desde que se imprimió una página en estas cuatro paredes, y aun así, has conseguido localizarnos!

Daniel recordaba el momento. Dejándose llevar por la intuición, decidió consultar la guía telefónica de Venecia desde la biblioteca de la universidad y hacer una búsqueda de los nombres de las editoriales que estaba investigando para su tesis. Prácticamente todos los apellidos habían sobrevivido y se encontraban dispersos por el Véneto pero Scacchi sólo había unos cuantos y uno de ellos, sorprendentemente, seguía viviendo en la misma dirección que en el siglo dieciséis albergara la famosa editorial. Estaba orgulloso de sus dotes de detective. Desde la muerte de su madre se había refugiado en el trabajo, en parte como forma de escape pero también porque para él era especialmente reconfortante moverse entre libros antiguos y partituras amarillentas. La vida en la universidad era bastante placentera, medida y ordenada, aunque un poco solitaria. A pesar de que no era su intención, había adquirido la reputación de ser una rata de biblioteca, un tipo distante. Tenía conocidos, eso sí, pero no buenos amigos, y era consciente de que había cierta distancia entre sus compañeros y él. Se había pasado los últimos años cuidando de su madre enferma mientras que los demás se movían y crecían en modos y formas que ni siquiera podía imaginar. En cierto modo, tenía la sensación de que hasta la muerte de su madre no había podido empezar a crecer, aunque esa era una idea que le llenaba de dolor y de remordimientos.

Sintió una mano suave en el brazo. Era Laura, que sonreía.

—Lo siento —balbució—. Estaba distraído. ¿Qué decíais?

Scacchi habló gesticulando con un tenedor en la mano.

—Me quedé mudo cuando recibí la carta. ¿Verdad, Paul?

—Tú jamás te has quedado mudo. Sorprendido quizás, pero mudo...

—¡Qué impertinencia! Pero no pienso picar. Esta ciudad nos conoce, Daniel, como un par de viejas reinonas que se ganan la vida comprando y vendiendo antigüedades. Sin embargo tú, con tus ordenadores y tu talento para la investigación, has descubierto algo que para mí apenas era un viejo rumor que se contaba en la familia.

—Pero estoy seguro de que usted debía saber que hubo un impresor famoso que ejerció en esta casa.

—¡Lisonjas! Ha pasado tanto tiempo y son tantas las ramificaciones de la familia que, aunque el apellido sea el mismo, esta casa ha ido pasando de pariente a pariente durante siglos. La rama de la familia a la que yo pertenezco sólo se remonta tres generaciones, y heredó la casa de un primo arruinado. En el edificio de al lado tuvimos un pequeño negocio de almacenaje hasta que la demanda se agotó. Ahora yo soy el último de esta línea de Scacchi. No habrá nadie que lleve mi apellido. Y también Ca' Scacchi se extinguirá —bajó la mirada al plato y añadió sin emoción—: Como si eso importara.

—A los demás sí que nos importa —respondió rápidamente Laura—, así que haz el favor de dejar esa cara de perro apaleado, que no te pega. Y en cuanto al por qué de que Daniel esté aquí, es porque tú le invitaste para que te ayudase a catalogar la... —miró a Daniel con las cejas levemente alzadas— ...biblioteca.

—Ah.

Los tres guardaron silencio. Aquel trío era verdaderamente complejo, y todavía más el papel que Laura jugaba en él. Era empleada y amiga, confidente y guardián de aquellos dos hombres, una tarea ingrata y onerosa en muchas ocasiones, pero que sin duda ella adoraba.

Scacchi siguió con la mirada baja, pero sonreía.

—Puede que haya exagerado un poco, pero de todos modos creo que encontrarás todo esto muy instructivo. En cualquier caso, Laura, yo le pagué el billete, ¿no?, además de darle un poco de dinero extra para su estancia aquí. Y un asiento en ese circo de La Pietà para que pueda ejercitar el brazo. Sí, Daniel: como verás, leía tus cartas con mucha atención.

—¿La Pietà?

—Ya hablaremos de eso más tarde. Ahora... —se levantó y sacó del bolsillo un juego de llaves sujeto por una larga cadena al cinturón—. ¡Venga, levantaos, que vamos a explorar Ca' Scacchi y otros rincones en los que ninguno de vosotros ha estado antes!

Laura vio la ilusión que brillaba en su mirada y que se dirigía hacia la puerta que daba al sótano y preguntó:

—¿Vamos al almacén? ¿No habrá ratas?

—Querida, en esta ciudad no hay un solo rincón en el que no haya ratas.

—En ese caso, creo que me quedo recogiendo.

—Yo también —dijo Paul—. El polvo de ahí abajo se me mete en los pulmones.

—Como queráis. Vamos, Daniel. Nos aventuraremos tú y yo solos.

Descendieron por una escalera estrecha hasta el sótano de la casa principal. Era un lugar oscuro y polvoriento, abarrotado de muebles antiguos y cajas, iluminado todo por una sola bombilla amarillenta que colgaba del techo. Scacchi recogió dos linternas que había al pie de la escalera y se dirigió a otra puerta que había a la izquierda.

—Vamos a las catacumbas —dijo—. Es un lugar oscuro como la boca del lobo, sin ventanas y sin electricidad. Tendrás que utilizar una de éstas, y te agradeceré que tengas el mayor cuidado posible para no meter este polvazo en casa. Laura se pone de pesada como un martillo pilón si entras con los zapatos llenos de polvo.

Daniel lo siguió y ambos entraron. Las linternas proyectaban ante ellos dos haces gemelos de luz amarilla. Aquella habitación estaba todavía más desordenada que la anterior. Sábanas cubiertas de un manto de polvo ocultaban objetos de forma inidentificable, algunos de apenas medio metro, otros más altos que un hombre, en un espacio de las mismas dimensiones de ancho y de fondo que la casa en sí, de modo que parecía extenderse sin fin. En la parte frontal había dos puertas de madera carcomida por las que entraba algo de luz y que debieron ser en su momento la entrada de que disponía el taller al nivel del agua.

—¿Qué es esto, señor Scacchi?

—Pues supongo que los trastos que se utilizaran en la imprenta. Cuando el negocio cerró, todo lo que había en los tres pisos de la casa debió traerse aquí abajo. Cuando nosotros nos trasladamos aquí, nos limitamos a acondicionar los pisos superiores y todo se metió en la casa con grúa. La escalera por la que hemos bajado es demasiado estrecha para subir nada por ahí. Pero cuando tú me encontraste y me hiciste pensar sobre la historia de esta casa, decidí echar un vistazo aquí abajo. Fue después cuando decidí invitarte a venir. Mira...

Alzó la esquina de una de las lonas que cubría un enorme objeto rectangular colocado a un lado de la bóveda de entrada y vio el pie de una enorme máquina.

—¿Es una prensa?

—Algo así. No tiene ningún valor, según me han dicho. No hay demanda de esta clase de cosas. La gente busca obras de arte y no maquinaria antigua. Puede que los libros antiguos también despierten algún interés, pero en eso yo estoy perdido. Si se tratase de un instrumento musical, de un cuadro o de un bronce, podría evaluarlo, pero las palabras escritas en el papel... para mí nunca han significado mucho. Menudo Scacchi, ¿eh?

Daniel oyó algo chillar y luego escabullirse hacia la luz que se colaba por las puertas. Laura estaba en lo cierto sobre las ratas, como seguramente también lo estaba en muchas otras cosas, a pesar de que hicieran caso omiso de su opinión. Confiaba en que Scacchi fuera consciente de la suerte que tenía al contar con un ama de llaves como ella.

—Menudo Scacchi, y menuda biblioteca —continuó, y como su rostro quedaba fuera del haz de luz de las linternas, no pudo ver su expresión—. Soy un fraude. Dilo, por favor. Te he engatusado para que vinieras aquí cuando en realidad sólo tengo una habitación llena de polvo.

—¡No, qué va! Habría venido de todos modos, aunque sólo hubiera tenido una página amarillenta que enseñarme. Me habría bastado con respirar este aire.

Scacchi dio una palmada sobre una pila de libros que había junto a él y una nube de polvo en miniatura los envolvió. Por alguna razón, parecía molesto.

—¿Por qué dices eso, Daniel? Somos desconocidos. Te he engañado para que vinieras. Admítelo.

No podía creer que no se diera cuenta de lo que la estancia allí significaba para él.

—Toda mi vida he deseado venir a Venecia. Mi madre era inglesa, pero vivió aquí cuando era estudiante. ¿Cómo cree que empecé a aprender italiano? Crecí entre sus libros y con sus historias, y cuando miro a mi alrededor... —Daniel dudó. Algo, quizás el polvo, le estaba provocando escozor en los ojos—... tengo la sensación de que todo esto lo veo a través de sus ojos, y que sigo teniéndola cerca.

Scacchi tosió y lo miró de soslayo. Habían compartido un raro momento de intimidad, aunque ninguno estuviera dispuesto a admitirlo.

—La credulidad es la debilidad del hombre pero la fuerza del niño, dice el dicho. Tú tienes veinte años, Daniel. ¿En cual de los dos casos estás?

—Un poco entre los dos, imagino, pero avanzando en la buena dirección.

Scacchi volvió la cara.

—Me recuerdas mucho a mí mismo. Mañana hay algo en San Rocco que quiero que veas, antes de que vayas a La Pietà, a esa historia con la que creo que vas a disfrutar muchísimo.

—Es usted demasiado amable conmigo.

—¿Ah, sí? —le preguntó, dando otra palmada sobre los libros, aunque más suave.

—Bueno, puede que no *demasiado*.

Recogió las dos linternas. Era hora de irse.

—Daniel, búscame algo aquí. Algo que pueda vender. Nos reímos, nos gastamos bromas y actuamos como si el futuro no existiera. En cierto modo es así, para Paul y para mí, pero todavía no ha llegado el momento, y necesito que encuentres algo que pueda vender bien. Quiero morir bajo este techo, y no tener que venderle la casa a algún americano al que le haga gracia lo de remodelar un palacio veneciano. Y quiero dejarle a nuestra querida Laura lo suficiente para que pueda empezar de nuevo. Dios sabe que se lo merece. Pero para todo eso necesitamos dinero.

El cambio en el tono de Scacchi había sido tan radical que Daniel se quedó estupefacto.

—No me había dado cuenta. No tiene por qué seguir gastándose dinero en mí de esta manera. Trabajaré gratis. Ya me da de comer y me ha pagado el billete de avión, y es más que suficiente.

Scacchi le dio una palmada en el hombro.

—Tonterías, Daniel. Lo poco que te pago no me sacará de pobre. Lo que necesito es un buen pellizco y no calderilla. Sé que la providencia existe porque ella ha debido ser quien te ha enviado, a mi casa y a esta habitación. Busca y encontrarás, ya sabes.

Guardó silencio y Daniel le apretó suavemente el brazo. Tenía los ojos humedecidos y pensó que de estar allí Laura, habría encontrado las palabras adecuadas para consolarle.

—Esta es la cueva de Ali Babá —dijo, intentándolo.

—O la caja de Pandora.

—Da igual. La cuestión es que encontraré algo que pueda vender.

Scacchi se volvió hacia la puerta y Daniel cogió las hojas en las que había dado la palmada para leerla. La tinta se había corrido y era prácticamente un borrón. El almacén estaba al nivel del *rio*, y en algún momento o quizás en muchas ocasiones, la crecida debía haber penetrado allí y alcanzado una altura de al menos un metro, destruyéndolo todo a su paso.

Camino al gueto

LA NOTA QUE me dio el tío Leo decía: *Doctor Levi, Ghetto Nuovo*. Nada más. Ni dirección ni instrucciones en las que se dijera qué debía hacer cuando llegara. Salí de Ca' Scacchi un poco angustiado justo después del mediodía y me dirigí al *campo* a beber un poco de agua fresca del pozo. Del otro lado de la plaza me llegó un silbido familiar. Gobbo estaba allí, buscando alguna clase de seta peculiar para el epicúreo de su amo en el mercadillo que había a la vuelta de la esquina, aunque su expresión ladina al mirar a varias mujeres denotase otra intención.

—Gobbo, dime dónde está el *Ghetto Nuovo* —le rogué.

—¿Para qué quieres tú ir allí? —me preguntó, receloso—. No serás un judío disfrazado, ¿verdad?

Yo confiaba en Gobbo, pero no tanto como para poner mi vida en sus manos. Una de las peculiaridades de Venecia que en aquel preciso instante se me vino a la memoria fue la existencia de unos leones dorados con las fauces abiertas colocados en las esquinas de los edificios más importantes, dispuestos así al objeto de que cualquier veneciano pueda denunciar anónimamente a sus conciudadanos por conducta desordenada o impropia. Y a mí no me apetecía nada encontrarme en el palacio del Dux teniendo que dar explicaciones sólo porque Gobbo no había sabido mantener cerrada su bocaza.

—¡Por supuesto que no, majadero! Mi amo es impresor y hay un judío que quiere imprimir sus memorias. Si están dispuestos a pagar lo que vale lo haremos, por repugnante que nos resulte.

—Me alegro de oírte hablar así —contestó aliviado, y dándome una palmada brutal en la espalda—. Me parece... —añadió, aupándose sobre las puntas de los pies para darle más peso a su siguiente observación— ...que esos puercos no han pagado todavía el asesinato de Nuestro Señor.

—Tu sabiduría nunca deja de sorprenderme, Gobbo —suspiré—. No tenía ni idea de que la teología se contase entre tus talentos.

Una sonrisa disimuló la deformidad de sus facciones.

—Gracias, amigo. Está en Cannaregio. Quince minutos en góndola a lo sumo.

Le mostré las monedas que me había dado mi tío.

—Así que Leo es un avaro, ¿eh? En ese caso tendrás que ir andando hasta el Rialto y pasar por delante de Santa Fosca. No tardarás más de media hora.

—Gracias...

—Yo tuve un amo en Turín así, y le hice un buen chirlo con la navaja antes de tomar las de Villadiego cargado con un saco lleno de plata. La próxima vez, búscate un amo generoso, amigo mío. Es bueno para la salud.

—Soy un aprendiz, Gobbo. No un criado.

—¡Oh! —se burló con una reverencia—. ¡Cuánto lo siento, excelencia! Yo le llevaría encantado pero voy en dirección contraria y no creo que usted quisiera compartir el coche con un don nadie como yo. Además... —una daifa de medio manto con la cara pintarrajeada acababa de guiñarle un ojo desde uno de los callejones de al lado de la iglesia— ...puede que yo tarde un poco.

Sin malgastar un momento más con aquel botarate, eché a andar en dirección este por entre el laberinto de calles que en realidad no eran más que oscuros corredores. Hasta ahora no te había hablado de cómo son los desplazamientos en esta ciudad por temor a preocuparte, pero ahora ya me he familiarizado con ella lo suficiente para sobrevivir, aunque puedo asegurarte que muchos otros nunca alcanzan ese feliz estado. Incluso de día, Venecia es una pesadilla para los peatones: un enrevesado laberinto de pasadizos y pasarelas, la mayoría incapaces de sumar más de diez pasos en línea recta, y al haber construcciones a ambos lados, el cansado y confundido viandante no puede hacerse idea de adónde se dirige. Si un callejón carece de salida o bien desemboca en un canal, ten por seguro que no hay señal que así lo indique, de modo que puedes acabar cayendo de bruces en las aguas grises y grasientas de la laguna. Y en el caso de que la providencia quiera ponerte al paso un puente, no te quepa duda que carecerá de barandilla, de modo que un mal paso puede hacerte acabar en el líquido elemento. Los sábados por la noche, cuando la *osteria* de la esquina de nuestra casa se llena hasta rebosar, oigo desde mi cama cómo intentan (y fracasan) cruzar los tablones que se han tendido para salvar el *rio* y alcanzar la Calle dei Morti (que supongo que se llama así porque es la forma más rápida de llevar los ataúdes hasta la iglesia). Durante al menos un par de horas después de la media noche, la secuencia de acontecimientos es siempre inalterable: *plop, maldición, plop, maldición, plop...* Ay, qué ciudad.

El Rialto no es un puente, sino el único modo de cruzar el Gran Canal a pie, y tal circunstancia debe reflejar la gloria de la República. Y así es, ya que alberga una verdadera comunidad sobre el agua de tiendas, casas, vendedores ambulantes y curanderos que anuncian a gritos sus remedios sobre el tráfago constante que discurre por el canal.

Pero yo no tenía tiempo de recrearme en aquella agradable mezcla de humanidad. La judía me aguardaba primero y Vivaldi después, de modo que eché a correr y me fui abriendo paso entre la multitud, dejando atrás iglesias que ni siquiera sabía que existían, plazas de perfil inusitado y la arquitectura baja y vulgar del Cannaregio hasta alcanzar la zona que Gobbo me había indicado. Luego, al doblar una esquina más amplia que cualquiera de las que haya en Santa Croce, encontré el Ghetto Nuovo. La impresión que me causó me dejó clavado en el suelo. Incluso tuve que apoyarme en la pared más cercana para preguntarme si no debería dar media vuelta en aquel instante, volver a Ca' Scacchi y hacer las maletas.

Lo que tenía ante mí era una especie de isla dentro de la ciudad, en principio igual a muchas otras, pero guardada por un puente de madera levadizo (sí, de esos que se se alzan durante la noche), y vigilada por un soldado aburrido que se rascaba la espalda. Del otro lado del puente, como si se tratara de un monstruo que hubiera crecido por propia iniciativa, se veía una sola línea de casas de seis o siete pisos de alto, con la colada colgando de todas las ventanas y una cacofonía tal de gritos, de voces jóvenes y viejas, de canciones e incluso de discusiones, que me pregunté si una ciudad entera podía vivir tras aquellas paredes ennegrecidas. Durante un segundo incluso llegué a temer haberme equivocado en algún punto del camino y hallarme frente a la prisión de la República, pero no era así. Recorrí el perímetro completo de aquel extraño reino en miniatura, no más grande, hermanilla querida, que el campo de detrás de nuestra granja en el que padre cultivaba las alcachofas, y encontré otros dos puentes iguales que el primero incluso en el guardia. Esta diminuta extensión de terreno, rodeada toda ella por canales, era el Guetto Nuovo y maldije al tío por no decirme lo que me aguardaba.

Hice acopio de valor, me acerqué al guardia y le pregunté:

—Deseo ver al doctor Levi. ¿Está en casa?

El soldado estuvo a punto de sacudirme con el puño en la cabeza.

—¿Pero quién te has creído que soy, muchacho? ¿El secretario de estos malnacidos? Si quieres encontrar a ese doctor, entra y pregunta tú mismo, pero no les pidas a los soldados de la República que te hagan el trabajo sucio.

Me disculpé varias veces, subí el puente y tras pasar bajo un arco oscuro me encontré, con los ojos de par en par y cierto temblor en las rodillas, en los dominios de los judíos.

Un extraño encuentro

GIULIA MORELLI HIZO sonar el timbre de la vieja casa de San Casiano. Fue el ama de llaves quien le abrió la puerta. Llevaba una sencilla bata de nailon y sonrió incómoda cuando le mostró la placa, parpadeando sin parar como si le molestara la luz del sol.

Recordaba perfectamente la última vez que había mantenido una conversación con Scacchi. Había sido en la comisaría, a petición propia y en compañía de un abogado barato. No había sacado nada en claro de aquella conversación, ya que Scacchi era escurridizo como una anguila, aunque tenía que reconocer que también era encantador.

Miró a la criada con la sensación de haberla visto antes.

—¿Nos conocemos?

—No lo creo —contestó con brusquedad—. ¿Quiere decirme cuál es el motivo de su visita?

Estaba convencida de haber mirado a aquella mujer a los ojos al menos en otra ocasión, cuando se cruzó con el barco de Scacchi y él estaba dormido. Fue entonces precisamente cuando se le ocurrió que quizás pudiera arrojar alguna luz en los extraños acontecimientos acaecidos tras la exhumación de Susanna Gianni. El ama de llaves llevaba el timón con un aire de desdén profesional y conducía la embarcación hacia el denso tráfico del canal de Cannaregio.

—Me gustaría hablar un momento con el Signor Scacchi. ¿Está en casa?

—Sí. ¿Para qué desea verle?

—Prefiero decírselo directamente a él. Es un asunto personal.

—El señor Scacchi está muy cansado —espetó—, y no pienso permitir que se le moleste. ¿Es que la policía no concierta citas antes de presentarse en un domicilio?

Giulia sonrió. Aquella mujer era implacable en su defensa del hombre para el que trabajaba. Incluso había bloqueado físicamente la puerta con su cuerpo, como si con su presencia pudiese impedir el paso de cualquier intruso.

—Tiene razón. Lo siento. Debería haber llamado antes, pero es que la mayoría de mis interlocutores no son caballeros como el señor Scacchi. Ha sido un descuido.

Pero la mujer no se apartó ni un centímetro de la puerta. Se oyó un ruido en el corredor.

—Querría que Scacchi me aconsejara sobre un asunto en el que él es un especialista. Nada más.

Scacchi en persona apareció tras ella, y a juzgar por la expresión del ama de llaves, no tenía idea de que estaba escuchando su conversación.

—Hay que colaborar siempre con la policía, Laura —dijo, y con un gesto invitó a Giulia a pasar—. ¿Le apetece un café, inspectora? No habíamos vuelto a hablar desde que andaba tras ese chisme extraviado de San Petesburgo, creo recordar.

Le siguió escaleras arriba y ambos entraron en un elegante salón donde la invitó a sentarse. Él se dejó caer pesadamente en un sillón. El joven que había visto en la barca estaba en un rincón, examinando unos cuantos libros antiguos.

—Daniel —lo llamó Scacchi—, deja un momento tus libros y ven a conocer a un oficial de la policía veneciana: la inspectora Giulia Morelli. Le presento a Daniel Forster. Es inglés, o al menos eso dice en su pasaporte, pero estamos empezando a pensar que debió ser un niño de inclusa veneciana al que se llevaron a la pérfida Albión.

Era un muchacho guapo, aunque parecía algo ingenuo. ¿Sería cosa suya, o de verdad había enrojecido?

—¿Estás de vacaciones? —le preguntó.

—Está llevando a cabo una investigación para mí —contestó Scacchi.

—Un trabajo tan agradable como estar de vacaciones —añadió Daniel en un italiano casi perfecto—. No sé cómo darle las gracias al señor Scacchi por lo amable que ha sido conmigo.

Giulia estudió la expresión de su anfitrión. Parecía preocupado. Scacchi era de esa clase de hombres que no dispensan amabilidad si no tienen una buena razón para hacerlo. El ama de llaves entró con dos pequeñas tazas de café y Scacchi señaló la puerta con un gesto vago de la mano.

—La inspectora ha venido de visita oficial. Creo que deberías llevarte esos libros a otra parte, Daniel. Y tú también puedes irte, Laura.

Ambos se marcharon, aunque a Giulia le pareció que no de muy buena gana. Scacchi cruzó las manos, sonrió y dijo:

—Bueno, señora. ¿Por qué razón ha venido a detenerme esta vez?

—Desde luego... qué injusto es usted conmigo—sonrió—. Sólo le he detenido una vez y no pude o no quise presentar cargos contra usted.

—Vaya por Dios... Así que tengo a la oficial más ambiciosa de toda la policía de Venecia en mi salón y quiere que piense que viene a hacerme una visita de cumplido.

—En absoluto. Como ya le he dicho a su encantadora ama de llaves, sólo busco su consejo. Y además, tengo otro que darle a cambio del suyo.

Cuando dejó de sonreír, vio que su rostro estaba macilento y gris. Scacchi estaba enfermo. Los rumores que había oído eran correctos, y sintió lástima por él.

—Estoy convencida de que ya sabe usted por qué he venido.

—Soy anticuario, querida. No vidente.

—La hija de los Gianni. Usted conocía a la familia.

Él la miró con altivez.

—Hace diez años ya de eso. ¿Quién va a querer desenterrar una historia tan terrible?

—Habrá leído lo del supervisor del cementerio, ¿verdad? Pero lo que no decían los periódicos es que ese mismo día había exhumado el cadáver de aquella pobre chica bajo requerimiento de unos documentos que eran falsos. Y en ese ataúd había algo.

—¿El qué?

—No lo sé. Algún objeto personal de cierto valor. Y de cierto tamaño también. Era demasiado grande para tratarse de una joya.

Él abrió las manos.

—Me está pidiendo consejo sobre un objeto que no puede identificar y que puede haber sido o no robado de un ataúd que llevaba enterrado una década. ¿Qué espera que le diga?

Giulia dudó. Tenía tan poca información.

—Usted conocía a los Gianni.

—Sólo de pasada.

—Conoció a la chica, y puede que sepa con qué la enterraron.

Él negó con la cabeza.

—Fantasías, querida.

—Quizás —contestó, pero tenía otra razón para haber ido a verle—. Pero debe usted saber una cosa: sea lo que sea lo que se llevaron de ese ataúd, ya le ha costado la vida a un hombre, y si alguien es lo bastante estúpido como para comprarlo, causará más desgracias. Hay algo extraño en todo esto. Extraño y peligroso. Y quiero que piense en ello y que me llame.

Scacchi suspiró.

—Bendita juventud. Aún mantiene usted esa noción romántica y distante sobre la muerte.

Recordó la hoja que vio brillar en aquel sucio apartamento y en el cadáver que tuvo frente a ella.

—No se crea.

—He sabido por los periódicos la... pesadilla que tuvo que pasar. Me alegro de que no la hirieran de gravedad. Ha elegido usted una profesión peligrosa, inspectora.

¿Estaría amenazándola?

—A veces invitamos al peligro a entrar en nuestras vidas sin tan siquiera saberlo —le contestó—. Yo creía que iba a entrevistarme con un supervisor enfadado, y no a interrumpir un asesinato.

Scacchi tosió con una tos seca y bronca.

—No me convence —contestó—. Lo que pienso es que creyó usted ver el fantasma de esa pobre chica y no pudo resistirse a perseguirlo.

Giulia no dijo nada. Al otro lado de la puerta se oyó la risa del ama de llaves y del joven Daniel, una risa desenfadada e íntima que no solía abundar. Entonces miró a Scacchi y se preguntó si no habría sido una estupidez pensar que la podría ayudar.

En la calle, el reloj de San Casiano dio las doce.

Del pasado

RIZZO ESTABA EN el pequeño apartamento de protección oficial en el que vivía en el barrio de Cannaregio, cerca del antiguo gueto judío, y había echado las cortinas y la cerradura de la puerta. En su bloque vivían sobre todo personas mayores que no solían meter las narices en sus asuntos, lo cual resultaba perfecto para su negocio.

El violín seguía dentro de su funda, en la consigna de equipajes de Mestre, y aunque llegasen a encontrarlo allí nada le relacionaría con él. El riesgo lo correría al intentar determinar su valor en el mercado. Tenía que encontrar un comprador, alguien que apreciara su valor y estuviera dispuesto a pagar lo que valía, todo ello sin que su deslealtad hacia Massiter llegara a saberse, lo cual, en el mundo de los objetos robados, no era nada fácil. En algunas ocasiones había participado en contrabando de tabaco, cocaína y marihuana, además del trapicheo con los objetos que robaba a los turistas en la ciudad, cosas todas fáciles de mover a través de terceros. Pero un violín antiguo era harina de otro costal. Para determinar su precio debía someterlo primero a la evaluación de alguien con los conocimientos adecuados y contrastar después esa información por su cuenta.

Había una solución posible. Tres años atrás y de un modo indirecto había llegado a sus manos una antigüedad, un pequeño reloj decorativo que carecía de interés para los peristas que solía utilizar para mover mercancías robadas. Tras hacer unas cuantas llamadas, consiguió ponerse en contacto con tres individuos que podrían comprárselo: uno en Mestre, otro en Treviso y un tercero que vivía en el centro y al que conocía por el nombre de Arturo y que parecía dispuesto a comprar esa clase de cosas, aunque ocasionalmente y siempre que la pieza valiera la pena, pero nunca de un modo directo sino a través de una tercera persona. Al final se lo había quedado el traficante de Treviso por la miserable cantidad de un millón de liras, pero se había guardado todos los números de teléfono para un futuro. Al día siguiente de hacerse con el violín los llamó a los tres y sin identificarse les hizo una descripción tan minuciosa como le fue posible del instrumento, con sus marcas y la curiosa inscripción de la etiqueta. Los dos primeros se habían reído de él. Decían que tenía que ser una falsificación, y que aunque no lo fuera, nadie podría comprar algo así, ya que un instrumento de ese calibre tendría que adquirirlo un músico en activo que jamás se arriesgaría a tocar con un violín robado en público.

Arturo le había hecho la misma puntualización, pero detectó una nota de interés en su voz. Además le había hecho preguntas muy detalladas sobre el instrumento: su color, el tamaño y si tenía dos líneas paralelas dibujadas en la caja, característica, pensó Rizzo, de un violero en particular. Cuando le confirmó esta última cuestión, Arturo guardó silencio un instante y luego le preguntó qué cantidad tenía pensado pedir, pregunta ésta poco hábil por su parte, ya que fue ella la que generó la cifra: cien mil dólares. Arturo silbó y le contestó que el pez era demasiado grande para él, y que nadie pagaría esa suma por un violín que nunca se podría tocar en una sala de conciertos. Pero le pidió su número de teléfono y nombre, y cuando Rizzo se negó a dárselos, sugirió que volvieran a hablar más tarde, cuando el precio fuese más realista.

La conversación concluyó sabiendo ambas partes que volverían a hablar cuando Rizzo decidiera. Aun así, no era la situación ideal. Preferiría tener varios compradores y que cada uno pujase por quedarse con la mercancía. Con sólo aquellas tres llamadas y, sin saber cómo, había alertado a Massiter de la existencia de ese violín. Ampliar la red sería invitarle a descubrir su robo, cuyas consecuencias prefería no imaginar. Sólo quedaban dos opciones: sacar el trasto de la consigna y tirarlo a las marismas de la zona del aeropuerto para que se pudriera para siempre, o presionar a Arturo para sacarle el mejor precio posible y quitárselo de encima cuanto antes. Pero para conseguirlo necesitaba disponer de mayor información sobre lo que quería vender, y bucear un poco en el pasado de su último propietario le pareció el mejor modo de adquirirla.

Se pasó dos horas en la hemeroteca de la ciudad revisando números atrasados de *Il Gazzetino* y al final pudo reunir diez páginas fotocopiadas que además avivaron sus recuerdos. La muerte de Susanna Gianni causó cierta conmoción en la ciudad en su momento y generó historias de todo tipo que se ilustraban siempre con la misma fotografía de la lápida. Quizás había sido precisamente ese recuerdo, el hecho de que en otro tiempo ese rostro apareciera en las portadas de los periódicos casi todos los días, lo que le había conferido la cualidad hipnótica al retrato que había contemplado en San Michele.

Susanna Gianni había nacido y crecido en el Lido, hija de una madre soltera que hacía interminables turnos de limpieza en los hoteles de la playa para pagarle a su hija las lecciones de música. Cuando la muchacha cumplió doce años, se hablaba ya de ella como niña prodigio, talento apoyado además en el rumor extendido por su madre de que la familia tenía un parentesco lejano con el legendario maestro Paganini. Se hacía una única mención a su instrumento. En el año de su muerte, en el artículo que recogía la información sobre una previa del concierto que cerraría la escuela de verano en La Pietà, se decía que un admirador anónimo le había regalado un magnífico violín. No se mencionaba su valor, pero sí que había nacido de las manos de Giuseppe Guarneri de Cremona. Tampoco aparecía fotografía alguna en que se la viera con el violín que él había arrancado de sus manos muertas. Sin embargo, tenía la certeza de que aquel instrumento tenía que ser el que ahora estaba en su poder. Claramente visible en la etiqueta del violín guardado en Mestre aparecía el nombre *Joseph Guarnerius*, y una fecha: 1733. Era también, sin duda alguna, el mismo instrumento cuya foto le había enseñado Massiter en su casa.

En los periódicos se hablaba de su música, y no de Susanna Gianni. No se sugería que pudiera tener aventuras o un lado oscuro, aunque conociendo *Il Gazzettino* lo más probable es que no lo hubieran mencionado aunque supieran de su existencia. Al principio de su último verano, había mucha expectación por saber si llegaría a ser la estrella de la escuela de verano costeada por el gran benefactor Hugo Massiter antes de saltar a los circuitos internacionales. Pero la muchacha desapareció tras el concierto de clausura en el que estuvo magnífica. Dos días después, su cuerpo desnudo fue hallado en el *río* cerca de Piazzale Roma. La habían golpeado brutalmente, pero la causa de su muerte fue el ahogamiento. Susanna Gianni fue vista por última vez en la fiesta de despedida organizada por Massiter en el hotel Danieli, cerca de la iglesia. La policía no había encontrado testigos que hubieran podido verla salir, y no tenía ni idea de cómo o por qué se había desplazado desde la orilla de San Marcos al otro lado del canal y hasta el barrio húmedo y oscuro del otro lado de la ciudad que fue donde falleció. Tampoco se mencionaba qué había sido del instrumento, un detalle que seguramente habría aparecido en el artículo de haberse encontrado el violín junto al cuerpo. No habrían pasado por alto un detalle tan melodramático. Rizzo no sabía nada de música. Quizás el violín se había quedado en la escuela y se reunió con su última propietaria a la hora del entierro.

Los asesinatos eran una rareza en Venecia. El salvaje ataque de que fue víctima Susanna Gianni y que las investigaciones de la policía no conseguían aclarar, proporcionó a los periódicos el mejor material que habían tenido en años. Pero una semana más tarde se vio desbancado por un suceso tan sensacionalista como su muerte: Anatole Singer, el director de la escuela, un ruso flaco, de unos cincuenta años y de calvicie incipiente, fue encontrado ahorcado en su suite del Palacio Gritti. En una nota el suicida confesaba haber atacado a la chica al negarse ella a complacerle. Decía haberla llevado a un lugar remoto cerca de Piazzale Roma después de la fiesta de despedida con la excusa de presentarle a un agente norteamericano que le ofrecería trabajo en Nueva York. Ella rechazó sus avances, con lo que él, en estado de embriaguez, la violó y la arrojó después al agua.

Aquella descripción le parecía demasiado lógica, demasiado perfecta para salir de la mano de un hombre a punto de colgarse, y conociendo él como conocía el mundo de la delincuencia, esa confesión resultaba forzada. Aunque el profesor hubiera sentido la necesidad de descargar su pecho, ¿por qué hacerlo justo antes de suicidarse? ¿Por qué y para qué? Todo crimen respondía a un propósito. Él no había asesinado al supervisor del cementerio porque sí, sino para salvar el pellejo, puesto que Massiter lo mataría sin pestañear si supiera que se había quedado con el violín. ¿Y qué ganaba Singer con aquella confesión? Sin embargo, los responsables de la policía no habían tenido dudas, sino que habían declarado el caso cerrado. En un abrir y cerrar de ojos, la historia de Susanna Gianni quedó enterrada, igual que sus protagonistas.

El último artículo que había encontrado hablaba de un tributo que Hugo Massiter había hecho a Susanna. Miró la fotografía tomada hacía ya diez años. Massiter tenía un poco más de pelo y se vestía del mismo modo, incluido el pañuelo al cuello. El artículo le describía como un conocido experto internacional en arte y un filántropo. Daban ganas de reír. ¿Quién se llevaría el premio al más estúpido: la prensa, o la policía?

Descolgó el teléfono y marcó un número de Venecia. Una mujer contestó y le preguntó por Arturo, que no tardó en ponerse al teléfono. Rizzo le hizo una nueva oferta: ochenta mil dólares. Ni uno menos.

—Tiene que darme tiempo.

—Dos semanas. Hay un tío en Roma que está como loco por hacerse con él.

—Dos semanas —repitió Arturo—. *Ciao.*

Rizzo sonrió. El aire de su pequeño apartamento olía a triunfo. Ahora ya sabía incluso el nombre completo de Arturo. La mujer lo había usado para llamarle.

—*Ciao*, Scacci —dijo, y colgó.

El misterioso Levi

¿QUÉ DEBÍA ESPERAR? ¿Olor a incienso en el aire? ¿Gente extraña con ropas extrañas mirando con desconfianza al gentil, invasor del mundo exterior? No tenía ni idea. Lo extraño de aquella tarea me había dejado sin imaginación. Una vez pasé por encima de aquel puente de madera, lo mismo me habría dado entrar en la torre de Babel, pero lo que descubrí fue mucho más ordinario. El gueto es muy parecido a cualquier otro rincón de la ciudad, pero todavía más vulgar. Los altos edificios que delimitan el perímetro circular de la isla son de poco fondo. Más allá hay una pequeña plaza adoquinada con un pozo en el centro, muy parecida a San Casiano, salpicada de árboles de talla modesta y como única curiosidad, hombres y mujeres vestidos todos de colores oscuros sentados en bancos haciendo avanzar las cuentas de un rosario entre los dedos y leyendo.

Le pregunté a un muchacho joven con barba negra y rala dónde podría encontrar al doctor Levi, hablándole despacio y pronunciando con claridad a fin de que pudiera comprenderme. Señaló con un dedo largo y muy blanco a una casa que había en un rincón de la plaza, al lado de una curiosa amalgama de edificios rematados por lo que parecía un arca de Noé. Atravesé la plaza y entré por la puerta del piso bajo. Olía a guiso de patatas con repollo, y se oían los ruidos propios de familias con niños. Leí la lista de nombres que había en la pared y subí nada menos que seis pisos dejando atrás puertas entreabiertas, discusiones y risas, llanto de niños y en una ocasión el inconfundible sonido del llanto de una mujer, hasta que llegué al último piso y me encontré con algo parecido al silencio.

Llamé a la única puerta del rellano y abrió un joven de rostro afable y recién afeitado, ojos castaños de mirada inteligente y frente despejada, que me miró con una sonrisa y expresión divertida.

—Scacchi ha enviado a un muchacho —le dijo a alguien que debía estar detrás de él—. No es lo bastante hombre para hacer el trabajo en persona. Pasa, que no nos comemos a nadie. ¿Te apetece un té?

Entré a una habitación mal iluminada que incluso en pleno día hacía necesario el uso de velas. Había un olor muy agradable. A rosas, diría yo. El suelo estaba alfombrado y todos los asientos estaban cubiertos por un tejido suave. En la única mesa de la habitación había una esfera y varios libros. En un rincón, oculta por la sombra que proyectaba la contraventana cerrada, había una mujer sentada en el borde de una silla, observándome.

—Deberíamos irnos cuanto antes —dije—. Vivaldi no tolera los retrasos.

—¡Vaya! Por fin te han encontrado un hombre en la ciudad, Rebecca. Cuida bien de ella, eh...

—Lorenzo, señor. Lorenzo Scacchi. Me envía mi tío.

—Caramba. Lamento no haber podido curarle la mano. Incluso los médicos hebreos tenemos nuestras limitaciones.

Tuve la sensación de estar saldando alguna deuda. De modo que estaba arriesgando el cuello para que mi tío no tuviese que pagarle la factura al médico, y no sólo para congraciarnos con el cura rojo.

—Soy el doctor Jacopo Levi. Llámame Jacopo —se presentó, ofreciéndome la mano—. Y a quien pongo a tu cuidado es a mi hermana Rebecca. Cuídala bien, Lorenzo. Yo mismo la acompañaría, pero sólo serviría para acrecentar los riesgos y esta ciudad es demasiado peligrosa para que salga sola. De modo que andaos con ojo. No quiero tener que sacaros de los calabozos del Dux.

—Haré todo cuanto esté en mi mano, señor —contesté con sinceridad, y vi que la joven se levantaba y se acercaba a mí, de modo que quedó iluminada por el recuadro de luz que entraba por la única ventana que daba a la plaza—. Haré cuanto pueda para...

¿Sabes una cosa? Pues que no tengo ni idea de lo que dije después. Aquellos instantes están grabados a fuego en mi memoria pero sólo contienen imágenes, y no cosas tan mundanas como palabras. Estoy igual que cuando intenté describir la maravilla de la dársena de San Marcos el día de la Ascensión. Hay cosas que los torpes soldados de a pie del alfabeto son incapaces de transmitir. Ovidio podría dedicar todo un libro a esta mujer, y quizás lo hizo en otra encarnación, pero lo único que mi humilde pluma puede darte son hechos.

Rebecca Levi acaba de cumplir veinticinco años, según ella misma me ha dicho, aunque a mí me parece más de mi edad. Es algo más baja de estatura que yo, muy delgada, pero de porte muy erguido, espalda recta y hombros fuertes (el retrato del perfecto intérprete de violín). En nuestro primer encuentro llevaba un hermoso vestido de terciopelo negro que le cubría desde el cuello hasta los tobillos, con las mangas a la altura del codo y tan simple como te puedas imaginar. Al cuello lucía una delicada cadena de oro y llevaba por pendientes dos gemas de un rojo intenso, aunque no podría decirte qué clase de piedra eran. Rebecca no tiene necesidad de adornarse con joyas. Su rostro resplandecía en la oscuridad como si fuera el de una Madonna pintada por un artista para iluminar el rincón en sombras de alguna iglesia... (no sé si debo o no enviarte esta carta, la verdad).

Empezaré por la barbilla, que es redondeada y que siempre parece estar de frente a ti, como a punto de hablar. Su boca es inquisitiva y sensual, con los dientes más blancos que he visto nunca, cada uno como una perla exquisita y delicada que brillase en la oscuridad. Tiene la nariz ligeramente respingona y la piel pálida y de la cualidad luminiscente de la luna llena en los meses de invierno, con tan sólo un atisbo de color en las mejillas. Sus ojos son castaños, con la forma de un ópalo que luciera en la corona de un emperador; unos ojos que brillan como si rieran siempre y que nunca abandonan a la persona con la que está hablando. Y por encima de tanta hermosura, como el marco que realzara un soberbio retrato clásico, hay una indómita melena como la de aquellas gitanas que se burlaban de nosotros en la feria: un mar de ondas ingobernables del color de las castañas que caen del árbol en el mes de octubre. Enmarca su cara hasta alcanzar los hombros, y no sé decirte hasta qué punto es artificio y hasta cuál regalo de la naturaleza, aunque sí puedo contarte que de vez en cuando se pasa la mano por el cabello como para arreglárselo y ese momento empujaría a los monjes de un monasterio a pedir la libertad y reincorporarse al mundo.

Mis sentidos quedaron embotados hasta que oí una tos a mi espalda. Era Jacopo, que intentaba hacerme reaccionar. Sentí que enrojecía y confié en que la penumbra de la habitación me encubriera.

—Sabrá hablar, ¿verdad? —preguntó ella con una voz de acento tan delicado y musical que sonó como música de flauta.

Jacopo se plantó delante de mí con una mueca burlona.

—Desde luego —contestó.— No le habrás hechizado también, ¿verdad, hermana? No me queda ungüento para los corazones rotos.

Ella se echó a reír. Bueno, no: lo que hizo fue resoplar, algo bastante impropio de una dama. Fui yo quien se echó a reír.

—Por fin—dijo, y recogió con decisión una baqueteada funda de violín. Luego sacó un pañuelo rojo del bolsillo del vestido y con él ocultó la mayor parte de aquellos gloriosos rizos—. Lorenzo ha recuperado la voz. ¿Podemos irnos ya?

Jacopo besó a su hermana en la mejilla, y mi corazón dio un brinco.

—Cuida de ella, muchacho —me advirtió, cogiéndose de mi brazo—. Estoy convencido de que impresionará al cura ese, y a partir de ahí empezará la diversión. Pero si alguien insiste en preguntarte, di que tú no sabías nada de su condición y que fui yo quien os obligó a escapar bajo amenaza de muerte. Te sorprendería saber las cosas que pueden creerse de un judío en esta ciudad.

—¡Yo no pienso hacer tal cosa, señor!

Jacopo me miró con una furia que yo no esperaba.

—Tú harás lo que yo te diga, muchacho, o no saldréis de aquí. ¡Estamos corriendo un peligro que ninguno de nosotros debe olvidar!

Estupendo. Dos amenazas en una sola tarde. Primero la de mi tío, que había prometido incriminarme en algo con lo que yo no tenía nada que ver, y luego aquel hebreo desconocido que insistía en exculparme de un delito que estaba a punto de cometer a sabiendas.

—Como guste —contesté, aunque intenté dejar claro con mi tono de reprobación que no estaba de acuerdo con él—. Si insiste, poca elección me queda.

—Espléndido —respondió con la afabilidad de antes.

Salimos. En la plaza del gueto, nadie nos miró. Pasamos bajo un arco, atravesamos el puente y entramos en la ciudad por delante de la guardia. Cerca de la iglesia de San Marcuola y del muelle en el que tomaríamos un barco para llegar a San Marcos, ella me agarró por un brazo y me obligó a meterme en un callejón en cuya entrada había un puesto de pescado. Una vez allí, se quitó el pañuelo rojo, sacudió su melena como si quisiera liberarla de una prisión y pasándose las manos por los rizos me dijo:

—Si alguien pregunta, Lorenzo, somos primos y estamos de visita en la ciudad, y así si cometemos alguna torpeza, será sólo por ignorancia.

—Como guste, señorita.

—¡Lorenzo!

—Como gustes, Rebecca.

Mi respuesta pareció complacerle.

—¿No tienes un poco de miedo? Yo sí.

La verdad era que no me había parado a pensarlo. Estaba demasiado ensimismado en otras cosas como para considerar el precio que podía tener que pagar si fallaba, de modo que sopesé con cuidado mi respuesta.

—Mi padre solía decir que el miedo es la razón que aducen muchos hombres para hacer cosas que no deberían hacer, y que lo que debemos temer no suele estar en el mundo exterior, sino en nuestros corazones.

—Un hombre sabio, tu padre.

—Eso creo yo también. Le echo de menos. A él y a mi madre. Vivo con mi tío porque los dos fallecieron.

Ella me miró con una expresión que no supe entender.

—Lo siento, Lorenzo. Dime una cosa: ¿tú crees que si me miran, sabrán que soy judía?

—No —contesté con sinceridad.

Pero van a mirarte, estoy seguro, pensé. *¿Y quién podría culparles?*

A mi aire en la ciudad

DE CAMINO A La Pietà con el violín en su funda, Daniel se alegró cuando llegaron al lugar en el que habían de hacer una parada. Scacchi le había conducido a paso lento pero constante, partiendo de San Casiano en dirección sur hacia San Polo, pasando por la magnífica mole gótica de los Frari, con su alto *campanile*, hasta llegar a la Escuela de San Rocco. Daniel había visto aquel lugar en los libros de la biblioteca de la universidad. La escuela estaba formada por diferentes hermandades caritativas, como las logias masónicas, cada una con sus propios fondos y ubicación, y todas ellas compitiendo por ser el mayor exponente artístico. San Rocco fue el hogar de Tintoretto, cuyo ciclo de pinturas parecía cubrir hasta el último rincón del interior.

Scacchi insistió en pagar él la entrada y ambos subieron a la Sala Dell'Albergo, donde quedaron maravillados por la pintura gigantesca de San Roque y la magnífica crucifixión. Scacchi citó a Henry James para hablar de la crucifixión:

—Aunque he de admitir que no he leído nada más de él. No hay quien lo aguante.

Luego volvieron al vestíbulo principal donde le señaló la pintura que era el motivo de aquella visita, según le había dicho.

—Mira —dijo, y los dos echaron la cabeza hacia atrás. En una esquina, cerca de la puerta que conducía a la Sala, había una tela de grandes dimensiones y fondo oscuro en la que se representaba a dos figuras. La primera, un joven bien parecido, rubio y con una agradable sonrisa, miraba a la segunda con una piedra en cada mano. La otra figura era sin duda la de Cristo, a juzgar por el halo que le rodeaba la cabeza, y estaba vuelto de medio lado hacia él, como si pensara.

—¿Cuál es el tema en tu opinión? —le preguntó Scacchi.

—No sé mucho de pintura.

—Entonces, usa la cabeza. Para esto estás aquí.

El tema del cuadro era, hasta cierto punto, obvio, aunque había algo muy poco corriente en él.

—Es la *Tentación de Cristo en el desierto*. La figura de la izquierda es Satanás, que le está ofreciendo unas piedras con la intención de que Cristo, tras haber ayunado tanto tiempo, las convierta en panes.

—¡Perfecto! —exclamó—. ¿De qué fecha?

—¿Hacia 1570?

—Te has adelantado diez años, pero no está mal. Ahora a ver si me dices por qué esta tela es tan curiosa.

Daniel volvió a mirar.

—Porque el foco de atención es el diablo, y no Cristo.

—¿Y?

—Y porque el diablo es... corriente.

—¿Corriente? No, corriente, no. Piensa.

Scacchi tenía razón.

—Porque es muy... atractivo. Tiene algo.

—¡Exacto! Compara este cuadro con *La tentación de San Antonio*, del Bosco. Se pintó unos setenta años antes que éste y en él hay diablos con rabo y cuernos, deseosos de devorarte las entrañas. Pero éste de aquí no tiene más que unas cuantas plumas por todo adorno y una sonrisa tan cautivadora como la del alma más dulce de la tierra. En este cuadro está resumido todo lo que necesitas saber sobre el demonio de Venecia, Daniel: que es difícil resistírsele. Un concepto muy moderno, ¿no te parece? Pero si miras este otro cuadro de aquí...

Scacchi le mostró un trabajo con forma oval ejecutado en el techo, en el centro de la estancia.

—Verás la misma pose en Eva cuando le ofrece a Adán la manzana fatal. Tintoretto siempre fue un tanto misógino, me parece a mí. De camino a la salida veremos la Anunciación. La pobre chica tiene cara de no haber salido en su vida de la cocina, así que como para ser la madre del hijo de Dios...

A Daniel le constaba trabajo apartar la mirada de la figura de Satanás, con aquella sonrisa inexplicable y la súplica en los ojos.

—¿Por qué me ha traído aquí?

—Para que amplíes tus conocimientos. Un hombre debe saber reconocer a Lucifer, Daniel, y sobre todo en una ciudad como ésta. Yo, personalmente, no soy moralista y poco me importa si estás con un lado o con el otro. Lo que sí que importa, creo yo, es que seas tú quien decida. Cuando el diablo se acerque a ti, hay sólo tres opciones: hacer lo que él quiera, lo que se *debe* hacer, o lo que tu propia naturaleza te dicte, que puede no tener nada que ver con las otras dos opciones. La respuesta, naturalmente, es que debes optar por lo último. Pero a menos que sepas reconocerlo, a él o a ella, no podrás decidir. ¿Comprendes?

A Daniel aquella discusión le resultaba un poco inverosímil.

—No estoy seguro de haber conocido al diablo. O de que me importe.

Scacchi lo miró desilusionado.

—Eso lo dice el niño que llevas dentro. Deberías cuidarte de él. El Lucifer veneciano aparecerá cuando le parezca oportuno, no lo dudes. Y ahora... —consultó el reloj— tenemos que irnos. A los músicos les molesta que se llegue tarde.

Tras salir de la *scuola* tomaron el *vaporetto* para desembarcar en San Zaccaria acompañados por hordas de turistas con destino al palacio del Dux y la famosa plaza. Scacchi anunció mientras caminaban que le había matriculado en la escuela de verano de música como recompensa por la cantidad de trastos que iba a tener que mover en el sótano. Si el curso no era de su gusto podría dejarlo cuando quisiera, aunque él albergaba la esperanza de que no fuera así. Aquel curso tenía mucho prestigio. Se organizaba cada dos años bajo el auspicio de Hugo Massiter, un marchante de arte inglés que residía de vez en cuando en Venecia y que solía presentarse para observar y aplaudir a los beneficiarios de su generosidad.

El programa atraía a jóvenes músicos de todo el mundo, en parte por su reputación y en parte porque las clases se impartían en la iglesia de La Pietà, la iglesia de Vivaldi, tal y como rezaba un cartel fijado junto a la puerta. Según Scacchi, no era cierto. La iglesia original hubo de reconstruirse poco después de la muerte del compositor, y la fachada blanca y de corte clásico fotografiada por miles de turistas cada semana había sido reformada a comienzos del siglo veinte. El cura rojo reconocería bien poco de aquella nueva iglesia, decía Scacchi, y en ningún caso el interior oval y ornamentado que había sustituido al espacio medieval desnudo y tenebroso que todavía podía verse en algunas otras iglesias de la ciudad.

La puerta de dos hojas estaba abierta, lo que proporcionaba a los turistas una visión directa de la nave. Una mujer de mediana edad y vestido de flores estaba sentada tras una mesa al pie de la escalera, comprobando las credenciales de quienes iban llegando al curso. Cuando vio a Scacchi, lo saludó afectuosa y éste se dirigió a ella en una mezcla de italiano y un dialecto incomprensible para Daniel. Luego le entregó una nota que ella leyó con evidente sorpresa, pero no hizo ningún comentario sino que se limitó a anotar el nombre de Daniel en una pequeña insignia de plástico que Scacchi recogió dándole las gracias.

—A los locales nos hacen descuento en barcos y autobuses —le dijo Scacchi con una sonrisa triunfal—. Entonces, ¿por qué no en un curso de música? Estos extranjeros... —hizo un gesto con la mano que abarcaba al montón de jóvenes que abarrotaban la iglesia (habían llegado un poco tarde, a pesar de todo)— tienen dinero para gastar.

—Hablando de dinero, señor Scacchi —dijo la mujer—, ¿quiere que le presente la factura en su casa en la fecha que más le convenga?

—Cómo le parezca. Un caballero nunca lleva encima ese dinero.

—Naturalmente —repitió ella, y tras escribir algo en un trocito de papel, lo echó en una bolsa de supermercado lleno de trocitos similares. Era muy poco probable que Scacchi volviera a oír hablar de la factura del curso.

—Debes llevar la placa siempre visible —le advirtió la mujer.

Daniel se la prendió de la camisa y siguiendo un gesto de Scacchi, entró en La Pietà, deteniéndose ante la puerta de hierro que daba acceso a la nave oval.

Scacchi lo observaba.

—No importa, ¿verdad? —le preguntó un instante después.

—No. No me importa que Vivaldi no reconociera ni una sola piedra de este lugar. Su presencia sigue sintiéndose aquí.

—La suya o la de aquellos que vinieron después y creyeron en él de tal modo que materializaron aquí su presencia, sacándola del éter mismo. Da igual. La reencarnación siempre me ha parecido una idea de lo más absurda. Sin embargo, yo también creo que hay algo, un fragmento de una persona que sobrevive como si fuera una mota de polvo en una alfombra. Lo respiramos, nos respiramos los unos a los otros y aquellos que han muerto siglos atrás dejan un poco de su impronta en nuestros caracteres.

Estaban afinando un violonchelo. Dos violines se unieron.

—No soy lo bastante bueno para este curso —le dijo—. Esta gente juega en primera.

—Tonterías. En tus cartas me decías que tocas con regularidad y que has aprobado algunos exámenes.

Daniel no pudo evitar enrojecer.

—Y es cierto. Pero los exámenes y el talento no son necesariamente lo mismo.

—Vamos, Daniel. Esto es pura diversión. Se trata de tocar un poco, de estudiar otro poco, de componer un poco más... supongo que sabrás componer, ¿no?

—Algo.

—Entonces todo irá bien. ¿Ves al gallito aquel que acaba de llegar?

Scacchi señaló a un hombre de corta estatura vestido todo de negro, con una gran cabellera negra también y una perilla que parecía un bigote fuera de su sitio.

—Guido Fabozzi —dijo Daniel—. Lo he visto en la tele.

—Lleva cuatro temporadas manejando el cotarro. Desde que pasó aquello...

Daniel vio ensombrecerse su expresión.

—¿Aquello?

—Hubo un problema, pero de eso hace ya diez años, así que no te preocupes. Fabozzi es un buen hombre, aunque más vanidoso que un pavo real. Hablaré con él para que no sea demasiado duro contigo.

—¡No! Prefiero hacerlo bien o mal, pero por mis propios méritos. Por favor...

A Scacchi pareció gustarle su decisión. Apoyó la mano en su hombro antes de volverse a contemplar la iglesia una vez más. En el fondo, casi al final de la nave, vio a un hombre vestido en colores claros y se lo señaló.

—Ahí tienes al mecenas en persona: Hugo Massiter. El señor de todo lo que abarca la vista. Trabajamos en el mismo negocio, aunque dudo que él quisiera reconocerlo. ¡No hay tiempo como el presente!

Atravesaron la iglesia, saludando con una leve inclinación de cabeza a los jóvenes congregados hasta llegar bajo un impresionante fresco pintado en el techo que Scacchi le presentó como *El triunfo de la fe*, de Tiépolo. Massiter era un individuo de unos cincuenta años, vestido de un modo bastante anacrónico: camisa fina, fular azul claro y unas gafas de sol de las caras en lo alto de la cabeza, que era donde únicamente le quedaba pelo. Estaba enfrascado en una conversación en la que sólo parecía hablar él con una chica joven de camisa blanca y vaqueros que le escuchaba con atención. Scacchi aguardó un momento para que Massiter tuviera tiempo de reconocerlos y luego se acercó a darle un abrazo.

—Signor Massiter —le saludó sonriente—. Una vez más ha honrado a nuestra ciudad con su presencia y su generosidad. ¿Cómo podemos agradecérselo?

—Siempre hay modos de conseguir lo que se quiere, Scacchi —replicó—. ¿Tienes algo que vender, quizás? Hay un objeto que ando buscando. Tenemos que hablar de ello.

—Lo siento, pero no tengo nada del calibre que usted se merece. Últimamente no tengo más que chucherías.

Massiter les presentó a la chica con la que estaba hablando como Amy Harston, de dieciocho años, venida de Portland, Maine. Scacchi se inclinó y Daniel le estrechó la mano un poco aturdido. Llevaba la melena rubia sujeta en una cola de caballo, sonreía constantemente y poseía la belleza imprecisa e inexpresiva que Daniel siempre había asociado con un determinado tipo de estudiante norteamericano.

—No recuerdo haberte visto en el curso anterior —dijo la chica. Tenía un acento bastante extraño. Norteamericano, por supuesto, pero con una especie de monotonía muy distinta de la entonación de la rancia clase alta inglesa.

—Es que no estuve. Es la primera vez que vengo a Venecia.

—¿En serio? —se sorprendió—. Vives en Inglaterra, ¿y no habías estado aquí?

—No todo el mundo disfruta de las ventajas de tener un padre rico y generoso, querida —intervino Massiter.

—Mi padre está encantado con deshacerse de mí durante las vacaciones de verano —respondió ella—. Esto es para él un campamento pero con otro nombre.

Massiter sonrió. Parecía un hombre demasiado relajado, demasiado deseoso de complacer para ser el propietario de una empresa grande y fuerte del competitivo mundo de la venta de arte.

—Ah, los jóvenes —dijo—. Nunca explican nada. Nunca se disculpan. Y nunca sienten agradecimiento.

—¡Un retrato perfecto! —exclamó la joven.

—¿Puedo? —preguntó Massiter, y sin esperar la respuesta, abrió la caja del violín de Amy y sacó el instrumento. Daniel Forster parpadeó varias veces ante la pieza que tenía enfrente, a pesar de la pobre luz de La Pietà. Era un violín antiguo, italiano sin duda, probablemente de principios del siglo dieciocho.

—Esto es lo que ando buscando, Scacchi —dijo—. Bueno, algo muy parecido. ¿Lo reconoces? No vale mirar la etiqueta.

Scacchi cogió el violín y lo inspeccionó de cabo a rabo. El violín tenía una panza bastante plana y la cintura estrecha. Bajo la luz amarillenta de la iglesia, parecía ser de un color castaño claro y tenía algunas señales, unas cuantas antiguas y otras nuevas, producidas quizás por un propietario torpe.

—Detesto estos juegos de salón —se quejó—. Los juicios nunca deben aventurarse sin un examen minucioso.

Pero Massiter no cedía.

—Vamos, Scacchi. Para un hombre como tú, es pan comido.

—Ya. Preferiría verlo a la luz del día y con una lupa, pero intentaré acertar. Sin duda se trata de una pieza de Cremona. No hay ni rastro de Santa Teresa, por lo que no puede ser un André Guarneri, aunque se da un aire. Pero esta cintura tan estrecha... yo diría que es del hijo, de Giuseppe. De principios del dieciocho. En torno a 1720.

Amy abrió los ojos de par en par.

—¡Increíble! ¿Cómo lo ha hecho? Pensar que para mí sólo es un violín. Magnífico, eso sí...

—Y lo es —corroboró Massiter—. Aunque no de primera fila. Yo busco algo mejor. De otro Guarneri.

Scacchi lo miró con escepticismo.

—Supongo que te referirás a Giuseppe del Gesù, ¿no? Ya sabes que hay poquísimos en el mundo, y si uno de ellos saliera al mercado, todo el mundo lo sabría.

—Si saliera al mercado abierto, sí, pero tú y yo sabemos que hay reglas y reglas. El instrumento del que he oído hablar es una belleza, grande y rotundo, con un valor incalculable, y en manos de un vendedor astuto que se resiste a mostrar la cara. Es curioso, ¿eh? Supongo que tú también habrás oído ese rumor. No me lo niegues.

Scacchi palideció un poco. Al parecer no podía mentir bajo la mirada de hierro de Massiter.

—Ya sabes la cantidad de tonterías que se oyen por las calles, Massiter. Los dos sabemos que no puedes creértelas todas.

—Por supuesto —le contestó, apretándole el hombro con la mano derecha, justo al lado del cuello—. Pero si algún pajarito empieza a cantar, me avisarás, ¿verdad? Mi dinero es tan bueno como el de cualquier otro.

Scacchi dio un paso hacia atrás.

—Daniel es mi invitado y asistirá a tu curso. Si tienes algo que decirme, o si tengo que ponerme en contacto contigo, podemos comunicarnos a través de él. Estoy demasiado cansado para el teléfono.

Massiter y Amy miraron a Daniel.

—Muy bien —respondió Massiter, antes de volver toda su atención a la chica—. Y en cuanto a ti, querida, estaría encantado de que me acompañaras a cenar mañana en Locanda Cipriani. Tienen erizos de mar, ravioli de róbalo y el mejor camarón que vas a probar en tu vida. Luego te enseñaré unos magníficos diablos.

—¡Genial! —exclamó la chica, entusiasmada.

Massiter dio una palmada.

—Mi barco sale a las siete. Y tú... ¿cómo te llamabas?

—Daniel Forster, señor.

—¿Quieres venir con nosotros, Daniel Forster?

Miró a Scacchi y éste le animó.

—¡Vamos, Daniel! El único modo de que uno de nosotros coma en ese restaurante de Torcello es que sea otro el que pague la cuenta.

—Pero el trabajo...

—Ya tendrás tiempo de trabajar. También has venido a disfrutar.

—Bueno, entonces ya está —anunció Massiter—. Traeros los dos el violín y la composición que tengáis pensado entregar en el curso. Este circo me cuesta una fortuna, de modo que creo tener derecho a que toquéis durante la cena. ¡Bueno! —exclamó, y volvió a dar una palmada con la fuerza necesaria para que se oyera en toda la iglesia—. ¡Vamos allá, muchachos! ¡Como si hoy fuera vuestro último día sobre la faz de la tierra!

El sabor del barro

¡QUÉ SENTIMIENTO MÁS vergonzoso son los celos! En mis cartas te hablo con toda sinceridad de las personas que conozco y tú a cambio me escribes líneas cargadas de veneno. ¿Acaso me puse yo como un loco cuando me hablaste de ese guapo español de ojos negros que conociste en las orillas del Guadalquivir? Debemos poner las cosas en perspectiva, hermana. En este momento somos espectadores en nuestros mundos respectivos, chiquillos a los que un accidente ha vestido para un baile de disfraces en el que no pintamos nada. ¿Preferirías que te contara cuentos piadosos y aburridos?

Aun así, si prefieres descansar de la "encantadora Rebecca", como tú la llamas, así lo haré, aunque con ello quede interrumpido el hilo narrativo de esta historia sólo por tu vanidad.

El día posterior a nuestra visita a La Pietà (visita que te relataré después), acudí con el tío Leo a su reunión con el señor Delapole en Venezia Triofante, uno de esos cafés tan de moda donde los habitantes de esta ciudad pasan una sorprendente cantidad de tiempo dando vueltas con la cucharilla al café que les sirven en diminutas tazas y que parece barro líquido recién sacado del fondo de un charco. Supongo que en Sevilla no hay café. Es una creación del este que los árabes trajeron hasta aquí, pero a ellos el Corán les prohibe consumirlo así que nos lo venden a nosotros a fin de pudrir los dientes y la cabeza de cuantos cristianos se expongan a sus efectos. Casi todos los establecimientos de la plaza de San Marcos se dedican ahora al negocio del café. Puede que incluso acaben transformando la basílica en otra de esas cafeterías. No tienes ni idea de lo que la geografía te ha evitado.

El Triofante es el más aclamado de todos, aunque no entiendo por qué, ya que para mí son todos iguales: como imagino que deben ser las antesalas de esos oscuros palacios franceses, llenos de espejos, bronces dorados y sillas en las que apenas puedes sentarte. Puede que el atractivo del lugar resida en el propietario, Floriano Francesconi, que parece reinar sobre el local, expulsando a quien le parece por puro capricho. Debería ponerle al café su propio nombre.

El señor Delapole tenía más acompañantes aparte de nosotros, que seguían el rastro a su cartera. Se nos unió un extraño joven francés de nombre Rousseau que dice estar de visita en la ciudad, pero según Gobbo, que anda bastante preocupado, no se negaría a figurar en la lista de quienes deben su paga a la generosidad del inglés. Gobbo lo considera una amenaza, lo cual resulta hasta cierto punto risible porque no podrían hallarse dos hombres más distintos. El señor Rousseau es un fulano bastante agradable, pero incapaz de mantener una charla intrascendente. Cada giro, cada frase de la conversación debe conducir a un concepto oscuro, a una alegoría brillante o a una declaración sorprendente que pueda demostrarle al mundo que es un sujeto verdaderamente inteligente. Yo intento convencerme de que me gusta porque es en realidad un tipo brillante, pero te confieso que he de hacer un gran esfuerzo.

El señor Delapole llevaba ya un rato escuchando una de sus parrafadas en francés cuando con un gesto de la mano le pidió silencio para dirigirse a mi tío:

—Me gustaría emprender la carrera musical, Scacchi. De hecho estaba pensando en escribir una ópera. ¿La publicaría usted?

—¡Amigo mío! —exclamó el tío Leo, saltando casi de su silla—. ¡Una ópera! No tenía ni idea de que su talento se extendía en ese campo.

—El talento de un hombre abarca más de lo que él mismo sabe —intervino Rousseau—. Precisamente el otro día estaba poniéndome a prueba con el pentámetro inglés y descubrí que podría darle a Shakespeare un buen baño...

—¡Ande, déjeme hablar a mí! —le cortó el señor Delapole en un tono tan desenfadado que no podía ofenderle—. Ya sabemos de su talento, pero es del mío de lo que me gustaría hablar. Una ópera, Scacchi. ¿Cuánto me costaría una tirada de un par de cientos de ejemplares?

—¡El dinero es la última consideración a tener en cuenta en este caso! —exclamó el tío, intentando parecer ofendido—. La casa de Scacchi se contenta con cubrir gastos y obtener el beneficio necesario para pagar los impuesto que la República nos exige con demasiada regularidad. Lo que nos importa es la calidad del trabajo que lleve nuestro nombre y cómo su conocimiento pueda contribuir a agrandar el de la raza humana. Nuestro nombre no se puede comprar sin más; hay que ganárselo.

Pensé en las horas que había pasado aquella misma mañana ocupándome de unas cuantas páginas de *Los múltiples misterios de los rinocerontes de Madagascar*, y me llevé a los labios mi taza de barro amargo. Estaba equivocado. El café tiene su momento.

—El problema es —continuó Delapole—, que la ópera es tan... común. Quizás sería mejor algo más corto, como un concierto para violín, por ejemplo. Reconozco que me gustaría intentarlo.

Leo dejó su taza en la mesa.

—Una de mis composiciones favoritas, porque como usted ya sabe, hubo un tiempo en que yo también escribí música.

—Y seguramente, también más interesante desde el punto de vista económico —respondió mirando a mi tío con un brillo de comprensión—. Menos voces, menos papel. Tiene lógica.

Leo miró su taza compungido.

—En un mundo más racional que el de la edición, sería así, pero el papel es una pequeña parte de nuestros costes. La composición, las pruebas, los años de habilidad necesarios para localizar esa corchea errante en el pentagrama...

—Vaya... —Delapole no parecía convencido—. Entonces, quizás escriba un libro. Pero sería en inglés, y a usted no puede pedírsele que maneje una lengua tan tortuosa y difícil. Tendría que enviarlo a Londres.

Un silencio denso se extendió sobre la mesa, roto por supuesto, por alguien que hablaba en francés:

—No son sólo las notas lo que importa, amigos. Vivaldi es un gran músico, pero creo que su popularidad tiene otras fuentes. Es la puesta en escena, señor. Pensar en todas esas encantadoras damas, ocultas tras las celosías, generando sonidos de tan etérea y sensual naturaleza... ¡La Pietà es un burdel para los oídos! ¡Exacto! Anotaré la idea en mi diario en cuanto llegue a casa.

Todos lo miramos. Yo no pretendo ser un entendido en cuestiones románticas, pero a diferencia de Rousseau, creo que soy perfectamente capaz de mantener una conversación con el bello sexo sin sufrir alguna forma menor de apoplejía (sí, ya se que R... es una excepción, pero he prometido no hablar de ella en esta parte de la carta). La mención misma de la palabra *burdel* sumió a nuestro amigo francés en un estado de agitación extraordinaria y comenzó a resoplar y jadear, con las mejillas arreboladas y unas gotas de sudor que le brillaron sobre el labio superior.

Delapole se inclinó para susurrarnos:

—A lo mejor están desnudas tras esas celosías, Rousseau. ¿Se ha parado a pensarlo?

El pobre se estremeció y emitió un gemido que habría hecho justicia a un potro de seis semanas de edad.

—Pero señor —intervino Gobbo—, si lo piensa bien, en realidad las mujeres están siempre desnudas debajo de la ropa, ¿no les parece?

Pensé que yo también podía sumarme a aquella tontería:

—Por lo cual, es evidente que todas las señoras que tocan tras la celosía de La Pietà deben estar desnudas. Puesto que no podemos verlas, sus ropas, de estar, son irrelevantes. Una mujer desnuda en la cama en una ciudad como Pekín no deja de estar desnuda porque nosotros no podamos verla.

—Por lo cual —continuó sonriendo Delapole, aceptando la bola que yo le había lanzado—, el mundo entero esta lleno de bellezas desnudas. ¡Fíjense en cuántas hay en este local! Si fuéramos lo bastante valientes para quitarnos esa venda de los ojos que nos impide adorarlas en toda su gloria carnal...

A Rousseau a punto estuvieron de salírsele los ojos de las órbitas. Intentaba mirar a todas las mujeres que había en el café (la mayoría de las cuales eran viejas, con un dedo de afeites y con más ropa que en el armario de un obispo tras el funeral de un hombre rico).

—Creo que... creo que me retiro ya —balbució—. Dispongo de poco tiempo para estar en Venecia y hay mucho que ver.

Mientras lo veíamos alejarse no podíamos dejar de sonreír. Había sido una jugarreta un tanto sucia, pero Rousseau es como un perro viejo que se queda siempre en la puerta de atrás, esperando que alguien salga y le dé una patada.

—Entonces, quedamos en que un concierto, ¿no? —preguntó Leo.

—He de encontrar el tiempo para hacerlo, amigo querido —contestó el señor Delapole—. Dispongo de tan poco tiempo libre, y tanto que hacer...

Poco después fuimos andando hasta el *molo* y tomamos una góndola para volver a Ca' Dario, la hermosa mansión veneciana que el señor Delapole tenía alquilada, que más que muchas otras merecería la denominación de *palazzo*. Yo fui sentado en la parte de atrás con Gobbo, a quien lo ocurrido con Rousseau lamento decir que le había despertado el apetito.

—¿Conoces a alguien de esa iglesia? —me preguntó, dándome con el codo.

—Imprimimos cosas para Vivaldi de vez en cuando.

—Bien. Creo que nuestro amigo francés se merece disfrutar de un buen entretenimiento antes de que se marche con viento fresco de esta ciudad. Y usted, señor Scacchi, va a ser mi empresario.

La góndola tomó el Canal. Ca' Dario apareció a la izquierda, una hermosa mansión aunque algo ladeada (lo cual no es de avergonzarse, después de pasar más de doscientos cincuenta años con los pies hundidos en barro veneciano).

El calor de la tarde cedía ya. La vista era espléndida y pensé en Reb... ah. Se me olvidaba mi promesa.

Polvo y pergaminos

Laura insistió en acompañarle en la primera incursión que hiciera a las entrañas del almacén abandonado. A Daniel le gustó en un principio su compañía, aunque su modo de vestirse para ese trabajo lo desconcertara un poco. Durante el día llevaba una bata blanca cerrada por delante con botones, muy parecida a la que utilizaban en las farmacias. A él le parecía una especie de uniforme, una declaración que decía: *aunque me hagáis sentir parte de esta familia, sigo siendo la criada.* Servía el desayuno vestida así, lo mismo que por las tardes cuando repartía las copas de spritz que siempre se tomaban nada más sonar la última campanada de las seis en el reloj de San Casiano. Era una prenda tras la que podía esconderse, lo mismo que las gafas de sol que llevaba a todas horas en cuanto salía de casa.

Ambos tenían sus habitaciones en el tercer piso de la casa; ella parecía ocupar la práctica totalidad de la planta, mientras que él tenía un pequeño dormitorio junto al almacén, la tercera ventana contando por la derecha desde fuera del edificio. Todas las mañanas se encontraban en el descansillo de la escalera y él se veía obligado a tragarse la incomodidad que le producía su presencia, y de un modo especial, aquel uniforme. Estaban en pleno verano y a veces hacía un calor de mil demonios. La solución que Laura adoptaba para ese problema era no ponerse nada bajo aquella bata excepto la ropa interior, de modo que el gesto más rutinario y sencillo como por ejemplo pasar un vaso o recoger un plato dejaba al descubierto una pequeña porción de piel bronceada y un atisbo de tejido blanco.

En el almacén, su prístina bata blanca tardó un par de minutos en ponerse asquerosa, lo cual no le sentó demasiado bien.

—Te agradezco que quieras ayudarme —le dijo—, pero no querría darte más trabajo del que ya tienes.

—¿Quieres decir que prefieres que no venga?

—No —contestó con firmeza—. Lo que quiero decir es que a mí me pagan por revolver entre toda esta porquería y a ti no. Te lo agradezco, pero no es necesario.

Laura tenía en las manos un montón de periódicos viejos y los dejó caer al suelo. Casi todo lo que podía tener algún valor había sido dañado por el agua. La esperanza que Daniel albergaba de encontrar algo que valiera la pena para Scacchi había empezado a esfumarse con tan sólo quince minutos de investigación. Habían encontrado otros dos focos eléctricos, de modo que con cuatro puntos de luz tenían una iluminación razonable, pero que sólo había servido para mostrar polvo y paredes desconchadas. La cueva de Ali Baba parecía no contener nada que no hubiera quedado inutilizado por el paso del tiempo y las persistentes aguas de la laguna.

—¿Se puede saber qué te pasa, Daniel? —le espetó, cruzada de brazos y mirándole a los ojos. Le había hecho la pregunta en un inglés algo titubeante, como si así pudiera hacerle comprender mejor—. ¿Es que te sientes incómodo conmigo?

—¡No, qué va! Lo que pasa es que estoy acostumbrado a trabajar solo.

—¡Chorradas! ¿Qué tiene de particular? ¿Tan decidido estás a seguir solo, Daniel?

El dardo dio en el centro de la diana. Daniel era consciente de su timidez, un retraimiento para el que tenía buenas razones. Acababa de empezar a salir de los años que se había pasado yendo de la universidad a la pequeña habitación alquilada cuando la enfermedad de su madre y la penuria económica coincidieron en el tiempo. Esa época de su vida le había separado de los demás, pero era algo que todavía no estaba dispuesto a explicarle a Laura.

—Es una cuestión de método.

—¿De método? ¡De método! ¿Qué clase de bobada es esa?

—Es pura lógica, Laura. Mira, has entrado aquí y has estado yendo de un lado para otro sin orden ni concierto, mirando una página aquí y otra allá, maldiciéndolas todas.

—¿Y qué tiene eso de malo? —estalló—. ¡Esto está hecho un desastre! —el sótano era enorme y estaba lleno de documentos viejos, maquinaria en desuso y cajas de madera vacías. Era difícil dar más de dos pasos seguidos—. Mírame. Verás como encuentro yo el tesoro de Scacchi.

Con la bata blanca ennegreciendo por segundos, fue cogiendo papeles de todos los montones, saltando sobre ellos como si fueran piedras, tropezándose con los volúmenes misteriosos de aquellas extrañas máquinas, gritando tonterías. Daniel la miraba impotente. Sólo había pensado en sí mismo, en el dolor que acarreaba en su interior, pero no se había parado a pensar que una especie de agonía misteriosa parecía palpitar también en el interior de aquella mujer. Acabó por tropezar con la vieja prensa y caer al suelo con un grito de dolor, rodeada de las hojas que había ido cogiendo.

Daniel se acercó y ofreciéndole una mano la convenció de que se sentara en el montón más próximo de documentos. Estaba cubierta de polvo de pies a cabeza y lloraba, y sus lágrimas dibujaban una línea recta en el polvo que se le había acumulado en las mejillas. Se sentó junto a ella y le puso una mano en el hombro. Era ridículo, pero se sentía culpable por haber desencadenado un episodio así.

—Es inútil —dijo ella, conteniendo los sollozos. Los dos miraron los papeles que había recogido, todos grises, mohosos y con la tinta corrida—. No hay nada aquí. Es perder el tiempo.

Le ofreció un pañuelo limpio con el que ella se secó la cara y arrugó después en un puño.

—Lo siento. ¿Tan importante es para él encontrar algo que vender?

—Eso parece.

—¿Por qué?

Daniel la miró a la cara. El estallido de rabia había estado dirigido contra sí misma, y no contra su frialdad. Parecía sentir la misma desesperación que él por encontrar algo que ofrecerle a Scacchi.

—No lo sé —contestó, mirándole a los ojos con franqueza—. Lo siento. No debería hacerte pagar a ti mi desilusión.

—No te disculpes. Es muy frustrante para los dos.

—Por supuesto que debo disculparme. No permitas que la gente te trate así.

—Tú puedes tratarme como quieras. Yo estoy encantado de estar aquí, Laura. Es lo más... emocionante que me ha pasado en la vida.

Su expresión pasó de arrepentimiento a sorpresa.

—¿Tan poco tienes en tu vida para que las nuestras te parezcan interesantes?

—No. Bueno, sí.

—Tu madre... la querías mucho, ¿no?

—Claro. Mientras estuvo enferma, me habló mucho de Venecia y de lo feliz que había sido estudiando aquí. Creo que... que esa fue la razón por la que me especialicé en historia italiana —dijo, sorprendiéndose a sí mismo—. Porque deseaba venir aquí.

—Y estudiaste tanto para complacerla a ella, supongo. Para que tuviera la certeza de que iba a dejar en el mundo algo que mereciera la pena.

El acierto de aquel análisis le dejó aturdido. En muchas ocasiones había deseado escapar de aquella mísera habitación y del yugo de la enfermedad, pero era incapaz de abandonar a su madre. Ya la habían abandonado en una ocasión: el padre que él no conoció, y la crueldad de ese acto les había acompañado toda la vida.

—Me encanta mi trabajo. Es...

—Como otro mundo al que poder retirarte —dijo ella con una sonrisa, y le dejó mudo de asombro. Luego le puso la mano en la mejilla del modo en que lo haría una hermana mayor—. Pobre Daniel. Atrapado en los sueños, como todos nosotros.

—¿También Scacchi está atrapado en un sueño? —le preguntó, mirando toda la porquería acumulada en aquel sótano.

—Está desesperado.

—¿Por qué?

—No me lo preguntes a mí. Yo sólo soy la criada.

Su tono traslucía un mal humor que le hizo parecer de pronto mucho más joven.

—Yo creo que eres mucho más que eso en esta casa, Laura, y tú lo sabes.

Laura le contestó en italiano con uno de esos reniegos venecianos que Daniel estaba empezando a comprender. Luego se limpió otra vez la cara con el pañuelo y se lo devolvió.

—Lo cierto es que es viejo —dijo, de nuevo la Laura adulta de siempre—. Los dos están muy enfermos. A lo mejor es sólo eso.

—Pero aunque no ande bien de dinero, las medicinas pueden…

—No tiene nada que ver con eso. No sé lo que es. Parece estar esperando una especie de venta final. Es como si le quedara una cosa por hacer. ¡Yo que sé!

Daniel miró a su alrededor. Aquella habitación parecía estarse riendo de ellos.

—Ya es suficiente —dijo ella de pronto—. Tengo que preparar la cena. No sigas perdiendo el tiempo, Daniel. Quítate esa ropa para que la eche a lavar.

—No. No voy a rendirme. Se lo debo. Además creo que tienes razón. Aquí hay algo. Lo presiento.

—Pero Daniel, ¿dónde está ahora tu lógica inglesa?

Por una vez fue él quien la miró frunciendo el ceño.

—¿No has dicho antes que te parecía una estupidez?

—*Touché*. Pero no cambia el hecho de que este sótano esté lleno de basura.

—Por supuesto que no. Scacchi nos dijo que todo esto se trajo aquí cuando quisieron emplear los pisos superiores como almacén. Lo dejaron de cualquier manera porque ya antes de que el agua lo estropeara, no valía nada. Seguro que sabían que las mareas se colaban aquí, ¿no?

—¿Lo ves? —exclamó, exasperada—. No hay nada de nada. ¿Nos vamos?

—No. Si hay algo de valor, será anterior a ese momento y estará almacenado en un lugar al que no llegue el agua.

—¡Bah! ¡Tonterías!

Se acercó a ella y tomó su mano.

—Tú eres veneciana, Laura. Piensa. Si quisieras preservar algo en este lugar por encima del nivel del agua, ¿dónde lo pondrías?

Laura lo miró a los ojos y no intentó soltarse. Parecía estar pensando.

—¿Dónde? —la apremió.

—¡Estas paredes son de ladrillo! —respondió con una sonrisa—.

¿Cómo se va a guardar algo de valor en una habitación como ésta?

Algo le rondaba la cabeza. Estaba claro. Los ojos le brillaban con una intensidad especial.

—Podría ser...

—¡Nada! Tengo que preparar la cena, y tú tienes que quitarte esa ropa para que te la lave. ¡Vamos! —insistió, empujándole—. ¡Venga, hombre!

—Laura... —tanta prisa le desconcertó—. ¿Y el tesoro?

—Cuentos. Humo y espejos. Déjalo para otro día.

El oro de Scacchi

No PODÍA ESTAR equivocado. Daniel había visto que Laura se llevaba a Scacchi a un aparte después de desayunar, le entregaba una nota y le señalaba a él con la cabeza. Poco después, el viejo le pasaba un brazo por los hombros y le entregaba una lista de recados que debía hacer: recoger unos documentos en el ayuntamiento, sellos en la oficina de correos, un espejo barato que había que recoger en un taller de Giudecca... Laura lo había preparado todo para sacarle de la casa. Se iba a pasar la mañana de *vaporetto* en *vaporetto* mientras ella llevaba a cabo su plan secreto en el sótano.

—Pero Scacchi —objetó—, estoy aquí para trabajar en la biblioteca.

—Tienes todo el tiempo del mundo para eso. No podrás comer en casa, así que tómate algo por ahí, pero que no sea mucho, que esta noche cenas con Massiter, no lo olvides.

Así que no le quedó más remedio que marcharse con la lista de Laura en el bolsillo. Volvió cargado de bolsas justo después de las dos y apenas las había dejado en el vestíbulo cuando apareció ella. Iba muy sucia. Tenía el pelo lleno de polvo y telarañas, y el uniforme blanco hecho una pena. Eso sí: sonreía como nunca.

—Pareces el gato que se comió al ratón —le dijo con cierto resquemor.

—No digas bobadas, Daniel. He estado de caza. ¿Quieres ver lo que he encontrado?

—Estoy muy enfadado contigo, Laura. Lo has organizado todo

para que estuviera hoy el día entero fuera y tener la casa para ti sola.

Ella le dio una palmada que le dejó marcada la huella en polvo negruzco.

—¡Tonterías! Tú mismo me dijiste que te estorbaba, así que me he limitado a preparar el terreno para que tu inteligencia pueda brillar. ¡Vamos, ven! Los viejos están escuchando música arriba. Mejor no molestarlos hasta que llegue el momento.

Le pasó una linterna y Daniel la siguió escaleras abajo. Al entrar le pareció que todo estaba en el mismo estado de sucio abandono que el día anterior.

—Bueno, vamos a ver si eres capaz de pensar como un veneciano —le desafió con una sonrisa—. ¿Qué sitio escogerías para esconder algo?

Daniel miró a su alrededor. No había un solo lugar en el que guardar algo y que quedase por encima del nivel del suelo. Si en alguna ocasión se había utilizado aquel sótano para preservar algo de la depredación de la laguna, los armarios necesarios para tal fin hacía mucho que habían desaparecido.

—Es imposible —dijo en voz baja.

—¿Cómo que es imposible? Ya deberías empezar a comprendernos. Si un veneciano tuviera algo de valor aquí, jamás lo dejaría a la vista. Hay un portón al nivel del agua en ese lado, Daniel. Cualquiera podría entrar y llevárselo.

—Entonces, ¿dónde?

Le quitó la linterna de las manos e iluminó de nuevo el espacio.

—En las paredes. ¡En las paredes! Ven.

Daniel la siguió hasta la parte del fondo.

—Aquí. La pared delantera no tiene hueco ninguno, y las laterales tampoco. Pero en la parte de atrás, la casa da con ese barullo de viviendas que se construyeron después y cualquier cosa sería posible —apoyó la mano en la pared húmeda y fue palpándola—. Llevo cuatro horas haciendo esto, Daniel. Intentando encontrar algo.

—¿Y lo has conseguido?

Vio la alegría de su mirada y supo la respuesta. En la última parte de la pared, a más de un metro por encima del nivel del suelo, Laura le cogió la mano y se la apoyó en la pared. La naturaleza del mortero que unía los viejos ladrillos era distinta, más pálida y de textura más harinosa. Ella lo pellizcó, y se separó de la pared como si fuera arena seca. Sin decir una palabra, Daniel fue en busca de una barra de hierro que había bajado para abrir las cajas que se le resistieran.

—He reservado este momento para ti —anunció ella en tono triunfal.

Sin preocuparse del polvo ni de las telarañas, Daniel la besó en la mejilla.

—Eres una mujer magnífica, Laura. Espero que Ca' Scacchi pueda soportar esto.

—¡*Avanti*, Daniel!

Laura dio un paso atrás y él comenzó a rascar el mortero. Tras unos veinte minutos de duro trabajo, cuando el agujero era ya lo bastante grande, acercaron la linterna y miraron. Su luz amarilla iluminó un paquete envuelto con papel marrón y cuerdas y colocado sobre un poyete de ladrillos para que no le alcanzara el agua.

Metió el brazo, sacó el paquete, le quitó la cuerda y el papel y leyó la primera página. Estaba escrita en una caligrafía fina e inclinada hacia atrás, y sólo decía *Concierto Anónimo*. En números romanos se añadía la fecha: 1733. Daniel hojeó las páginas rápidamente y una nube de polvo salió de ellas.

—¿Qué es? —preguntó Laura en voz baja.

—Paciencia —contestó, y se sentó en una polvorienta pila de papeles para examinar su descubrimiento con el corazón latiéndole a toda velocidad. Aun en aquel momento inicial se dio cuenta de que sólo podía haber una explicación para aquel hallazgo por extraordinario que fuese. Tras un momento de silencio, anunció:

—Creo que hemos encontrado el original de un concierto para violín. Me refiero al manuscrito original, el anterior a las copias.

—Pero es anónimo. ¿Para qué esconderlo?

—No lo sé.

Daniel leyó la música escrita con aquella extraña inclinación y una premura que sugería que aquellas notas habían sido fruto de la inspiración. En un primer vistazo la pieza tenía, quizás, un toque de Vivaldi, pero él había buscado en una ocasión algunos originales del compositor en la biblioteca de la facultad y la escritura no se parecía nada a aquella.

—¡Ven, Daniel, vamos a contárselo!

Subieron corriendo escaleras arriba con su descubrimiento en la mano y se encontraron con Scacchi y Paul en el salón, bailando abrazados al ritmo de una música de jazz.

—¿Un Spritz? —sugirió Scacchi. Tenía la piel más macilenta que aquella mañana.

—Eso después —contestó Laura—. Daniel ha encontrado algo.

—*Hemos* encontrado algo —puntualizó él.

Ella hizo un gesto con la mano para quitarle importancia igual que una madre haría con un hijo.

—No importa. A ver si es esto lo que querías, Scacchi.

Los ojos de Scacchi cobraron vida. Dejaron de bailar y se acercaron a la mesa sobre la que Daniel había extendido los papeles.

—Yo no sé leer música —dijo Scacchi—. ¿Crees que tiene algún valor?

Laura señaló una de las páginas con un dedo.

—¡Por supuesto! ¿Por qué si no iban a esconderlo?

—Eso es lógica femenina. Es una composición anónima. ¿Reconoces algo, Daniel?

—No. Pero parece todo un concierto para violín. Es de 1733.

—¿Vivaldi? —preguntó Paul esperanzado.

Daniel negó con la cabeza.

—No lo creo. Se da un aire, pero ¿por qué iba a escribirlo anónimamente? Y su escritura no era así.

—De todos modos, algo de esa época que no haya sido publicado tendrá algún valor, ¿no? —preguntó Scacchi.

Daniel suponía que sí pero del precio no tenía ni idea.

—Yo creo que sí. Además parece bien escrito a simple vista.

—¡Bien! —exclamó Scacchi—. Además tenemos la forma perfecta de iniciar el rumor del descubrimiento. Esta noche, con Massiter, que podría ser el comprador ideal.

Laura lo miró muy seria.

—No lo dirás en serio. Daniel no puede llevarse algo de tanto valor para enseñárselo a ese inglés, que es muy capaz de arrancárselo de las manos y arrojar después al pobre Daniel por la borda.

Scacchi frunció el ceño.

—No te pongas tan melodramática, Laura. Pues claro que no va a llevarse el original. Puedes copiar unas cuantas páginas del solo, ¿verdad, Daniel? Te pidió una composición, ¿no? Pues dile que es ésta.

—Esto no es mío, Scacchi.

—No es más que un poco de cebo para estimular su apetito. De todos modos, Massiter es muy listo y seguro que se da cuenta enseguida.

—¡Lápiz y papel! —exclamó Laura.

Paul se lo trajo y Daniel se quedó un instante mirando el papel y la vieja estilográfica.

—¡Vamos, hombre! —lo animó Scacchi—. Que yo no soy Mephisto, y tú tampoco eres Fausto.

Buscó una regla y con tinta negra y gruesa comenzó a dibujar las cinco líneas del pentagrama.

El cura rojo

SANTA MARÍA DELLA Visitazione, o La Pietà como todo el mundo la llama, es un edificio de piedra casi en ruinas que no queda lejos del palacio del Dux. Se dice que su construcción es tan mala que algún día lo tirarán para cambiarlo por algo que merezca más la pena. Los venecianos sienten compulsivamente la necesidad de magnificencia, especialmente en un lugar tan prominente como éste.

Aguardábamos callados en la puerta. Hasta aquel momento todo había sido sencillo. De habernos pillado la milicia, ¿qué reprimenda habríamos recibido una judía que había olvidado ponerse el reglamentario pañuelo rojo y su loco acompañante? Unas cuantas frases duras para Rebecca y un tirón de orejas para mí. Pero traspasar el umbral de La Pietà era harina de otro costal. La hebrea iba a entrar en una iglesia de Cristo, y no para hacer penitencia ni para convertirse (por su modo de hablar, a veces me pregunto si Rebecca cree ni siquiera en su propia religión). ¿Nos castigaría Dios allí mismo, a la entrada de su templo? ¿Quedaríamos malditos para toda la eternidad por haber profanado la casa de Dios?

A la segunda pregunta no puedo darte respuesta, pero en cuanto a la primera me temo que voy a desilusionarte. Cuando por fin hicimos acopio de valor para atravesar el vestíbulo oscuro y rectangular de La Pietà, sólo nos recibió el sonido de distintos instrumentos de cuerda intentando abrirse paso a duras penas por una pieza un tanto complicada. Nada de relámpagos, ni rugidos desde lo alto. Entramos en la nave de la iglesia y encontramos una pequeña orquesta de cámara compuesta en su mayoría por muchachas vestidas con ropa barata, y Vivaldi con la batuta suspendida en el aire.

He de admitir que esperaba algo más del afamado Cura Rojo. Para empezar, hace mucho que no tiene pelo, ni rojo ni de ningún otro color, y el pobre lleva una polvorienta peluca blanca para cubrir su calvicie. Hay una levita roja, eso sí, pero él es un hombre pálido y demacrado que siempre mira la partitura frunciendo el ceño. Fijé mi atención en su frente grande y descolorida mientras reflexionaba sobre el milagro de la creación (individual, no divina). Un trabajo tan maravilloso como el suyo tenía un origen sorprendentemente humilde y había conseguido cautivar al mundo. Al menos, durante un tiempo. Se dice que desde que escribió *Las cuatro Estaciones* ocho años atrás, no ha vuelto a alcanzar ningún éxito y que debe emplearse como director de orquesta ambulante para poder pagar las facturas.

Nos quedamos en las sombras un momento hasta que él dio unos golpecitos con la batuta en el atril y pidió silencio a la orquesta.

—Tú —dijo, señalándonos—. Llegas tarde.

Rebecca salió a la luz con su pequeño violín de la mano, y me sorprendió ver la admiración hacer presa en el rostro de Vivaldi. Su belleza siempre surte ese efecto en los demás. Yo me senté en un banco desde el que poder observarlo todo.

—¿De dónde eres, muchacha? ¿Para qué puedes servirme?

Ella inclinó modestamente la cabeza.

—Mi familia proviene de Ginebra, señor. En cuanto a lo otro, no puedo contestarle. Tendrá que juzgarlo usted.

—Ya. Conozco a unos cuantos hombres en Ginebra. ¿Quién ha sido tu maestro?

—Mi padre, que era carpintero.

Vivaldi se desilusionó ostensiblemente.

—Está bien —farfulló—. Toca algo. Terminemos cuanto antes.

Rebecca abrió la funda y sacó un instrumento bastante tosco, de un horrendo marrón rojizo.

—¿Acaso ese violín también te lo hizo tu padre, niña? —preguntó Vivaldi—. Debe ser el instrumento más feo que he visto en mi vida.

Ella lo miró con una presencia de ánimo que yo le envidié.

—Así es, señor, y me habría comprado uno mejor si nos lo hubiéramos podido permitir.

—Dios sea loado... —suspiró.

Yo no podía apartar la mirada de Rebecca por varias razones. Algo en aquella conversación la estaba divirtiendo, y yo tenía la impresión de que iba a ganarle la batalla a aquel viejo cura.

—Un estudio que solíamos tocar juntos, señor —anunció con dulzura, alzó el viejo arco y lo colocó sobre aquel trozo de madera como un ángel que hiciera retroceder a los demonios con la espada. Ya puedes imaginarte lo que sucedió a continuación: un milagro. ¡Extrajo de aquel trasto viejo unos sonidos tan dulces, unos pasajes de pasión tan conmovedora que en un momento pensé que nuestro gran compositor iba a desmayarse!

Es cierto que en parte lo hizo para impresionar (¿y qué tiene eso de malo dadas las circunstancias?) Subía y bajaba por escalas de notas perfectas a una velocidad asombrosa. Una referencia a la música popular aquí, una fineza barroca allá, pasajes lentos, pasajes rápidos, claros y oscuros, vibrantes y apagados, nos deslumbraban con su habilidad técnica y al mismo tiempo con un gran sentimiento. Yo no soy violinista, y tras haber escuchado a Rebecca dudo saber siquiera de música, pero reconozco el genio cuando lo oigo. Vivaldi estaba en lo cierto sobre el instrumento, que no era lo bastante bueno para ella, pero nadie podía dudar de la brillantez de Rebecca y me llenó el corazón ver que había sido capaz de arrancar emoción y generosidad de aquel viejo cura que, cuando terminó aquella sorprendente exhibición, se levantó y aplaudió tan entusiasmado como lo haría un niño de cinco años.

—¡Bravo! —gritó.

Rebecca, con esa sonrisa suya tan particular aún dibujada en los labios, metió con cuidado el instrumento en su funda y lo miró, toda inocencia, antes de decir:

—Espero poder serle de alguna utilidad, señor.

—Dios bendito, hija —exclamó—. Eres la maravilla que necesitaba.

—Gracias —contestó con cierta altivez que Vivaldi tomó, espero, como una pequeña reprimenda por su falta de confianza en ella.

—¿Pero qué has interpretado? He reconocido a Corelli, y algunos otros estudios conocidos, pero ¿y el resto?

—No lo sé, señor. Cosas que me enseñó mi padre.

Enrojeció al decir aquello, y yo no comprendí por qué.

El cura volvió a aplaudir.

—No importa. Es una pena que ese violín sea tan malo. De todos modos, sé bienvenida a mi pequeña orquesta femenina —al oírle decir esto, el resto del grupo que parecía un ramillete de monjas que acabaran de colgar los hábitos, aplaudieron también a modo de saludo—. ¿Cómo te llamas?

—Rebecca —el pulso se me aceleró al ver miedo en sus ojos—. Rebecca Guillaume.

—Un nombre bonito para una cara bonita —la alabó Vivaldi—. Es una pena que no vaya a verte nadie.

—¿Perdón?

Vivaldi señaló la celosía dorada que recorría el perfil de la nave.

—Esto es una iglesia, Rebecca, no una sala de conciertos. No podemos permitir que se distraigan mirando la orquesta. Tocáis detrás de esas rejas doradas que me temo estarán cerradas mientras la audiencia se deja arrastrar por la música.

Ella ladeó la cabeza como si quisiera apoyarla en el hombro y volvió a dejarme perplejo. Era imposible juzgar lo que estaba pensando.

—Y ahora —anunció Vivaldi, sonriendo de oreja a oreja—, empecemos con las composiciones nuevas.

Distribuyó las partituras entre los músicos y se las explicó cuidadosamente, instrumento por instrumento, con el detalle y la atención que cabe esperar de un maestro (nada parecido a lo de *a ver si imprimes eso bien, o de la patada en el trasero que te doy te lanzo al canal*, que es lo que me dice el tío Leo). La presencia de Rebecca animó enormemente a Vivaldi, que se lanzó a la música para ensayarla pasaje a pasaje, nota a nota, hasta que el conjunto comenzó a emerger del caos que era en un principio. Estuvieron tocando casi tres horas. Empezaba a atardecer cuando salimos. Yo estaba ansioso por devolver a Rebecca al gueto antes de que los guardias levantaran los puentes para salvaguardar al mundo de los judíos durante la noche.

Salimos al muelle y a buen paso nos dirigimos a la primera góndola mientras yo buscaba algún signo de felicidad en su cara. Acababa de recibir la alabanza de uno de los más aclamados músicos de Venecia, y había entrado a formar parte de su pequeña orquesta. Pero no la encontré.

—Rebecca —le dije cuando la góndola tomaba la *volta* del canal y la casa de Oliver Delapole, Ca' Dario, con sus extrañas ventanas, aparecía a nuestra izquierda—, hoy has alcanzado lo que te proponías. Tocas como los ángeles y él lo sabe.

—Sí. Un ángel que ha de estar escondido tras una celosía para que nadie pueda verlo —respondió con fiereza—. Voy a cambiar una prisión por otra para que alguien que no soy yo se lleve la gloria.

Su ira me sorprendió.

—No te entiendo. Es un honor poder...

—¿Qué es un honor? ¿Estar encerrada como un pájaro en una jaula? ¿Pero quién se cree que es el cura ese?

—Vivaldi. Mucho más que un músico. Un compositor, un director, un artista que sobresale por encima de los demás.

Ella me miró fijamente con aquellos ojos oscuros que parecían taladrarme y yo me sentí desnudo.

—¿Acaso crees que yo no sé componer o dirigir? ¿Crees que no me gustaría ponerme delante de la orquesta como él y ver cómo os quedáis con la boca abierta?

El arco blanco del Rialto se iba agrandando a medida que nos acercábamos, lleno como siempre de gente que lo cruzaba.

—Se ha preguntado de quién podía ser la música que he interpretado, ¿verdad? Pues es mía.

Yo iba sentado en la góndola que se balanceaba suavemente sobre las aguas grasientas del Gran Canal y no era capaz de ordenar mis pensamientos. Ella iba sentada frente a mí, en la parte más estrecha y acercándose apoyó la mano en mi rodilla:

—Mi maldición es doble. No sólo soy mujer, sino ju...

No debía permitir que dijera una palabra más. Con sumo cuidado, puse un dedo sobre sus labios y le pedí silencio. Ella me miró asustada primero, pero luego comprendió. A nadie le gusta más traer y llevar chismes que a un gondolero. Si seguíamos hablando así, alguien iba a acabar enfrentándose a los leones.

—Enseguida llegamos, prima —dije en voz alta, y cuando en su mirada vi que comprendía, aparté la mano de sus labios húmedos—. Este trabajo es una bendición. No lo olvides.

Diez minutos después, llegábamos a un callejón cercano al gueto y ella se cubrió la melena con su pañuelo rojo.

—Hay algo más —añadió—: va a ser imposible de todos modos. Esperaba poder convencer a Vivaldi de tocar sólo por las tarde, pero me ha dicho que si no toco también por la noche, me olvide de todo. Y yo por la noche no puedo salir del gueto. Soy judía y estoy prisionera.

Temí que se echara a llorar pero no lo hizo y yo me pregunté, cometiendo al hacerlo un pecado de falta de caridad, si estaría jugando con mis sentimientos.

—Dime, Lorenzo —continuó—. ¿Es que un judío no tiene ojos? Ojos y manos, órganos, sentidos, afectos y pasiones. ¿Es que no comemos la misma comida, sufrimos por las mismas cosas y las mismas enfermedades? ¿No me sanan las mismas medicinas, no siento calor y frío en las mismas estaciones que los cristianos? Si me pinchas, ¿no sangro? Si me haces cosquillas, ¿no me río? Si me envenenas, ¿no muero yo también? Y si me hieres... ¿no buscaré venganza?

—Por supuesto —respondí—. Pero yo sólo soy un humilde granjero de Treviso. Si leo una obra de teatro, ¿no admiraré su grandeza y aprovecharé sus enseñanzas a mi manera? Y si alguna vez me mientes, Rebecca, te estarás burlando de un inocente.

Estábamos en el callejón oscuro y estrecho, tan cerca el uno del otro que nuestras manos casi se rozaban, como dos actores que no saben a quién le toca reír o a quién continuar con el diálogo.

—Eres raro, Lorenzo —me dijo ella mirándome con curiosidad.

—Lo tomaré como un cumplido. Yo pienso lo mismo de ti.

Ella resopló. ¡Dios, cómo me recordaba ese ruido al de los cerdos de la granja! Brevemente tomó mi mano, y una sensación que jamás había experimentado se adueñó de todo mi cuerpo.

—Te has arriesgado tanto para nada.

Tuve que reírme.

—¿Para nada? Rebecca, yo... —Dios, ya volvía a quedarme sin palabras—. No hay otro lugar en el mundo en el que hubiera deseado estar esta tarde. Y en cuanto a lo que se puede o no hacer en Venecia por la noche, déjame pensarlo un poco. Es más fácil ocultar un secreto en la oscuridad que a plena luz.

—Pero...

—No —insistió—. Cada cosa a su tiempo.

Volvimos al gueto en silencio. Me detuve en el puente mientras un guardia la seguía con la mirada mientras ella cruzaba.

—Cinco minutos más tarde y esa mocita se habría metido en un buen lío, muchacho. Aunque a mí no me importaría pasar con ella un par de horas en una celda...

En la ciudad todo el mundo carga una pequeña daga al cinto, aunque yo soy de la opinión de que si se tiene cuidado con los lugares que se frecuentan, no hay necesidad de ir armado. Tampoco me gusta la idea de llevar algo oculto, aunque sea una joya de arma, con el único propósito de hacer daño a mis semejantes. Sin embargo, cuánto deseé llevar ese arma al cinto y en mi imaginación la desenvainé para atravesar con ella el pecho de aquel fulano y echar luego su cuerpo al canal.

—Buenas noches, señor —le contesté.

Volví andando por las callejuelas oscuras y estrechas de la ciudad, pasé sobre el puente y volví a San Casiano, donde las prostitutas merodean por el *campo* acercándose a susurrarle al oído todo tipo de sucias promesas a quien quiere escuchar. Mientras camino, voy pensando. Cuando abrí la puerta de Ca' Scacchi, supe cómo iba a hacerlo.

El Gran Canal

TRAS COPIAR APRESURADAMENTE las partituras y darse una ducha, Daniel bajó la escalera de Ca' Scacchi dispuesto a tomar el *vaporetto* a San Marcos con seis páginas de un solo para violín metidas en una funda de plástico. Laura se unió a él vestida con vaqueros y una camiseta roja.

—Tengo la noche libre —le explicó—. Y el día de mañana.

—Ah.

Scacchi y Paul le desearon buena suerte. Luego Laura y él salieron al canal, tomaron el barco y se sentaron juntos en la cubierta. Por primera vez Laura no llevaba puestas las gafas de sol y aquello tuvo sabor a victoria para él.

—¿Has quedado con alguien?

Laura lo miró frunciendo el ceño.

—¡Qué pregunta más impertinente! Voy a ver a mi madre, como hago todos los miércoles. Está en una residencia en Mestre.

—Lo siento. ¿Está enferma?

—No. Sólo es mayor. Es que me tuvo muy mayor.

—Ah. Creía que tendrías un hombre esperándote.

Ella abrió los ojos de par en par.

—¡Un hombre! ¿No te parece que Scacchi y Paul son hombres más que suficientes para toda una vida? Además últimamente se me ha pegado un niño más, que puede resultar tan cargante como los otros dos. ¿De verdad crees que necesito más hombres?

—*Oops...* —musitó, sonriendo al agua. Su ira, claramente fingida, le resultaba divertida. Laura quería a Scacchi y a Paul, y disfrutaba con su presencia, o eso creía él, lo que le hacía sentirse un poco intimidado. Hacía tiempo que evitaba las relaciones personales. Tenía otras preocupaciones: su madre, sus estudios y el trabajo a tiempo parcial que siempre andaba buscando para ganar algo de dinero. Cuando pensaba en la clase de mujer que esperaba conocer un día, siempre se imaginaba el mismo tipo: una persona que tuviera poco más o menos la misma edad que él, que tocase el violín y que compartiera su mismo interés por los libros antiguos y la música. Alguien con un carácter similar al suyo, y no una asistenta deliciosamente excéntrica y bastante mayor que él.

—*Oops* —repitió ella, mirándole con una sonrisa—. ¿Qué clase de palabra es esa?

Un turista grueso y con barba que debía rondar los cincuenta, con su pantalón corto, su camisa polo y varias cámaras colgando del cuello se volvió a mirarla.

—*¡Oops!* —le gritó. El tipo se levantó y cambió de sitio. Los dos se rieron.

—Y puesto que no vamos a hacernos preguntas personales, te invito a que me hables de ti. Supongo que habrá alguna belleza típicamente inglesa esperándote en casa, ¿no? Cuéntame.

Daniel se dio cuenta de que estaba enrojeciendo vivamente y la expresión de Laura cambió al darse cuenta de la incomodidad que le había causado.

—Lo siento —dijo—. Se me había olvidado que tenías que cuidar de tu madre. ¿Duró mucho tiempo su enfermedad?

—Mucho —contestó—. Pero no me he arrepentido ni un solo momento de cuidarla.

—Te creo —respondió ella sin apartar la mirada del agua—. Entonces, ¿es ahora cuando comienza tu vida, con una panda de locos desconocidos en Ca' Scacchi?

—Quizás.

Ella se cruzó de brazos y decidió cambiar por completo de conversación.

—Supongo que esa chica norteamericana debe ser guapa. Menudo restaurante. Locanda Cipriano. Llevo aquí toda mi vida y sólo he estado una vez.

Daniel pensó en Amy Hartston. Debía ser unos diez años menor que Laura.

—Es muy bonita —dijo—. Si te gustan las norteamericanas, claro.

—Entiendo. Dientes perfectos, pelo perfecto... la idiota perfecta. Siempre tan sonriente y tan educada.

—Eso son tópicos.

—¡Bah!

—Espero que sepa tocar el violín mejor que yo, porque esto es difícil —añadió, moviendo la carpeta.

Ella la cogió y examinó su caligrafía redonda, ordenada, y la disposición de las notas en el pentagrama.

—No exageres.

—¿Que no exagere? ¿Sabes leer música?

—No, pero sólo veo unas cuanta notas sueltas en el pentagrama, y no esas telas de araña que les ves leer en los conciertos.

Él suspiró.

—El ritmo es lento al comienzo, pero enseguida se acelera. De todos modos, te voy a contar un secreto sobre la música: a veces, Laura querida, las partes lentas son las más difíciles. En ellas no hay dónde esconderse.

Laura se le quedó mirando pensativa.

—A veces no sé qué pensar de ti. Lo que acabas de decir es algo muy maduro y muy perceptivo para un jovencito como tú, pero... ¡Mira Daniel! —exclamó de pronto—. Vamos, dime el nombre de esa casa.

Laura señalaba un pequeño palacio que quedaba frente al través del barco. No lo conocía, y sin embargo tenía que reconocer que era un edificio hermoso. Estaban cerca de la galería Guggenheim, y tenía una fachada bastante peculiar pintada en rosa y blanco horadada por tres rosetones ligeramente desplazados a la derecha. Tres filas de ventanas rematadas en arco recorrían los cuatro pisos, coronados por un tejado plano del que surgían varias chimeneas.

—No tengo ni idea —confesó.

—¿Tanto estudiar para esto? Es uno de los edificios más antiguos del Gran Canal. Incluso después de todos estos años cada vez que paso por delante tengo que pararme a mirarlo. Es Ca´ Dario. Se construyó en el siglo quince, y se dice que está maldita. Ha habido un montón de asesinatos y suicidios en ella a lo largo de los años.

—¿Y lo está?

Ella hizo un gesto poco corriente que consistía en bajar la comisura de los labios.

—Me daba pesadillas cuando era niña.

Daniel miró el palacio. Era una pena que quedara semi oculto por las casas de alrededor. Su diseño era poco corriente y muy interesante.

—¿Cómo podía darte pesadillas una casa como ésa?

—¡Pues porque era una niña! Soñaba que volvía de mi confirmación en el *vaporetto*, con mi precioso vestido blanco, de pie en la popa, sintiéndome la persona más importante del mundo.

Hizo una pausa

—¿Y? —la animó él.

—Estábamos en carnaval. Yo miré a esa ventana, la del segundo piso, la más alargada. La segunda empezando por la izquierda, ¿la ves? —el barco empezaba a dejarla atrás y Daniel tuvo la sensación de que Laura se sentía aliviada—. Vi una cara. Era un hombre, que apoyaba las manos en el cristal y gritaba.

—¿Era viejo o joven? ¿Qué aspecto tenía?

—No lo recuerdo. Supongo que fue un sueño.

—O que verdaderamente la casa está maldita.

Ella se rió, pensando que le tomaba el pelo.

—No lo creo, aunque Woody Allen estuvo a punto de comprarla hace un par de años. Eso sí que hubiera dado miedo.

—Eres mala, Laura —se rió—. ¿Se la puede visitar?

—Es privada. Pero me parece que tu amigo el señor Massiter tiene un piso cerca, y a lo mejor te deja mirar desde allí. Con tu preciosa novia norteamericana, por supuesto.

"Mejor no entrar al trapo", se dijo. El *vaporetto* llegó al final del canal, dejando la gran losa gris de La Salute a la derecha. Laura se levantó para ver mejor el muelle y él hizo lo mismo.

—Massiter no ha llegado aún —dijo, y señaló a una zona que quedaba detrás de la parada—. Supongo que te recogerá allí, donde atracan los taxis. Ya podía haber ido a buscarte.

—No me importa. De todos modos, le estoy muy agradecido.

Ella lo miró con severidad.

—Agradecido, muy agradecido... pierdes demasiado tiempo agradeciéndole las cosas a los demás, Daniel. Nadie hace nada sin un motivo, ni siquiera Scacchi.

—Pero...

No pudo terminar. Al más puro estilo veneciano, Laura se había abierto paso con el codo entre la gente, las gafas de sol una vez más ocultando sus ojos verdes. Cuando desembarcó, ella era ya una figura distante que caminaba hacia San Marcos.

Daniel esperó. Diez minutos después, una lancha pulida y estrecha atracó exactamente donde ella había dicho que lo haría. Hugo Massiter iba sentado en la popa, compartiendo una botella de champán con Amy Harston. Cuando se alejaban del muelle, Daniel tenía también en la mano una copa de aquel exótico champán color galleta y le acompañaba la sensación de que, de pronto, el mundo se había vuelto más ancho.

Se volvió para mirar hacia San Marcos y allí, de pie en el pequeño parque, estaba la menuda forma en rojo y azul de Laura que le veía alejarse, creyendo con toda seguridad que resultaba invisible en la distancia.

Una noche en la laguna

DEJARON ATRÁS EL Arsenal y cuando comenzaron a entrar en las aguas abiertas de la laguna, Hugo Massiter llenó sus copas de champán y llamó al piloto:

—¡Dimitri!

El puesto de pilotaje estaba en la proa y el joven que manejaba la lancha, un muchacho alto, moreno y que llevaba unas enormes gafas de sol, se volvió a mirarlos.

—Diga.

—Vamos rápido.

Dimitri asintió. El ruido del motor creció media octava y el morro de la lancha se vio propulsado hacia el cielo. Amy Harston y Daniel sintieron que la espalda se les hundía en los asientos de cuero y los dos se rieron como bobos.

Amy llevaba un vestido de noche de un color pálido y escote generoso que resultaba muy elegante y la hacía parecer mayor. Massiter iba vestido con pantalones color crema y una camisa de algodón blanca, sin pañuelo al cuello aquella vez. Había cambiado las eternas gafas de sol por una gorra de capitán que no olvidaba el ancla azul sobre la visera y que se había colocado ladeada. Daniel nunca había estado cerca de un hombre rico y Hugo, que así era como quería que lo llamaran, no estaba resultando ser lo que esperaba. Lo encontraba demasiado relajado, casi juguetón, aunque tanto su presencia como la de Amy le producían cierto frenesí. Todo lo que le había ocurrido hasta entonces le pareció de pronto apagado y carente de dimensión.

La lancha tomó dirección norte, dando saltos sobre el camino marcado en el agua por las boyas colocadas entre la isla de Murano a la izquierda y Sant' Erasmo, un oasis verde de huertas, donde estaba la casa de Piero, a la derecha. Daniel recordaba la última vez que había recorrido las aguas de la laguna con tres hombres dormidos, un perro a la caña y Laura, la misteriosa Laura, que se había escondido delante de San Marcos solo para verle marchar.

—¿Ocurre algo? —preguntó Amy por encima del ruido de la lancha sobre las aguas.

—No. Sólo estaba pensando en lo inesperado que es todo esto. Yo había venido sólo a catalogar una biblioteca.

Massiter les ofreció un plato de *bruschette* untado con tomate y con una generosa cantidad de *porcini* y anchoas.

—La vida sería muy aburrida si sólo nos encontrásemos con lo que cabe esperar —le dijo—. ¿Una biblioteca?

Daniel tragó saliva. No podía olvidarse de mantener la guardia alta. Ojalá Scacchi le hubiera dado más detalles de cómo tratar con Massiter. Era sorprendente que le hubiera ofrecido tan poca información. Es más, daba la sensación de que, a pesar de ser consciente de su ingenuidad, había decidido dejar que se enfrentara solo a lo que pudiera surgir.

Reduciendo al máximo los detalles, le explicó la historia que se escondía tras su viaje a Venecia y el interés que despertaba en él el proceso editorial de la época de la República. Scacchi le había ofrecido una pequeña cantidad por revisar unos documentos que de otro modo irían a parar a la basura. Saber que iba a participar también en un curso de verano había sido una sorpresa y un regalo más.

—¿Y has encontrado algo? —preguntó Massiter sin dilación.

—Todavía no —mintió descaradamente, y por suerte en aquella ocasión no enrojeció hasta las cejas—. Los documentos estaban en el sótano y el agua los ha dañado casi todos.

Massiter movió la cabeza.

—¡Qué pena! El problema es que Scacchi es sólo un tratante de antigüedades. Hemos hecho algún negocio juntos ocasionalmente, pero siempre manteniendo las distancias a petición suya. Nunca hemos cenado juntos, ni nos hemos tomado una copa. La debilidad de los tratantes de antigüedades es que sólo saben apreciar el valor de un objeto cuando alguien se lo pone delante. ¡Y pensar que ha podido tener un tesoro delante de la nariz y lo ha dejado pudrirse sólo por falta de atención!

A Daniel no le hizo gracia aquella crítica, aunque en cierto modo fuese cierta.

—El señor Scacchi ha sido generoso y amable conmigo. Sin él yo seguiría en Oxford buscando un trabajo por horas para pagarme los gastos.

Y solo, llevando una existencia monocroma y aburrida.

—Por supuesto —contestó Massiter haciendo un gesto con la mano—. No es nada personal, y esa lealtad te honra. Bueno, Amy, ahora háblanos un poco de ti para refrescarme la memoria y para que Daniel pueda conocerte.

Ella sonrió y en unas cuantas frases resumió que había nacido y crecido en Maine, que su padre era un importante constructor y que pasar los veranos en Venecia era lo mejor de todo el año.

—¿Y qué pasa con tus clases? —preguntó Daniel.

—Yo voy a una universidad para chicas ricas y tontas. Es decir, para chicas como yo. No te equivoques.

—Qué estupidez —replicó Massiter—. Amy lleva tocando aquí desde que era una mocosa de doce años y cada verano me sorprenden sus progresos.

—Sí, ya. Lo que pasa es que les encanta la idea de que una chica sea la estrella de este tinglado. Desde que asesinaron a esa niña... los más jóvenes dicen que su fantasma sigue estando en La Pietà. Yo antes también lo pensaba.

Massiter se volvió a mirar el agua. Parecía preocupado.

—No sabía nada —contestó Daniel.

—¿Ah, no? Ocurrió bastante antes de que yo empezara a venir, pero es una historia increíble —le contó muy animada—. A la pobre la acosaba el director de la escuela, que terminó agrediéndola después del concierto que clausuraba el curso y al final la mató. Y luego se suicidó él, cuando la policía estaba a punto de atraparlo. Dicen que era una violinista muy buena.

Massiter apuró su copa y volvió a servirse.

—Se llamaba Susanna Gianni y era, queridos míos, la mejor violinista de su edad que yo he podido escuchar. Y pensar que fui yo quien escogió a ese maldito ruso para que dirigiera el curso. No pasa un solo día sin que me lo reproche. De no ser por mí, seguiría viva.

Amy le miró a los ojos. Parecía a punto de llorar, y ella le puso una mano en la rodilla. Un gesto muy adulto para su edad.

—Hugo, lo siento —dijo—. No sabía que fuera algo tan personal, pero no puedes culparte por lo que hizo otra persona.

—Han pasado ya diez años, pero no puedo evitarlo. De todos modos, no es el momento para hablar de eso. Ya estamos llegando.

La isla estaba muy cerca. La torre del *campanile* se veía a unos cientos de metros tierra adentro y la lancha redujo su velocidad, viró a estribor y enfiló la boca de un estrecho canal de aguas verdes por las algas. Massiter espantó un mosquito y tras consultar su reloj ordenó a Dimitri que atracase de momento un poco más allá del restaurante, junto a una huerta.

—Es increíble. No he podido conseguir una mesa hasta las nueve, así que podéis tocar para ganaros la cena en lugar de hacerlo después. ¡Vamos, sacad vuestros instrumentos! Escuchemos esas piezas que habéis compuesto para mí.

Amy hizo una mueca de disgusto.

—Por Dios, Hugo, ¿por qué tanto empeño? Odio componer. Yo soy intérprete.

—Una intérprete excelente, según parece. Me ha dicho Fabozzi que la mejor de esta temporada.

—Es posible, pero eso no quiere decir que sepa componer.

Él la miró ofendido.

—¿Quieres decir que no has traído nada?

Sacó del bolso un manuscrito.

—He traído Las cuatro Estaciones de Vivaldi. Nunca lo tocamos en la escuela, y he pensado que podría gustarte.

Massiter parecía horrorizado.

—¡Por amor de Dios, criatura! Si quisiera volver a oír ese concierto, me iría a la pizzería más cercana. Como castigo, no pienso darte de cenar. ¡Mujeres!

—Puede que yo tenga una solución —sugirió Daniel.

—Eso espero, o esta noche no cena nadie.

Daniel sacó la carpeta de plástico en la que traía las seis páginas manuscritas.

—Amy, sería un honor para mí que interpretaras lo que he escrito.

—¿Por qué no puedes tocarlo tú? —le preguntó Massiter.

—Yo no soy un gran violinista, Hugo. Que sea capaz de oír música dentro de la cabeza no quiere decir que pueda reproducirla con mis manos.

—¡Músicos! —maldijo Massiter—. Las criaturas más testarudas de la faz de la tierra. Bueno, ya sabes lo que hay, querida: o tocas, o nos volvemos a la ciudad sin cenar.

—Trae —murmuró, y le quitó a Daniel la partitura de las manos. Se sentó y estuvo cinco minutos leyéndola en silencio. Massiter pareció calmarse un poco y Daniel se entretuvo escuchando el zumbido de los insectos y viendo cómo algunos peces saltaban para cazar moscas. No dejaba de preguntarse si habría jugado bien su baza. La expresión de Amy había ido cambiando a medida que avanzaba por las páginas. Cada vez estaba más seria y absorta. Cuando concluyó, se volvió a mirarle.

—¿Qué es esto, Daniel?

—Un solo de violín —contestó.

—Eso ya lo sé. Lo que quiero es que me hables del contexto. Parece del siglo dieciocho, casi como si fuera de Vivaldi, pero forma parte de algo mucho más grande. ¿Qué es?

Massiter los miraba a ambos fijamente. Daniel comprendió por qué a Scacchi le costaba tanto mentir frente a aquellos ojos grises.

—Lo imagino como un solo en algo parecido a un concierto de Vivaldi para violín. En el *ritornelli*. Estaba ensayando la forma.

Amy frunció el ceño.

—¿Quieres decir que debo imaginarme el resto? ¿Es eso? Pues como yo no lo tengo en la cabeza, es imposible, ¿sabes?

Qué bien. Había elegido el primer pasaje para violín que había encontrado sin pararse a pensar que necesitaría un contexto.

—Estupendo —murmuró.

—¿Cómo puedes componer algo que va a ir en mitad de un concierto sin tener ni idea de lo que va al principio y al final? No lo entiendo.

Massiter se había acomodado en un rincón.

—¿Música o hambre? ¿Qué va a ser?

—Condenados ingleses...

Le devolvió las partituras a Daniel para que pudiera pasarle las páginas, sacó el Guarneri de su funda, se levantó y tras un momento de concentración, empezó a tocar. Las notas densas y ricas que emanaban del violín ahogaron el zumbido de los mosquitos y el croar de las ranas. Massiter cerró los ojos y escuchó, inmóvil. A Daniel aquellas notas le helaban la sangre. Amy estaba arrancando dimensiones nuevas a lo que él había transcrito. Comenzaba con la gracia lenta y majestuosa de un canto fúnebre e iba ascendiendo gradualmente, implacablemente, hasta que el solo se cerraba con una furia rápida, esplendorosa, sublime. Si tuviera que definir aquel pasaje con una sola palabra, sería sin dudarlo *resurrección*. La música comenzaba en el dominio de la muerte e iba trasladándose lentamente a un mundo lleno de vida, color y movimiento.

Amy se sentó y lo miró directamente a los ojos.

—¿Cómo he estado? Sé sincero, que es tu música.

—Maravillosa.

—Esto que has compuesto es alucinante, Daniel. ¿Puedo quedármelo? Me gustaría trabajarlo más.

—Claro.

—Ten, fírmamelo. Así podré venderlo si alguna vez me veo mal de pasta.

—Es que... no tengo bolígrafo —contestó, pasándose las manos por la pernera del pantalón.

Massiter lo observaba como un halcón y del bolsillo de la camisa sacó una pluma de caparazón de tortuga y se la ofreció.

—Ten.

Temblándole la mano y maldiciéndose por dentro, Daniel garabateó su nombre en la primera página.

—Habéis estado increíbles los dos —dijo Massiter—. Ahora, vamos a cenar.

La cena fue un festín, tal y como Massiter había prometido. Consistió en numerosos y variados platos que compartieron los tres: erizos de mar y cangrejos de caparazón blando, camarones y langosta, pasta con tinta de calamar, gallos de ración y un rape tan suave y tierno como una gamba. A Massiter no le gustaba el vino blanco del Véneto así que escogió un Alto Adige del Tirol, oloroso y equilibrado y del que se bebieron dos botellas, además de *grappa* al final de la comida. Todo acompañado por la charla sobre Venecia, los amigos y la comida; cualquier cosa menos la música que acababan de escuchar.

Cuando terminaron dieron un paseo hasta la basílica, donde Massiter convenció al encargado de que les dejase entrar y encender las luces para poder contemplar el famoso mosaico del Día del Juicio Final. A Daniel le llamó la atención ver, tal y como Piero le había dicho, un pequeño perro en una esquina del mosaico que podría ser el ancestro del legendario Xerxes, perro de caza y timonel extraordinario. Después, con la noche ya bien entrada, salieron a contemplar la laguna con la luz de las estrellas reflejada en su superficie bajo un cielo azul oscuro.

El encargado de la basílica no andaba muy lejos, confiado en recibir alguna otra propina, y Massiter sugirió que subieran al campanile. Desde allí, dijo, las luces de Venecia se verían en la distancia.

Amy se sentó en una piedra que había delante de la basílica y con un suspiro, declaró:

—Yo no pienso subir ahí arriba. Os espero aquí.

De modo que subieron los dos por aquella escalera curva iluminándose con dos linternas. A Daniel el esfuerzo le dejó agotado, pero Massiter apenas parecía sofocado. Cuando llegaron arriba el paisaje que se contemplaba hizo que el esfuerzo mereciera la pena. Desde allí contemplaron con la grandeza de los dioses el mundo pequeño y redondo de la laguna. Bastaba con alargar el brazo para poder tocarlo todo: la isla de Burano, las luces de Murano y San Michele a media distancia, y más allá las torres de las iglesias de la ciudad.

Daniel había bebido demasiado vino como para sentir preocupación alguna. Massiter se había apoyado en la piedra del arco abierto y contemplaba las aguas negras, pero de pronto habló con una seriedad nueva en la voz.

—Scacchi te está utilizando como una mera herramienta, Daniel, y tú lo sabes.

Los vapores del vino desaparecieron de inmediato, y tuvo la intuición de que no iba a poder bajar de aquella torre sin revelarle a Massiter al menos parte de la verdad.

—No comprendo.

Massiter le dio una palmada en el hombro.

—Esa música no es tuya, Daniel. No puede serlo. Eso es cosa del viejo. ¿Tiene idea de lo que vale?

Daniel no contestó.

—Mira, está claro que no la has compuesto tú, pero también está claro, por lo poco que he oído, que es buena. Muy buena. Dime cuánto quiere Scacchi por ella y hablaremos.

—No lo sé —contestó con sinceridad—. Creo que es algo más que dinero.

—Mucho debe ser para arriesgarse con estos juegos. ¿Por qué no me llama y se deja de rodeos?

—Está enfermo. No puedo ofrecerle otra explicación mejor.

Massiter frunció el ceño.

—Eso había oído. Pobre hombre. ¿Y de qué se trata?

Daniel respiró hondo.

—Se trata de la partitura original de un concierto para violín. Tiene el estilo de Vivaldi, pero no es de él.

—¿De quién es entonces?

—No lo sé. Está firmada simplemente como *Concierto Anónimo*, y fechada en 1733, lo cual la hace contemporánea de Vivaldi, pero es imposible que sea suya. Además, ¿para qué iba a dejarla sin firmar?

Massiter se pasó una mano por la boca y dejó vagar la mirada por la negrura de la noche.

—¿Es todo el concierto así de bueno?

—Eso creo.

—¿Y es vuestra? Supongo que no será robada, ¿no? Mira que conozco a Scacchi.

—Se encontró en su casa, así que es suya. Nada más leerla me pareció magnífica, pero ahora, después de habérsela oído tocar a Amy... es increíble. Tú también lo crees así, ¿verdad?

Massiter se echó a reír.

—¡Desde luego! Esta ciudad nunca dejará de sorprenderme.

—¿La comprarías? Yo creo que Scacchi estaría dispuesto a llegar a un acuerdo.

—Es una historia preciosa, pero ¿qué valor tiene en realidad esta música? Podríamos pagar a un catedrático para que dijera que es de Vivaldi, pero tú dices que es una mentira que no tardaría en destaparse. Supongo que Scacchi podría conseguir una pequeña suma de cualquier universidad. A los musicólogos les encantaría. Pero con todo no alcanzaría el nivel que yo deseo.

Daniel no podía dar crédito a lo que oía.

—Pero si es una música maravillosa, Hugo. Tú mismo lo has dicho.

—¡Por supuesto que lo es! Scacchi podría llegar a un acuerdo con algún editor y llevarse una cantidad por su transcripción, pero ¿no te das cuenta de cuál es el problema? Pues que el compositor, quienquiera que fuese, murió hace mucho tiempo y por lo tanto no hay derechos de autor. En cuanto la partitura llegue a alguna universidad, cualquiera puede editarla sin tener que pagarle ni un céntimo a nadie. Y eso será lo que ocurra, créeme. No existe el académico o la práctica académica honrada. Tal y como yo lo veo, Scacchi puede sacar unos diez mil dólares y esa misma cantidad a lo largo de cinco años, pero ahí se acaba todo.

La lógica del argumento de Massiter parecía irrefutable.

—¿No hay ninguna otra posibilidad?

Massiter le iluminó la cara con la linterna.

—Por supuesto que la hay. Mira, esta partitura no es el juguete que tenía pensado comprarme este verano. Lo que quería era tener otra vez uno de esos Guarneri grandes y gordos, pero estoy abierto al juego como cualquiera. Lo que podemos hacer, Daniel, es despistar. Disimular. ¿Cómo crees que funciona el mundo?

Empezaba a hacer frío. En parte deseaba estar lejos de allí, pero también en parte quería escuchar lo que Massiter tuviera que decirle. Scacchi necesitaba dinero desesperadamente. Ante él se abría una vida llena de experiencias y aventuras, con lo cual el egoísmo, y no sólo las necesidades de Scacchi, le empujaba a participar en aquel juego.

—No te sigo.

Massiter suspiró como si estuviera explicándole algo a un niño.

—Analiza la cuestión: nadie sabe quién escribió la partitura; por lo tanto, nadie es en realidad su dueño. Si se hace pública tal y como está, su valor residirá meramente en el valor de una composición antigua. ¿Hasta ahí estás de acuerdo?

Inseguro, Daniel asintió.

—De modo que lo que necesitamos es transformarla en algo que un hombre pueda poseer. Poseer y vender, si ese es su gusto. Tú mismo me has proporcionado la respuesta. Pregúntaselo a Amy si no. Ella sabe quién ha escrito este concierto: tú.

Un mochuelo ululó en el aire negro y Massiter se acercó y le agarró por un brazo.

—Escúchame: es lo más sencillo del mundo. Mañana hablaré con Fabozzi y le diré que hemos cambiado de planes. Que abandone el programa vigente y que se centre en un único trabajo. Un trabajo nuevo y escrito por un prodigio que ha aparecido inesperadamente. Y ese prodigio se llama Daniel Forster. Cada día copiarás algo del original y se lo llevarás. La escuela tocará tu obra maestra, y al final del curso interpretaremos un concierto que será el debut para el mundo entero. ¡Imagínate la publicidad! ¡Las aclamaciones! Empezaste el verano siendo un estudiante sin un céntimo y lo acabarás siendo una celebridad. No es que vayas a hacerte rico, desde luego, pero ¿quién se hace rico con la música?

—Yo no puedo ser esa persona, Hugo.

—¿Por qué? ¿Acaso piensas que el verdadero compositor vendrá a tirarte de la oreja? Además, aunque no seas capaz de escribir ni una sola nota más, es un trabajo que no quedará mal en tu currículum. Diviértete aunque sea sólo una vez, Daniel. No seas tan soso.

—Pero eso es ilegal.

—Vamos, hombre, ¿a quién vas a robar? Al autor desde luego que no. Tampoco a los que pagan por la partitura. ¿O es que la música sonará diferente porque lleve tu nombre en la cubierta?

—No, pero es que está...

—¿Mal?

—Sí —contestó con vergüenza. Su ingenuidad resultaba embarazosa a veces.

—Puede ser. Eso debéis juzgarlo Scacchi y tú. Para mí simplemente hay dos posibilidades: o este trabajo ve la luz dejándote a ti algo de dinero, o lo echas a los lobos sin percibir un céntimo. Para mí este bocado es muy pequeño, pero el juego me resulta divertido así que voy a hacerte una proposición: imaginemos que dices ser el autor tal y como yo te propongo. Yo, en privado, haré los acuerdos necesarios para cobrar los derechos de autor que se puedan devengar a lo largo de los años y a cambio Scacchi recibe... digamos cincuenta mil dólares ahora y otros cincuenta mil al final del verano, cuando todo el mundo se las prometa tan felices. Tu parte la negociarás directamente con él. Después, el manuscrito original será mío. Podría resultar muy embarazoso que llegara a salir a la luz. Es una oferta estupenda. El riesgo lo corro yo, y sinceramente, el beneficio que pueda obtener después es nimio si es que llega a materializarse, pero estamos hablando de música, Daniel, y nadie se ha hecho rico con ella. Las razones que me mueven a hacerte esta proposición no son egoístas, ¿comprendes? Simplemente soy un filántropo con una buena bolsa. Pero bueno, eso tú ya lo sabes.

El pequeño cuadrado de piedra del campanile quedó en silencio un momento.

—Piénsatelo —volvió a la carga Massiter, y sus ojos grises brillaron en la oscuridad—. Si nos ponemos de acuerdo, mañana mismo puede estar el dinero en las manos sudorosas de Scacchi. Tendrás que admitir que la tentación es grande, ¿no?

Daniel intentó sopesar las posibilidades y la noche pareció flotar ante él.

—Cien mil ahora y cincuenta mil después —dijo.

—Setenta mil ahora y cincuenta mil después. Ni un céntimo más.

Scacchi necesitaba dinero. Aquel trato no era para él.

—Hecho —dijo—. Siempre y cuando Scacchi esté de acuerdo, por supuesto.

—Lo estará —contestó Massiter, sonriendo de oreja a oreja—. Él sabe reconocer un buen negocio.

Daniel estrechó la mano de Massiter y se sorprendió de sentirla, a diferencia de la suya, completamente seca y fría como la piedra.

Sobre los judíos

TODAS LAS INSTITUCIONES tienen normas, y el gueto no es una excepción. Rebecca me ha explicado cómo ha llegado a constituirse una prisión tan particular. Cuando la República volvió a abrir sus puertas a los judíos, lo hizo bajo unas condiciones muy estrictas, una de las cuales era que se limitasen a desempeñar determinadas profesiones, principalmente la de banqueros. Otra era que sólo podían vivir en el lugar que se les indicase y que consintieran en quedar encerrados por las noches. A tal fin la ciudad necesitaba una especie de fortaleza, y se escogió una isla muy pequeña de Cannaregio destinada antes a fundición de hierro. El lugar vino en llamarse *guetto* a partir del término *gueto*, que significa fundir hierro (lo que ignoro es de dónde salió la segunda *t*).

Por supuesto no hay nada en Venecia que pueda ser así de sencillo, de modo que en el gueto tenemos tres tipos de judíos: los asquenazí, que provienen principalmente de Alemania; los sefardíes, de España, y los levantinos, que llegaron desde el este. Rebecca es asquenazí, ya que su familia desciende originalmente de Munich, de donde huyeron cuando las autoridades de la ciudad acusaron a los judíos de envenenar los pozos y de ser los causantes de la plaga. Fueron a parar a Ginebra, pero la vida allí no era mucho mejor. Los asquenazí fueron los primeros en recibir autorización para instalarse en Venecia y, cosas de la vida, son los que más desconfianza despiertan por razones que yo no alcanzo a comprender. Los sefardíes, a pesar de que siguen comunicándose en una lengua que sólo ellos hablan, aparte del hebreo y el italiano, parecen tener cierta influencia en la ciudad. Los levantinos se comportan casi como ciudadanos de la República; puesto que en su mayoría provienen de territorios venecianos como Corfú y Creta están condenados a ser buenos servidores del estado. Consecuentemente los sefarditas y los levantinos viven aparte, incluso en guetos nuevos donde las restricciones sobre el comercio son algo más leves, aunque la norma de llevar brazaletes amarillos y pañuelos rojos continúa aplicándose, lo mismo que la ley contra la usura.

Ni que decir tiene que yo no sabía nada de todo esto, y daba por sentado que un judío era eso, un judío, pero la verdad es que son tan distintos entre ellos como lo somos los demás, con su propia idiosincrasia, sus gustos y sus aversiones, sus prejuicios y sus dogmas. Quizás los asquenazí hacen chistes sobre los sefarditas, lo mismo que los venecianos se burlan de los *matti*, la gente que vive en Sant' Erasmo, la isla que hay en mitad de la laguna y en la que, según dicen, todos son familia de todos. En el fondo, espero que sea así. Que sean, simplemente, humanos.

Cada comunidad tiene su propia sinagoga. De hecho los asquenazí son los propietarios de esa estructura de madera en forma de barco de la que ya te hablé que queda cerca de la casa de Rebecca y por encima de ella. La necesidad de espacio en el que vivir se traduce en que no queda sitio sobre la tierra de la isla para los lugares de culto, de modo que deben construirse sobre el laberinto de cuartuchos donde la gente del gueto vive amontonada, hasta el punto de que a veces conviven diez personas en una sola habitación. ¡Y además, con un templo sobre sus cabezas!

¿Cómo se las arreglan Rebecca y Jacopo para poseer una habitación para ellos solos en mitad de este mar de judíos? Que Jacopo sea médico ayuda. Sus servicios se requieren por toda la ciudad, en especial cuando se trata de enfermedades de mujeres. Pero yo pienso que hay algo más. Son distintos del resto de asquenazí que veo en las escaleras cuando voy a su casa, y no sólo porque lleven viviendo aquí algo más de un año.

La mayoría de los habitantes del gueto desean disponer, simplemente, de más espacio, pero no albergan el menor deseo de entrar en el mundo exterior excepto para comerciar con él. Yo sospecho que los Levi tienen otras ambiciones. Para ellos el único modo de establecer su verdadera identidad es verse crecer en la sociedad que hay al otro lado de los puentes. Un deseo imposible de alcanzar, como ya te habrás imaginado, pero no por ello menos vehemente. También son personas escépticas en materia de religión, tanto de la suya propia como de la de los demás, lo cual supongo que los distancia de sus vecinos. Gracias a Dios que los judíos no tienen inquisición ni practican la quema de brujas, porque de otro modo sospecho que Jacopo y Rebecca ocuparían los primeros puestos de su lista. Deberías ver cómo le cambia el color del rostro a Jacopo cuando se habla de la eficacia de las plegarias y las promesas como medio para curar las enfermedades. Además a mí me parece que tiene un punto de razón: ¿por qué iba a tener tanto poder una vela? Y de tenerlo, ¿por qué iba a tenerlo sólo para los devotos de una religión, y no para protestantes, judíos, árabes y demás? Sospecho que para él sólo hay un Dios y se llama ciencia, un dios altivo y demasiado próximo a la alquimia diría yo.

Volviendo a lo de las normas y los fallos en su estructura, te decía que nadie puede salir del gueto por la noche excepto los médicos (hay que ver qué prácticos somos los gentiles: cuando se trata de nuestra supervivencia dejamos que los hebreos corran en nuestro auxilio a cualquier hora del día). Para que Rebecca pueda escapar al concierto nocturno de La Pietà sólo necesita ponerse la ropa de Jacopo, el distintivo amarillo y esperar a que yo acuda a la valla para fingir que ha de asistir a una urgencia. El puente baja, yo trabo conversación con el guardia para que ella no tenga que decir nada y cuando salimos al laberinto de calles de detrás del gueto ya puede quitarse el disfraz, complacer a Vivaldi y a su audiencia y disfrazarse de nuevo para volver a casa.

Aproveché la ausencia del tío Leo, que andaba con Delapole en Ca' Dario, para acercarme al gueto a la mañana siguiente y explicarle mi plan. Rebecca me escuchó con los ojos muy abiertos, llena de ilusión. Tocar tras la celosía polvorienta de La Pietà era mejor que no tocar, y al mismo tiempo serviría para reducir las probabilidades de ser reconocida.

Jacopo me dio una palmada en la espalda y dijo:

—Me parece que has visto la *commedia dell'arte* demasiadas veces, Lorenzo. Esto no es un guión concebido en la cabeza de un escritor sino la vida, y la muerte o la ruina lo que nos espera si nos descubren. Además, no sólo nos perseguiría el estado, sino también la iglesia. Hay hombres muy vengativos en el palacio del canal y en la basílica.

—Y esto es Venecia, Jacopo —contesté con toda la firmeza de que fui capaz—. Un mundo maleable. Todo lo concerniente a nuestras vidas puede tomar aquí la forma que deseemos darle. Y si no lo entiendes así, puedes quedarte encerrado en este gueto para el resto de tus días.

Me miró con dureza. Puede que mis palabras hubieran sido atrevidas, pero sólo estaba diciendo la verdad. Cada vida tiene sus encrucijadas, tanto si nos gusta como si no y esquivarlas es tomar en sí una decisión, una decisión que probablemente no tardaríamos en lamentar.

—Eres un muchacho valiente y tienes el corazón en su sitio, pero ¿merece la pena correr tantos riesgos por una noche de entretenimiento? Un mal paso y alguien dejará una nota en esos preciosos gatos de bronce que tanto le gustan al Dux. Y al día siguiente, estaremos peleando por salvar nuestras vidas.

Rebecca se acercó y tomó una mano de cada uno.

—No me pidáis que tome yo esta decisión. No tengo derecho a pediros nada a ninguno de los dos.

Jacopo se acercó y la besó en la frente.

—Qué modo tan sutil de plantear el problema, hermana querida. Dime: ese tal Vivaldi y aquel lugar... ¿el riesgo merece la pena?

—Hermano —contestó—, tú sabes cuál es la respuesta porque la sientes igual que yo. ¡La vida está al otro lado de estos muros!

Jacopo Levi me miró buscando una respuesta. Nuestra decisión iba más allá de la música. Para Rebecca, pasar aquellas horas en La Pietà era la libertad, el lugar en que las cadenas de su sexo y de su raza no existían. Y Jacopo comprendía bien lo que eso significaba, porque adoraba a su hermana más que a nada en el mundo.

—Yo he sido quien ha sugerido la idea —le dije—. ¿Por qué me preguntas cuál es mi postura?

—Ya. Entonces, depende de mí, ¿no?

Rebecca miró a su hermano intentando no parecer ansiosa.

—No tienes por qué responder en este momento, Jacopo. No hay prisa.

—¿No hay prisa? ¿Acaso las cosas serán distintas mañana?

Ni ella ni yo contestamos y Jacopo unió nuestras manos. Rebecca, con los ojos llenos de lágrimas, se quitó una cadena que llevaba al cuello y me la puso. De ella colgaba una pequeña figura de plata de seis puntas, como si fueran dos triángulos superpuestos en dirección contraria. Era la Estrella de David.

—¿Creéis que sería un buen judío? —pregunté, palpando las puntas de la estrella y preguntándome cuántos hebreos la habrían llevado al cuello.

—No existen ni los buenos judíos ni los buenos gentiles —respondió Jacopo—. Sólo hombres y mujeres buenos, y hasta que el mundo no asimile ese concepto, seguiremos viviendo en un lugar lamentable.

—Amén —contesté sin pensar, y los tres nos echamos a reír.

La tercera vía

A PETICIÓN DE Daniel se reunieron todos alrededor de la mesa del comedor a las nueve. Laura había llevado pastas y tazas grandes de *macchiato* para todos, y ella se sentó con su zumo de naranja, obviamente incómoda por alguna razón que Daniel no podía imaginar. Se tomó el café de dos tragos. Estaba empezando a volverse adicto a aquel tipo de café a medio camino entre el corto *expresso* y el *capuccino* cargado de leche. Formaba parte de un rápido proceso de asimilación. Incluso a veces se daba cuenta de que empezaba a pensar en italiano.

Les contó lo ocurrido la noche anterior y el ofrecimiento de Massiter, lo que le valió un silbido apreciativo de Scacchi que sonó algo raro al pasar entre los dientes de su dentadura postiza. Aquella mañana estaba particularmente amarillo.

—¿Cómo es que dejaste que fuera ella quien la interpretara? —preguntó Laura—. ¿Es que es mejor que tú?

—Mucho mejor. La mejor violinista de la escuela, según Fabozzi.

—Si la hubieras tocado tú, él no se habría dado cuenta.

—No lo sé.

Daniel no podía discernir si Laura lo estaba criticando o no.

—Quizás habría sido mejor que se lo hubiésemos ofrecido directamente.

Scacchi partió un cruasán en dos y le dio un pequeño mordisco.

—Ha ofrecido una buena cantidad, Laura. Yo había pensado que nos favorecería crear el rumor de que el trabajo existe y así enfrentar a quienes pudieran estar interesados por él, pero Massiter conoce ese mundo mejor que yo. Su lógica parece irrefutable. Además, aun en el caso de que el concierto llegara a alcanzar el éxito, pasarían muchos años antes de que se pudiera reunir la suma que él está dispuesto a poner sobre la mesa en este momento.

Laura abrió los ojos de par en par.

—¡Te está proponiendo un fraude!

—Tu interpretación es un poco corta de miras, Laura. Todos los derechos sobre ese objeto son míos puesto que ha sido encontrado en mi casa. Y entre esos derechos está el de cómo hacer que llegue al mercado.

Ella alzó las manos en señal de rendición y acompañó el gesto con una antigua blasfemia veneciana.

—Por favor, no se te ocurra tan siquiera considerarlo —le rogó a Daniel—. Sé que a ti te parece una gran aventura en la que podemos participar todos, pero lo que Scacchi sugiere es un delito, y tienes que ser consciente de ello.

—No sabía que supieras tanto de leyes —respondió Scacchi, molesto.

Daniel intentó interpretar la expresión de Laura. No era de enfado, sino de preocupación por todos ellos.

—Creo que soy lo bastante mayor para tomar mis propias decisiones —dijo Daniel con la esperanza de calmar los ánimos.

—Eso lo dicen todos los niños —protestó Laura sin dejar de mirarlo.

Scacchi dio unos golpecitos sobre la mesa como si pretendiera poner orden en la reunión.

—Lo único que le estoy pidiendo es una mentirijilla sin importancia.

—Déjate de tonterías, Scacchi —intervino Paul—. Si Daniel pone su nombre en esa partitura, estaremos engañando a la gente, y punto.

—Lo que estaremos haciendo es conseguir que paguen una suma apropiada por una gran obra de arte. ¿Y quién dice que quien la escribió no la dejó ahí para que pudiera enriquecer a quien la encontrase?

—¿Y quién dice que no fue robada?

Scacchi no estaba dispuesto a ceder.

—Eso es irrelevante. Massiter lo ha dejado bien clarito: sin los derechos de autor sobre la composición, el dinero que se puede sacar por ella es calderilla.

Paul suspiró.

—Seguramente. Es cierto que sin esos derechos el concierto no ganaría la cantidad de dinero que él ofrece ni en décadas.

—Exacto —concluyó Scacchi—. Luego todos estamos de acuerdo.

—¿De acuerdo en qué? —preguntó Laura—. Ni siquiera le has preguntado a Daniel qué opina del tema, y has dado por sentado que se va a prestar al engaño.

—Por supuesto tú decides, Daniel, y si aceptas, te trataré con justicia. Digamos... el diez por ciento al final del verano, cuando Massiter haya pagado la segunda parte.

Él negó con la cabeza.

—El quince —le ofreció—. Creo que es razonable.

—¡No quiero su dinero! Ni un céntimo. Ya ha sido bastante generoso conmigo.

Laura elevó al cielo los ojos.

—¡No me digas que vas a hacerlo sólo por gratitud, Daniel! Puede que en parte sí, pero yo estoy convencida de que crees estar interpretando un papel romántico o algo así. Esto no es un cuento de hadas. Lo que Scacchi ha sugerido te convertirá en un delincuente, tanto si te descubren como si no.

—Creo que exageras.

—¿Ah, sí? ¿Qué crees que pensaría tu madre, si estuviera aquí?

Eso había sido un golpe bajo.

—Tú no conociste a mi madre, Laura. No puedes tener ni idea de lo que pensaría.

—Conozco a su hijo, y no sería quien es si no pudiera distinguir entre el bien y el mal. Sé que...

—¡Laura! —gritó Scacchi, enfadado—. Ya basta. Ni siquiera ha dicho aún que vaya a hacerlo.

—No es necesario. Lo veo en su cara.

Scacchi frunció el ceño.

—Todo depende de ti, muchacho. Si hay algo más, dímelo.

Daniel guardó silencio un momento. Tanta emoción, tanta vehemencia en una conversación le eran desconocidas. En su casa en Inglaterra, rara vez se alzaba la voz o se mostraba enfado. Sólo lasitud, y al final, desesperación. Pero así era como él se imaginaba que era el mundo: un lugar lleno de color, vida y cierta incertidumbre sobre lo que el futuro podía deparar.

—No quiero nada, Scacchi. Si lo hago será sólo por servirle de algo.

—¡Daniel! —gritó Laura—. Si firmas con tu nombre ese... supuesto milagro, quedarás como un mentiroso y un estafador antes de que acabe el verano. Te pedirán más, y tú no podrás dárselo.

—Ya he pensado en eso. Diré que el concierto me ha dejado sin ideas y que mejor que componer algo mediocre, prefiero volver a mis estudios y esperar a que vuelva la inspiración. Pero nunca volverá. Dentro de cinco años, seré una promesa que nunca llegó a convertirse en realidad.

—Eso podría funcionar —dijo Paul, animado—. Los talentos precoces no suelen ser capaces de componer más que una o dos piezas de nivel. Es una pena que muchos no sean conscientes de ello.

Laura los miraba con incredulidad.

—Estáis decididos a hacerlo, ¿verdad? No me lo puedo creer. Por lo menos, deberías decirle a Daniel por qué va a montar ese numerito, porque lo que soy yo, no puedo comprenderlo.

—¿Acaso crees que es asunto tuyo? —espetó Scacchi.

—Pues sí, porque todos sois amigos míos.

—Lo hará porque él lo ha decidido así. De hecho, sólo así consentiría yo que lo hiciese. Además, seguiremos manteniendo las distancias. Massiter nunca ha entrado en esta casa y nunca lo hará. Daniel puede ser nuestro intermediario y reunirse con él en otro sitio.

—¿Pero por qué? —preguntó, furiosa—. ¿Para qué necesitas ese dinero? Hasta ahora nos las hemos arreglado perfectamente. ¿Por qué ahora?

Scacchi la miró con frialdad, como si se estuviera preparando para hablar de algo de lo que no quería hablar.

—¿Y bien? —insistió ella.

—Laura —dijo, tras empujar los platos para apartarlos—, llevas mucho tiempo formando parte de esta casa, y precisamente con el paso de ese tiempo he llegado a quererte mucho. Espero que tú también sientas lo mismo. Eres el ancla en la vida menguada que llevamos Paul y yo. Sin ti estaríamos perdidos, y nunca podré agradecértelo bastante.

Cruzó los brazos y ella lo miró como si jamás en la vida hubiese oído pronunciar aquellas palabras.

—Sin embargo, eres una empleada —continuó—. Te pago para que te ocupes de nosotros, y no para que nos digas lo que debemos hacer o dejar de hacer. Hay asuntos que no te conciernen y es una impertinencia por tu parte que pretendas mediar en ellos. Cuando desee conocer tu opinión, te la pediré, no te preocupes. Ahora me gustaría que recogieras la mesa. El café se ha quedado frío y los platos están sucios. Luego quiero que vayas al mercado y que compres un calamar fresco. Me apetece para comer y nadie lo prepara mejor que tú. ¡Anda, ponte en marcha y olvídate de lo demás!

Unas lágrimas inesperadas rodaron por sus mejillas, pero era furia lo que brillaba en sus ojos. Se levantó, recogió despacio los restos del desayuno y sin decir una palabra, salió del comedor.

Daniel escuchó el ruido de sus pasos escaleras abajo y cuando oyó que se cerraba la puerta de la cocina se volvió a Scacchi, furioso.

—Scacchi, retiro todo lo que he dicho. No pienso hacer lo que me pide, no voy a tolerar esa clase de crueldad, que es indigna de usted y que Laura no se merece. ¿Cómo ha podido...

Paul se levantó y le puso una mano en el hombro.

—Va muy por delante de ti, Daniel. No es necesario que le reprendas. No sé vosotros, pero a mí me vendría bien una copa.

Scacchi estaba inmóvil en su asiento, desolado, los ojos llenos de lágrimas, y Daniel se arrepintió de haberse dejado llevar por la adrenalina que había generado aquella acalorada discusión.

Paul sacó del armario una botella mediada de Glenmorangie y volvió a la mesa con tres vasos, pero Daniel puso la mano sobre el suyo.

—Me gustaría que me diera una explicación.

Ellos dos se sirvieron la copa. La puerta de la calle se cerró con un golpe.

—Y la tendrás —le contestó Scacchi—. Al menos la parte que yo puedo explicarte.

Tomó un trago de whisky y comenzó a toser, y mientras Paul le daba unas palmadas en la espalda, pensó que los dos tenían un aspecto tremendamente frágil, como si un movimiento rápido pudiera desencajarles los huesos.

—Debería ir al médico. Los dos.

—Esto no es cosa de médicos —contestó—, aunque sé que Laura y tú pensáis que sí, y yo me alegro. Daniel, tienes que saber que me ha costado la vida misma decirle a Laura lo que le he dicho. Es lo más parecido a una hija que una vieja cacatúa como yo puede tener. Sin ella, no creo que estuviera vivo. Pero hay asuntos en los que Laura no debe mezclarse, y éste es uno de ellos. Quiero que me prometas que jamás, *jamás*, le dirás una sola palabra de lo que voy a contarte. Quiero que piense que todo esto lo hago para comprar un medicamento de precio desorbitado que mate el veneno que nos corre por las venas. Después, cuando hayamos terminado, podremos volver a disfrutar de lo que nos quede de vida y ella no sabrá nada.

—Eso no es justo. Me pide que haga un juramento sin saber a qué precio ni cuáles van a ser las consecuencias.

—A Laura no va a pasarle absolutamente nada. Más bien al contrario. Lo que pretendo es hallar la mejor solución para todos. Por favor, Daniel...

Pero él no contestó.

—Mierda... —murmuró Paul entre dientes—. Díselo de todos modos. Es muy sencillo, Daniel: estamos en la ruina. No tenemos un céntimo.

—Eso ya lo sé.

—No —intervino Scacchi con una sonrisa cargada de ironía—. Lo que tú te imaginas es que andamos mal de dinero, pero la realidad es mucho más seria. Hace cinco años, cuando a los dos nos diagnosticaron la enfermedad, no esperábamos vivir tanto y yo decidí disfrutar del tiempo que nos quedara, así que fui al banco e hipotequé esta casa. La suma que me ofrecieron era insultante, así que decidí, como un idiota, acudir a un caballero de cierta posición. ¿Sabes a quién me refiero?

—¿A la mafia?

—Yo no lo llamaría así. La palabra *mafia* le encanta a la prensa, pero bueno, da igual. La cuestión es que sus términos fueron generosos, pero la penalización si me retrasaba en el pago...

Paul se sirvió otra copa y sin mirar a ninguno de los dos, dijo:

—Díselo.

Scacchi suspiró.

—No he podido pagar desde el mes de octubre. Desde que nego-
cié los términos del préstamo, el valor de esta clase de propiedad y en
esta zona ha caído bastante, y Ca' Scacchi necesita más reparaciones
que nunca. Entre la suma que me prestaron y los intereses, la deuda
asciende a un cuarto de millón de dólares, una cantidad que ninguno de los dos esperábamos tener que pagar. Creía que el seguro y la
venta de la casa cuando muriéramos cubriría la deuda más que de
sobra y así Laura podría disfrutar de lo que quedase. Pero eso no va
a ocurrir, y si no les doy el dinero me matarán. Aunque eso no sería
gran pérdida para nadie excepto para el bueno de Paul.

—Estoy convencido de que Laura tendría algo que decir al respecto —contestó Daniel, atónito—. Y yo también.

—Y yo estoy convencido de que no nos conoces a ninguno tan
bien como tú te imaginas —replicó Scacchi—. Escúchame, por favor. Antes de que me maten, unas cuantas semanas antes de que eso
ocurra, la matarán primero a ella pensando que la muerte de una
inocente me causará tanto dolor que pagaré. Si eso no funcionara,
matarán a Paul, que al menos tiene la mancha de haber sabido desde
un principio lo que se estaba cociendo. Son hombres de negocios que
asesinan sólo si se ven obligados a ello. Es cuestión de pragmatismo.
Lo que buscan no es vengarse sino que se les pague lo que se les debe,
pero me temo que la sucesión de acontecimientos será ésta. Y yo...

La voz se le quebró y se tapó la boca. Paul le quitó la copa y del
armario le llevó unas pastillas y un vaso de agua.

—¡Tiene que contárselo a la policía! —se rebeló Daniel—. ¡Hable
con la mujer esa que vino aquí!

Scacchi se encogió de hombros.

—Ay, Daniel, a veces me abruma tu inocencia. Estamos en Italia,
y la policía investigaría, sí, siempre y cuando consiguieran tomarle
declaración a unos cuantos cadáveres. La mujer que vino me parece
honrada, pero llevará el caso con alguien que no lo sea y los hombres
de los que estamos hablando están tan metidos en la policía como
en su propia familia. Si lo denunciamos, no viviríamos más de una
semana ni aunque nos encerraran en una celda.

—Hemos considerado todas las posibilidades, Daniel. No te quepa duda —intervino Paul.

—¿Entonces?

—Estamos buscando una solución creativa —respondió Scacchi.

—¿Se refiere al dinero del concierto?

—No. No sería suficiente. Pero ese dinero sería la semilla y a partir de él sacaríamos el resto.

—¿Con la rapidez necesaria?

—Desde luego. Soy marchante de arte y tengo mis contactos. Hay un objeto en el mercado en manos de un idiota que no conoce su valor. Massiter se ha enterado también. ¿Te acuerdas de haberle oído hablar de un Guarneri? ¿De un Giuseppe del Gesù? Pues es ése. Pero a diferencia de Massiter, yo sé dónde está y cuánto puedo pagar por él. Entre ese precio y lo que se puede obtener por él en el mercado, radica la solución a nuestros problemas. Con tu ayuda creo que podría ser nuestro para revenderlo al mejor postor.

Daniel los miró a ambos.

—Usted está enfermo, pero puede andar, puede hacer negocios y pensar tan rápidamente como cualquier hombre.

—Cierto.

—Y ese Guarneri, es robado supongo. Si no, el tipo que lo tiene conocería su verdadero valor.

Scacchi tardó un instante en contestar.

—Sí. Digamos que es robado.

—Y esa policía vino aquí porque se imaginaba que usted podía saber algo.

—Voy a ser sincero contigo. Ella sabe que hay un objeto en el mercado, pero no tiene ni idea de qué es. ¿Y quiénes somos nosotros para llevarle la contraria a la policía?

Ojalá estuviera enfadado. Ojalá la rabia le subiera por el pecho, pero no era así. Estaba demasiado desconcertado, demasiado preocupado por los habitantes de Ca' Scacchi.

—¿Esa fue la razón de que me invitara a venir, y no la biblioteca? Sabía lo del violín y pensó en utilizarme para llegar hasta él.

—No es exactamente así, aunque he de admitir que sí pensé que podrías ayudarme llegado el caso. ¿Estás de acuerdo, Paul?

El americano sonrió. Los dos parecían alegrarse de estar por fin hablando de aquel asunto, de poner fin a la comedia.

—Desde luego que lo estoy. Daniel, lo sentimos de verdad. Creíamos que ibas a ser uno de esos chavales atolondrados de la universidad que nos ayudaría a vender cuatro trastos del sótano y además, con un poco de suerte, nos harías un par de recados por lo del violín. No se nos ocurrió pensar que fueses a caernos tan bien. O a ser tan listo.

—O a formar parte tan rápidamente de esta comunidad tan rara —añadió Scacchi.

—Menudo par de canallas de tres al cuarto que estamos hechos: nos sentimos peor que nadie y más culpables que Caín. No pienso volver a hacer esta confesión aunque me desuellen vivo.

Daniel se echó a reír y dejó que Paul le sirviera un poco de whisky.

—Te necesitamos, Daniel —continuó—. Podríamos intentar hacerlo nosotros solos, y si diera la casualidad de que ese día no estábamos mal, incluso podría resultar. Pero... ya nos ves —añadió.

Scacchi se adelantó para mirarle a los ojos.

—Esto tiene que hacerlo alguien joven y con todas sus facultades. Tendrá que reunirse con ese tipo y llevarse después el paquete. El riesgo es mínimo y nosotros lo asumiremos siempre que nos sea posible. Pero si no puedo ponerle tu nombre a esa partitura, si no puedo confiar en ti para que vayas a ver a ese tío y te asegures de que es un Guarneri lo que estamos comprando, estamos perdidos, Daniel. Te pagaré por tu contribución. Tú sólo tienes que decirme el precio.

Esperaron en silencio. No había prisa.

—Piénsatelo —dijo Scacchi—, pero no tardes demasiado. Massiter quiere la respuesta hoy.

—Estoy pensando.

—Bien. Sabes que intenté contártelo, ¿verdad? Te enseñé a ese guapo Lucifer que tanto me gusta. ¿No crees que una parte de él vive en mí?

Daniel lo pensó antes de contestar.

—Pues la verdad es que no, Scacchi.

—Como quieras, pero recuerda lo que te dije: cuando el diablo te hace una oferta, tienes tres opciones: hacer lo que te pide, hacer lo que te pide tu conciencia o la tercera vía: hacer lo que a ti te da la gana.

—Lo recuerdo.

Consultó su reloj. Eran más de las diez. En el fondo, la decisión ya estaba tomada. Es más, no la tomaba él. Negarse sería abandonarlos y él ya sabía bien lo que era ser abandonado estando todavía en la cuna por un padre al que no había conocido. Cuando maduró lo suficiente para poder calibrar la importancia de aquel acto, llegó a la conclusión de que pocos pecados eran mayores que aquel. Además, había una recompensa personal en todo aquello: el mundo aburrido de Oxford quedaba a millones de kilómetros de distancia y por primera vez en su vida tenía la sensación de estar transformando el mundo a su alrededor, y no limitándose a ver cómo se desmoronaba a sus pies.

—Necesitaré un ordenador y un programa específico de composición, porque no pienso transcribir a mano y nota a nota.

Scacchi miró esperanzado a Paul.

—¿Qué dices?

—Conozco a alguien en la universidad que puede ayudarnos.

—Bien —continuó Daniel—. Siempre y cuando estén dispuestos a pagar lo que les pida.

Los dos cambiaron de postura en sus asientos.

—¿Y qué quieres?

—Que no haya más secretos ni más engaños. Serán sinceros conmigo siempre, o de lo contrario consideraré liquidado el contrato y nuestra amistad. Y que encuentren el modo de compensar a Laura, por su bien y por el de todos nosotros.

Scacchi deslizó los brazos sobre la mesa y le cogió la mano sonriendo.

—Así será. Y en cuanto a Laura, nada en el mundo podría complacerme más. Somos venecianos, Daniel, y estamos acostumbrados a soportar ciertas explosiones de vez en cuando.

—Así será —repitió Paul—. Voy a llamar ahora mismo por lo del ordenador —anunció y salió hacia el estudio.

Scacchi clavó la mirada en la mesa.

—Gracias por todo. Y sobre todo por mi querida e inocente Laura.

—Esto lo cambia todo, Scacchi.

—Lo comprendo. Debes estar desilusionado, desengañado, y no te falta razón.

—Desde luego.

—Pero como Paul ha dicho antes, tú también tienes cierta parte de culpa. De haber sido el chaval ingenuo que nosotros esperábamos, parte de esto no habría ocurrido. Habrías llegado y te habrías marchado de Venecia sin pena ni gloria.

—Y usted estaría en un callejón sin salida, Scacchi, porque no habría surgido la oportunidad con Massiter.

—Por supuesto.

—La verdad es que lo de negociar no es lo suyo.

—Puede que tengas razón —admitió—, pero tú estás desarrollando tu capacidad en ese sentido de forma admirable.

Los dos se rieron. La tormenta había pasado. Scacchi levantó un dedo. Había olvidado algo.

—Pasemos a cosas más importantes. El domingo Piero nos llevará a todos a comer en el campo de Sant'Erasmo. Tú serás el invitado de honor de los tres tarambanas de Ca' Scacchi. Tráete a la chica esa. Seguro que nos gustará conocerla.

—¿Amy? Mejor no. Apenas la conozco.

—Razón de más para que venga.

—Ni siquiera sé si me gusta.

Scacchi lo miró con severidad.

—Daniel, escucha lo que voy a decirte: necesitas más compañía de la que puedes encontrar en esta casa. No es bueno que nos saturemos. Los viejos somos unos parásitos de los jóvenes, así que no te pongas demasiado a tiro.

Daniel se imaginó a Amy Hartston con su elegante atuendo a bordo de la *Sophia*, a Xerxes a la caña, a Piero diciendo sandeces, a Scacchi y Paul abrazados y a Laura sirviendo spritz y gritando *Oops!*

—Va a ser divertido. Sí.

Rebecca recibe un regalo

Todo son complicaciones. Antes de que llegue la primera noche de concierto en la que poner a prueba nuestro plan, nos hemos visto inmersos en un embrollo obra de mi tío. Su relación con Delapole continúa y por ello ha decidido que nos unamos al inglés en una jornada marítima cruzando la laguna hasta Torcello junto a un pequeño grupo de músicas de La Pietà, entre ellas Rebecca, para que nos proporcionen entretenimiento.

Menuda recua: Delapole sonriendo benevolente y repartiendo dinero a diestro y siniestro, a las músicas, a los marineros y a todo el mundo excepto al tío Leo; Gobbo vestido con sus mejores galas que le hacían parecer el babuino de un payaso, y Rousseau mariposeando intentando pescar algún trabajo.

Rebecca, sin su pañuelo rojo, había reunido el valor suficiente para llegar sola hasta el muelle, donde se reunió con otras tres intérpretes femeninas, que por cierto eran chicas corrientes a las que no parecía darles mucho la luz del día. Al llegar me miró un instante antes de desviar la mirada hacia las aguas. Mejor que nadie sospechara que nos conocíamos.

El calor del verano cedió en cuanto nuestro esquife dejó atrás la plaza de San Marcos y hendió las aguas de la laguna. El aire era nítido y transparente aquella mañana. Al oeste quedaban las montañas con sus cumbres aún cubiertas de nieve, al norte Torcello, y al este el plano azul y bajo del Adriático, sin apenas una onda que desfigure su superficie, como si dormitase también él en la quietud de la tarde.

Las jóvenes empezaron a tocar composiciones menores de Vivaldi en cuanto nos apartamos del pequeño embarcadero de Ca' Darío, aunque no acierto a decir por qué, ya que prácticamente todo el mundo que viajaba en el barco iba hablando sin prestar atención a su música, casi como si fueran mera decoración. Al bueno del cura le habría dado un ataque de presenciar tal cosa.

Nuestro esquife continuó avanzando en la laguna y la ciudad fue perdiéndose en la distancia. La pequeña orquesta seguía tocando, el vino tinto del Véneto corría generosamente y los presentes fueron recostándose perezosamente en los cojines dispuestos en la popa. Delapole no apartaba ni un instante la mirada de las mujeres, particularmente de Rebecca. Al fin y al cabo era nuestra única compañía femenina. La verdad es que me sorprende que el inglés, un tipo joven, guapo y agradable, no tenga amante conocida. O a lo mejor sí la tiene pero prefiere mantenerla oculta. También podría ser que guardase celosamente un secreto similar al de Edipo. Pero he de decir que no era el único que apenas pestañeaba. El tío Leo también admiraba sin descanso a las jóvenes, especialmente a Rebecca, a quien diría que contemplaba con cierta lascivia.

Alrededor de las tres embocamos el estrecho canal que conduce al centro de la isla y el capitán puso proa a la torre de la iglesia. Torcello era la capital de la laguna antes de serlo Venecia pero perdió su capitalidad por la naturaleza perniciosa de sus pantanos. En la actualidad sólo un puñado de campesinos y unos cuantos clérigos envejecidos viven aquí, y todos ellos intentan arrancar a los visitantes cuantos ducados les sean posibles.

Desembarcamos cerca de la basílica y todos juntos inspeccionamos el lugar. Rebecca, vestida como iba de gentil, entró con los demás pero no permaneció mucho tiempo en el interior del templo, y creo comprender por qué. La pared occidental de la basílica está adornada con un vasto mosaico que representa el día del Juicio Final y que sin duda debe inspirar temor a los habitantes de Torcello. Varios demonios malencarados empujan a los pecadores a los infiernos, además de a unos cuantos individuos representantes de las razas de la tierra que no son blancos y de rasgos cristianos. Le bastó con ver a todos aquellos sarracenos y moros que encaraban el castigo por tan sólo haber nacido en otro lugar para excusarse y salir. Yo dejé pasar un tiempo y salí tras ella. Me la encontré sentada en una especie de trono gigante de piedra, en el que había podido acomodarse tras darle una moneda a una mujerzuela del lugar en pago por aquel dudoso privilegio.

—¿Sabes lo que es esto, Lorenzo?

—Un pedazo de piedra de la época de los romanos, como casi todo lo que hay por aquí.

—No seas tan cínico. Aquella buena señora me ha dicho que fue nada menos que el trono de Atila.

—Ah. Y yo que pensaba que el bueno de Atila no había podido conquistar Italia.

—A lo mejor fue botín de guerra.

Se la veía tan ilusionada que no tuve valor para decirle que aquello no era más que un trozo de piedra que habían colocado allí para embaucar a los turistas.

—Quién sabe.

—¡Ja! —exclamó, levantando un brazo en el aire—. ¡La fuerza de esta piedra es contagiosa! ¡Cuida tu lengua, esclavo! ¡Soy el amo de cuanto hay entre el Caspio y el Báltico! ¡Me llaman señor desde Mongolia a Constantinopla!

—Lo que os llaman es Azote de Dios.

—¡El espíritu de Atila me corre por las venas! ¡Soy su reencarnación misma! ¡Arrodíllate ante tu amo, villano! ¿Acaso no soy yo el dueño de tu alma?

Sonriendo como un bobo, clavé una rodilla en el suelo.

—Desde luego, señora mía. ¿O he de llamaros *señor*? Pero permítame hacerle una pregunta: si no acepta la existencia de Dios, ¿cómo va a creer en la reencarnación?

—¡Gusano insolente! ¿Tan débil consideras el espíritu humano como para que no pueda dejar su impronta de generación en generación sin la ayuda del cielo? Somos lo que el tiempo destila de todos aquellos que nos han precedido, hombres y mujeres. Respiramos a nuestros ancestros en cada aliento. Yo tengo el temperamento del César, la energía del Huno, y a veces el vocabulario de una verdulera rusa. ¡Cuida tus modales, canalla! ¡Te va en ello la vida!

—¿Y de quién tienes la cara?

Rebecca tuvo que pensar.

—Pues... no sé. ¿Tú qué crees?

—De Helena de Troya —contesté sin pensar

Ella me miró como si hubiera arruinado el juego. ¡Ay, hermanilla querida...! Algún día tendré que reunir el valor suficiente para poner en palabras los sentimientos que alberga mi corazón.

No sé cómo marchan tus asuntos del corazón, hermana. En las cortas misivas que me envías y que pretendes hacer pasar por cartas no hablas de ello, y no sé si desearte que padezcas esta exquisita tortura o que tu existencia discurra por el cauce de una vida más razonable y tranquila.

—Ya vienen, Lorenzo.

El grupo había salido de la basílica y se dirigía de vuelta al esquife, con Rousseau parloteando sin parar como un canario, con un dedo índice largo y delgado cortando el aire.

—Vámonos.

Debió percibir el tono quejumbroso de mi voz porque con cuidado de que nadie la viera, acarició suavemente mi mejilla.

—No desesperes, Lorenzo, que pronto podremos aventurarnos en la ciudad como ladrones en la noche. Este no es momento de desfallecer. Además... —se irguió como una emperatriz romana que contemplara su imperio—, he ocupado el trono de Atila, así que la fortuna está de nuestro lado. ¡Somos invencibles!

Escribo estas palabras sin saber si alguien las leerá: dudo que vuelva a ver a Rebecca tan magnífica como la vi aquella mañana en Torcello, delante de la torre dorada de la basílica y de los tejados sonrosados de la isla, con los brazos cruzados sobre el pecho, brillándole la determinación en los ojos. Parecía una diosa. Y yo podría haberme arrojado a sus pies y rogarle que me concediera su mano. Pero me limité a mirar inquieto al grupo que llegaba junto al barco y que empezaba a notar nuestra ausencia.

—Debemos irnos, Rebecca —dije con una nota de angustia que me habría gustado poder evitar.

En lo de la buena fortuna no se equivocaba. Tocaron para nosotros casi todo el camino de vuelta y Rebecca se sumergió de tal modo en su música, arrancándole al pedazo de madera que tenía en las manos unos sonidos que en justicia nunca debería poder emitir un instrumento tan tosco y tan malo. Poco a poco el grupo de Delapole, que había bebido considerablemente, comenzó a darse cuenta de que algo ocurría. La charla cesó. Incluso Rousseau guardó silencio, y mientras nuestro esquife zigzagueaba en busca de la brisa que acariciaba la laguna y el sol hecho una bola ardiente comenzaba a rozar las cumbres de las montañas del oeste, todos escucharon, por fin, la música.

Cuando dejamos atrás el baluarte del arsenal, del que pasamos tan cerca que incluso vimos el fuego de los trabajadores que tras sus puertas construían barcos de guerra para la República, las otras chicas le susurraron algo a Rebecca al oído. Ella, con suma modestia, adelantó su silla un poco y cuando pasábamos frente a La Pietà interpretó aquellos mismos ejercicios y *études* que yo le escuché en su presentación ante Vivaldi.

El virtuosismo y la fuerza de su interpretación nos dejó a todos boquiabiertos. Pasamos de largo La Salute y vi salir de la iglesia a un cura que se acercó al borde del muelle para intentar escuchar la tempestad de sonidos que nos envolvía a aquellos afortunados que navegábamos en el esquife. Incluso el tío Leo parecía conmovido, aunque reparé en que, mientras el resto estábamos embrujados por su arte, el tío estaba absorto en el rostro de Rebecca. Había bebido más que ninguno y el licor no le vuelve precisamente más agradable.

Dejó de tocar cuando llegamos frente al amarre de Ca' Dario. Quizás fuese mi imaginación, pero oí tal torrente de aplausos y vítores que creí que no podía tratarse sólo de quienes viajábamos a bordo, sino también de las demás góndolas del canal, de las ventanas de los palacios, de las calles y los muelles, y me sentí orgulloso e inquieto al mismo tiempo.

Delapole se levantó en la popa del barco y tambaleándose un poco le estrechó la mano.

—Es usted la maravilla del día. Ya ni me acuerdo de los mosaicos de la catedral. Lo único que tengo en la cabeza es su música. ¿Cómo se llama, señorita?

—Rebecca Guillaume. Y gracias, señor.

Me miró y me di cuenta de que ella también había reconocido el peligro potencial de la situación. El día se estaba apagando ya, y tendríamos que darnos prisa para llegar al gueto antes de que oscureciera.

Delapole cogió su violín.

—Sé lo suficiente sobre estos instrumentos para darme cuenta de que este madero no es digno de su talento. Dígame Rebecca: si pudiera elegir, ¿qué instrumento escogería?

—Uno que no está muy de moda en estos días, señor. Un Guarneri, pero no un Pietro Guarneri, aunque desde luego son excelentes. Pietro tiene un primo, Giuseppe del Gesù, en Cremona, que construye unos instrumentos bastante grandes que a la gente les parecen feos. Toqué con uno hace tiempo en Ginebra, y tenía la sonoridad más intensa que he oído en ningún violín.

El inglés le dio a Gobbo una palmada en la espalda.

—En ese caso, va usted a hacerle un gran favor a un hombre rico, Rebecca Guillaume. Mañana por la mañana quiero que salgas para Cremona, muchacho. Habla con ese tal Giuseppe y dile que en Venecia tenemos una intérprete que piensa que sus enormes violines son los mejores y se juega la vida en ello.

—¡Señor! —exclamó Rebecca, llevándose las manos a la cara—. No puedo aceptar un regalo de esa categoría. Cuesta más de lo que mi familia gana en todo un año.

—Dinero, dinero... —respondió Delapole, haciendo un gesto vago en el aire con la mano—. ¿Para qué sirve si no se puede malgastar de vez en cuando en el arte y la belleza?

Los ojos del tío Leo ardieron como teas. Seguramente estaba pensando que el dinero que había esperado recibir por su edición se iba a esfumar por el violín de Rebecca.

—No —contestó ella con firmeza—. No estaría bien.

—En ese caso, haré que te lo lleven a tu casa directamente, y si quieres podrás ponerlo de adorno sobre la chimenea. Venid, hemos de celebrar este momento. ¡Bebamos y tomemos un refrigerio! Rousseau, quiero que nos cantes una hermosa serenata parisina.

La miré entonces fijamente. El sol había empezado a ocultarse detrás de San Marcos, y tendríamos que correr para llegar a tiempo al gueto.

Aunque con gran dificultad, consiguió desembarazarse del grupo. Todos, excepto Gobbo, estaban ya prácticamente borrachos, y éste no lo estaba porque no dejaba de maldecir el encargo que tendría que acometer a la mañana siguiente. Antes de marcharnos, Rebecca se acercó a él para darle una última instrucción:

—Hay muchas falsificaciones en Génova. Asegúrese de que trata directamente con Giuseppe y que el instrumento que compra lleva su nombre en él. Debe llevar impresas las letras IHS y la inscripción *Joseph Guartnerius fecit Cremone, anno...* y la fecha de construcción.

—¿Algo más? —respondió Gobbo con una sonrisa cargada de malicia—. ¿Algún vestido, o un perfume quizás? Estoy seguro de que sabría bien cómo sacarles partido.

Rebecca tuvo el buen juicio de darle la espalda sin más y juntos salimos, con la mirada vidriosa de Gobbo pegada a la espalda.

Empleé el escaso dinero que me quedaba para buscar una góndola que nos llevase directos a San Marcuola. Después caminamos a buen paso hasta Cannaregio donde una vez ya cerca del gueto, ella me agarró por la solapa de la chaqueta y me llevó a una calle estrecha y mal iluminada.

—Lorenzo —susurró, deliciosamente cerca su cara de la mía—, ¡voy a tener un Guarneri! ¡Tendré un instrumento como es debido por primera vez en la vida!

En aquel momento me acordé del trono de Atila y me pregunté si aquella piedra gris no tendría algún poder mágico como en los cuentos.

—Es lo que te mereces. Pero no debes olvidar que ese violín va a ponernos en una situación potencialmente peligrosa, y no sólo a nosotros, sino también a tu hermano. Debemos ser cautos.

—Sí. Y morir de viejos en la cama sin haber intentado alcanzar el cielo ni una sola vez. ¡Vamos, Lorenzo! En este mundo no se consigue nada sin arriesgarse. Pero te prometo que a partir de ahora seré una chica modesta y manejable. Callada y obediente.

Yo me eché a reír.

—Me parece una sabia decisión —contesté, reprimiendo mi deseo de abrazarla.

—Pero me gustaría que el concierto que acabé de componer la semana pasada se publicase y llegara a tocarse, Lorenzo. Yo creo que es bastante bueno. Y Leo podría ser la llave que necesito.

En aquel callejón oscuro y mohoso el mundo entero se puso cabeza abajo, y permaneció así un buen rato.

—¿Un concierto? ¿En qué estás pensando? ¡Descubrirían lo de La Pietà!

—Yo sólo he dicho que me gustaría que mi trabajo se publicase y se tocara, y no que mi nombre apareciera en él. Al menos en un principio.

Luego se acercó a mí y me besó en la mejilla.

—Hay mucho de qué hablar, y mucho que enseñarte. Pero si no pasamos por delante del carcelero ya, todo será imposible.

Y dicho esto, Rebecca Levi, a veces Rebecca Guillaume, pasó a mi lado y salió de nuevo a la calle principal. Incapaz de pensar con claridad (ni sin ella), salí detrás.

La deuda

ERAN LAS DIEZ de la mañana y estaban sentados en una mesa junto a la ventana del café Florian, Scacchi, Daniel y el pobre Fabozzi, mudo y aturdido, esperando todos a Massiter. El día estaba encapotado y gris. Al otro lado del cristal, los turistas se fotografiaban bajo montones de palomas que acudían zureando a su llamada, ahogando la voz del dueño del tenderete de recuerdos que voceaba sus mercancías. Daniel prefería el *macchiato* de Laura. Además, los precios de la lista que había sobre la mesa eran tan desorbitados que resultaba imposible tomar un solo sorbo de café sin pensar cuánto estaba costando.

Fabozzi parecía reacio a hablar sin estar su jefe delante, y tras casi unos cinco minutos de incómodo silencio llegó el inglés resoplando y jadeando, disculpándose por la tardanza. Vestía pantalón azul marino y camisa azul celeste y su rostro, a la áspera luz artificial del café, parecía mayor.

—El canal apesta —dijo tras pedir un *espresso* largo y unas galletas—. No me explico cómo hay gente que puede vivir aquí todo el año con una cloaca abierta bajo las narices.

Un grupo de norteamericanas cincuentonas sentadas a la mesa de al lado, se volvieron a mirar y él les dedicó una almibarada sonrisa.

—¡Bobadas! —contestó Scacchi—. Ese mal olor es reciente y artificial, y proviene de las fábricas de tierra firme que no dejan de soltar inmundicias ni de día ni de noche. El Gran Canal hace mucho tiempo que dejó de ser nuestra *Cloaca Maxima* y tú lo sabes.

Massiter mojó un trozo de galleta en el café.

—Una vez le vendí una estatua de Cloacina a un productor de Hollywood —les contó—. Un cuarto de millón de dólares le saqué. Le dije que era la diosa de los arroyos de montaña.

Scacchi se echó a reír.

—¿Cambiaste arroyos por cloacas?

—A veces en este negocio hay que ser muy selectivo con la información que se proporciona.

—Además, es cierto que era una deidad. ¿Acaso no te acuerdas de aquella antigua oración romana?

Respiró hondo y comenzó a recitar con voz profunda y fuerte:

> Hermosa Cloacina,
> diosa de este lugar.
> Sé benévola con aquellos
> que aquí venimos a orar.
> Y haz que mi ofrenda sea
> coherente pero suave
> Ni rápida hasta ser grosera,
> ni lenta que desgarre.

Scacchi apuró lo que le quedaba de café en la taza y añadió en voz baja:

—Precisamente *eso* ha perdido últimamente su regularidad.

Las norteamericanas se marcharon.

—Vaya por Dios —replicó Massiter—. Debes revisar tus hábitos alimenticios.

Scacchi lo miró desabrido, como si ambos supieran lo poco acertado que era el consejo.

Fabozzi, que había estado oyendo todo aquello sin ocultar su incredulidad, sacó un manuscrito de su pequeño maletín de piel y lo dejó sobre la mesa.

—Caballeros, ¿hablamos de asuntos serios? Llevo dos días trabajando en la escuela sobre esta partitura nueva y sigo sin tener la obra completa. ¿Alguien podría decirme cuándo voy a disponer de ella, y qué debo hacer cuando llegue?

Todos miraron a Daniel. Se había acostumbrado enseguida a trabajar con el ordenador que Paul le había proporcionado y seguía transcribiendo el original en las distintas partes que una orquesta podía utilizar, pero el trabajo era lento y agotador, de modo que sólo era capaz de trabajar cuatro horas seguidas al día y le resultaba imposible continuar hasta que la marea de notas y de voces no se retiraba de su cabeza.

—La tendrá seguramente a finales de esta semana —le dijo.

—¿Seguramente?

—Se lo garantizo. Pero antes, es imposible.

El director frunció el ceño.

—Si me permiten el comentario, esta situación resulta muy extraña, Massiter. Se me contrató para dirigir una escuela de verano con el programa habitual, y cuando ya hemos empezado cambia de idea y me hace trabajar sobre algo que no he visto en mi vida y que ni siquiera está terminado.

—Por supuesto que lo está —respondió Massiter, dándole una palmada a Daniel en el brazo—. Lo que pasa es que en su mayor parte está en la cabeza de este genio que tenemos aquí, o garabateada en un papel que sólo él es capaz de comprender. Te la va dando por partes según la va escribiendo, Fabozzi. Y lo que te damos es bueno, ¿no te parece?

—¡Más que bueno! Son maravillosas. ¿Pero cómo juzgar algo que no se ha visto nunca? ¿Por qué no envía el manuscrito original a los copistas? Nos ahorraríamos mucho tiempo.

Scacchi y Massiter se miraron.

—Una sugerencia muy razonable —reconoció Scacchi—. Sin embargo, dispone ya de un movimiento completo para cada instrumento y algo del segundo, así que no debería preocuparse por el resto. Daniel nos ha expresado su deseo de escribir personalmente la partitura de cada instrumento, de modo que ¿para qué enviar su trabajo a los copistas y luego tener que revisarlo nota por nota?

El director hizo una mueca de disgusto. Menos mal que al ingenio de Scacchi se le había ocurrido semejante explicación. Él no habría sido capaz de mentir tan convincentemente.

—Es difícil para mí hablar de este asunto teniendo al compositor aquí sentado, observándome.

—Podría ser peor —intervino Massiter—. Podría estar tocando.

Daniel se había negado a hacerlo. Estaba demasiado ocupado con el manuscrito y además, había interpretado para sí mismo el concierto y había partes para las que no se sentía capacitado.

—¡Mírale! —exclamó Fabozzi—. No dice nada. ¿Cómo voy a saber si lo estoy haciendo bien o mal?

Daniel respiró hondo. Se había preparado para una pregunta así.

—Fabozzi, he escuchado lo que ha hecho hasta ahora y me ha parecido un trabajo tan magnífico que no tengo nada que decir. Yo me he llevado una sorpresa tan grande como usted con este asunto. Vine aquí para catalogar una biblioteca y en lugar de eso y por pura casualidad, el señor Massiter oye una de mis composiciones de aficionado y decide presentarla en la escuela. A lo mejor lo que debería haber hecho es negarme... incluso ahora mismo podría hacerlo.

—¡De ninguna manera! —explotó Fabozzi, que había palidecido.

Daniel era consciente de que las alabanzas que pudiera recibir el concierto no serían sólo para él. Fabozzi, a pesar de sus protestas, también sería beneficiario de su éxito.

—Confieso que tu reacción me deja anonadado, amigo —intervino Massiter—. Tienes en la mano una pieza de gran valor y vas a ser el primero en el mundo en dirigirla. ¿Acaso el compositor se comporta como una *prima donna* y te grita desde el escenario? ¿Critica cada nota, cada silencio, cada frase? ¡Pues no! Se limita a escuchar pacientemente y a aplaudir al final. ¿Qué es lo que quieres? ¿Acaso deseas que el joven Daniel interprete el papel al que tiene todo el derecho del mundo?

—¡No! ¡No! —Daniel sentía lástima por aquel hombrecillo. No era una situación fácil—. Sólo querría que me indicase cuál es la dirección y el objetivo de su trabajo.

Daniel sonrió.

—Se lo explicaré. He intentado imaginar la clase de música que se debía oír en La Pietà alrededor de 1730 si Vivaldi hubiera tenido un hijo o algún alumno aventajado. Espero que haya podido oírle a él en mi música, y a Corelli también, pero con cierta evolución desde el barroco hacia lo clásico. En mi imaginación es...

Hizo una pausa. Había preparado una pequeña descripción de la pieza, sabiendo que en algún momento tendría que enfrentarse a una pregunta como esa. Pero después de haber pasado horas transcribiendo todas las partes del concierto y escuchando sus notas en la cabeza, podía dar más detalles.

—En mi imaginación es como si alguien hubiera presenciado el final de una era y el comienzo de otra. Era el momento en que se iniciaba el declive de la República, así que me imagino como quizás un joven estudiante que trabaja para Vivaldi, que aprende de él y que contemplando el declive que sobreviene a su alrededor incluye algunas opiniones personales en su trabajo. En él encontrará amor y admiración, y a veces la rabia y la impaciencia de la juventud.

Scacchi y Massiter tenían idéntica expresión de admiración.

—Bueno, no se puede pedir más, ¿no?

—No —contestó Fabozzi con sinceridad—. Al menos es algo en lo que basarse. Me complace participar en tu trabajo, Daniel. Lo que ocurre es que utilizas un método un tanto inusual.

—Soy hombre de pocas palabras, pero eso no quiere decir que lo que usted está haciendo no me guste. Más bien al contrario. Su interpretación hace que mi música suene mejor de lo que yo nunca había imaginado.

El director sonrió complacido.

—Entonces, asunto arreglado. Sigue con tu trabajo, amigo —le dijo Massiter—, que el tiempo vuela y soy yo quien paga las facturas. Quiero que ese concierto sea el mayor éxito de la temporada.

—Está bien —respondió Fabozzi.

No era mucho, pero sí más de lo que esperaba, así que se levantó y abriéndose paso entre los turistas que había en el café, salió a la plaza para llegar andando a La Pietà.

—Has estado genial —le felicitó Massiter—. Recuerda todo lo que has dicho hoy el día que la prensa empiece a hacerte preguntas. Yo ya he empezado a tocar algunas teclas, que la nuestra es una historia interesante en una época escasa de noticias como es el verano. Creo que podríamos llamarte el nuevo Vivaldi. El *New York Times* querrá hablar contigo dentro de nada, y *The Times* y *Corriere della Sera* también. Pero eso será la semana que viene, y no tiene sentido vender la piel del lobo antes de cazarlo, ¿no os parece?

A Daniel no le hizo demasiada gracia la idea.

—No creo que periódicos como ese puedan estar interesados.

—Si hacemos el ruido suficiente, lo estarán. Un poquito de publicidad, de exageración... unos cuantos focos y un par de noches en el hotel adecuado, y se volverán locos. Tú sólo diles lo que acabas de decirle a Fabozzi, pero un poco más elaborado y no con tanta franqueza, por favor. La simplicidad no te conducirá a nada con la gente de la prensa. Pensarían que eres un ignorante.

—Estoy de acuerdo. Lo harás bien —añadió Scacchi—. Has resultado muy convincente.

Daniel lo miró fijamente.

—Es que *estaba* convencido de lo que decía.

El trabajo había ido creciendo en su interior a medida que lo iba transcribiendo de sus viejas páginas a la pantalla del ordenador, nota a nota, de tal modo que había partes de él que se le habían quedado grabadas en la memoria.

—Lo que acabo de decir es lo que creo que ocurrió. Ese me parece que es su origen. Sin embargo... hay algo más en él. Algo... extranjero quizás. Pero aún no he podido identificarlo.

—Ya lo harás —contestó Massiter.

—Sí, pero no recuerdo haber accedido a dar un espectáculo público hablando con la prensa. Quiero tener una vida tranquila cuando todo esto acabe.

Massiter se quedó de pronto muy serio.

—Eso iba implícito en nuestro acuerdo, Daniel. Dejé muy claro que, por el bien de todos nosotros, debemos sacar todo el partido posible. Yo perderé dinero durante años. Puede que incluso siempre.

—Estamos hablando de una obra de arte —respondió Daniel, que de pronto se había visto asaltado por una ola de desprecio hacia Hugo Massiter, con su absurda forma de vestir y su presunción—, y no de una chuchería que comprar y vender en el Rialto.

Massiter lo miró en silencio durante casi un minuto con una expresión que seguramente pretendía inspirar miedo.

—Supongo que estarás disfrutando de tu dinero, Scacchi —dijo.

—Del dinero siempre se disfruta —contestó éste con cautela.

—Pues habla con tu chico. Hay una deuda pendiente, y lo que he comprado es mío. No lo dudéis.

El amor de Rousseau

MANZINI YA NO responde a mis cartas y me temo, hermana querida, que debemos esperar lo peor: o ha escapado con el poco dinero que quedaba en la hacienda, que sospecho es lo que debe haber ocurrido, o ha descubierto la ausencia de éste y prefiere no perder el tiempo con quienes sabe que nunca pagarán sus facturas. Espero que la noticia no te sobresalte. Yo hace tiempo que me lo esperaba y he intentado prepararte para ello. Sólo nos tenemos a nosotros mismos en este mundo, y toda la herencia que nos dejaron nuestros padres son su cualidades y su educación, ambas superiores a cualquier cantidad de oro que pudiera legarse en un testamento.

Espero que hayas encontrado comida más adecuada a nuestras costumbres que los platos tan fuertes de los que me hablas. Crecimos con la típica dieta del Véneto (potaje de polenta y carne), y no estamos acostumbrados a una cocina tan especiada y a unos vegetales desconocidos más propios de un mercado marroquí. No me sorprende que tu estómago se queje de vez en cuando.

Ahora voy a contarte algo que te animará. Gobbo no ha podido consumar su venganza contra Rousseau y me avergüenza confesar que he sido testigo ocular de su fracaso. Pero antes he de advertirte algo: esta historia tiene partes algo escabrosas, igual que aquellas aventuras que nos contaba el disoluto Pietro cuando creía que papá no estaba escuchando. Si quieres mantenerte incólume en cuerpo y alma, te aconsejo que no sigas leyendo y que guardes esta carta en el cajón más alto de tu cómoda.

¡Ajá! Presiento que te ha podido la curiosidad y que mi lectora no me ha abandonado. Estupendo...

Tras nuestro viaje a Torcello, la corte de Delapole ha adquirido el gusto por la música, básicamente porque el propio Delapole ha anunciado que será esa musa la que capte toda su atención a partir de ahora. El tío Leo, para sorpresa mía, no se ha sobresaltado demasiado. La Casa de Scacchi lo mismo imprime una lacrimógena balada, una ópera completa, que tira copias de Shakespeare o disertaciones sobre el origen de los rinocerontes. Tras haberse convencido de que Delapole nunca escribirá su obra maestra (los ricos tienen mucho tiempo, pero poca inclinación a estropearlo trabajando), el tío Leo debe suponer que puede convencerle de que corra con los gastos de la publicación de algún opus desconocido para disfrutar después de la gloria del reconocimiento general.

Y en este sentido es en el que se me ocurrió gastarles una pequeña broma. Anoche fingí haber encontrado la partitura de Rebecca envuelta en papel, como si se tratara de un niño abandonado, a las puertas de Ca' Scacchi. Junto a ella dije que había una nota anónima en la que se afirmaba que aquella composición era de un músico anónimo obligado por necesidad a dedicarse a otra profesión que quería someter al buen juicio de la Casa de Scacchi si su obra era digna de ser escuchada por el público. Si al tío Leo le parecía que sí, le invitaba a iniciar la publicación de la obra, corriendo, él mismo con los gastos, eso sí, (lo cual era una sugerencia para que hablase con Delapole) y a que organizase un concierto. Si los ciudadanos de Venecia estaban de acuerdo y juzgaban que el trabajo tenía algún mérito, el compositor prometía darse a conocer y apelar a su generosidad para el futuro de su carrera, tras lo cual le devolvería a su patrocinador el doble de lo gastado, además de otorgarle los derechos de cualquier otro trabajo futuro que fuera a publicar.

El tío leyó la nota y con una cruda maldición la tiró a un rincón. Por supuesto la recuperaré en cuanto me sea posible y tocaré unas cuantas notas a ver si consigo abrirle el apetito. Yo la he oído interpretada por su creadora y es magnífica, créeme.

Gobbo volvió de Cremona con un instrumento bajo el brazo. Es un violín horroroso pero robusto, la clase de instrumento que esperas ver bajo la barbilla de un granjero, y no junto a la dama más encantadora de toda Venecia. A ambos lados tiene una marca de savia que discurre en paralelo al diapasón y que es, según Gobbo, una característica muy buscada en los instrumentos de Guarneri.

Su iniciación tuvo lugar en un concierto vespertino en La Pietà. Rebecca ha adquirido la suficiente confianza en sí misma para acudir a estos eventos sola, y en esta ocasión en particular se las arregló para entrar y salir de la iglesia sin que ninguno de nosotros la viéramos, pero su presencia fue inconfundible. En el programa de Vivaldi (ojalá se ciñera a lo de antes en lugar de obligarnos a tragar estas nuevas mediocridades), la música de su nuevo instrumento sobresalía por encima de las demás como si fuera una llamada de trompeta. Lo que no puedo decirte es si Delapole lo percibió. Gobbo nos había informado con anterioridad de sus planes, y la mente del inglés estaba puesta en otros asuntos.

Gobbo sabía que Rebecca y yo nos traíamos algo entre manos. Es un rufián muy listo, aunque no podría nunca sospechar hasta qué punto alcanza nuestro engaño. En cualquier caso, no cesó de hacerme preguntas sobre la iglesia, su trazado y lo que ocurre antes, durante y después de los conciertos. Cuando le conté lo que pude, se puso manos a la obra.

Al finalizar el concierto, después de que el director y las intérpretes se hubieran marchado, salimos nosotros, pero antes Delapole se hizo a un lado con Rousseau para darle la buena nueva.

—Señor —supongo que le dijo, porque yo no oí la conversación—, he recibido un billete y un regalo para usted de alguien que desea volver a verle.

—No sé de qué me habla, señor Delapole.

—Se trata de una de las damas que tocaron para nosotros en la excursión a Torcello. Una de ellas me ha comunicado que le encuentra a usted de su agrado, y que se sentiría honrada de que la esperase aquí. Entiendo que su presencia aquí al otro lado de la celosía que la mantiene oculta en la iglesia, le resulta... estimulante.

El francés lo mira boquiabierto.

—¿Puede ser cierto? ¿De cuál de ellas se trata?

—No lo sé —contesta Delapole, encogiéndose de hombros—. La misiva no venía firmada. Sólo la acompañaba esto...

Del interior de la chaqueta saca una liga de seda perfumada con una exquisita fragancia oriental que a punto está de desmayar a Rousseau.

—Vamos, vamos... —le anima Delapole con una palmada en el hombro—. Esto es prueba de que se trata de una dama apasionada. Pero supongo que para un parisino eso no es nuevo.

—Eh... no, por supuesto —balbucea.

—Va a tener más trato carnal en una semana que muchos de nosotros en toda una vida. Me pregunto si no llegará usted a poblar el mundo entero con el fruto de su concupiscencia.

—Oh...

En este punto, supongo que Rousseau comprende lo que implican las palabras de Delapole. Aquel encuentro no iba a ser un leve flirteo tomando café.

—¿Aquí? ¿En la iglesia? —se sobresalta.

—Un lugar tan bueno como cualquier otro. Al fin y a la postre, un acto de amor es un acto de Dios, ¿no? Y si Dios lo ve todo, lo verá tanto si tiene lugar en su casa como si ocurre en una mancebía. Además, en mi limitada experiencia con las mujeres, he comprobado que el uso de un emplazamiento poco habitual puede provocar en ellas extremos de deseo que no se consiguen bajo las sábanas. Puedo estar equivocado, desde luego...

—De ningún modo. Ha dado en el clavo, mi querido amigo.

—En ese caso, es usted el hombre más afortunado de la tierra, porque si esta mujer ha quedado tan fascinada por su persona en un lugar público como es un esquife en la laguna, será capaz de arrancarle la ropa en la casa de Dios, tan sólo a unos metros de las hordas de paseantes que salen a esas horas.

Imagínate a un lirón chillando cuando un crío le tira de la cola. Ese es el sonido que emitió en aquel momento el señor Rousseau.

—Buena suerte —le dice Delapole estrechándole la mano.

—¿Se marcha?

Delapole se ríe.

—¿Qué clase de hombre se cree que soy? Me ha parecido oír un ruido detrás de aquellos bancos.

Rápidamente camina hacia la puerta en la iglesia casi a oscuras, ya que apenas tiene más que las ventanas del techo, y da un golpe a la vieja puerta de madera antes de unirse de puntillas al resto del grupo que aguarda oculto en las sombras bajo el gran púlpito que sobresale en la nave como la proa de un barco.

Intentamos no reír. Rousseau permanece de pie en el débil círculo de luz que entra por la roseta de uno de los muros, temblando con cada ruido que oye detrás de la celosía.

—*Monsieur...* —lo llama una voz en falsete y tengo que morderme la mano para no soltar una carcajada. Hay una forma que sale de la oscuridad. Va vestida con lo que parece seda brillante y barata de color azul. Un velo le cubre la cabeza. Como yo sé que es Gobbo, distingo su forma inmediatamente, pero con el rostro medio oculto bajo el velo y su silueta apenas asomando a la mínima claridad, podría pasar perfectamente por una de las mujeres que habían tocado en el barco.

—*Mademoiselle* —responde tembloroso el amante—. Acabo de recibir su nota, y no sé qué decir.

La figura da un paso hacia delante, extiende un brazo (cubierto también de seda azul, gracias a Dios, ya que Gobbo es bastante velludo) y con un dedo le indica que se acerque.

—¿Qué le hace pensar que le he invitado a venir para hablar, señor? Las palabras están bien, pero los hechos aún mejor. Tengo entendido que mi mensaje le suscitó ciertas... imágenes, pero puede que lo haya comprendido mal. ¿Acaso no me encuentra atractiva?

—Todo lo contrario —contestó, acercándose—. Su talento, su presencia... todo ello me lleva al más puro éxtasis.

A esas alturas, casi me había arrancado un pedazo de la mano de tanto intentar ahogar la risa, y a los demás no les iba mucho mejor. Incluso el tío Leo tenía llorosos los ojos y había tal movimiento de hombros, tantos hipidos de risa y revuelo general que no sé cómo Rousseau no nos oía. Seguramente porque tenía el pensamiento en otros asuntos.

—¿Puro éxtasis dice, mi señor? He oído que los franceses son tan hábiles que pueden hacernos alcanzar el mismo paraíso. Nada parecido a lo que los venecianos son capaces de hacer.

Rousseau respiró hondo.

—Nada me complacería más que ver tu rostro, ángel mío. Me destroza imaginar la belleza que ese velo debe ocultar.

—¡Señor! —le reprendió—. Ustedes tienen sus costumbres y nosotros las nuestras. En Venecia ninguna mujer revela su identidad a un hombre antes de consumar la unión. ¿Y si descubriéramos que la pareja no es de nuestro agrado? De este modo podemos cometer un error y olvidarlo después.

—Comprendo.

—Entonces, acérquese.

Contuvimos la respiración mientras ambos se acercaban. Gobbo se mantenía en una penumbra algo más clara para que pudiéramos ver lo que ocurría.

Rousseau se arrodilló.

—¿Qué quiere que haga, *mademoiselle*?

—Pues... besarme. ¿Qué otra cosa puedo querer?

Se levantó y frunciendo los labios intentó abrazarla por la cintura.

—¡*Monsieur*! —exclamó—. ¿Qué modales son éstos? En Venecia, un hombre jamás besa a una dama en los labios antes de haber sellado su unión física. ¿Acaso no es lo mismo en París? Porque la verdad es que lo encuentro bastante desagradable.

—¡No, no! Lo que ocurre es que no estoy familiarizado con sus costumbres. ¿Qué quiere que haga?

—Pues lo que cualquier caballero veneciano haría en estas circunstancias —replicó, fingiéndose indignada—: buscar bajo mis faldas el lugar por el que los dos vamos a unirnos y besarlo como prueba de devoción.

Rousseau parecía dudar.

—¿Esa es la costumbre en Venecia?

—En todo el mundo excepto en Francia, diría yo. Satisfaré su galo y desmesurado apetito cuando hayamos concluido con la etiqueta, señor, pero las cosas han de hacerse como han de hacerse.

—Así será.

Y volvió a arrodillarse para desaparecer bajo las faldas de Gobbo.

Lo que ocurrió después no puedo recordarlo con claridad. Hubo tantos incidentes en tan poco tiempo que no sé quién gritó primero: Rousseau al alcanzar su objetivo bajo el vestido de Gobbo en busca del gozo y encontrando el horror, aquellos de nosotros que no podíamos soportarlo más y necesitábamos soltar la risa si no queríamos que los pulmones nos explotaran, o el padre Antonio Vivaldi que en aquel momento entró en La Pietà, en busca quizás de alguna partitura olvidada y que se encontró con aquella escena de *commedia dell'arte*.

Gobbo, con su talento para la improvisación, fue el primero en reaccionar: dio un paso manteniendo la cabeza de Rousseau bajo su vestido para dejar que Vivaldi se hartara de gritar hasta quedar ronco.

—¡Fuera de aquí, escoria! —aulló, jadeando como un ciervo tras la persecución—. ¡Salid de esta iglesia antes de que llame a la guardia y os saquen a latigazos!

Gobbo se levantó la falda y Rousseau apareció acurrucado debajo con la cara cerca de lo que sólo puedo describir como el órgano que nunca debería verse en público y mucho menos en un lugar sagrado.

—¡Pero Padre! —rugió Gobbo con su voz de tenor—. ¡Tenga piedad! ¡El gabacho no ha terminado de jugar con mi pequeñín!

El resto fue sólo confusión y caos. Echamos a correr, Rousseau hacia el este en dirección al Arsenal y los demás nos atropellamos unos a otros como un rebaño de patos y corriendo en todas direcciones, muertos de risa, sin aliento y torturados, en mi caso, por un ataque de hipo bien merecido. Creo que dice mucho de Venecia el hecho de que un sirviente de veinte años e insuperable fealdad pudiera salir corriendo por sus calles vestido de mujer y riendo a carcajadas sin que nadie se volviera a mirar.

Al día siguiente nos enteramos de que Rousseau había hecho las maletas y se había vuelto a París jurando vengarse de Venecia a la que supongo que ahora debe considerar la antesala del infierno. He de confesar que durante su estancia en la ciudad intentamos congraciarnos con él, pero nos lo puso bastante difícil.

Puesto que el tío Leo estaba de bastante buen humor cuando volvimos a casa, bajé al sótano, abrí la partitura de Rebecca y esforzándome todo lo posible intenté tocarla. Aun con mis limitaciones de músico aficionado, la intensidad de la pieza es sorprendente. Tiene la fuerza y la fluidez de Vivaldi, y utiliza su técnica del *ritornello*, que consiste en repetir el mismo tema pero con infinitas variaciones, algunas lentas, otras a la velocidad del mismo diablo.

Nuestro tío, siempre astuto, es de la misma opinión y creo que anda maquinando algo, lo cual espero nos depare gratas consecuencias.

El premio de Rizzo

RIZZO ESTABA EN la estación de Mestre, contemplando los armarios metálicos de la consigna de equipajes y preguntándose si la posible ganancia haría que el riesgo mereciera la pena. El objeto que le esperaba tras una de aquellas puertas grises parecía burlarse de él. Estaba empezando a detestar aquella polvorienta caja de madera y el burdo pedazo de madera que contenía. Las cosas con las que había trapicheado hasta la fecha eran de un valor marginal que apenas alcanzaba un par de cientos de dólares, pero aquel objeto subyugador que había arrancado de los brazos muertos de Susanna Gianni era completamente distinto. Su valor debía ser superior a la cantidad que Scacchi parecía dispuesto a pagar. Sabía que podría tomar un avión a Roma y sacarle todavía más, pero también era consciente de sus limitaciones. Sus contactos en Roma sólo trataban con drogas, tabaco y los artículos diversos que podían distraer durante su transporte. El violín no iba a decirles nada. Podía pasarse meses intentando encontrar un canal adecuado, meses en los que Massiter tendría tiempo de averiguar qué había ocurrido aquel día en San Michele. La prudencia le aconsejaba cerrar el trato con Scacchi, consciente de que aquel negocio iba a ser el más importante de su vida.

Sin embargo, aquel condenado instrumento parecía mofarse de él. Siempre había creído que sus trapicheos tenían un objetivo, un punto final. Llegaría un día en el que tendría suficiente dinero para abrir un pequeño bar restaurante en Santa Margherita, cerca de la universidad. Allí podría robar legalmente a turistas y estudiantes.

DAVID HEWSON

Sería su propio jefe. Podría ligar con las mujeres que se sentaran a la barra o a la mesa del restaurante. Aquel sueño estaba siempre presente, cálido y reconfortante, y hasta hacerse con el violín de Susanna Gianni, totalmente irrealizable. Los robos que había cometido jamás le sacarían de pobre, pero con los ochenta mil dólares de Scacchi podría abrir incluso dos bares, o puede que más. Sus días de delincuente habrían terminado. Sin embargo, ahora que la posibilidad estaba cerca, no terminaba de convencerle. Siempre seguiría siendo un asesino y un ladrón porque estaba en su naturaleza, y aquel odioso instrumento se lo recordaba constantemente. Era como una manzana envenenada que podía matarle con dar tan sólo un bocado.

Pensó en la policía. La habría matado sin pensárselo dos veces y sin lamentarlo de haber tenido la oportunidad, aunque con ello se habría echado a la espalda a toda la policía de la ciudad. No dejaba de hacer preguntas por las calles, intentando averiguar si alguien sabía qué había desaparecido de un ataúd en San Michele. Cabía la posibilidad de que se acercase demasiado, y a lo mejor se veía obligado a matarla, pero si aquel endiablado instrumento salía de su vida no tendría que hacerlo.

Eran las dos de la tarde y la estación estaba casi vacía. Sería fácil sacar la caja, tomar el autobús al aeropuerto, acercarse a la zona de los pantanos y arrojarla allí. Massiter no se enteraría, y el trabajo que realizaba para él cuando estaba en la ciudad seguiría dándole de comer. Entonces recordó el modo frío y discreto en que había intentado intimidarle en el lujoso apartamento del canal, con sus extrañas pinturas y sus enormes espejos en los que podría, o no, haberse contemplado Fellini. Recordó su mano fría y sintió que la rabia le subía por la garganta.

—Hijo de perra... —murmuró, y miró el reloj. Aún tenía tiempo de encontrarse con el hombre de Scacchi en el lugar acordado. Para no ir por toda Venecia con el violín bajo el brazo anunciando su perfidia, compró una bolsa de viaje con ruedas de las más baratas. Luego abrió su consigna, sacó la funda y la colocó junto a la bolsa. Ya no olía. Parecía simplemente una maleta vieja y pesada. Se imaginaba que todo el mundo lo miraba y que gritaba ¡asesino! ¡ladrón! ¡asesino!

Tomó el autobús a Piazzale Roma, colocó el Guarneri sobre sus piernas y dejó vagar la mirada por la superficie grisácea del agua mientras el autobús avanzaba sobre la lengua de tierra artificial que unía Venecia con *terra firma*.

Quería deshacerse lo antes posible del violín. Incluso aquella misma tarde, si el hombre de Scacchi aceptaba sus términos. Aquel instrumento estaba maldito. Él, que jamás había sentido interés alguno por la música, ni había asistido en su vida a un concierto, mientras veía las barcazas y los cargueros maniobrar hacia el puerto como bailarines obesos que se disputasen una porción del salón de baile, no podía dejar de preguntarse cómo sonaría aquel endemoniado violín.

Una reyerta en la iglesia

EL ENGAÑO ES tan simple que nos hemos vuelto más atrevidos. Los guardias son tan estúpidos o tan negligentes que hemos conseguido crear un médico de la nada. Jacopo ya no tiene que permanecer encerrado en casa mientras nosotros salimos precipitadamente al abrigo de la noche veneciana. Ha bastado con que le dijera al bufón del puente que un noble enfermo requería los servicios del doctor Roberto Levi para que me dejara pasar sin más y que saliéramos acto seguido Rebecca y yo, ella vistiendo un abrigo de su hermano, sin que nos dedicara tan siquiera una mirada. Es una tapadera excelente, ya que aunque los soldados llegaran a albergar sospechas, ¿quién se aventuraría a detener a un médico que va a atender a un hombre influyente? Los venecianos son más proclives a atender sus cuestiones personales primero y las del estado después. Nuestro engaño ha funcionado a la perfección y mi única preocupación es que nos volvamos demasiado descuidados, que una noche Rebecca pueda llegar a quitarse la capucha por el calor y que sus maravillosas trenzas queden al descubierto y nos busquemos la ruina.

Anoche, después del concierto, con Rebecca todavía una gentil, decidimos explorar un poco antes de volver a casa. Hacía una noche magnífica, cálida sin ser sofocante, con la luna llena reflejándose en la superficie negra y lustrosa de la dársena y nuestra góndola avanzando frente a San Marcos por el Gran Canal.

Ella insistió en que nos detuviéramos cerca de Ca' Dario. Sentía curiosidad por ver el lugar del que nos habíamos visto obligados a huir tan precipitadamente el día de nuestra excursión a Torcello. Pagamos al gondolero en el muelle de La Salute y fuimos andando hasta el *campo* de detrás de la casa. Yo llevaba los dedos cruzados para que Gobbo no fuera a vernos juntos y nos hiciera preguntas incómodas, pero la suerte estuvo de nuestro lado. Juntos bajo la clara luz de la luna contamos las singulares chimeneas de la casa, ocho en total, todas con la forma de embudo que solía emplearse en los palacios más antiguos. En la parte de atrás hay un jardín rectangular de muros altos, y en la parte delantera, que sólo se ve bien desde el canal, la casa es una extraordinaria mansión de cuatro plantas estrechas. La planta baja se usa como almacén y las tres restantes son casi idénticas, con sus cuatro ventanales rematados en forma de arco a la izquierda del muro, un solo rosetón en el centro, y otro ventanal en arco en la cara norte del edificio. Todo el frontal está grabado y tatuado como si fuera un marino africano, lo cual le hace sobresalir sobre el conjunto de otras mansiones más grandes y lujosas como lo haría una piedra preciosa entre la bisutería. Debe costarle una fortuna a Delapole, pero el inglés tiene dinero para derrochar. Resulta curioso que nadie sepa a quién pertenece. Dario hace mucho tiempo que falleció, y hay quien dice que la casa está maldita, ya que ha sido escenario de al menos dos asesinatos. Como si el ladrillo y el mortero pudieran llevar en su seno la semilla del destino de los hombres...

Rebecca siente una gran curiosidad, y yo pienso que espera que el dinero de Delapole le ayude en sus ambiciones musicales. El tío Leo y el inglés han concebido un plan. El concierto tendrá lugar en La Pietà dentro de muy poco y Delapole correrá con los gastos que acarree la publicidad mediante la que esperan despertar el interés del público en la obra y su misterioso compositor. Piensan contar que el creador es un hombre tímido y de naturaleza retraída que no desea que se conozca su identidad hasta no estar seguro de que la obra merece la aprobación de la ciudad. Por lo tanto, el concierto habrá de ser interpretado en su totalidad con la inestimable colaboración de Vivaldi, que se avendrá a dirigirlo. Acto seguido se pedirá opinión al público. Si deciden que la obra tiene algún mérito, el compositor revelará su identidad, pero si lo que opinan es que debe servir de cebo para la chimenea, el autor seguirá dedicándose a sus ocupaciones presentes y no volverá a acercarse a una partitura, agradecido de que la gloriosa República haya querido prestarle atención a su arte de aficionado durante un momento.

Todo esto no son más que majaderías, por supuesto. Nadie duda de que el trabajo causará sensación. ¿Cómo si no iba a prestarse Vivaldi a dirigirlo? El dinero puede conseguir ciertas cosas de los artistas, pero no puede comprar su dignidad. Yo verdaderamente no sé qué va a salir de todo esto. El objetivo de Rebecca sigue siendo el mismo: llegar a ser algún día una compositora y una intérprete de la estatura de Vivaldi o de cualquier otra de las glorias de la ciudad. Por mi parte y aunque no me atrevo a planteárselo abiertamente, no acierto a imaginar cómo va a obrarse tal milagro. Aunque consiga darse a conocer sin revelar nuestros manejos, me pregunto si la ciudad estaría dispuesta a aceptar que una mujer, judía y extranjera para colmo de males, sea la heredera de alguien como Vivaldi. La verdad es que a mí mismo me costaría aceptarlo, aunque desearía que no fuese así. Crecimos con ciertos prejuicios y la visión de Rebecca va contra todo lo que nos han enseñado sobre el modo en que los hombres y las mujeres deben comportarse en nuestra sociedad. Aun así, al final todo se arreglará, como solía decir nuestra madre.

Estuvimos admirando la casa de Delapole durante al menos media hora y luego, tras dejar atrás San Casiano, le enseñé a Rebecca mi casa. Por fuera, claro. Después nos aventuramos todavía más lejos y llegamos hasta Santa Croce para terminar después en Giacomo Dell'Orio, una iglesia sorprendente por lo bajo de su techumbre que tiene una placita para ella sola algo alejada del canal. Íbamos paseando tan libremente por las calles que entramos casi sin darnos cuenta y nos encontramos en compañía de un vigilante veterano ya que ardía en deseos de mostrarnos sus maravillas. Hay un techo fascinante, diseñado para parecer la quilla de un barco, y una selección de columnas que imagino fueron robadas a Bizancio: algunas con un capitel de flores muy antiguas y otras en un mármol secular. Te juro que los venecianos son capaces de robar cualquier cosa.

Entre las pinturas se hallan algunos martirios mediocres y un cuadro nuevo que el propio autor estaba colgando y que era de un absurdo tal que nos dejó boquiabiertos. El *artista* (no sé si merece tal nombre) reparó en nuestro interés y me preguntó qué opinaba de su obra. Parecía representar a la Virgen muerta y su enterramiento, todo ello rodeado de cierta conmoción.

—El tema se me escapa, señor —le confesé—. Quizás podría usted explicárnoslo.

Era un fulano ordinario, que caminaba encorvado, tenía el rostro marcado de viruela y expresión de lunático. ¿Qué mano habría tenido que untar para colgar su obra en un lugar público?

—¿Se le escapa? Es la profanación del cadáver de la Virgen, y cómo Dios castiga el pecado del judío. ¡Fíjense!

Al lado del cuerpo rígido y marchito de la Virgen había un desgraciado cuyas manos habían sido cercenadas por una misteriosa intervención divina. Una intervención tan secreta que el resto de personajes del cuadro no se percataban del hecho y seguían con el funeral.

—No recuerdo dónde aparece esto en las Escrituras —intervino Rebecca.

—La Biblia no es el único camino hasta Dios —le contestó el tipo con gravedad—. Y algunos sabemos leer entre líneas.

—Y hay quien tiene la imaginación desbordada —aduje yo—. Pero sigo sin entenderlo. ¿Por qué ha profanado ese hombre el cadáver de la Virgen? ¿Con qué fin?

—Pues porque es judío.

—¿Sólo por eso? —preguntó Rebecca.

—¿Qué más necesitaría un judío?

—Una razón —contesté yo—. ¿Acaso María no era judía, e incluso Cristo era medio hebreo?

Los ojuelos de aquel hombre brillaron de ira e incluso en la oscuridad de la iglesia pude verle enrojecer.

—¿Por qué iba a hacerle algo así un judío a otro? —continué—. A menos que...

Me miró expectante.

—A menos que para él ese cuerpo no sea el de una persona, sino un modelo en cera o en grasa y quiera quitarle un pedazo para alimentar su lámpara. Pero en ese caso, ¿por qué iba a castigarle Dios?

—¡Blasfemo! —rugió aquel demente, y vi que el guardián de la iglesia nos miraba con inquietud.

Rebecca me tiró de la manga, pero yo no podía dejarlo pasar.

—No, señor. Si pinta usted un garabato en la pared y dice que es la Virgen, yo no soy un blasfemo por afirmar que es el garabato de un niño. A lo que me refiero en ese caso es a su habilidad como pintor, o mejor a su falta de ella, y no a la Virgen.

—¡Blasfemia!

El vigilante iba hacia la puerta lateral y Rebecca me musitó algo en voz baja. Había llegado la hora de marcharse.

A paso rápido, casi corriendo para hacer honor a la verdad, salimos por la puerta principal y nos perdimos en la noche. Y menos mal que lo hicimos porque vimos a un par de soldados correr hacia la iglesia cuando nosotros girábamos en dirección a San Casiano para buscar una góndola y que Rebecca, de nuevo con su disfraz de Roberto, entrase en el gueto.

Cuando estábamos ya en el terreno familiar del puente, Rebecca se volvió para decirme:

—Un día vas a conseguir que nos maten, Lorenzo.

—Tonterías. Ese patán no era más que un charlatán. La basura no es más que eso, basura, y pintar a la Virgen para evitar que alguien se lo diga, es una ruindad.

—Entonces, cuando yo escriba un concierto malo, ¿me abuchearás con los demás?

—Desde luego. Puede que incluso más que los demás, porque soy uno de los que mejor sabe lo que eres capaz de hacer.

Ella volvió a reír de esa manera tan peculiar suya. Estábamos ya cerca del puente y se cubrió la cabeza con la capucha mientras que yo empezaba a madurar una excusa, aunque el guardia, medio bebido, ni siquiera me prestó atención.

La acompañé hasta la puerta. Jacopo abrió y nos vio riendo.

—No tenéis vergüenza —nos reprendió—. Cualquier día vamos a ver vuestras cabezas colgando de un palo.

Rebecca le besó en la mejilla.

—Lo que sí vas a ver es a unos cuantos arrodillados a mis pies cuando descubran que la Serenissima tiene un nuevo maestro de música.

—Ya.

Jacopo hubiera querido contestarle a su hermana, pero no pudo hacerlo. Y al mirarme supe qué hubiera dicho.

Una adquisición

SCACCHI FIJÓ LA hora del encuentro a las tres y media. El vendedor había sugerido que se reuniesen en un almacén vacío que había en el vasto astillero en desuso del Arsenal. Daniel escuchó pacientemente las instrucciones de Scacchi, aunque sabía que llegado el caso, tendría que improvisar. La improvisación había sido, al fin y al cabo, lo que les había hecho conseguir el dinero de Massiter en el campanile del Torcello. La precaución de Scacchi era razonable en un hombre de su edad, pero él no sentía necesidad de emplearla.

—Asegúrate de que el violín no es una copia —insistió—. Ya te he dicho cuáles son las marcas identificativas. Y comprueba también la etiqueta.

—Ya lo sé —contestó Daniel con impaciencia, lo que le valió una mirada réproba de Scacchi.

—Ese tío es un delincuente, Daniel. No vayas a jugar con él.

—Un delincuente que quiere el dinero. No tenemos nada que temer.

—Nunca lees el periódico, ¿verdad?

—¿Por qué lo dice?

—No importa —suspiró, frunciendo el ceño—. Sólo te pido que tengas cuidado. Ahora que ha llegado el momento de la verdad, lo que daría por poder hacerlo yo directamente.

La suma de Massiter había llegado tal y como estaba acordado: en efectivo. Dólares que habían quedado a buen recaudo en algún lugar del dormitorio del segundo piso que Scacchi compartía con

191

Paul. Aún le faltaban diez mil dólares para completar la suma debida, pero llorando un poco, añadiendo un préstamo personal y lo que pudiera sacar por la venta de algunos objetos, podría alcanzar la cifra requerida en unos días. El vendedor iba a llamar el viernes, y si todos llegaban a un acuerdo, concluirían el asunto al día siguiente. Si todo salía bien, la excursión a Sant' Erasmo sería una celebración. Siempre y cuando el violín fuese el Guarneri que Scacchi esperaba, era difícil imaginar que algo pudiera salir mal.

—Le prometí hacerlo yo —insistió Daniel.

—Y eres un hombre de palabra, lo sé, pero ese tío no lo es. Estamos hablando de un delincuente que ha elegido por voluntad propia esa profesión. No como nosotros, que ha sido por necesidad. Siempre hay que temer a esa clase de hombres, Daniel. Yo no soy el único Lucifer que anda suelto en esta ciudad.

Daniel se echó a reír, pero Scacchi no consiguió hacer lo mismo.

Cuando salió, hacía calor y los *vaporettos* iban hasta la bandera de turistas y venecianos irritables. Venecia podía ser un lugar difícil durante los días de calor asfixiante y húmedo del verano. Era imposible huir del sol y de la humedad que emanaba la laguna.

Mientras llegaba el suyo, se dio cuenta de que Giulia Morelli, la policía que había estado en su casa, estaba sentada a la sombra leyendo un libro. Prefirió no darse por enterado y se volvió hacia el agua, pero inevitablemente sus miradas terminaron por cruzarse y ella le sonrió.

—Hola, Daniel —le dijo, levantándose para saludarle—. Me alegro de volver a verte.

—No sabía que viniera tan a menudo por aquí.

Ella se encogió de hombros y guardó el libro en el bolso.

—Los policías andamos por todas partes. Es una de nuestras malas costumbres. Por cierto, enhorabuena.

Daniel parpadeó varias veces sin comprender. Su presencia le incomodaba. No podía quitarse de la cabeza la imagen del violín robado.

—Por lo del concierto del señor Massiter —aclaró.

—Ah. Sí, es un gran honor.

—Grande e inesperado. No tenía ni idea de que fueras compositor. Scacchi no me dijo nada cuando nos presentó.

—Es una composición sin importancia... o eso creía yo.

—Pues no opina lo mismo el señor Massiter. Él ha visto algo especial en ti. Debes estar orgulloso.

—Sí...

Giulia Morelli consultó el reloj.

—¿Ha comprado algo Scacchi últimamente? Que tú sepas, claro.

—¿Perdón?

—Que si ha comprado algún objeto de valor, alguna antigüedad. A eso se dedica, ¿no?

—Está retirado, creo —contestó, y notó que había empezado a sudar.

Giulia se echó a reír.

—Un hombre como Scacchi nunca se retira, Daniel. Deberías saberlo ya.

Un *vaporetto* se acercó al muelle y una chica delgada con el uniforme del ACTV se dispuso a abrir la puerta para que desembarcasen los pasajeros.

—¿Adónde va? —le preguntó.

—Hace unas semanas robaron algo de dentro de un ataúd. El hombre que presenció el robo fue asesinado, y cuando fui a abrir la investigación, intentaron matarme a mí también, de modo que ya es cuestión personal.

—¿Y qué tiene eso que ver con Scacchi o conmigo?

—Puede que nada. No lo sé.

La gente empezó a desembarcar y Daniel temió que ella pudiera seguirle para continuar haciéndole preguntas hasta llegar a San Marcos.

—Mire, señora Morelli, no me gustaría que pensara que soy un grosero, pero es que tengo que ir a La Pietà a tratar un asunto complicado que tiene que ver con el concierto, y no tengo ni idea de qué me está usted hablando.

Ella no contestó.

—¿Viene?

—¿Yo? No iba a tomar el barco, Daniel. Te he visto salir de la casa soñando despierto y me he acercado a hablar contigo. No necesito ir a ninguna parte.

—Entonces, ¿qué quiere?

—La verdad, por supuesto. Y hacerte una advertencia. Esto no es un juego. Ha muerto un hombre, y todavía no sé por qué.

Hizo ademán de echar a andar, pero ella le sujetó con una fuerza inesperada.

—¿Y?

—Pues que es peligroso ser inocente, Daniel. No lo olvides, por favor.

Daniel se soltó y subió al *vaporetto* sin mirar atrás. Giulia Morelli, como cabía esperar, no le había seguido, así que sus planes podían seguir adelante tal y como los había concebido, después de pasar por La Pietà de camino y hacerle la invitación a Amy. Además tenía que admitir que estaba empezando a sentir una especie de celo paternal hacia la composición que para el resto del mundo iba a llevar su nombre.

Acababan de interpretar uno de los pasajes lentos de la obertura del segundo movimiento cuando entró en la iglesia. Todas las cabezas se volvieron y se asustó al oír un estallido de aplausos.

—¡Daniel! ¡Daniel! —lo llamó Fabozzi desde la tarima—. ¡Quiero hablar contigo!

El hombrecillo iba como siempre vestido de negro, aunque para la ocasión se había puesto unas botas altas de vaquero. Parecía entusiasmado.

—¡Estamos empezando a comprender el significado de tu obra! —exclamó, emocionado.

—Bien —contestó Daniel con toda la convicción que le fue posible—. He estado escuchando un poco desde la puerta —mintió—, y suena maravillosamente bien.

—¡Es que tu trabajo *es* maravilloso! —nunca había visto al director tan complacido consigo mismo y con sus alumnos, y por un momento Daniel lamentó haber declinado su invitación de unirse a la orquesta. A juzgar por las caras de los jóvenes que la componían, Fabozzi hacía bien su trabajo—. Quédate un rato con nosotros, por favor.

—Sí, lo haré, pero cuando os haya dado toda la partitura, Fabozzi. Y al ritmo que voy, será este fin de semana. Como mucho la semana que viene.

—Ya nos ocuparemos nosotros de hacer que cumplas tu promesa, ¿eh, Amy?

Ella se había separado del grupo de músicos y se había acercado a ellos. Llevaba una camisa de seda azul pálido y vaqueros, el pelo recogido para tocar y su rostro estaba lleno de vida y alegría.

—Por supuesto. Querrás oírnos tocar, ¿verdad? A veces pienso que te gustaría huir de tu obra maestra.

—Bien. Me quedaré aquí sentado para oíros tocar —contestó—, siempre y cuando me prometáis que no os quejaréis cuando os quedéis sin notas.

—Vale —se rió—. Nos has pillado.

Fabozzi parecía incómodo. Era como si se hubiera dado cuenta de que había algo entre ellos.

—Perdón —dijo—. Tengo que estudiar el pasaje con más atención antes de que volvamos a empezar. *¡Ciao!*

Un instante después, Daniel se encontró ante Amy y sin saber cómo abordar lo de la excursión en barco.

—Me preguntaba si...

Ella esperó.

—¿Qué?

—Hay... eh... una salida con unos amigos en barco. Este domingo. Vamos a una de las islas. No es que sea gran cosa, y seguramente no querrás ir.

—Vale.

—No son como Massiter, y su barco desde luego no se parece. Son gente de aquí y seguramente te parecerá aburrido...

—He dicho que vale.

Estaba seguro de haber enrojecido.

—De acuerdo.

—¿Cuándo y dónde?

—¿De verdad quieres ir?

Ella se cruzó de brazos.

—Me estás pidiendo que salga contigo, ¿no es así?

—Eh... sí.

—Entonces, acepto encantada. ¿Quieres decirme dónde y cuándo?

Las mejillas le ardían.

—Tengo que enterarme. Mañana te lo digo.

Del bolsillo sacó una pequeña libreta, escribió un número de teléfono y se lo entregó.

—Ten. Puedes llamarme si quieres. Supongo que esos amigos tuyos te dejarán usar el teléfono, ¿no?

—Por supuesto.

Amy sonrió.

—¡Estupendo! Entonces, nos vemos el domingo. Y ahora, o te sientas a escuchar, o te largas. Tus notas son a veces tan difíciles de tocar que pienso que eres el fantasma de Paganini, y por tu bien y por el mío, me gustaría que sonasen tan convincentes como fuera posible.

Volvió junto a los demás músicos que estaban preparándose para volver al trabajo pasando páginas de la partitura, hablando en voz baja, concentrándose en las notas, y Daniel sintió una punzada de culpa. No se merecía la admiración que aquellos músicos sentían por él. Sin embargo, de no ser por su intervención, por su búsqueda diligente y su acuerdo con Massiter, no formarían parte de la maravilla que se estaba obrando en La Pietà. Estaban en deuda con él, aunque no por lo que ellos creían.

La música los envolvió y nadie le vio salir. Giró hacia la izquierda y caminó hacia el este por la Riva Degli Schiavoni. El anuncio de Campari que marcaba la parada del *vaporetto* en el Lido refulgía al calor de la tarde. Al otro lado del muelle, en la estrecha lengua de tierra, hordas de veraneantes estarían tumbados en la playa dejando vagar la mirada por la superficie plana y azul del Adriático. La laguna parecía contener un universo completo dentro de sus márgenes, y la mayor parte de él, al menos desde su punto de vista, inexplorado.

Cuando llegó a San Biagio, que era donde según las instrucciones que había recibido debía separarse de la línea del agua, los únicos transeúntes que había por la calle eran sin duda venecianos: mujeres con bolsas de la compra, hombres sentados en los bancos, fumando, viendo pasar los barcos.

Giró a la izquierda por el Canale Dell' Arsenal. La calle comenzaba tras un pequeño puente y al final del trayecto empedrado se encontró frente a la extensión vacía y descomunal del Arsenal. El almacén que buscaba estaba al final de un estrecho pasaje que apestaba a meadas de gato. Abrió la puerta medio descolgada y entró. Olía a humo de cigarrillos y al aroma de una loción para después del afeitado.

Aguardó un momento en la luz que entraba por la puerta y luego llamó:

—¿Hola?

Una figura salió de la sombra al mismo rectángulo de luz en que estaba él y le ofreció un cigarrillo. Eran poco más o menos de la misma estatura, los dos altos y delgados, aunque aquel hombre era mayor que él. Su rostro cetrino y salpicado de viruela sólo podía adivinarlo porque llevaba unas enormes gafas de sol.

—No, gracias. Soy Daniel.

El fulano se rió.

—¿Me das tu nombre?

Daniel se pasó una mano por la barbilla pensando en lo que le había dicho Scacchi y en su conversación con la mujer policía. No había modo sencillo de reconocer a un ladrón, y menos aún a un asesino.

—¿Lo tienes?

—Por eso estamos aquí, ¿no? ¿Traes el dinero?

Daniel se encogió de hombros.

—Yo soy sólo el intermediario. Tengo que asegurarme de que es lo que él quiere.

El tipo lanzó el cigarrillo hacia un rincón del almacén y se le oyó crepitar en algún charco.

—Es lo que quiere. Ten.

Una bolsa barata de nylon voló por el aire que Daniel atrapó por los pelos.

—Si resulta ser lo que tú dices que es, deberías tratarlo con más cuidado, amigo.

Había vuelto a ocultarse en la oscuridad y encendía otro cigarrillo.

—Oye, no me digas lo que tengo que hacer con algo que es de mi propiedad. Cuando lo compres, podrás tratarlo como te de la gana, pero hasta entonces, cállate.

Daniel no dijo nada más. Abrió la bolsa y sacó una vieja funda de violín cubierta de polvo que olía raro. Pesaba mucho. Se arrodillo, dejó la funda en el suelo y la abrió. Dentro estaba el violín más extraordinario que había visto en su vida. Era muy grande, tal y como Scacchi le había adelantado. Las marcas de savia estaban también, en paralelo desde el mástil hasta el vientre del instrumento. Lo puso a la luz y miró por la abertura en forma de efe. Dentro había una etiqueta con el fondo marrón y las letras en negro que decía: "Joseph

Guarnerius fecit Cremone, anno 1733", y luego una pequeña cruz con las letras "IHS".

Desde el punto de vista estético, era feo, pero se sostenía en la mano con ligereza y facilidad. Aquel instrumento era para ser tocado, no admirado, y no le cupo la menor duda de que era auténtico.

—¿Qué me dices? —preguntó la voz desde la oscuridad.

—Hay muchas falsificaciones circulando por ahí.

—Este no lo es.

—¿Estás seguro? ¿De verdad sabes lo que tienes?

El tipo volvió a acercarse a la puerta y miró brevemente el violín como si hubiese considerado un instante esa posibilidad. Luego dijo:

—Sólo voy a decirte dos cosas, inglés: ¿Lo quieres, sí o no? y ¿dónde está la pasta?

Daniel se había preparado para sentir antipatía hacia aquel chorizo, pero la intensidad con que la sentía le sorprendió. Había algo casi demencial en él, y pensó que el aviso de la policía a lo mejor había sido bienintencionado. No obstante, tenía la absurda impresión de que él también estaba asustado y que quería deshacerse del violín lo antes posible.

—Una última prueba —dijo Daniel. En la funda había también un arco y lo sacó. La cuerda estaba suelta y seca, y tras tensarla se colocó el Guarneri bajo la barbilla.

—¡Eh! —gritó el otro—. ¡No he dicho que pudieras tocarlo!

—Es un instrumento. ¿De verdad esperas que te pague esa cantidad sin haberle oído una sola nota?

El fulano retrocedió y se sentó en un polvoriento banco junto a la puerta. Daniel levantó el arco y tocó un sencillo fragmento de una sonata de Handel.

Mucho después, cuando hubo transcurrido el tiempo y la distancia necesarios, intentó analizar lo ocurrido. El primer factor debió ser la acústica tan inusual de un almacén medieval, con sus rincones reverberando y sus siglos de humedad. El tono del violín era más rico y exuberante que cualquier otro que hubiera tocado. Sin embargo, había algo más. La intensidad y la fuerza de su voz emanaba de aquel cuerpo feo y rechoncho como un genio que escapase de una lámpara. Aun con sus limitados conocimientos, el instrumento rugió como un león airado. Tocado por una violinista de talento como Amy, sería extraordinario.

Interpretó unos cuantos compases de Handel, hizo una pausa y luego golpeó el arco contra las cuerdas para acometer una sola frase del concierto que ahora llevaba su nombre. Un velo negro de concentración cayó sobre él y por un segundo se imaginó a sí mismo en una habitación grande y bien iluminada, con unas curiosas ventanas hacia la calle, en presencia del verdadero compositor. Sin embargo, la misteriosa figura quedaba lejos de su vista. Le sorprendió lo extraña que resultaba la luz que entraba por las ventanas. En algún lugar de la casa, por encima de la música oyó a alguien gritar. Entonces le fallaron las manos y la memoria y el sueño se esfumó. Las notas cesaron. Apartó el arco de las cuerdas.

El ladrón estaba delante de él temblando de furia. De furia y de miedo. Llevaba en la mano algo de metal que reveló su naturaleza con la luz del sol. Era la hoja de una navaja.

—¡Basta! Déjalo ya.

Daniel dejó el violín en la funda, el arco en el soporte de la tapa, la cerró y se lo ofreció.

—Es falso —le dijo—. Una falsificación muy buena, eso sí, y por la que podemos llegar a un acuerdo. Pero es falso. Supongo que tú también te habrás dado cuenta.

La hoja de la navaja se movió a escasos centímetros de su cara.

—¡No me mientas!

Daniel esperó un momento para contestar.

—Puedes quedártelo si quieres.

Tras un momento, hasta el último resto de las notas del violín se había desvanecido en el aire estático del almacén y por fin el ladrón asintió, cerró la navaja y se la guardó en el bolsillo.

—Bien —dijo Daniel haciendo un esfuerzo por no sonreír—. ¿Hablamos?

La pérdida más triste

ESTOY SENTADO EN mi pequeña habitación, la tercera a la derecha en el tercer piso, y contemplo con tristeza la pequeña plaza de San Casiano. Me llegan a lo lejos las voces de las prostitutas y los borrachos que deambulan por las calles. Y sólo puedo llorar y maldecir la creación. Esta tarde he recibido una breve carta desde Sevilla. Mi amada Lucía ha muerto. Dicen que de una enfermedad de estómago. ¿Qué sabrán los españoles de esas cosas? Si se hubiera puesto enferma aquí en Venecia, a Jacopo le habría bastado con examinarla y administrarle una de sus pociones para salvarla. Pero ahora está ya en una tumba fría y en suelo extraño. No volveré a escuchar su risa ni a sentir el calor de su mano.

¿Por qué ella? ¿Es la venganza de Dios por el modo en que he jugado al escondite con Rebecca en su casa durante estas últimas semanas? ¿Es ésa su ley, o la de esos hombres ricos y mundanos que se nombran a sí mismos sus embajadores en esta tierra? ¿Qué clase de deidad se vengaría con dos jóvenes estúpidos, felices y llenos de vida como nosotros, de una vida que creímos ser su regalo?

Pero mi hermana ya no está. Una infección le ha arrebatado la vida. Barajo mil posibilidades, decisiones, acciones que debería haber emprendido y que podrían haber significado que Lucía siguiera viva hoy, sonriendo como siempre, disfrutando del mundo, pero todo es inútil ya. El tiempo nos derrota sin piedad, sin pausa. No tenemos modo de saber cuándo las fauces del león nos apresarán y por lo tanto ha de ser nuestro deber disfrutar de cada hora al máximo y que las plegarias se encarguen de lo que ocurra después. ¿Por qué agonizar pensando si he abandonado a Dios? ¿No sería más relevante preguntarme si Él me ha abandonado a mí, si no me ha dejado solo con estos negros pensamientos? Estas palabras ya no pueden formar parte de las cartas llenas de amor que le enviaba a mi hermana, sino de las maquinaciones de mi cabeza en soledad, sin censura, desnudas, expuestas. Cuando escribía a Lucía conseguía poner mi vida en una ordenada perspectiva, pero ahora los límites han desaparecido y deambulo sin rumbo en mi propia imaginación.

Cuando conseguí serenarme, le di la noticia al tío Leo, que me miró de un modo extraño. Supongo que él tendrá sus propias pérdidas, y tuve la sensación de que mi desgracia me hacía cómplice suyo, una especie de conspirador en un secreto oscuro sobre la verdadera naturaleza de nuestras vidas. Se acercó a la mesa junto a la que yo estaba sentado sumido en la agonía y me puso una mano en la espalda.

—Lorenzo, lo siento mucho —me dijo con los ojos secos. Desde que le entregué el trabajo de Rebecca, ha estado bastante preocupado—, pero su muerte no debería sorprenderte.

—¿Qué no debería sorprenderme, tío? Mi hermana tenía veintiún años y era fuerte como un roble cuando se marchó a España. ¿Cómo no me voy a sorprender?

—Lo sé, muchacho. Lo sé.

Estoy cansado de que me hable como si fuera un crío, y así iba a decírselo cuando añadió algo que me dejó sin aliento:

—Pero debes ser consciente, Lorenzo, de que las cosas son siempre así. Querer a alguien significa prepararse para perderlo, de un modo o de otro. Acostúmbrate a la soledad e intenta evitar el dolor del corazón. Es mi consejo.

Hay un punto en el crecimiento de todo ser humano en el que nos damos cuenta de que la madurez no es sinónimo de sabiduría, y creo que en mi caso ese reconocimiento me llegó un poco tarde. Mi tío es un necio, un amargado, un hombre estrecho de miras que habita en un universo monocromo en el que la única alegría proviene de sus propios y secretos pensamientos. No da nada y, consecuentemente, no recibe nada.

Y, por añadidura, es un ladrón. Tenía unos papeles sobre la mesa que parecían interesarle más que mi pérdida y los miré. Uno era el frontispicio de una de las partes del concierto de Rebecca devuelto por los copistas que se había visto obligado a contratar para no retrasarse de la fecha tope impuesta por Delapole. En el lugar donde debería figurar el nombre del compositor, que yo supuse que dejaría en blanco dadas las circunstancias, leí atónito el nombre de *Leonardo Scacchi*.

—¡Tío! ¡No puede hacer eso!

—Por supuesto que no —respondió con sarcasmo—. Al menos no inmediatamente.

—¡Ni más tarde tampoco! Ese trabajo no es suyo.

—¿No? ¿Y eso quién lo sabe? Cuando alguien se presente a reclamar la paternidad de este concierto, ¿cómo sabremos que dice la verdad? ¿Por qué tanto secreto? Algo raro se debe ocultar detrás de todo esto. No te creas que va a salir tan bien como el idiota que lo escribió se imagina. ¿Por qué no puedo ver cómo quedaría con mi nombre en la portada? Yo podría haber sido un buen músico, de no ser por estos malditos huesos de la mano. Además, he tenido que hacer un montón de correcciones al original. ¿Es que eso no vale nada?

Estupefacto salí de la casa y me senté un rato en la iglesia del barrio, aunque decidí no hablarle al párroco de los recientes acontecimientos por temor a mi propia reacción cuando me diera el pésame.

Lo que hice fue quedarme sentado en un banco durante más de una hora, como si meditara. Estos escritos han perdido el sentido. No hay manos dulces en Sevilla que vayan a recibirlos. Ya no soy el cronista afectuoso y fraternal que racionalizaba la verdad para su hermana querida. Todos estos pensamientos alcanzarán ahora mi alma con toda su carga de verdad, por áspera y amarga que pueda ser.

Y ahora he de admitir una de esas verdades: que mi hermana no estuvo ocupando mis pensamientos por mucho tiempo. Mi alma se rebelaba contra la injusticia, la imposibilidad de su muerte, y me quedé sentado allí, en la iglesia de San Casiano, contemplando aquella antigua pintura que una vez le describí a Lucía: el maestre martirizado por sus alumnos. En la oscuridad de la nave dejé que mi imaginación se alzase, como Lucifer saliendo de los abismos. Mi tío Leo era el maestro y yo el alumno. En mi mano derecha estaba la azada, en la izquierda una pluma afilada como la mejor de las dagas.

¿Cuántos hombres mueren asesinados en la imaginación de otros? Millones. Y se levantan de sus camas a la mañana siguiente para acudir a sus quehaceres sin sospechar siquiera el destino que sus personas han sufrido en la mente de otros unas horas antes. El estilete y la azada. La espada y el escalpelo. Si mi tío pudiera asomarse a mis pensamientos y ver lo que inventé para él aquella noche, caería desplomado por el horror. Pero nadie sabe lo que se urde en la cabeza de otro. Al día siguiente, mientras desayunábamos pan y queso, me sonrió inesperadamente y dijo:

—Debes ir a Ca' Dario y hablar con ese tal Gobbo amigo tuyo. Debo retener a Delapole en mi poder, muchacho. Que no se me escape de las manos.

Una venta forzosa

Rizzo maldijo su suerte. Toda la maldita raza inglesa parecía tener algo contra él. El tal Daniel le había parecido al principio un chaval, pero enseguida había cambiado de opinión respecto a él. No habían surtido efecto sus amenazas, ni la posibilidad de perder el maldito instrumento. Era como si se hubiera dado cuenta de la necesidad que tenía de deshacerse de él y estuviera decidido a rebajarle el precio, aunque eso poco importaba ya. Le había oído tocar el instrumento y sentía ganas de gritar hasta desgañitarse. Bastó con escucharle una vez para que tomara la decisión de no volver a tocar jamás aquel maldito violín. La única cuestión que quedaba por resolver era cuánto dinero podría sacar de su venta inmediata.

—Querías hablar, ¿no? —barbotó—. Pues hablemos.

Daniel dejó la caja en el suelo entre ellos.

—Desconozco qué valor puede tener.

No era malo mintiendo, pero tampoco tan bueno como se creía él, pensó Rizzo.

—Si no sabes qué valor puede tener, ¿de qué vamos a hablar?

Daniel se tocó la barbilla con un solo dedo, un gesto que a Rizzo le recordó a Massiter.

—No sé qué podremos hacer con él.

—Ése es tu problema, amigo —espetó—. A mí lo único que me interesa es lo que estás dispuesto a ofrecerme aquí y ahora. ¿Cuánto estás dispuesto a poner sobre la mesa?

El joven parpadeó. Obviamente estaba calculando. Rizzo quería desprenderse del violín a cualquier precio, pero el dinero tendría que ser contante y sonante.

—No solemos manejar grandes cantidades en efectivo —volvió a mentir.

Rizzo le agarró por un brazo y soltó una bocanada de humo de su cigarrillo que quedó suspendida entre ambos.

—Oye, déjate de chorradas. Yo no suelo tratar con esta clase de mercancía, pero tiene su valor. Tú mismo lo has dicho. Puede que sea una copia o puede que no, no lo sé, pero a mí me parece que un tío listo como tú puede colocarlo como auténtico si quiere. ¿Qué valor tendría entonces?

Daniel asintió.

—Es cierto, pero en ese caso somos nosotros quienes corremos con todos los riesgos.

Rizzo no dijo nada.

—En fin... te ofrezco veinte mil dólares —sugirió—. Esta tarde y en efectivo.

—¿Es que pretendes insultarme?

—En absoluto. Sólo pretendo que ambos salgamos ganando.

—Ya.

Incluso hablaba como Massiter.

—Entonces, ¿cuánto quieres?

—Cincuenta de los grandes en billetes. Y los recogemos ahora mismo.

Daniel hizo una mueca.

—No tenemos esa cantidad de dinero en efectivo.

—¿Entonces?

—Digamos cuarenta mil. Creo que eso sí podríamos reunirlo. Si me acompañas, podremos haber terminado en una hora.

Cuarenta mil dólares era un montón de pasta. La suficiente para poner un bar si quería.

—Es un montón de dinero por una falsificación, ¿no te parece, Daniel?

Quería que aquel listillo se diera cuenta de que sabía que le estaba engañando.

—Es un montón de dinero, sí. ¿Lo quieres o no?

Rizzo miró la caja frunciendo el ceño.

—¿Ahora mismo?

—Sí.

—Tú lo llevas —sentenció—. Estoy harto de ese jodido chisme.

Caminaron hasta la parada del Arsenal y tomaron el primer *vaporetto* que pasó y que, para variar, iba medio vacío. Los dos se sentaron en los duros bancos azules de la popa, al aire libre. Rizzo le cedió la parte derecha, la más cercana a la línea del agua de San Marcos, seguramente porque no quería ser visto con él. Pero no tenía sentido. El violín lo llevaba Daniel, ya sin la bolsa de nylon que Rizzo le había comprado. Iban en silencio, de modo que nadie diría que iban juntos.

El barco pasó por delante de La Pietà y Rizzo sintió que se le paraba el corazón. Había una concentración de periodistas y fotógrafos en la puerta, y un grupo de músicos con sus instrumentos. Aquel día era el fijado para el numerito de Massiter. Debería haberlo recordado porque estaba allí, en medio de toda aquella gente, y fácilmente podría verlos juntos. ¿Y qué pensaría? Pues que su chico de los recados iba sentado en la popa de un *vaporetto* al lado de un muchacho de piel pálida que llevaba sobre las piernas un violín en su funda. Afortunadamente estaba de espaldas, y si hubiera visto algo, esos ojos grises y fríos como el hielo estarían clavados en la estela del barco. De todos modos comentó algo sobre el calor y fue a sentarse dentro, entre el muchacho y la salida. Era absurdo aumentar los riesgos.

Desembarcaron en San Stae y volvieron andando hacia el Rialto. Rizzo no tenía ni idea de dónde vivía el viejo, pero sería fácil de averiguar. La otra vez que hicieron negocios juntos también fue a través de un intermediario, y aunque Daniel le había advertido que se mantuviera lejos de la casa de Scacchi, quería saber dónde vivía.

Los dos se tomaron una cerveza en un pequeño bar del *campo* de San Casiano que quedaba frente a la iglesia. Rizzo pidió una segunda, pero Daniel no quiso repetir. El bar estaba vacío.

—Voy a por el dinero —dijo el inglés—. Te dejo aquí el violín. Volveré con la cantidad que hemos acordado y podrás contarla en el baño si quieres.

Rizzo se echó a reír. Había algo divertido en aquel chaval. Era como si aquello le pareciera un juego o una obra de teatro de aficionados.

—Llévatelo y vuelve con lo que me debes.

Daniel sonrió.

—Gracias. Es agradable que confíen en uno.

Rizzo se quitó las gafas de sol por primera vez desde que salió de su casa por la mañana para mirar a Daniel.

—¿Qué confianza ni qué chorradas? Si me la juegas, te mato. ¿Queda claro?

El muchacho palideció.

—Tú tráeme el dinero y no volveremos a vernos.

—Bien.

Rizzo le vio tomar el puente sobre el estrecho *rio* y salió a la puerta del bar para ver qué hacía después. Daniel sacó una llave y abrió la puerta de la casa vecina a una pequeña tienda de regalos. En aquella esquina había una gran mezcolanza de edificios, y aunque la entrada era humilde, seguro que daba a un gran palacio que había al lado del *rio*. No dudó ni por un momento que Daniel iba a volver con lo que habían acordado.

Volvió al bar y se terminó la cerveza. Quince minutos más tarde, apareció Daniel con una bolsa de plástico de Standa. Llevaba un bulto grande en ella, como si fuesen unos cuantos ladrillos envueltos en plástico negro y sujetos con precinto.

El camarero les observaba desde detrás de la barra. Rizzo pidió otra cerveza, pero Daniel no aceptó.

—Si quieres comprobarlo...

—Hemos terminado, Daniel. Puedes marcharte.

Y el muchacho se marchó, claramente aliviado por haber acabado. Con la tercera cerveza en la mano, salió a la terraza a sentarse en una de sus mesas con la bolsa del dinero sobre las piernas. La bebida se le estaba subiendo un poco a la cabeza. Era consciente de que le habían engañado, pero el resentimiento que sentía era puramente personal, no económico, y pronto se le pasaría. El dinero ayudaría sin duda.

Admiró a una chica joven que pasó por delante, la imagen misma de la chica veneciana: piernas largas y cabello largo y oscuro. La silbó y se echó a reír al ver cómo apretaba el paso. Se sentía bien. Era demasiado tarde para llevar el dinero al banco. Lo haría a la mañana siguiente, y dejaría que el director del banco le hiciera la pelota.

La casa le intrigaba. Miró las ventanas con las persianas a medio echar y pensó que quizás estuvieran tocando el violín. O puede que estuvieran trabajando para obtener su propio beneficio del instrumento. Le daba igual. Algo le decía que ese violín estaba maldito y que no iba a salir nada bueno de la transacción que el muchacho acababa de cerrar. Daniel, que seguro que era su verdadero nombre.

Se quedó allí sentado, bebiendo sin pensar, emborrachándose, contemplando la casa. Llegó un vendedor con algo de mercancía y luego un empleado de la compañía del gas a leer el contador. Una mujer cargada con bolsas de la compra que iba a cruzar la plaza. Empezó a desear no haber bebido tanto. A veces el alcohol no le sentaba bien. De pronto se echó a reír a carcajadas, una risa convulsiva que acabó desembocando en un ataque de tos.

—¿Qué es tan divertido? —le preguntó el camarero.

Rizzo había vuelto a reír.

—Nada —contestó en cuanto pudo. Se sentía más feliz que nunca desde que hizo la visita a San Michele. El violín había desaparecido, y en su lugar había un montón de dinero y un olor a cambio emanaba de las ardientes aguas de la laguna.

Solo en el Arsenal

¿CUÁNTOS SECRETOS CABEN en una cabeza hasta que no puede más y estalla? Demasiados, creo yo. La mente humana está diseñada para engañar, a uno mismo y a los demás. Me hago estas observaciones en silencio porque ya no me atrevo a ponerlas sobre el papel. Es más, mirando atrás me pregunto cómo pude contarle tanto a Lucía. La República tiene sus medios para interceptar las cartas. Sólo espero que el razonamiento que sustenta mi locura (los desvaríos que un joven de diecinueve años envía a su hermana en España no pueden tener interés alguno para sus espías), no pueda ser malinterpretado.

Todo está preparado ya para el concierto. Gobbo me llevó a una taberna que hay junto al *rio*, detrás de Ca' Dario, y me contó lo que sabía de los detalles. Leo y Delapole siguen siendo los principales promotores, con mi tío organizando todos los aspectos musicales y Delapole orquestando la ceremonia y las cuestiones económicas.

—¿Por qué lo hacen, Gobbo? —le pregunté, sin probar el vino agrio que me había puesto en la mano.

—Es un juego de hombres desocupados como mi amo. Son las diversiones que mantienen vivos a los ricos, Scacchi. Sin ellas, morirían de aburrimiento. En cuanto a tu tío, tú mismo puedes contestarte. ¿Qué es lo que le mueve? El dinero, por supuesto. Supongo que espera salir adelante a costa de quien quiera que resulte ser el compositor. Hasta Delapole querrá mojar en esta salsa, que una cosa es ser rico, pero al paso que gasta, tendrá que buscarse el modo de asegurarse de que sigue siéndolo.

Se equivocaba en cuanto a mi tío, pero no se lo dije. El oro es lo que le mueve, pero hay otras cosas.

—¿Y qué harán si el concierto es un éxito?

—¿Que qué harán? Pues exprimir el cuento hasta el final. Supongo que querrán esperar hasta que el público se muera de ganas de conocer la identidad del compositor como un marinero se muere por acostarse con una prostituta de Dorsoduro. Luego esperarán aún un poco más, sólo por pura diversión, y al final anunciarán otro concierto, con las entradas vendidas por adelantado, en el cual el compositor se dará a conocer como gran final. Teatro del bueno, que es lo que le gusta a Venecia, y mi jefe está convencido de que puede hacerlo mejor que nadie, igual que piensa que podría interpretar una obra de teatro o un concierto si le diera la gana, pero hoy toca lo otro. El bueno de Leo piensa poco más o menos lo mismo, igual que nuestro desaparecido amigo francés creía que podía hacer todos los trabajos.

Tenía la imaginación desbordada con imágenes de lo que podía ocurrir en ese evento, pero ¿con quién podía hablar aparte de con Rebecca y Jacopo? Y ellos estaban demasiado metidos en el ajo como para poder pensar con claridad.

La muerte de Lucía y la red de mentiras que hemos tejido a nuestro alrededor han mudado mi ánimo. Recogí a Rebecca como habíamos acordado, pero apenas hablamos después de interpretar el numerito ante el guardia. Por primera vez no pude quedarme a oírla tocar. Me fui hasta el muelle, a las puertas del Arsenal, y me dediqué a mirar a los hombres que trabajaban como esclavos en los barcos de la flota. El aire se llenó de maldiciones en lenguas que nunca había oído hasta entonces, lo que me resultó fascinante y aterrador al mismo tiempo. Comprendí cómo debía sentirse Rebecca cuando se liberaba, aunque fuera temporalmente, del gueto. Venecia, en cierto sentido, se había erigido en mi prisión, y me pregunté si alguna vez tendría el valor de escapar de ella.

Me senté en el muelle, la viva imagen de la tristeza supongo, y después de por lo menos una hora de inútiles especulaciones, volví a la iglesia justo cuando Rebecca salía con el violín nuevo en su reluciente funda. Lo ocurrido en las últimas semanas había cambiado su vida por completo. Imagino que le bastó con mirarme para darse cuenta de que algo no iba bien porque me cogió de la mano y nos volvimos hacia el Arsenal, y una vez allí me condujo a un parque público prácticamente desierto. Nos sentamos en un banco bajo una fragante adelfa a contemplar los barcos que cruzaban la laguna. Había unas cuantas luces encendidas en el Lido, la isla distante que es la barrera que contiene la furia del Adriático. El aire de la noche estaba cargado del olor de los árboles en flor y la silueta de los vencejos se recortaba contra la claridad de la luna. Yo era incapaz de pronunciar una frase que contuviera más de tres palabras.

—Lorenzo —dijo Rebecca, volviéndose hacia mí—, tú eres mi amigo más querido. Dime, ¿qué te pasa? Nunca te había visto así.

Soy un hombre y no debo llorar. Sin embargo, ese sentimiento vive en el interior de todos nosotros aunque nos empeñemos en impedirle manifestarse para encarnar la imagen del cristiano moderno, con la sensibilidad bajo llave, con todos los sentimientos y las emociones encerrados en el corazón. Cuando recorro la ciudad y veo esos individuos pálidos y castos, atrapados en la rutina diaria, me siento rodeado por los muertos. Y al mirarme parecen pedirme que me una a ellos.

Le hablé a Rebecca del fallecimiento de mi hermana. Le hablé de nuestra familia y de lo mucho que la quería. Y lloré. Lloré de dolor y de rabia. Estallé junto al agua como un demente, maldiciéndome a mí mismo y a la humanidad. A Dios, al mío y al de ella. A todo aquel que pude nombrar. Aquella noche conocí la locura, un sabor a sal y saliva, un rugido de la sangre en los oídos y un vacío negro asentado en el pecho.

Cuando por fin conseguí recuperar la calma, me senté junto a ella y me sequé la cara con la manga. Ella no me tocó, y no puedo culparla por ello. Era yo el que se había transformado, no ella. ¿A qué mujer le gustaría ver a un hombre comportarse de ese modo? Pero una vez más, volví a equivocarme.

—Lorenzo —me dijo—, tu rabia no está dirigida contra el destino, ni contra Dios, ni contra Venecia, sino contra ti mismo. Te preguntas por qué no pudiste evitarle a Lucía su destino, y aunque sabes que no hay respuesta, la pregunta te consume el alma. Te sientes responsable y ese sentido de culpa despierta la ira contra ti mismo. Yo creo que se trata de uno de los estadios del dolor. Jacopo y yo también somos huérfanos. ¿Crees que no reconozco los síntomas?

Fue una respuesta racional y lógica, y de haber podido ser yo lógico y racional en aquel momento, lo habría entendido así, pero lo que hice fue responderle con una amargura que a mí mismo me sorprendió:

—¿Cómo puedes culparte tú de la muerte de tu padre? ¿Habías desafiado tú a Dios como he hecho yo estas últimas semanas? ¿Acaso entraste tú en su morada y le amenazaste con el puño?

—Eso es ridículo y tú lo sabes, Lorenzo —contestó, desilusionada—. Lucía ha muerto por una desgraciada enfermedad, y no por venganza de Dios.

—Lo sé —contesté, y era cierto, pero en todos nosotros habita el demonio de la sinrazón.

—Ven —dijo, y cogió mi brazo—. Voy a enseñarte el verdadero rostro de Dios y luego decidirás.

Un incómodo estado de gracia

EL VIOLÍN FUE comprado. Del dinero de Massiter, treinta mil dólares se quedaron en la casa, a la espera de otros cincuenta mil antes de que terminara el verano. La reserva adicional de dinero flexibilizaría las negociaciones de Scacchi con sus acreedores, o al menos eso pensaba Daniel, pero Scacchi no le dijo nada en ese sentido. Sólo le dio las gracias con toda sinceridad y le dijo que ya no era necesario que volviera a tomar parte en ninguna otra farsa. Era imprescindible, eso sí, que Laura no supiera nada de la existencia del instrumento, pero le confirmó que la venta ya se había organizado y que bastaría para salvarles el cuello. A partir de aquel momento, ya podía concentrarse en disfrutar.

Para Scacchi y Paul, todo aquel episodio pasó a formar parte del pasado. La salud de ambos había mejorado algo, estaban de buen humor. Laura también parecía más relajada y contenta. Ca' Scacchi había pasado de estar al borde de la catástrofe a un satisfactorio equilibrio en cuestión de días, y en gran parte gracias a su esfuerzo. Eso fue lo que le dijo Scacchi agradecido cuando tuvo el violín en las manos.

Sin embargo Daniel no compartía el estado de ánimo general de la casa, y por una razón que no podía explicarles. Y es que Giulia Morelli parecía haberse enamorado de él. Se la había encontrado en dos ocasiones después de su coincidencia en la parada del *vaporetto*, un encuentro que había dejado de considerar accidental: una vez cerca del Guggenheim y otra, con más descaro, en La Pietà. En ninguna de

215

las dos ocasiones le había hecho preguntas directas, y en la galería había fingido que su presencia era accidental. Sin embargo, por su tono de voz y la clase de comentarios que le hizo, había quedado claro que sospechaba que Scacchi y él habían participado en alguna transacción ilegal.

La última conversación había tenido lugar en uno de los bancos de atrás de la iglesia, mientras Fabozzi hablaba con sus músicos a escasos metros de distancia. Daniel terminó por pedirle que continuaran con aquella conversación fuera, y en las mismas escaleras de La Pietà, bajo el sol brillante del mediodía de verano, le pidió una explicación.

—¿Una explicación? —repitió ella, admirada—. Tú sabes perfectamente lo que busco, Daniel: un objeto que ha salido últimamente al mercado, y el nombre de quienes lo han adquirido.

—Ya se lo he dicho un millón de veces: no sé nada de nada. Y creo que Scacchi tampoco, pero si sospecha de él, ¿por qué no le interroga? Yo no puedo decirle algo que desconozco.

Ella se rió.

—¿Y para qué me serviría? Aunque disfrute con su compañía, hay que admitir que Scacchi es un hombre intrínsecamente deshonesto, y jamás me diría la verdad, si esa verdad no se acomoda a sus necesidades.

—Y acude a mí a ver si se la digo yo, ¿no? Pero cuando lo hago, no me cree.

—Vamos, Daniel. ¿Sabes lo que veo cuando te miro?

—Pues no, y creo que no me importa.

—Veo a un joven honrado e inocente. Un joven que se ha visto atrapado en un mundo que encuentra excitante hasta cierto punto, pero también aterrador, y me pregunto por qué. ¿Qué es lo que te asusta, Daniel?

—Nada que pueda concernirle a usted. Lo único que tengo en la cabeza es la enorme responsabilidad que supone el concierto.

—Ah, el concierto. En eso también me tienes sorprendida. ¿De dónde sale la música, Daniel? Te lo pregunto como aficionada a la música, no como policía.

—Bueno, señora, creo que ya es suficiente. Si tiene algo más que preguntarme, la acompañaré a la comisaría. Y lo digo también por Scacchi.

—Cuéntaselo si quieres. Todo lo que hemos hablado en estos últimos días.

Jurando entre dientes, dio media vuelta y entró de nuevo en la iglesia, y le sorprendió que ella no le siguiera.

Por lo menos el concierto parecía avanzar como estaba previsto. Ya había terminado la transcripción y Fabozzi estaba encantado con el resultado final. La *première* iba a ser un éxito. Daniel había concedido varias entrevistas a la prensa internacional, invitados y alojados en el Cipriani a costa de Massiter, y en ellas había dejado claro que no pensaba componer nada más en un futuro próximo. No obstante, se había extendido el rumor sobre la sorprendente naturaleza y magnífica calidad del trabajo que se estaba ensayando en La Pietà, siempre claro está con la intervención de Massiter, que aseguraba que se colgaría el letrero de *no hay billetes* y que pronto el concierto volvería a interpretarse en las más importantes salas de conciertos. El riesgo de que se pudiera llegar a descubrir la verdad era pequeño y permanecía controlable. Giulia Morelli sospechaba algo, pero saber no sabía nada. Sin embargo había algo que no dejaba de molestar a Daniel, una sensación intangible y distante, el temor de que no todo estaba como debía. Y no sólo en lo referente al concierto. Era la casa de Scacchi en su conjunto lo que le preocupaba. Cada uno de sus miembros parecía estar viviendo una ensoñación placentera basada en una especie de orgullo desmesurado. Por irracional que pudiera parecer, a veces no podía quitarse de la cabeza la idea de que una catástrofe de naturaleza completamente distinta les esperaba a la vuelta de la esquina.

La mañana del domingo la iniciaron en el muelle de San Stae esperando a que la *Sophia* apareciera en el Gran Canal y los recogiera. El día parecía que iba a ser caluroso, seco y soleado. Scacchi llevaba chaqueta oscura, pantalones claros y un anticuado sombrero. Paul llevaba vaqueros, camisa de algodón y gorra de béisbol. Laura había elegido unos pantalones baratos (de esos que seguramente se compran en los mercadillos), y una sencilla camisa de estopilla. Entre Paul y Scacchi la ayudaron a llevar lo necesario para la comida: cestas de *panini*, salsa, queso y jamón, una selección de fruta y una bolsa de papel marrón con hojas de coliflor, achicoria, diente de león y lechuga que, cubiertas de parmesano, parecían acompañar todas las comidas. Llevaban también vino blanco en una nevera, tres litros de Campari y dos de agua mineral con gas. Más que suficiente para alimentar a seis adultos durante todo un día.

Scacchi y Paul estaban sentados los dos en un banco y Daniel estaba de pie con Laura, observando el tráfico del canal. Los *vaporetti* se disputaban el paso con las gabarras de carga y los barcos encargados de recoger la basura, todos ellos evitando las formas negras de las góndolas que transportaban a los venecianos hasta la parada del *traghetto* que quedaba delante del casino de la ciudad. Laura había ido a la peluquería y llevaba una práctica melena corta que se le rizaba en la nuca y Daniel se preguntó por qué se teñiría el pelo y sin embargo no llevaba nunca ni una pizca de maquillaje. Seguro que simplemente porque le daba la gana. A veces se empeñaba en buscar complicadas explicaciones a las cosas cuando la respuesta era la más sencilla del mundo.

—¡Ahí vienen, Daniel! ¡Mira!

El perfil azul y bajo de la *Sophia* iba trazando una línea firme y recta entre el tráfico del canal, Piero a la caña y Xerxes en la proa, tieso como un palo, el morro al viento, la boca abierta y la lengua sonrosada colgando a un lado. Y de pronto Daniel se echó a reír.

—¿Qué te pasa? —preguntó Laura.

—Me estaba imaginando lo que Amy va a pensar de todo esto. No se va a parecer en nada a la excursión que hicimos con Massiter.

—Pues tendrá que tomarnos como somos.

—Te comportarás, ¿verdad? —inquirió mirándola fijamente—. Es nuestra primera violinista.

—¡Yo siempre me comporto!

Daniel no contestó. La *Sophia* estaba llegando al muelle. Xerxes midió cuidadosamente la distancia y cuando la consideró adecuada saltó al muelle y se fue directo a olisquear las cestas de la comida.

—¡Ahí va! —gritó Piero y Laura agarró el extremo de la amarra de proa y antes de que Daniel ni se imaginara qué había que hacer, amarró el bote y ayudó a Scacchi y a Paul a subir abordo. Xerxes observaba a los humanos y su torpeza a la hora de embarcar con canina displicencia y decidió saltar a la cubierta en el último momento. En menos de cinco minutos estaban todos acomodados y dieron la vuelta en el canal en dirección a San Marcos para recoger a Amy. Habían ocupado los mismos lugares que cuando fueron a buscarle al aeropuerto: Paul y Scacchi juntos en la proa y Daniel y Laura en la borda de babor. Xerxes parecía más interesado por las cestas de la comida que por el timón, pero pronto abandonó la investigación para acudir al lado de su amo.

Tomaron el arco que describe el canal y que los locales llaman simplemente la *volta* y la extraña mansión de la que Laura le había hablado apareció a la derecha.

—Ahí está tu palacio —le dijo Daniel, señalándolo.

—No es *mi* palacio.

—Explícate, Laura —intervino Scacchi, que había oído la conversación—. No sabía que estuvieras familiarizada con Ca' Dario.

—No lo estoy. Es cosa de Daniel, que se inventa historias.

—Pero si me contaste que...

—Te conté la fantasía de una niña —le cortó.

—¡Cuéntanosla! —ordenó Scacchi—. Vamos a indagar en tu interior, querida.

—Hay poco que contar —respondió mirando a Daniel molesta—. Yo era pequeña y celebraba mi confirmación. Iba vestida de blanco y era carnaval, así que todo el mundo iba disfrazado. El *vaporetto* pasó por delante de la casa y yo miré a las ventanas del segundo piso —señaló con el dedo—, y en ésa me pareció ver una cara, lo que me dio un susto de muerte.

—Ah. ¿Una máscara de carnaval? Sería la *baùta*, el médico de la peste, y no tienes por qué avergonzarte, Laura. Esa narizota y la cara tan blanca asustan a cualquiera. Para eso son, ¿no?

—No era un *baùta*, ni ninguna otra máscara de carnaval. Era otra cosa.

—¿El qué?

—Un hombre, con las manos y la cara cubierta de sangre. Miraba nuestra barca a través de la ventana; es más, parecía mirarme directamente a mí, y gritaba. Como si acabara de presenciar la cosa más horrible del mundo.

Scacchi enarcó las cejas.

—Tu vestido para la confirmación no podía ser tan horrible. Sé que a las madres venecianas les gusta adornar a sus niñas para la ocasión, pero...

Laura sacó un cruasán de la cesta y se lo lanzó, pero antes de que pudiera alcanzar su objetivo, Xerxes saltó del regazo de Scacchi y con infalible precisión atrapó el dulce en el aire. Los ocupantes de la *Sophia* tuvieron un ataque de risa al que puso fin Scacchi al gritar:

—¡Spritz! ¡Necesito un Spritz!

—No —respondió Laura—. Es demasiado temprano, y has sido malo.

—Vale...

—Además —añadió, repartiendo vasos con agua mineral—, no quiero que la amiga de Daniel piense que somos unos borrachos.

Sabía que Laura prefería cambiar de tema, pero Daniel quería hacerle una última pregunta.

—Entonces, ¿qué crees que es lo que viste?

Tardó un momento en contestar.

—Supongo que alguna tontería de las que organizan por Carnaval. O a lo mejor fue una alucinación. Ya te he dicho que era una niña, y nadie más en la barca lo vio. Ni siquiera mi madre. Sólo me oyeron gritar a mí como una loca en mitad de la niebla.

—Ya.

Laura nunca hablaba de su pasado. No sabía nada de su vida fuera de Ca' Scacchi.

—¿A qué se dedicaba tu madre?

—Trabajaba —contestó sin dar detalles.

—¿Y tu padre?

—Bebía.

Paul y Scacchi los observaban incómodos desde la proa y comenzaron a hablar entre ellos en voz baja.

—Ah. Esto... lo siento, Laura. No pretendía molestarte. Es que siento curiosidad por saber quién eres cuando no estás cuidando de nosotros.

Ella se sorprendió.

—No soy más que una criada aburrida y sencilla, que ha sido bendecida y maldecida al mismo tiempo por el hecho de que mis jefes parezcan al mismo tiempo mis hijos. Mi pasado es tan soso y apagado como las aguas de este canal.

—¿Y tu futuro?

Estaba presionándola demasiado, pero su reticencia le resultaba desconcertante.

—Ya tengo bastantes preocupaciones con el presente, ¿no te parece?

Iba a contestar cuando ella le tocó un brazo y señaló al muelle. Se acercaban a San Marcos y la *Sophia* había puesto proa al punto en el que había atracado el barco de Massiter. Amy estaba ya esperando allí. Para bochorno de Daniel llevaba un vestido de seda en color crema y una pamela de ala ancha para protegerse del sol. Parecía invitada a una boda de la alta sociedad y no a pasar unas horas en la mugrienta tablazón de la *Sophia* para desembarcar después en el lugar que Piero tuviera pensado en la isla de Sant' Erasmo.

—Madre mía —suspiró.

—¡Y a mí me pides que me comporte! —exclamó Laura, dándole una palmada en el muslo—. Como no te portes como un perfecto caballero, te vas a enterar.

—Esto no ha sido idea mía —murmuró y con una sonrisa se levantó a saludar a Amy.

Scacchi se levantó también y anunció a los cuatro vientos:

—¡Es Amy Hartston, la famosa violinista! ¡Aplaudan, por favor!

Y batió sus palmas de cuero viejo hasta que algunos de los turistas que aguardaban en el muelle se le unieron.

Amy enrojeció ligeramente y a Daniel le hubiera gustado poder verle los ojos, pero llevaba unas gafas de sol grandes, al estilo italiano que en realidad no le quedaban bien. Le ofreció la mano y ella saltó con gracia por encima de la borda y se sentó frente a Laura mientras se hacían las presentaciones.

—¡Es hora de un spritz! —anunció Scacchi.

Laura seguía sentada pero impidió que Daniel ocupara un sitio junto a ella empujándole suavemente del pecho. Le bastó con mirarla para comprender, e inmediatamente se acomodó al lado de Amy, que se estaba colocando la falda del vestido ante la mirada atenta de Xerxes. Laura sirvió las bebidas.

—¿Adónde vamos? —preguntó poco después.

—Al paraíso —contestó Piero, acelerando a fondo el motor, que tosió como un pato con asma—. Lejos de este pozo de iniquidad y de tanto imbécil como hay en esta ciudad.

Laura hizo un gesto con la mano para quitarle importancia a su comentario.

—Tonterías. Tú también trabajaste en la ciudad cuando eras más joven, Piero.

—Sí, pero en la morgue, y los muertos son gente muy decente y muy razonable, lo que no se puede decir de los vivos. ¡Eh! *¡Pisquáno!*

Un taxi acuático se alejó a toda velocidad del muelle vecino, creando una ola que hizo escorar a la *Sophia* casi cuarenta y cinco grados. Sus pasajeros buscaron dónde agarrarse mientras Xerxes ladraba furioso. Amy, que tenía en la mano su copa de spritz vio cómo el líquido rojizo se le derramaba en su elegante vestido.

—¡Mierda!

Laura abrió el bolso e hizo un gesto a Daniel para que se cambiara de borda e intentó limpiarle la mancha con un pañuelo húmedo, pero no funcionó. El vestido quedó luciendo una mancha larga del color de la sangre desde el escote a las rodillas.

El enfado y la rabia de Amy, y el modo en que había asumido que Laura intentase limpiarle el vestido en su papel de criada, dio que pensar a Daniel. La Pietà iba quedando atrás y Sant' Erasmo aguardaba en el horizonte como un dedo largo y delgado de verdor.

Se terminó su copa y sin razón aparente se dio cuenta de que no podía quitarse de la cabeza a Giulia Morelli y sus preguntas. Del bolso de Laura sacó un paquete de cigarrillos y, por primera vez en su vida, encendió uno.

Bajo el alero

LAS CAMPANAS DE San Girolamo daban las doce cuando volvimos a colarnos en el gueto. Los judíos deben retirarse pronto. Apenas había luces en las ventanas y no se oía ni un ruido cuando subíamos la escalera. Jacopo estaba pasando sus visitas, tan ocupado como siempre en aquella noche que no estaba resultando excesivamente calurosa. Rebecca dejó el gabán en la silla que había junto a la chimenea, dejó también el mío y me cogió las manos.

—Lorenzo —dijo, mirándome a los ojos—, ¿dónde crees que está ese Dios que no tiene nada mejor que hacer que espiarnos constantemente? ¿En todas las iglesias? ¿En los dormitorios? ¿Observándonos a nosotros ahora mismo? ¿Es sólo eso, un sirviente de su propia creación con alas y ojos que todo lo ven?

—Por supuesto que no.

—¿Entonces qué? ¿Una especie de aguijón divino con el que espolear nuestras conciencias o con el que recordarnos permanentemente nuestras carencias?

—Te burlas de mí, Rebecca. Creo que debería irme.

Pero ella no me soltó.

—Si quieres… pero tengo algo que enseñarte. Es uno de los dioses más antiguos, y creo que si consigues ver lo que en realidad es, será mejor para ambos.

Yo no contesté. Rebecca llevaba el vestido negro del concierto, de escote redondo y adornado por una cadena de plata, y me miraba con más seriedad que nunca. Era mayor que yo seis años, pero en aquel momento me sentí como si fuera un niño en compañía de un anciano.

—Ven —me dijo y me cogió una mano—. No tengas miedo y no mires abajo. Si te caes no irás al infierno, pero hay una altura de seis pisos y seguro que no notarías la diferencia.

La seguí al ventanal que había en una de las paredes de la habitación y que miraba a un rincón de la plaza coronada por el arco de madera de la sinagoga que ya me había mostrado en otra ocasión.

—Nadie debe oírnos y ten cuidado de dónde pones los pies. Sígueme.

Abrió la ventana, levantó una pierna y salió a un estrecho alero del tejado que no debía tener más fondo que un balconcillo. Yo la seguí. Me encontré sin nada a lo que asirme excepto su brazo y sentí un leve mareo ante aquel agujero negro y profundo que se extendía a nuestros pies.

—Tranquilo —me dijo al oído, se dio la vuelta y palpó hasta tocar una escalera hecha con hierros empotrados en el tejado. Me hizo un gesto para que la siguiera.

Aquella no debía ser la primera vez que Rebecca emprendía semejante viaje. En alguna ocasión durante el día debía haberse sentado en la plaza para contemplar aquel laberinto de canalones y tejados hasta localizar aquella escalera externa que seguramente debía servir para el mantenimiento de los edificios y que, memorizando su posición, le serviría para acometer la ascensión a la cumbre como si fuera una cabra montesa consumida por la curiosidad. Despacio y sin mirar abajo seguí sus pasos intentando no agarrarme constantemente a la mano que ella me ofrecía, a pesar de que perdí apoyo en un par de ocasiones y ella se volvió a mirarme con la ansiedad reflejada en su rostro de alabastro iluminado por la luna.

Tras dos o tres minutos que a mí me parecieron largos como toda una jornada, me enderecé por fin y la encontré sentada en un pequeño balcón de madera cerca del arca. Había una pequeña ventana de cristales emplomados y a través de ella salía la claridad cerúlea de las velas.

Rebecca me puso el dedo índice en los labios.

—Calla. Hay hombres dentro, pero no tardarán en salir —musitó.

Esperamos un poco hasta que se oyó el ruido de una puerta al cerrarse. Rebecca abrió entonces la ventana y los dos nos colamos a un corredor que parecía abrumado por el peso del alero. Había una estrecha puerta del lado del muro interior que daba paso a una línea de toscos bancos de madera frente a los que había unas persianas enormes que recorrían toda la longitud del espacio, casi como la celosía de La Pietà tras la que se ocultaba la orquesta. La nave de la sinagoga, llamémosle así, quedaba un piso por debajo de nosotros. Lo descubrí al abrir una de las persianas más cercanas y asomarme a mirar. Era como encontrarse de pronto sumido en uno de esos sueños en que las dimensiones están como descoyuntadas, y por un momento me sentí como un niño contemplando una rica y adornada casa de muñecas para luego experimentar la sensación de ser un enano que se hubiera colado por el tejado de una catedral secreta, construida con tosca madera en el exterior pero que en su seno ocultase un tesoro de riquezas.

—¿Aquí es donde venís a orar? —le pregunté a Rebecca, que se había sentado en el banco con los brazos cruzados, aguardando mi reacción.

—Donde *vienen* a orar —puntualizó—. A las mujeres no se les permite entrar. Nos obligan a esperar aquí y a mirar sin ser vistas por entre estas persianas. Debe ser que no somos dignas de estar en su pensamiento. El dios hebreo es un dios muy ocupado, Lorenzo, al menos el de los asquenazí. No sé si será igual para todo el mundo. Sólo tiene tiempo de hablar con los hombres, y especialmente con los rabinos de barba larga.

Miré a mi alrededor. Era un lugar hermoso, pero tan distinto de todo cuanto yo había visto en Venecia...

—No hay cuadros —reparé—. ¿Dónde están los mártires gloriosos? Tiziano y el Veronés se morirían de hambre si vivieran en un estado judío.

—Falsos ídolos, Lorenzo. En nuestros templos no permitimos imágenes pintadas o esculpidas, pero sí que hay unos cuantos cuadros, aunque es bastante poco corriente.

Me asomé de nuevo y vi que tenía razón. Había una colección de paisajes colgados en las paredes.

—Mira —dijo, señalando uno en particular—. Moisés conduciendo a su tribu a través de las aguas del Mar Rojo.

Fruncí el ceño esforzándome por ver.

—Yo no veo a nadie.

—Ya te he dicho que no está permitido, al igual que no se nos permite representar a Dios ni pronunciar su nombre, que es Jehová, por si no lo sabías. ¿Ves? Ya lo he dicho.

Yo estaba desconcertado. Aquello era completamente distinto de cualquier iglesia en la que hubiera entrado, pero al mismo tiempo transmitía la impresión de ser un lugar sagrado, y no pude evitar preguntarme si me sentiría igual en una mezquita o en un templo hindú. ¿Podría ser que esa santidad no provenga de Dios sino de nosotros mismos? ¿Acaso hemos creado a Dios a imagen y semejanza de nuestro propio ser?

Me sobrecogía la mezcla de sacro y ordinario de aquel lugar. Allí moraba el arca de la alianza, me dijo Rebecca. De allí manaba la luz eterna. Allí estaba la plataforma desde la que se leían las enseñanzas, casi del mismo modo que se predicaba desde un púlpito cristiano. Allí tenían lugar los rituales mediante los cuales los hebreos explicaban su lugar en el mundo, por qué los hombres nacían y morían, luchaban y amaban, igual que cualquier otro ser humano.

Mientras yo recorría el templo con la mirada, Rebecca permanecía sentada a mi lado, observando con avidez mi rostro y preguntándose qué significaría para mí. Yo llevaba una camisa blanca abierta en el cuello y por esa abertura se veía la estrella de David que ella me había regalado. Supongo que le halagaba que la llevara puesta y la tocó con una mano.

—¿Crees que Dios está aquí, Lorenzo? ¿Crees que está ahí, escondido detrás de la Torah, el rostro encendido porque dos insignificantes mortales han entrado aquí cuando otros hombres dicen que no les está permitido?

—No.

Tenía razón, por supuesto. El dolor me había consumido la capacidad de razonar. Lucía había muerto por un accidente del destino, y no por lo que el tarambana de su hermano pudiera hacer o dejar de hacer.

—Pero sí creo que Dios está con nosotros. No es tu Dios o el mío, sino algo más sencillo y más complicado a la vez. Creo que los humanos somos como los animales. Cuando mi hermana me cantaba en la cama para que me durmiera, o cuando tú tocas en La Pietà... a pesar de lo que diga Jacopo, no creo que nuestras vidas puedan analizarse y escribirse después como los números en un papel. El amor por ejemplo no es una aflicción del cuerpo como la viruela. Somos más de lo que parecemos a simple vista, y construimos lugares como éste para intentar explicar el estupor que nos provoca nuestra imperfección.

—Jacopo —repitió, sonriendo—. Es mi hermano y lo quiero con todo mi corazón. Yo soy impetuosa como él es cauto, pero sé que un día una mujer le llegará al corazón y todas sus preciosas teorías se derrumbarán como los muros de un castillo de juguete.

Me sentí bien. Volví a sentirme completo. Rebecca me había curado. Los Levi eran una familia de sanadores.

—Gracias —dije, y con la suavidad y la ternura de un hermano, la besé en la mejilla. Ella no se movió, y el templo permaneció sumido en el crepitar de las velas de cera.

—Aquí hay otro pedazo de Dios —dijo, y sin dudar, se desabrochó el vestido y lo dejó caer. A la tímida luz que entraba por las persianas vi la blancura de unos senos redondos y blancos como si fueran del mismo mármol que adorna en estatuas el palacio de un hombre rico, tan suaves y tan perfectos como cualquiera de ellas—. Aquí.

Tomó mi mano y la llevó hasta su seno, y yo sentí la vida palpitar bajo mi palma. Sentí como su pezón se endurecía al contacto con mi mano y oí cómo se le alteraba la respiración.

Alcé la mano para tocar su pelo y muy lentamente, deseando poder grabar cada segundo de aquel momento para toda la eternidad, la besé en la boca y nuestra respiración fue una.

Ella se separó de pronto, el rostro transformado por una especie de urgencia, se levantó y se quitó del todo el vestido. Al principio la modestia le obligó a cubrirse con él, pero luego se agachó y lo extendió cuidadosamente sobre el suelo de madera, como si fuera una cama. Juro a Dios que en aquel instante temí morir. Los pulmones me ardían y la sangre se negaba a seguir su curso natural.

—Lorenzo —me dijo, y tiró de mi camisa—, si yacemos juntos ahora, seré tuya para siempre.

Mi respuesta fue balbucear unas cuantas tonterías casi incomprensibles que le hicieron reír. Luego me hizo callar con un beso y yo recorrí su espalda con mis manos. Me desnudé y abrazados nos tumbamos en el suelo. En el gueto de Venecia, en aquel corredor estrecho del primer piso de su sinagoga, dejé atrás la infancia y entré deseoso y feliz en la edad adulta.

Mucho después, en los lugares más insólitos, mientras disponía las letras de una línea en la imprenta o mientras paseaba por el Rialto, un detalle de aquel encuentro volvía a mi recuerdo, a pesar de que aquel acto había transcurrido como en una nebulosa de pasión, como un rosario de imágenes y sensaciones confusas. Recuerdo particularmente la sorpresa que fue sentir la lengua de Rebecca dentro de mi boca. Recuerdo también el sobresalto y la pasión que despertó el hallazgo que, guiado por su mano, hice del lugar secreto de su cuerpo donde se albergaba, oculto tras unos tupidos rizos, un inesperado pozo de fuego y humedad.

Aquella noche vivirá para siempre conmigo, pase lo que pase en el futuro. Rebecca me abrió la ventana al mundo y yo no podré volver a ser el mismo, pero hay una imagen que se grabó a fuego en mi memoria: el descubrir que el éxtasis y la agonía caminan de la mano en ese acto, al igual que suelen hacerlo en la vida misma. En el momento en que nuestros cuerpos se movieron a la par como si fuéramos una sola criatura, abrí los ojos deseoso de ver su rostro en aquel instante de rapto, y me la encontré con los suyos cerrados y apretados, la boca entreabierta y el gesto de quien va a morir. El largo gemido que emergió de su garganta bien podría haber sido su último estertor. Los franceses llaman a esto *la petite mort,* y con mucha razón. Mi propio lamento se mezcló con el de ella en aquel pasillo estrecho y mal iluminado, sobre el montón de ropa que apenas suavizaba la dureza de las tablas que teníamos debajo.

Miré a mi amada en aquel instante y su rostro me hizo pensar en el de Lucía, mi hermana distante, mi hermana muerta, y la lección más importante que me enseñó Rebecca fue que si la vida es tan efímera como el batir de alas de una mariposa, momentos como aquel nos dan la razón de nuestra existencia. Y ese hecho en sí mismo puede ser un regalo de Dios.

El concurso de la anguila

PIERO FUE ENSEÑÁNDONOS poco a poco el lugar. Primero nos mostró el pequeño viñedo y nos dejó probar el vino que él mismo hacía en la bodega, que era áspero y joven pero que entraba con facilidad. Tenía un campo de alcachofas y de habas, y un rincón destinado a las escarolas de Treviso para el invierno, con sus corazones rojos y apretados que engordaban en la tierra fértil de la isla.

Comieron y bebieron quizás en exceso y Piero anunció que iba a entretenernos con algo. Cogió un cubo y caminó hasta la pequeña acequia que partiendo de la laguna discurría cerca de la propiedad. Le vieron recoger algo allí y después ir a la casa a por otra cosa más. Luego volvió con el cubo lleno hasta el borde de algo que parecía agua negra y bajo cuya superficie se movían unas extrañas criaturas largas y sinuosas que describían círculos.

—Tinta de calamar —nos explicó—. Por eso el agua está tan oscura. Los he pescado yo mismo. Y las anguilas también.

Amy los miró a todos con un gesto de preocupación.

—Antes de que sigamos, ya os digo que no pienso comer nada de eso.

—No, no —contestó Piero—. Esto no es para comer. Es la *gara del bisato*.

Daniel la vio confundirse todavía más y tradujo:

—¿El concurso de la anguila?

—Sí. Normalmente se hace en octubre, después de la vendimia, pero yo lo voy a hacer ahora para vosotros. ¡Mirad! —anunció, y arrodillándose, hundió la cabeza casi por completo en el cubo.

El agua parecía hervir con aquellos cuerpos revolviéndose frenéticos en aquel líquido negruzco. Xerxes se sentó pacientemente al lado de su amo contemplando el espectáculo como si fuera la cosa más normal del mundo.

Tras permanecer unos minutos así, sacó por fin la cabeza. Entre los dientes, retorciéndose para intentar liberarse, había una larga anguila que Piero sujetaba firmemente por la mitad. Con una extraña sonrisa, fue girando para que todos pudiéramos verle. Nadie decía nada. Luego se volvió al cubo y dejó caer al aterrorizado animal a la encrespada superficie del agua, se secó la boca con la manga, bebió un trago de vino y mirando a Amy con una sonrisa dijo:

—Ahora tú.

—Ni lo sueñes.

—¿Scacchi?

El pobre abrió la boca y les mostró la dentadura amarillenta y postiza. Piero hizo un gesto de compasión. Paul negó con la cabeza y Laura lo miró horrorizada e intrigada a un tiempo.

—Yo creía que lo de las anguilas era una leyenda.

—Es una tradición, pero supongo que para la gente de ciudad como vosotros es demasiado, ¿eh?

Laura renegó en voz baja, se acercó al cubo e intentó recogerse lo mejor posible el pelo.

—¡No! —gritó Amy—. ¡Qué asco!

—Mira, si este paleto puede hacerlo, yo también.

—No te creas que es fácil —le advirtió Piero—. Tiene truco. ¿Quieres que el paleto te lo cuente?

Laura lanzó un reniego tan soez que Daniel se alegró de que Amy pareciera no haberlo entendido. Después, sin una sola palabra más, metió la cabeza en el cubo. La superficie del líquido volvió a bullir. Su pelo castaño se volvió más oscuro con la tinta, lo que le hizo pensar a Daniel, absurdamente, que debía ser su color natural.

Emergió tosiendo. No tenía nada en la boca.

—Ya te he dicho que tiene truco —se burló Piero—. ¿Quieres que...

—¡Cállate!

Y volvió a meter la cabeza en el agua negra. En apenas unos segundos la sacó y en sus labios, retorciéndose con frenesí, había una anguila grande y gorda. Piero dio un salto entusiasmado, gritando de alborozo, y Scacchi y Paul, que parecían fascinados, comenzaron a aplaudir como locos. Daniel hizo lo mismo mientras que Amy los miraba a todos horrorizada.

Laura soltó a la anguila, pero en vez de caer en el cubo, aterrizó en la hierba seca, y allí parecía una serpiente. Entonces se levantó y braceando en el aire se puso a gritar tonterías para celebrar su triunfo. El agua negra le había teñido el pelo y le caía por la cara, haciéndole parecer un juglar al que se le hubiera corrido el maquillaje. Los aplausos arreciaron. Piero cantó brevemente una tonada en un dialecto ininteligible en el que la única palabra reconocible fue *bisati*. Luego Laura se sentó y se limpió la cara con una servilleta.

—¿A qué sabe? —preguntó Daniel.

—A barro. Pero no te creas lo que yo te diga: pruébalo tú mismo.

—¡No! —le gritó Amy.

Daniel lo pensó un momento. En el fondo, aquella decisión tenía que ver con mostrar de qué lado estaba.

—Vale —contestó decidido.

Scacchi lo miró.

—No tienes por qué hacerlo. Es una de esas locuras de las islas.

—Quiero hacerlo.

Piero volvió a colocar el cubo en la tierra. Daniel se acercó y arrodillándose ante él examinó la superficie que se rizaba de vez en cuando con el movimiento de las criaturas que había en su interior. Era imposible ver exactamente lo que había. Podía tratarse sólo de un par de anguilas o de todo un clan.

—Hay un secre... —comenzó de nuevo Piero, pero Daniel no esperó. Respiró hondo y hundió la cabeza en el agua con los ojos cerrados y la boca abierta, intentando imaginarse cuál podía ser el truco. El agua estaba helada y sintió unas formas suaves y viscosas rozarle las mejillas. En un momento uno de aquellos seres se chocó con sus labios e intentó agarrarlo con los dientes, pero la anguila se le escapó, y ninguna otra se acercó antes de que se le acabara el aire y tuviera que sacar la cabeza.

Amy se había apartado para no mirar, mientras que el resto no podía apartar los ojos de él, especialmente Scacchi. Era irracional, pero en cierta medida, parecía preocupado.

Daniel miró a Piero.

—Cuéntame el secreto.

—Tienes que morder, Daniel. Nada de un mordisquito de compromiso, como el de un aristócrata que picoteara de un plato. Las anguilas son los animales más escurridizos de la tierra, así que si quieres atraparlas tienes que dar un mordisco como si fueras a comértelas. Es todo o nada.

Laura lo había comprendido instintivamente. Eso era lo que marcaba la diferencia entre la gente de la laguna y él: su sentido de la distancia, su reticencia a meterse de lleno en el placer de la existencia.

Sumergió de nuevo la cabeza en el agua con la boca abierta y dispuesto a apretar las mandíbulas. Las criaturas parecían jugar con él, acariciarle las mejillas con sus cuerpos delgados y escurridizos hasta que una, bastante grande, se rozó con sus dientes. Daniel los cerró con fuerza varias veces hasta que consiguió hacer presa en su carne y apretó con todo su ser.

Salió del agua, abrió los ojos y levantó los brazos por encima de la cabeza. La anguila se debatía en su boca con una fuerza sorprendente, enroscándole el cuerpo en el pelo, en las orejas, luchando por liberarse. Daniel miró de frente. La línea de la ciudad se veía en la distancia con el sol que empezaba a descender para ocultarse tras las montañas. Abrió la boca, soltó la anguila y la dejó escabullirse entre la maleza. El sabor que le había dejado a barro, a arena y a baba era asqueroso y Laura se acercó inmediatamente con una copa de spritz. Daniel se la bebió de un trago y descubrió que entre el sabor agridulce de la bebida y el de la anguila había una especie de conexión.

—¡Magnífico! —exclamó Laura dándole una palmada en la espalda, pero le pareció que su tono era de sarcasmo—. Piero y tú sois ahora hermanos de sangre. ¡Hijo de Sant' Erasmo y compositor!

Daniel se echó a reír y sintió un irrefrenable deseo de abrazar a aquella mujer tan especial y con el sabor en la boca del Campari y la anguila, besarla como si no hubiera mañana. A lo mejor las anguilas eran alucinógenas.

Algo le retumbó en el estómago y tuvo que salir corriendo a la acequia. Apenas había llegado, comenzó a vomitar y sentado sobre la hierba vio alejarse flotando en el agua lo que había arrojado. La cabeza le daba vueltas por la bebida y el encuentro con la anguila.

Sintió algo en la rodilla y era el bueno de Xerxes que lo miraba con una preocupación que resultaba cómica y que le valió una caricia. Cerró un instante los ojos y cuando los abrió era Laura quien estaba a su lado, buscando un caramelo en el bolso.

—¿Estás mejor?

—Sólo físicamente. Por lo demás me siento fatal.

—Vaya.

—Lo siento.

—¿Qué es lo que sientes?

Se volvió a mirar al resto del grupo. Habían empezado a recoger los restos de la merienda para volver al barco.

—Haberme comportado como un idiota.

—Anda, no seas tonto. Tienes demasiado sentido del ridículo, Daniel. No creerás que Amy va a tener peor opinión de ti por esto, ¿no?

No se le había ocurrido pensarlo. Era otra cosa lo que le molestaba.

—Daniel, tengo que darte un consejo —dijo muy seria—. Ya es hora de que dejes de soñar y que empieces a buscar algo real en lo que apoyarte, porque el juego que te traes entre manos con Scacchi no basta —hizo una pausa como si dudara si debía seguir o no—. Tienes que descubrir lo que significa querer a alguien. Ya está. Ya lo he dicho.

Sintió que las mejillas le ardían y miró la mano de ella que reposaba en la tierra y pensó que le gustaría cogérsela.

—Lo sé —contestó—, y yo...

—Me alegro, porque esta vida secreta que llevas no es buena. Hasta Scacchi termina cansándose de los secretos. Por cierto, me ha dicho que mañana va a compartir uno conmigo, y la verdad es que se lo agradezco. Los tres habéis andado tramando algo y me gustaría saber qué.

Sólo había un secreto al que Scacchi pudiera referirse y era la existencia del dichoso violín, que seguramente ya habría sido vendido a un nuevo propietario, pero no entendía por qué elegía un momento como aquel para revelárselo.

—Además, Amy es una chica encantadora. Y está muy interesada por ti. Por ti, Daniel, y no por esa música que se supone que has escrito.

—Pero...

—Bien —volvió a interrumpirle, y le acarició el pelo mojado antes de levantarse—. Ya está todo hablado. Esta noche la acompañarás al hotel. Quédate en la ciudad con ella, Daniel. Escápate de nosotros durante un rato.

—¡Laura! —la llamó, pero ya estaba en el bote con Xerxes, que aguardaba sentado junto a la caña dispuesto a partir.

Cuestión de autoría

ESTA CIUDAD ADORA los misterios y éste le ha llegado al corazón. Muchas son las teorías que circulan, aunque ningún veneciano fuera de los congregados en La Pietà ha oído una sola nota de la composición.

Hay quien dice que la misteriosa figura es el mismísimo Vivaldi, que intenta relanzar su carrera con un pequeño numerito de magia y un nombre nuevo firmando el documento. Hay quien opina que se trata de un trabajo del alemán Hendel, del que no se ha sabido apenas nada desde que su *Agripina* obtuvo un gran éxito en la ciudad, hace más de veinte años. Ahora vive en Londres. Se dice que ha colado su nuevo trabajo en la ciudad como barómetro para saber cómo se le acogería si decidiera volver, ya que el gusto de los ingleses por la ópera estilo italiano ha entrado en decadencia. Según he sabido, está de moda allí una especie de sátira que ridiculiza esta forma de componer y que se conoce como *The Beggar's Opera*, u ópera cómica. El alemán no cree que las lecciones que aprendió bajo la tutela de Corelli y Scarlatti vayan a valerle para seguir pagando su renta en Inglaterra.

La tercera teoría es la más absurda. Hay quien dice que el compositor es un gondolero local que aprendió música cantando a sus clientes mientras empujaba su embarcación por el Gran Canal (si eres capaz de encontrar un gondolero que sepa cuál es la diferencia entre una corchea y una fusa, yo dejaré un montón de ducados de plata ante la puerta de la Basílica después del desayuno con la esperanza de verlos a la hora de la cena). Aún hay más. Según algunos, se trata un *opus* perdido de Corelli que se encontró en su féretro al exhumar el cadáver durante los trabajos realizados en el Panteón de Roma. El encargado de una de las capillas de Santa Croce dice que la escribió él mismo en el órgano de la iglesia cuando las últimas beatas se retiraron a sus casas. Un hombre me dijo haber oído de labios de otro cuyas fuentes no se pueden revelar pero que son de toda confianza, que un relojero solitario y medio ciego que tiene un puesto en el Rialto ha compuesto la obra nota a nota, penosamente, a lo largo de los años, sabiendo que padecía una enfermedad terminal y, por si fuera poco, una sordera casi total. El pobre diablo sólo desea escuchar su creación en La Pietà interpretada por la orquesta de Vivaldi antes de morir satisfecho de haber legado al mundo una obra maestra que sobrevivirá para siempre.

He dejado para la última la más ridícula de todas. Se dice que un hombre noble de la ciudad, puede que incluso se refieran al propio Delapole, había mantenido ocultas hasta la fecha sus cualidades como compositor para hacer luego una aparición memorable, tras la cual caerá sobre la ciudad una lluvia de riqueza musical y económica que restaurará la gloria de la República, curará la parálisis y conseguirá que el Gran Canal huela mejor que el seno de una cortesana persa.

En una ocasión, mientras Gobbo y sus amigos jugaban a los naipes en la taberna, estuve a punto de sugerir una teoría todavía más descabellada: que el autor era una mujer. Pero de haberlo hecho, me habrían tomado por loco. Las manos de una mujer deben trabajar sólo en los menesteres que les hemos encomendado. *Siempre ha sido así, y siempre lo será.*

Así que yo me limito a sonreír y a hacerme el ignorante. Sólo Rebecca y yo sabemos la verdad. Ni siquiera se lo ha contado a Jacopo por temor a inquietarle todavía más de lo que ya lo está, así que guardamos silencio mientras la industria creada alrededor de su trabajo crece. Las páginas van saliendo de las prensas de Scacchi, algunas incluso compuestas por mis torpes manos. En el frontispicio, donde Leo intentó poner su nombre, no hay nada. Sólo un espacio en blanco con el nombre copiado del manuscrito: *Concierto Anónimo.* Y el año de su creación.

Cuando me siento y veo esa laguna vacía y blanca, mi imaginación la llena con su cara. Veo nuestras ropas hechas un montón en el suelo de la sinagoga. Veo los densos arbustos que cubren la tierra llana y olvidada de la parte norte de la ciudad, más allá del gueto, donde nadie puede ver a un par de amantes apasionados pasar la tarde. Y veo su habitación, en la que nos colamos cuando Jacopo está fuera, desnudos bajo las sábanas que se enredan en nuestros cuerpos como los camisones de dormir se enroscan en el cuerpecito de los niños que dan vueltas y más vueltas durante sus ensoñaciones nocturnas.

Esos son los verdaderos misterios de Rebecca. El destello oscuro de sus ojos, la curva de sus caderas, el peso dulce y generoso de sus senos cuando me pide que les rinda homenaje. Esos son los secretos que viven más allá de las palabras o las notas que ella misma crea del regalo de Delapole. Me parece que hubiera transcurrido toda una vida desde aquella primera noche, y sigo preguntándome por qué habrá decidido revelárselos a alguien como yo.

Encuentros

LA MÚSICA DE un cuarteto de cuerda flotaba sobre las aguas de San Marcos. Era ya de noche y las pequeñas orquestas ocupaban su lugar en la plaza para entretener a los turistas. La *Sophia* había atravesado la laguna a un ritmo lento, peleando contra la marea. La luna estaba llena; era un disco plateado y sugestivo sobre el terciopelo del cielo que atraía las aguas con un poder místico e intangible.

La travesía había transcurrido mayormente en silencio. Daniel la había hecho sentado al lado de Amy, a instancias de Laura. Los hombres iban cansados y Laura se había hecho cargo de nuevo del timón. Amy y Daniel, los dos con la ropa hecha un desastre, entraron en la plaza y se sentaron a tomar un café en una terraza cercana a la del Florian; un cuarteto de jazz fusilaba a Duke Ellington nota a nota y los turistas se hacían fotos. Luego tomaron dirección este, y tras dejar atrás las calles más comerciales, llegaron al barro tranquilo y residencial que quedaba en el extremo norte del canal, antes de que describiera la *volta*.

Daniel se detuvo ante la escalera del palacio Gritti, y no sólo porque le pareciera lo más juicioso no seguir, sino porque aquel hotel parecía mirarle desde otro mundo, un universo de lujo y riqueza, un lugar al que él no pertenecía. Era consciente de los vaqueros salpicados de barro que llevaba y el sabor a agua sucia que todavía le quedaba en la boca, como también lo era de la confusión que sentía en su interior, indeciso como estaba entre dos posibilidades, ambas ridículas.

Amy lo miró.

—¿Quieres pasar? Sólo un rato —añadió.

—¿Con esta pinta?

—Daniel, mi padre paga cerca de cuatro mil dólares a la semana por una suite aquí. Podría entrar desnuda, si me diera la gana.

—¿Estás aquí sola?

—Éste es el primer año que me dejan venir sin ellos. Incluso hace dos años, ya con dieciséis, tuve que soportar a mi madre. Increíble, ¿no?

No lo era tanto para él, lo cual le hizo sentirse viejo. Pero sería una grosería no aceptar la invitación, además de que tendría que responder ante Laura si volvía tan pronto.

—Sólo un rato —dijo, y entraron al vestíbulo del palacio Gritti haciendo caso omiso de las caras de sorpresa del personal y dejando un rastro de barro en la alfombra que adornaba el camino al ascensor. La suite de Amy estaba en el cuarto piso. Era al menos diez veces más grande que la habitación de Daniel, con un salón cuya decoración debía haber costado un dineral y con unos hermosos ventanales desde los que se veía el canal.

—Necesito asearme un poco —dijo Amy, y entró al baño. Poco después se oyó el agua caer en la ducha. Daniel buscó el otro baño, abrió uno de los paquetes de cepillos de dientes cortesía del hotel e intentó quitarse el sabor de las anguilas y de todo lo demás que tenía incrustado en la boca. Luego volvió a la ventana principal. El hotel estaba frente a la Punta della Dogana, el extremo del Dorsoduro. La vasta sombra de La Salute se proyectaba un poco a su derecha. Por el lado izquierdo del ventanal podría ver la curiosa forma de Ca' Dario, una casa de muñecas gigante y medieval erigida junto al agua. Había una sola luz en una ventana del primer piso, y Daniel recordó en la aparición que Laura había presenciado en Carnaval, una noche de disfraces y máscaras. Ser anónimo en la noche de Venecia sería como embarcarse en una gran aventura, como morder a una anguila que pelea por su libertad. La vida requería una dosis de aventura de vez en cuando; de aventura y de decisión.

La puerta del baño se abrió y apareció Amy con un revoltijo de ropa sucia en los brazos que metió en un cesto. Luego fue a la nevera y sacó una botella de vodka Stolichnaya y dos vasos helados en los que servirla. Le ofreció uno a Daniel y se sirvió otro para ella, que tomaron junto a la ventana. El licor estaba tan frío que parecía una crema. O el menisco de una rodilla. Daniel lo probó y tosió. Era como tomar una especie de fuego helado.

Ella no llevaba más que la bata del hotel. Tenía el pelo mojado y recogido en una coleta.

—¿Qué estás mirando? —le preguntó.

—El canal. Tienes una vista magnífica.

—Sí.

Su forma de contestar le hizo preguntarse si alguna vez se habría asomado a aquella ventana en todo el tiempo que llevaba allí.

—Mira —le dijo, colocándose al extremo izquierdo del ventanal, y ella se acercó. Sin pensárselo Daniel puso la mano en su hombro.

—¿Qué?

—Un poco más allá de La Salute. ¿Ves esa casa tan pequeña y tan rara? La de las ventanas alargadas.

—Claro. ¿Qué pasa?

—¿No te parece que es muy poco corriente?

—Supongo que sí. Oye, Dan...

—¿Qué?

—¿No quieres darte una ducha? Nos hemos puesto perdidos allí. Desde luego ha sido una primera cita memorable.

—Estoy de acuerdo —contestó, y no dijo más. Ella se separó y se quedó mirándole. No parecía enfadada. Sólo curiosa.

—Me ducharé cuando llegue a casa y tenga ropa limpia.

Amy frunció el ceño.

—No suelo hacer esto, si es lo que estás pensando. No tengo por costumbre...

Y dejó la frase sin terminar.

—No he pensado nada de eso, Amy.

—¿Entonces, cuál es el problema? ¿Soy yo?

—¡No! —mintió, y ella se cruzó de brazos en un gesto muy suyo—. Es que es demasiado rápido. Demasiado... repentino.

—Sólo me quedan nueve días en Venecia. ¿Es que estamos en la Edad Media?

Un *vaporetto* hizo sonar la sirena en el canal, y Daniel deseó estar a bordo.

—Es que yo...

—¡Tú nada, Daniel! —explotó ella—. No te entiendo. Es como si hubiera dos personas dentro de la misma piel. Una que escribe esa música y que parece tan madura y confiada, como si supiera tanto de lo que hay que saber sobre todas las cosas que... sin embargo la otra... no sé quién eres.

—Lo siento.

—¡No te disculpes! —espetó, furiosa. Parecía de pronto mucho mayor y Daniel no supo qué decir. La ira la hacía parecer tal y como iba a ser sin duda diez años después: una mujer de sorprendente belleza.

Dejó a un lado el vaso y se acercó a ella.

—No, Amy. Tengo que hacerlo —le dijo, tocando su pelo mojado—. Eres maravillosa. Cuando te miro... cuando te oigo tocar...

Ella giró la cara de un modo que pretendía ser provocativo, y el ardor que estaba empezando a sentir se apagó como por encanto. Seguía siendo una adolescente y Daniel dio un paso hacia atrás.

—Entonces, ¿por qué no quieres tocarme?

—Porque es tarde, los dos estamos cansados y hemos bebido demasiado. Además, tengo un montón de cosas en qué pensar. Cosas de las que todavía no puedo hablar contigo.

—Pero con ellos sí, ¿verdad?

Aquel ataque le sorprendió.

—No sé a qué te refieres.

—¡A esa gente tan rara, Dan! A los del barco. Y a esa mujer. ¿Qué clase de numerito es el que han montado?

—Son mis amigos —respondió con frialdad.

—¡Vamos, Dan! Tú no tienes nada que ver con ellos. Eres uno de los nuestros. Me refiero a Hugo y a mí, y tú lo sabes.

—Ya te he dicho que son mis amigos.

Murmurando algo, volvió al bar para servirse otra copa.

—No seas inocente. Te dejan entrar en su grupo porque les apetece, nada más. Vete, por favor.

—Como quieras.

—No —dijo de pronto, interponiéndose entre la puerta y él—. Una cosa más. Lo de hoy lo decidí el día que nos conocimos en la iglesia, pero no por ti, sino porque me apetece hacerlo aquí, que es donde estoy empezando a ver cosas que debería haber visto ya hace tiempo. Todas esas chorradas que me dicen mis padres y en el colegio... ahora estoy fuera de esa prisión, y había decidido que quería hacerlo contigo, pero no importa. Tengo donde elegir. A Hugo lo tengo permanentemente colgado del teléfono.

Aquello le pareció indignante, y no por él, sino por ella.

—¿Hugo?

—Sí. Podría ser mi padre, ya lo sé.

—Amy... —se compadeció, y fue a tocar su pelo aún mojado.

—¡No me toques, cerdo!

—Lo siento.

—¿Es que no sabes hacer otra cosa más que disculparte? ¡Lárgate ya!

No estaba acostumbrado a ver odio en la mirada de los demás. La tranquilidad, la blandura que parecía ahogarle antes de llegar a Venecia, había desaparecido.

—¿Por qué tanta prisa? Es eso lo que no entiendo.

Estaba a punto de llorar y Daniel creyó saber por qué.

—Tengo dieciocho años, Dan, y he vivido siempre protegida, en el nido de una niña rica. Quiero amar a alguien, y que alguien me ame.

Daniel rozó su mejilla humedecida por las lágrimas.

—No sé nada de ti, Amy, pero sí sé una cosa: es algo que no se puede pedir. Es algo que tiene que pasar y tienes que esperar a que llegue el momento.

—¿Esperar? ¿A ser una vieja amargada, como esa Laura amiga tuya? ¿A qué está esperando? Sea lo que sea, no va a llegar, y se va a hacer vieja fregando platos.

Daniel bajó la mano y sintió una urgente necesidad de estar lejos de allí. No conocía la respuesta a su última pregunta, pero tenía que reconocer que él mismo se la había hecho, aunque de un modo inconsciente.

—Cuando volvamos a vernos, habremos olvidado que esto ha pasado.

Y salió seguido de una retahíla de improperios de Amy, en los que figuró más de una vez el nombre de Hugo Massiter. ¿Por qué creería que con eso podía hacerle daño? Era imposible que supiera nada del arreglo del concierto. Seguramente le lanzaba su nombre como el de un rival, lo cual significaba que había malinterpretado tanto sus sentimientos como los de Hugo. Massiter tenía una buena dosis de malicia en su carácter, pero no le parecía capaz de seducir adolescentes a las que conocía desde la infancia. Era imposible. Tenía que serlo.

Lección de baile

LA NOCHE ERA cálida y húmeda. Daniel necesitaba pensar y decidió dar un paseo. Tomó dirección norte, hacia el puente de la Academia, el único modo de cruzar el canal antes del Rialto. Se detuvo en el centro de su arco de madera y mientras contemplaba el tráfico de las aguas, pensó en las últimas palabras de Amy. Decidió llegar hasta San Casiano, del que le separaba una larga caminata, más allá de Il Frari y de San Rocco, donde los ojos del Lucifer de Scacchi brillarían en la oscuridad. Enfiló después las calles traseras de San Polo hasta que, por pura intuición y casi por casualidad, se encontró en el pequeño *campo* de San Casiano. La iglesia parecía menos fea, menos mastodóntica en la oscuridad. La plaza estaba desierta. De no ser por la luz eléctrica que se veía en algunas ventanas, bien podría pensar que estaba en la Venecia de hacía dos o tres siglos. Esa característica debía ser la que había suscitado el amor de su madre por la ciudad, un amor que había heredado su hijo y que se basaba en la sensación de estar transitando, de estar pisando exactamente sobre las huellas dejadas por otras generaciones y agrandadas por la muerte. Cuando contemplaba los cuadros en San Rocco, o cuando escuchaba aquella música tentadora que llevaba inmerecidamente su nombre, se sentía deudor de aquellos que habían transitado antes por aquellas calles, y su propia existencia le parecía insignificante.

Se detuvo ante el bar en el que había recogido el misterioso violín. Estaba cerrado. Los venecianos se acostaban temprano. Aún perdido en sus pensamientos, entró en Ca' Scacchi. Una música de baile, de aquellas que interpretaban las grandes orquestas décadas atrás, le llegó desde el salón del primer piso y se asomó con cuidado por la puerta entreabierta. Scacchi estaba sentado en el sofá. Parecía agotado. Paul bailaba con un acompañante imaginario sobre la alfombra.

Sabía que había cosas pendientes entre Scacchi y él de las que algún día tendrían que hablar. Por ejemplo de la urgente búsqueda del violín y de la transacción posterior. Sin embargo, no había vuelto a sentir necesidad de fumar desde aquel breve instante de pánico a bordo de la *Sophia*. Ya tendrían tiempo. Como le había dicho a Amy, ciertas cosas no podían pedirse, sino que había que esperar a que llegasen, y ser capaz de reconocerlas.

Estaba cansado después de un día tan largo y decidió subir a su habitación. La música estaba tan fuerte que subía por la escalera, llenándolo todo, incluso el tercer piso de la vivienda. Cuando iba ya para su habitación, oyó un ruido a su espalda. Laura estaba allí, con su uniforme blanco inmaculado, de vuelta al trabajo.

—Daniel, ¿cómo es que estás en casa tan temprano? —preguntó. Parecía preocupada.

—¡Ya basta! —espetó, y por una vez, ella le miró sorprendida—. Estoy en casa, y punto.

—Me había imaginado que a lo mejor Amy y tú… —no sonreía abiertamente, pero su tono tampoco era neutro—. Es una chica agradable y muy mona. Además de con gran talento para la música.

—Mira Laura, yo no te he inducido a pensar, ni siquiera una vez, que quiera tener algo con Amy, y no entiendo por qué sigues insistiendo.

Sus ojos verdes que le miraban con inocencia absoluta parecían reírse de él.

—¿Quieres tomar algo? Pareces enfadado. ¿Te apetece una copa?

—¡No! He bebido ya más que suficiente por hoy. Por hoy y por todo un mes.

—Un té, entonces. A los ingleses os gusta el té.

—¿No me digas? De acuerdo, un té.

—Bien. Anda, ven, que en mi cuarto tengo una pequeña cocina. Mejor no molestar a los de abajo. Como ya habrás oído… ¡se han montado una fiestecita sólo para ellos dos! —añadió gritando a pleno pulmón.

Entraron en un apartamento espacioso y ordenado que olía vagamente a perfume. Las paredes estaban pintadas de blanco y los muebles eran modestos. Un pequeña cocina de un solo quemador, un microondas y un fregadero ocupaban un rincón de la habitación. En el centro había una mesa cuadrada y pequeña con cuatro sillas, y un sofá junto a la pared. A mano derecha se veía por la puerta abierta del dormitorio, iluminado suavemente por la luz de una lámpara, una cama de matrimonio cubierta por un edredón de flores. La música de Scacchi se filtraba por el suelo con insistencia.

—¿Earl Grey o Darjeeling? —preguntó ella.

—Eh... Earl Grey.

No tenía ni idea de cuál era la diferencia entre ambos, y la delicadeza de ella le impidió dar muestras de que se había dado cuenta.

Se acomodó en el sofá mientras la veía ocuparse con los preparativos del té. Al poco colocó una tetera y dos tazas sobre la mesa.

—¿Cómo es el palacio Gritti?

—Grande. Ostentoso.

—¿Y ya está? Amy debe ocupar una suite. Debe ser maravillosa.

—No... no es de mi gusto.

—Ah.

Movió con la cuchara el contenido de la tetera y sirvió las dos tazas, le entregó una y se sentó a su lado. La música subió en volumen, así como la risa de Paul, y Daniel no quiso ni imaginar qué debía estar pasando. En otras ocasiones ya había oído ruidos en la casa que sugerían que los dos hombres, a pesar de su enfermedad, seguían teniendo fuerza cuando la ocasión lo requería.

—¿Te gusta esta música? —preguntó ella. No quería seguir hablando de Amy.

—No te creas que sé mucho de qué va. Habré escuchado un par de piezas como mucho.

—¿Escuchado? Esta música es para bailar, ¿no?

—Pues no lo sé.

—Anda, ven.

Dejó la taza y le animó a ponerse en pie.

—No sé bailar, Laura.

—¡Excelente! Por fin hemos encontrado algo que puedo enseñarte yo.

—No puedo...

Tiró de sus manos con fuerza y le arrastró al centro de la habitación. La música de abajo había cobrado ritmo. Ella le tendió los brazos y él se acercó.

—Muévete —le dijo.

—¿Cómo?

Se acababa de lavar el pelo y le miraba llena de vida.

—Así.

Juntos fueron describiendo un arco, guiándole ella, pero en un momento de descuido, se tropezó con sus pies y no pudo contener la risa. Se detuvieron junto a la mesa.

—Daniel, sé que los ingleses no son famosos precisamente por su sentido del ritmo y la gracia de sus movimientos, pero tú eres un compositor famoso. Al menos deberías intentarlo.

Él suspiró.

—No, por favor.

—Vale, perdona. No debería haber hecho un chiste tan fácil.

Se quedaron como estaban, unidos por los hombros y la cintura. Daniel nunca había estado tan cerca de ella y el rostro de Laura, medio ladeado y alzado hacia él, era exquisito. Le encantaban las líneas que se le dibujaban a ambos lados de la boca al reír. El contraste entre ella y Amy, tan infantil, no podía ser mayor.

—Ella interpreta esas notas y piensa que son yo. Es la música lo que quiere, o la mente que la crea, no a mí.

La música del piso de abajo pasó a ser más lenta y comenzaron a moverse despacio y sin rumbo fijo.

—No me lo creo, aunque te lo merecerías. Te lo advertí. Te dije que no te metieras en un engaño así, aunque me valiera una buena bronca de Scacchi.

—Lo hizo pensando en ti, Laura. Eres la persona más querida para él. Yo diría que incluso más que Paul.

—Entonces, ¿por qué tiene secretos conmigo? Menos mal que me ha dicho que mañana va a hablar claro por fin.

—Bien —mejor cambiar de tema—. ¿Cuántos años tienes, Laura, si me permites preguntártelo?

Sus ojos centellearon por la sorpresa.

—Aún no he cumplido los treinta.

—Ah.

Ella esperó hasta que quedó claro que no iba a decir nada.

—Daniel, cuando un hombre le hace una pregunta de este tipo a una mujer, lo normal es que haga algún comentario después, y no que se quede callado como un muerto.

—Yo diría que ni siquiera has cumplido los veinticuatro.

—¡Embustero!

—No, en serio. Por lo menos, algunas veces, aunque otras...

—¿Otras qué? ¿Parece que tengo cuarenta o cincuenta? ¡Lo estás arreglando!

—No pretendía ofenderte. La verdad es que pienso que eres un camaleón, Laura. Adoptas la forma que más te conviene: doncella, cocinera, hermana mayor... pero nunca habría dicho que tuvieras cuarenta años, ni siquiera cuando te empeñas en parecer una solterona pasada de moda. Treinta y cinco como mucho en esos casos.

—Jamás había bailado con un hombre que se haya atrevido a llamarme solterona pasada de moda. Y mucho menos con un tipo lleno de barro y al que le huele el aliento a *biasato crudo*.

El deseo de besarla se iba haciendo cada vez más fuerte. Incluso era capaz de verse, a ella y a él besándose ya, como si pudiera separar su mente del cuerpo y transformarse en una cámara adosada a la pared, al lado del cuadro con la Virgen y el Niño que había encima del microondas. La música cesó, y ambos dejaron de moverse, pero no se soltaron.

—Volviendo al asunto de antes —continuó—, Amy está decidida. Y si no es conmigo, será con cualquier otro.

—Ah. Entiendo. Venecia, la ciudad del amor. Un cliché estupendo. Los americanos se lo creen a pies juntillas. ¿Es que no sabías que es obligatorio enamorarse cuando se viene a Venecia? Desde que inventasteis el *Grand Tour*[1], os lo habéis creído sin pestañear.

—Lo sé —contestó, aunque en realidad estaba perdido en sus pensamientos.

—Te encuentro pensativo. Ya sé. Estarás pensando, ¿pero quién se cree que es esta criada, hablando de esas cosas? ¿Qué puede saber ella del Grand Tour?

---

1   Viaje cultural a Europa, particularmente a Italia, que realizaban en el s. XVIII las clases altas británicas.

Daniel se sentía como quien está de pie al borde de un precipicio sobre el mar, contemplando sus aguas de un perfecto color azul y preguntándose si debe saltar o no. Muy despacio, alzó una mano y le retiró el pelo de la cara. Ella se quedó inmóvil. La habitación parecía haberse quedado tan en silencio que se oían sus respiraciones.

—No —contestó—. Estaba pensando que en el fondo, todos los clichés tienen algo de verdad. Que uno puede enamorarse aquí. Y que yo me he enamorado.

Ella bajó la mirada. Con el pulgar, Daniel acarició su mejilla hasta llegar a la altura de sus ojos, donde se encontró con una pequeña lágrima. Como asustado por su presencia, abandonó la mejilla para coger un mechón de su pelo entre los dedos.

—Daniel —le dijo en voz baja—, soy una idiota. No te he invitado pensando en esto. Nada más lejos de mi intención.

—Lo sé —contestó, y con toda la ternura que le fue posible, la besó en la mejilla para saborear la lágrima que había escapado hasta allí, y la oyó suspirar.

—Soy feliz viviendo sola —anunció como si fuera una sentencia.

—Yo también lo era.

Tenía una piel increíblemente suave, y cuando levantó la cara para mirarle, creyó distinguir miedo en sus ojos.

—Esto no puede estar bien.

—Quizás.

Laura sonrió.

—¿Pero qué te ha pasado, Daniel?

—Que he tomado una decisión. ¿No fuiste tú quien me dijo que había venido aquí con un objetivo? Pues ya lo he encontrado: salvarte.

—¡Yo no necesito que me salven! Yo...

Bajó la cabeza y con un movimiento preciso e irrefrenable, como el de la maquinaria de un reloj, sus bocas se encontraron. Daniel la rodeó por las caderas mientras ella tiraba suavemente de su camisa para poder poner las palmas en su pecho pálido.

Hicieron una pausa para mirarse el uno al otro, conscientes de que había tiempo para arrepentirse. Ella no dijo nada. Tenía los labios entreabiertos y no dejaba de mirarle.

Daniel le desabrochó los botones de la bata. La prenda quedó abierta y ella la dejó caer al suelo. Su ropa interior, blanca como la nieve, ofrecía un intenso contraste con el moreno de su piel.

—Hace mucho tiempo, Daniel. Estoy un poco asustada.

—Nos hemos estado esperando el uno al otro, Laura. ¿No te das cuenta?

Ella no dijo nada y él insistió.

—Lo sientes igual que yo, ¿verdad?

—Yo ya no sé qué pensar. La otra noche tuve un sueño —le confesó, poniendo la mano sobre su corazón—. Volvía a estar frente a Ca' Dario en el bote.

Parecía costarle trabajo contárselo.

—¿Y?

—Cuando miré hacia la ventana, volví a ver a ese hombre, pero esta vez eras tú. Estabas sufriendo. Tenías las manos manchadas de sangre y gritabas.

—Entonces soñamos el uno con el otro, Laura.

Ella sonrió y del hombro de la camisa le quitó un pegote de hierba y barro.

—Me gustaría recordar siempre esta noche, Daniel, pero no por el olor que desprendes. Vamos, al baño de cabeza.

Él obedeció, y cuando volvió la encontró en el dormitorio, bajo el edredón de flores. La habitación estaba iluminada por una sola lámpara. Daniel se metió desnudo en la cama y se abrazó a ella.

—No soy lo que se dice un experto —le confesó en voz baja.

—¿Y piensas que yo, por ser mayor, sí que lo soy? —preguntó ella, acariciándole el pelo.

—Ni lo sé, ni me importa.

Laura se colocó encima de él y le sujetó la cara con las manos.

—No me olvides, Daniel.

—¡Pues claro que...

No le dejó terminar. Le tapó la boca con una mano y con la otra sujetó su miembro, algo que habría bastado por sí solo para dejarle mudo. Delicadamente buscó la conjunción perfecta de sus cuerpos y bajó despacio sobre su pene. Los muelles metálicos de aquella cama barata marcaban el ritmo de sus movimientos, acompañados por el lenguaje mudo de sus manos y sus lenguas. Y tras un sinnúmero de movimientos y cambios, la oyó gemir quedamente, y se dejó ir. Quedaron envueltos por aquella magia durante una eternidad, abrazados, formando una sola criatura. Más tarde volvió el ardor y la noche quedó reducida a dos cuerpos, uno pálido, el otro moreno, que se buscaban el uno al otro, que se encontraban, que se reunían en un paraíso sin nombre.

No recordaba haberla soltado. Tenía la sensación de que no debía permitir que saliera del círculo de sus brazos porque sería como invitarla a abandonar su mundo y a entrar en otro al que él no podría seguirla. Pero aquella noche era incapaz de distinguir entre la realidad y el sueño. Era como si ambos mundos se hubieran entremezclado con la misma determinación apasionada con la que ellos se habían unido, y la mezcla resultante fuera tan perfecta que resultara imposible decir dónde acababa el uno y empezaba el otro.

Se despertó sobresaltado y descubrió que estaba solo, pero en la cabeza tenía el recuerdo de un ruido terrible. El pequeño despertador que había sobre la mesilla marcaba las tres y quince. El ruido estalló de nuevo y Daniel, acongojado, lo reconoció. En alguno de los pisos inferiores, Laura gritaba aterrada.

Recogió los vaqueros del sofá, se los puso y bajó a todo correr.

La encontró en el dormitorio del segundo piso que compartían Scacchi y Paul, vestida con su bata blanca de trabajo. Pero en aquella ocasión, la bata estaba cubierta de arriba abajo de sangre, lo mismo que su cara y un largo cuchillo de cocina que tenía en la mano.

Paul estaba tirado de costado en el suelo y se sostenía el estómago, que mostraba una gran herida abierta como unos labios. Tenía los ojos vidriosos y de par en par. Scacchi estaba sentado en un rincón, cruzado de brazos y con la mirada perdida.

—Laura —dijo Daniel—, dame ese cuchillo, por favor.

Pero ella ya no le reconocía. La vio sentarse en el suelo aferrada al cuchillo, como dispuesta a matar a cualquiera que intentase arrebatárselo.

De lejos llegó el aullido de una sirena y contemplando a la figura que lloraba sentada en el suelo sintió que el mundo se desmoronaba a su alrededor.

Un concierto memorable

Hacía una tarde esplendorosa. Una suave brisa del noroeste soplaba sobre las aguas de la laguna prestando su dulzura a aquel día de verano. El encargado de recoger las ganancias en la puerta, Delapole seguramente, debía estar encantado. Hasta el último asiento de los cuatrocientos que tenía La Pietà había sido vendido. Las enormes puertas dobles del templo estaban abiertas de par en par para que aquellos que no habían podido conseguir entradas, o no habían podido pagársela, pudieran escucharlo desde fuera, aunque en realidad poco iba a ser lo que oyeran. La orquesta quedaba bastante lejos de la puerta, y el espacioso interior de la iglesia se tragaría todo el sonido. Pero la ocasión era mucho más que un simple concierto. La posibilidad de que se hubiera descubierto un nuevo genio de la música en Venecia alentaba el espíritu de sus habitantes, sumidos en la decadencia. Las fortunas de la República estaban en la cuerda floja, como decía Rousseau, y bajo la grandeza de la ciudad no era difícil ver el albor de la decadencia, tan claro como en el rostro de una mujer bella se distinguen los deterioros que empieza a causar el paso del tiempo.

Llegábamos tarde por culpa de una increíble discusión entre Leo y Delapole. El inglés, acompañado de Gobbo, había llegado a Ca' Scacchi poco después del mediodía, sonriente e interesado en todo lo dispuesto por el tío Leo y Vivaldi para aquella tarde, a lo que mi tío fue contestando educadamente pero con cierta aspereza. Me da la impresión de que le resulta difícil mantener buenas relaciones con aquellos que invierten en él su dinero por que se siente dependiente

253

de sus favores. Es la pescadilla que se muerde la cola, como bien sabe él, y eso le enfurece todavía más.

Así que cuando Delapole le pidió copias de las distintas partes del concierto, Leo disfrutó diciéndole que no con una sonrisa feliz:

—No. Eso no puedo hacerlo, señor Delapole.

—¿Por qué no, si es mi dinero el que las ha pagado?

—Desde luego, y le estamos muy agradecidos, aunque estoy seguro de que lo va a recuperar con creces. Pero no puedo darle la partitura del concierto porque no es mía, sino del creador que me la confió. Hasta que no haya recibido instrucciones de él, seguirá bajo mi custodia y no por las calles como si fuera un pasquín.

El rostro de Delapole, que en condiciones normales era la viva imagen de esa contención tan británica, enrojeció de furia.

—Esto es ridículo. Yo soy el patrocinador del compositor, y me merezco un trato deferente.

—Si él lo decide así, por mi parte no habrá ningún inconveniente, pero ahora mismo queda fuera de mi alcance.

—Entonces, ¿qué va a pasar con las partituras de los músicos cuando termine el concierto? Supongo que sí podré quedarme con alguna.

—Serán destruidas, señor —anunció triunfal—. Hasta la última de ellas. Como editor de reputación que soy...

Gobbo tosió en aquel momento y admito que me costó mantenerme serio. Estaba claro que mi tío estaba siendo deliberadamente fastidioso; además con ello sólo conseguiría duplicar su trabajo cuando la música tuviera que ser copiada e impresa una vez más.

—...es mi obligación defender los intereses de quienes me eligen como depositario de su confianza. Si nuestro maestro lo decide así, imprimiré un millón de copias y las repartiré entre los mendigos de la ciudad, pero hasta que no reciba instrucciones al respecto...

Delapole empezaba a convencerse de que no iba a conseguir que Leo cambiase de opinión.

—En toda mi vida he escuchado tontería semejante a ésta, Scacchi. Si destruye las partituras, ¿qué quedará del trabajo?

—El original, señor Delapole, nada más, puesto que dudo que un genio que elige mantener su identidad en secreto haya enviado el manuscrito a un copista.

—¿Y dónde está ese original, si puede saberse?

Cómo estaba disfrutando mi tío con todo aquello.

—En mi caja fuerte, desde luego. Donde nadie pueda encontrarlo.

Delapole cogió su bastón, un delicado trabajo de madera con empuñadura de marfil y dio unos golpes en la mesa de nuestra modesta oficina. Me da la impresión de que hubiera preferido descargarlos en la cabeza de mi tío, y desde luego yo no puedo culparle. Delapole es un hombre generoso (Rebecca lo sabe ya bien), y no costaría nada ni se estarían transgrediendo las normas gravemente si se le entregase una copia de la partitura.

—No me gusta que juegue conmigo como si fuera uno de esos pisaverdes que andan por Londres, Scacchi.

Leo abrió los brazos de par en par como diciendo *¿y qué puedo hacer yo?*

—Vamos —nos dijo mi tío—. Se nos hace tarde. Disfrutemos de esta inmerecida gloria y ya veremos qué nos depara el futuro. Este trabajo complacerá a los entendidos y a las masas, y cuando eso suceda, nuestro misterioso compositor querrá que el mundo entero conozca su nombre y agradecerle a usted su incomparable contribución.

—Ejem...

El inglés hacía ese ruido de vez en cuando. Francamente sorprendente. La furia de Delapole se estaba enfriando, aunque sospecho que se sentía más herido que ofendido, como cualquiera en sus mismas circunstancias. A los ricos no les gusta que intenten timarles, y mi tío haría bien en tenerlo presente.

Después de este episodio, nos fuimos en la góndola de Delapole sorteando el tráfico del canal y dejamos atrás San Marcos hasta llegar a La Pietà. Aquel era un día de fiesta para la ciudad de Venecia. Un pequeño grupo de cómicos habían improvisado un escenario al pie de las escaleras de la iglesia e interpretaban a los personajes más habituales y coloridos: Scaramouche y Pantaleón, Polichinela y Harlequín, entretenimientos inocuos y procaces para las masas que pasaban a lo largo de la línea del muelle sin saber hacia dónde dirigirse, si elegir entre los puestos callejeros el de los dulces o el de la adivinadora. Embarcaciones de todo tipo saturaban la laguna, peleándose por el espacio necesario para desembarcar su carga humana en el paseo ya a rebosar. Jóvenes y viejos, ricos y pobres, hombres decentes y pícaros, osados y pusilánimes, Venecia era un mostrador en el que contemplar al mundo en todo su colorido: el bermellón en los elegantes vestidos de seda, el gris oscuro en los chalecos de los marinos, el blanco y el negro en la blusa de Harlequín, un pigmento parecido al dorado del sol en las trenzas de las busconas que cuidaban de su negocio bajo las mismas y largas narices del Dux.

Confieso que he sonreído al pensar que ha sido Rebecca la causante de aquella conmoción. Si llegara a saberse... De pronto, el tío Leo, abriéndose paso entre la multitud, grita:

—¡Damas y caballeros! El señor Delapole, el caballero inglés cuya generosidad ha proporcionado los medios necesarios para escuchar este concierto les ruega le dejen pasar a ocupar su asiento.

La petición ha levantado un murmullo entre la gente.

—Estos ingleses no son tan malos. Ha de ser un caballero, sin duda, quien nos ha concedido la gracia de escuchar este concierto cuando podría haber pensado en sus compatriotas. ¡Tres hurras por el señor Delapole! ¡Hurra por nuestro benefactor!

Estas alabanzas han sido lanzadas al aire por Gobbo (quién si no) y pronto el alboroto se transforma en aplausos y elogios, en palmadas en la espalda, sombreros y flores que se lanzan al aire. Delapole sonreía con orgullo. Después saca un pañuelo y dice por fin las palabras que todos esperamos de un inglés:

—¡No, por Dios! ¡Esto es demasiado! ¡No me lo merezco!

Mi tío estaba en lo cierto. Un poco de adulación y todo queda olvidado. En el interior de la iglesia nos encontramos con el público sentado ya, y todos se vuelven al oírnos entrar. La escena era sorprendente. La orquesta no está ya tras la celosía, sino en la plataforma de mármol que hay ante el altar, dispuesta como una pequeña orquesta de cámara en un arco suave, con todas las intérpretes vestidas de negro. Parecen muy jóvenes. Rebecca está en el centro y es el blanco de todas las miradas. El corazón me dio un brinco. Nos estábamos dejando ver, y eso era convocar el desastre. El juego se nos escapaba de las manos.

Vivaldi está ante la orquesta, batuta en mano, y se vuelve hacia el público.

—Fíjese —susurró mi tío—. La composición es tan buena que incluso Vivaldi está celoso. Ha colocado a la orquesta donde se la pueda ver y su belleza pueda apartar nuestra atención de las notas.

—Basta de charla —dice Delapole en voz alta, señalando los bancos que nos estaban reservados—. Ocupemos nuestro lugar y dejemos que Venecia juzgue si le estamos haciendo perder el tiempo o no.

Unos suaves aplausos saludan nuestro avance. Yo me siento al final del banco junto a Gobbo e intento no mirar a Rebecca, que está tan absorta en todo aquello que yo creo que ni me ve, quizás deliberadamente. Aquella no es la Rebecca que yo conozco. Se ha cepillado el pelo y lo lleva tirante y sujeto en la nuca, y se ha aplicado color en las mejillas; compone en suma, la imagen perfecta de una intérprete de violín muda y obediente dentro de una orquesta de provincias. De pronto me quedo pensando en aquella idea y lo comprendo todo: nunca se habría arriesgado tanto de pretender Vivaldi mostrarla al mundo como solista. Su intención era tocar tras la celosía sin ser vista, y al verse obligada a hacerlo ante la mirada pública, se ha disfrazado para evitar las preguntas que pueden surgir si su apariencia la delata. Pero su porte no denota ni un ápice de nerviosismo.

Un carraspeo de Vivaldi y la audiencia queda en silencio. Unos segundos después, cesa el murmullo que proviene de quienes se agolpan fuera.

—Distinguidos conciudadanos —anuncia—. Estamos ante una ocasión muy poco habitual. No estoy acostumbrado a dirigir el trabajo de otros compositores, del mismo modo que mi orquesta no suele interpretar piezas que no hayan sido escritas por mi mano. Por lo tanto quiero disculparme ante vuestras mercedes y ante nuestro compositor anónimo por los errores y omisiones que podamos cometer al interpretar este concierto. Nuestro benefactor inglés...

Delapole hace una leve inclinación de cabeza.

—...ha tenido la amabilidad de ofrecer su patrocinio para brindarnos la oportunidad de juzgar un trabajo cuyo origen nos es desconocido. Puede que su autor se encuentre en esta sala. No hay modo de saberlo.

Rebecca no pestañea.

—Pero carece de importancia. Se trata simplemente de notas en un pentagrama. Notas sobresalientes sin duda, porque de otro modo yo no les habría prestado mi batuta, pero eso lo han de juzgar vuestras mercedes, y no sólo por la curiosidad de ver aparecer al autor, sino por la impresión sincera que les causen los méritos y defectos del concierto. Hemos sido invitados a contemplar una pintura anónima, o a degustar un vino que nos sirven de una botella sin etiqueta. ¿Es un Veronese, o la obra de un copista? ¿Se trata de un caldo de Trentino, o una copa de barro lombardo? Lamento no poder añadir nada más, salvo que la obra merece su consideración. Por otro lado...

—¡Al tajo de una vez! —grita alguien desde la puerta, y hay un murmullo de aprobación entre los asistentes. Delapole le dice a mi tío, quizás algo más alto de lo que pretende:

—Está muerto de miedo. ¿Acaso piensa que su reputación se va a hundir?

Leo no contesta. No puede apartar la mirada de la orquesta, y particularmente, de Rebecca. Vivaldi se da cuenta de que no puede retrasarlo más y alza la mano en el aire. La orquesta toma aire y el *Concierto Anonimo*, el primer trabajo de Rebecca Levi, una judía del gueto, arranca. Sólo dos personas de entre los presentes en la sala saben quién lo ha escrito.

Jamás la ciudad de Venecia, ni ninguna otra, ha escuchado un concierto así. Rebecca está de pie delante de la orquesta, la espalda recta, sus ojos oscuros buscando sólo a medias la batuta de Vivaldi (Dudo mucho que la necesite. Seguramente habría deseado poder tocar y dirigir ella misma, e incluso explicarle a la audiencia los mejores pasajes).

Yo escucho embelesado aquellos temas que había intentado tocar con escasa fortuna en nuestro viejo clavicémbalo y que por fin encontraban su verdadera identidad de la mano de Rebecca. A veces su violín vuela con la velocidad y la destreza de las golondrinas africanas en fragmentos e invenciones que se entretejen unos con otros, elevándose y dividiéndose, tomando direcciones que nadie podía predecir; otras, ataca pasajes lentos y profundos, sencillos en apariencia pero cargados de oscuras sonoridades que desafían su aparente simplicidad. Finalmente se lanza a una cadenza que debía ser improvisada, puesto que Vivaldi se limitó a enarcar las cejas y dejarla volcar su corazón en la música que tocaba y que rompía el aire con las notas intensas que extraía del magnífico instrumento regalo de Delapole.

Cuando la música termina y ella se sienta, hay un momento de completo silencio. Miro a Delapole. Las lágrimas le ruedan por las mejillas, a la vista de todos. Incluso mi tío parece aturdido por lo que acababa de escuchar y mira a Rebecca, como prácticamente toda la iglesia, con abierta admiración. Ella me mira un instante. Parece asustada, y lo parece todavía más cuando los presentes rompen a aplaudir, a vitorearla, a gritar pidiéndole más, de tal modo que el techo de La Pietà parece que va a venirse abajo.

Vivaldi deja que la barahúnda siga durante un par de minutos más, y durante todo aquel tiempo, no deja de mirar fijamente a Rebecca para angustia mía. Luego alza los brazos para pedir silencio y anunciar:

—Nada me gustaría más que complacerles, pero no me es posible. Creo que la ciudad ya ha expresado su opinión. Sólo resta que nuestro héroe revele su identidad para poder rendirle el homenaje que se merece.

Creo no equivocarme al decir que hay una nota de ironía en aquella última frase. Vivaldi está hundido. No sólo ha perdido la corona, sino que ha abdicado. Y no aparta la mirada de Rebecca. Me doy cuenta de que no soy yo el único que lo ha notado al ver la expresión de extrañeza de mi tío. Cierro los ojos e intento saborear el momento de gloria de Rebecca, pero lo único que consigo es angustiarme con el presentimiento de que algún mal nos acecha.

Una breve investigación

Un EQUIPO DE la policía estaba examinando la habitación en la que había muerto Paul. Massiter les miraba ceñudo y Daniel se sentía físicamente enfermo. Eran las ocho de la mañana. Se habían llevado a Scacchi inconsciente en una ambulancia al Ospedale al Mare del Lido, donde había sido ingresado en cuidados intensivos. Laura había salido para la comisaría muy temprano para que pudieran tomarle declaración, según habían dicho, y Ca' Scacchi parecía vacía sin ellos, a pesar de que había más de veinte personas inspeccionando hasta el último rincón.

—Maldita sea... —murmuró Massiter. La verdad es que parecía que el ataque le había conmocionado de verdad. A la áspera luz de la mañana que entraba por el ventanal, parecía más viejo, casi frágil—. Menuda suerte.

—No entiendo.

—Conozco a la policía, Daniel. Me han llamado al enterarse de lo ocurrido, y estoy aquí para ayudar, ¿verdad?

—Por supuesto —contestó Daniel sin pensar.

—Menos mal. Al norteamericano no lo conocía, pero a Scacchi lo considero un amigo, ya lo sabes.

En opinión de Daniel, la relación entre ellos dos era bastante más compleja de lo que decía.

—Ya.

—¡Y resulta que envían a esta... gente! No conozco a ninguno.

Los policías vestían todos de oscuro y parecían especialmente interesados en la casa y no en sus habitantes. Un tipo tranquilo y de expresión anodina le había interrogado durante media hora, y parecía aburrido de sus propias preguntas; es más, incluso parecía conocer las respuestas antes de que él se las diera y que buscara sólo confirmación. Le había mentido en varias cosas. Por ejemplo le había dicho que estaba en su habitación cuando le despertaron los gritos y que no había nada de gran valor que echara en falta, pero no por ello habían dejado de examinar todos los armarios y hasta el último cajón incluso del almacén. Por el momento no habían encontrado ni el violín, ni el viejo manuscrito ni el montón de dólares que Scacchi debía haber escondido en alguna parte. Daniel sabía por instinto que nada de todo aquello estaba ya en la casa.

Para colmo, se había presentado Giulia Morelli con el anuncio de que se hacía cargo de la investigación, y tras saludarle con una leve inclinación de cabeza, había desaparecido.

—Eran ladrones —declaró, tanto para Massiter como para sí—. Quienquiera que haya sido, se ha llevado el manuscrito, Hugo.

Massiter frunció el ceño.

—Menos mal que ya lo habías copiado, o estaríamos metidos en un buen lío. ¿Falta algo más?

Daniel lo miró a los ojos.

—Acaban de matar a un amigo mío, y tengo a otro a las puertas de la muerte. La verdad es que el manuscrito me importa un comino. Lo que quiero es que encuentren al responsable de todo esto.

—Eso no va a ayudar a Scacchi —respondió Massiter como si se sintiera ofendido—, ni nos va a devolver la música. Había algo más, ¿verdad?

—No lo sé. Scacchi no me lo cuenta todo.

—¿Y el dinero? Supongo que no es hombre de tenerlo en el banco.

—¡Ya le he dicho que no lo sé!

Cabía dentro de lo posible que Scacchi hubiera pretendido estafar a los delincuentes a los que debía pagar con la adquisición del Guarneri. Daniel había dado por sentado que el violín ya no se encontraba en la casa, pero Scacchi no había vuelto a hablar del asunto. A lo mejor el dinero que le habían dado por él había ido a parar a otro sitio, ¿pero adónde?

—Tienen que saber que el manuscrito ha desaparecido —declaró—. Voy a decírselo.

—¡Ni se te ocurra! —replicó Massiter sujetándole por un hombro—. Si les cuentas lo de la música, quedaremos expuestos.

—No me importa.

—A ver si aprendes, Daniel —continuó Massiter en tono amenazador—. Los dos hemos firmado contratos que te identifican como el autor del concierto. Si revelas ahora la verdad, podrían acusarnos, y puesto que los dos somos extranjeros, nos expulsarían del país inmediatamente. Tú no eres nadie para ellos, pero imagínate el placer que experimentarían conmigo.

Daniel se quitó su mano del hombro.

—Creía que usted tenía amigos.

—Amigos venecianos —puntualizó—. Amigos del buen viento.

Giulia Morelli había estado observándolos desde el otro rincón de la habitación, aunque fingía examinar unos documentos de Scacchi. Massiter tenía razón: estaba atrapado en el engaño. Los dos lo estaban, lo cual seguramente había empujado a Massiter a acudir a Ca' Scacchi nada más enterarse del incidente.

—¿Y bien?

—De acuerdo. No se lo diré. Al menos eso no.

Y fue en busca de Morelli.

—¿Cuándo podremos ver a Scacchi? —le preguntó, consciente de que Massiter le había seguido.

Ella dejó unos documentos que había estado leyendo.

—Está en coma.

—¿Se conocen? —preguntó Massiter sin perder tiempo.

—Soy la inspectora Giulia Morelli —se presentó. Parecía fascinada por la presencia de Massiter—. He asistido a todos sus conciertos. Este año Daniel es la estrella, o al menos eso dicen los periódicos.

—Los periódicos... —suspiró Daniel.

—Lo siento —se disculpó ella—. Ha ocurrido algo terrible y no debería haber hablado de cosas banales. ¿Piensas seguir adelante con el concierto?

—Por supuesto —respondió Hugo por él—. Es lo que Scacchi hubiera querido.

—Desde luego —corroboró Daniel con una sensación de vacío en el estómago. Ya habían empezado a hablar de él en pasado.

—Bien —sonrió—. Creo que ya hemos terminado. Lamento las

molestias, y su pérdida. No conocía al norteamericano, pero apreciaba la compañía de Scacchi. Rezaré para que se recupere.

—¿Y han descubierto algo? —preguntó Massiter.

—Nada. Esta casa es muy antigua, pero en ella hay pocas cosas de verdadero valor. Supongo que han debido irse vendiendo al cabo de los años. ¿Has echado algo en falta, Daniel?

—En principio, nada. Pero el robo ha debido ser el motivo, imagino.

—¿Por qué? —le preguntó ella, mirándole a los ojos—. ¿Qué había aquí que robar?

—No lo sé —se apresuró a contestar.

—No se han forzado las puertas ni hay ninguna ventana rota. Si ha sido un robo, Scacchi o su amigo debieron dejarles pasar.

Daniel intentó pensar con rapidez.

—Hay algo que debo decirle, aunque no sé si tendrá alguna importancia.

—¿Algo que no estaba en tu declaración? Ya la he leído y me ha parecido muy clara: estabas en la cama, oíste un ruido y descubriste el pastel.

—No es sobre mí —aclaró, consciente de que Massiter seguía pegado a su lado—. Scacchi debía dinero a unos prestamistas y le preocupaba lo que pudieran hacerle a Paul o a él si no les pagaba.

—¿Unos prestamistas?

—Delincuentes, supongo.

—¿Scacchi tenía contacto con delincuentes? —se sorprendió. Parecía divertida—. Yo creía que era un marchante de arte como usted, Signor Massiter.

—No jugábamos en la misma división.

—Sin embargo, trataba con objetos antiguos a los que sus historias les conferían un valor especial. Como todos los marchantes, supongo. Voy a ser sincera contigo, Daniel. Como ya sabrás, Scacchi no nos era desconocido. No somos idiotas.

—Entonces ¿sabe a qué clase de hombres pudo haberles pedido el dinero?

—Por supuesto. Y si alguno de ellos estuviera enfadado con él, yo lo sabría. Mantener en secreto la identidad de los morosos no beneficia a nadie. Es más, que circulen rumores sobre su falta de pago les mete más presión y puede disuadirles de buscar justicia en caso de que se haga necesario un castigo.

—Entonces ya lo tiene. Puede hablar con esa gente para averiguar a quién debía dinero.

Giulia lo miró con benevolencia.

—Lo he hecho poco después de llegar aquí. Esta casa huele a penuria, a una penuria de clase media, pero no he conseguido encontrar pruebas de que Scacchi le debiera un céntimo a nadie.

—¡Eso no puede ser! Me lo dijo él mismo.

—¿Y acaso era un santo varón que no mentía nunca? —espetó. Giulia esperó a que contestara, pero Daniel se había quedado sin palabras—. ¿No me recuerda, señor? —le preguntó ella a Massiter.

Él la miró fijamente.

—Lo siento, pero no.

—No me extraña. Acababa de salir de la academia. Fue hace diez años, en aquel caso tan trágico de la violinista. ¿Cómo se llamaba?

—Susanna Gianni —respondió Massiter.

—Correcto. Tiene buena memoria para según qué cosas. Trabajé en aquel caso y estuve presente en su interrogatorio. Me conmovió su dolor.

—Fue una gran pérdida. He pensado que quizás dedique a su memoria el concierto de este año.

Ella se encogió de hombros.

—¿Por qué ahora, después de tantos años? Ya se habrán olvidado de ella.

—Los que la conocimos, no.

—Entonces lo que debería hacer es recordarla en privado, y no sacar su nombre a relucir ante una audiencia que no la conoció. La pobre está muerta y así debe seguir. A veces hay que respetar ciertas cosas. Recordará esa parte del caso, ¿no?

Massiter cambió el peso de una pierna a la otra y consultó el reloj.

—No entiendo qué quiere decir.

—Pues verá... la chica es asesinada y hasta el último policía de Venecia la está buscando para descubrir al asesino. Pero después, de pronto, aparece. Encontramos muerto a su director... ¡y resulta que ha confesado! ¿Se imagina la gratitud que sintieron mis superiores hacia ese hombre? Todo era una catástrofe y de pronto, se hizo la luz. Y además, sin gastar ni un céntimo en juicios.

—Fue un verano terrible —declaró Massiter.

—Sí, pero yo aprendí muchísimo entonces. Aprendí que a la sabiduría se llega a través de la sencillez. Que buscar secretos y conspiraciones sólo ensucia las aguas. La primera solución es normalmente la más... apropiada. Sí, creo que esa es la palabra.

Ni Daniel ni Massiter dijeron nada. Había algo en los modales de aquella mujer, en su forma de hablar medio en broma medio en serio, que les inquietaba.

—Caballeros... —dijo, y se acercó a Daniel para ponerle una mano en el hombro. Olía a perfume y le dedicó una brillante sonrisa—, estarán de acuerdo conmigo, ¿no? ¿Para qué perder el tiempo con soluciones rebuscadas que sólo sirven para que aparezcan toda clase de fantasmas?

A Daniel le irritaba su tono.

—Quiero que se encuentre a la persona que hizo esto. Quiero que responda ante la justicia.

—¡Desde luego!

Aquella mujer se estaba riendo de él.

—¡Quiero que...

—Por favor —le cortó—. Sus deseos ya se han cumplido. Tenemos al culpable y presentaremos los cargos dentro de unos días. Poco después, se celebrará el juicio. El servicio siempre es el problema.

La cabeza empezaba a darle vueltas

—¿Cómo?

—Tú mismo lo viste. Ella tenía el cuchillo en la mano y sus huellas están en él.

—¡Eso es ridículo! —contestó, alzando la voz—. Laura era de la familia. Se querían.

—Familia... hay tantas razones para discutir en una familia: el dinero, la pasión, el odio... está en la cárcel de mujeres de Giudecca. Puedes ir a verla. Yo no tengo nada que objetar.

Daniel sintió ganas de agarrarla por los hombros y zarandearla para que recuperara el juicio, aunque sabía que lo que ella esperaba era precisamente que perdiera el control.

—Está usted muy equivocada —le dijo, intentando mantener la calma—. Scacchi se recuperará y él mismo será quien se lo diga.

—Puede, pero mientras tanto, habla con ella —insistió.

—Daniel —intervino Massiter, cogiéndole por un brazo—, es mejor que te tranquilices y que...

—¡No quiero tranquilizarme!

Aquella mujer seguía delante de él, sonriendo con suficiencia. Estaba convencido de que tenía información que él desconocía.

—¿Hay algo más? —le preguntó.

—Es muy sencillo, Daniel. Como en todos los grandes misterios, el ama de llaves ha confesado. Lo hizo aquí mismo cuando le tomamos declaración, y ha vuelto a hacerlo en comisaría. No nos ha dado razón alguna. A lo mejor está un poco desequilibrada. ¿Qué más da? La cuestión es que ha confesado. Y dime, ¿qué podría ser más conveniente?

Desenmascarados

TRAS EL CONCIERTO salimos a la luz del sol parpadeando como cautivos que hubieran estado encerrados bajo tierra, en una oscura caverna. Delapole era el héroe del día, y la gente estaba decidida a que Rebecca fuese también su heroína, pero se escabulló sin ser vista. La busqué, pero fue en vano y no podía quitarme de la cabeza todo lo que podía haberle ocurrido. ¿Y si la habían reconocido, a pesar de los intentos por transformar un poco su apariencia? ¿Qué pensaría mi tío? Y sobre todo, ¿cómo pretendíamos hacerle el regalo que más deseaba y merecía y esperar que el mundo no se nos viniera encima?

Dos horas más tarde, de vuelta ya en casa y mientras mi tío bebía vino celebrando el triunfo como una hiena que se tropieza por casualidad con un cadáver fresco, mis peores temores se vieron confirmados. Con un gesto de la mano me llamó a su lado y mirándome a los ojos me preguntó:

—¿Qué crees que hará Vivaldi ahora? No es de los hombres a los que les gusta vivir a la sombra de otros.

—No tengo ni idea, tío. Depende de quién sea el compositor y de si verán la luz más obras suyas. Puede que sea ya mayor y...

—¿Mayor? ¡Mayor! ¿Te ha parecido la clase de música que compondría un viejo? Se trata de alguien que está intentando romper las reglas delante de nuestras narices, y nadie por encima de los treinta años se atrevería a hacer tal cosa.

—Si usted lo dice... pero me pregunto cuánta gente será capaz de darse cuenta de ello. Han escuchado un concierto delicioso y bien interpretado, y no creo que se hagan esa clase de preguntas.

—Pues deberían —respondió él, sonriendo con malicia—. Yo le he hecho una pregunta a Vivaldi

La sangre se me heló en las venas y aguardé en silencio.

—Le pregunté por qué miraba con tanto interés a la preciosa violinista que yo le envié. Rebecca *Guillaume*, creo que la llamó. Es curioso, pero creo que ha llegado a creerse una gentil.

Tardé un momento en contestar.

—Creo que nadie debería inmiscuirse en los asuntos de los Levi, tío, a menos que quiera correr el riesgo de verse en una situación comprometida.

Inesperadamente me agarró con una mano por la pechera y me arrastró con una fuerza inusitada sobre los platos de la comida y los vasos. Tal fue mi sorpresa que no me resistí.

—¡No juegues conmigo, muchacho! Le pregunté a Vivaldi cuánto tiempo había tardado Rebecca en aprenderse su parte. "Qué casualidad que me preguntes eso, Scacchi", me contestó él sonriéndome con esa superioridad tan suya. "Ha sido casi un milagro. Un par de días, tres a lo sumo. Parecía saberse la partitura antes de que yo se la diera".

Me lanzó a mi silla y yo me quedé aturdido, sin saber cómo esquivar aquel interrogatorio.

—¿Crees que soy idiota, Lorenzo? Supuestamente el manuscrito lo encontraste a la puerta de la casa, ¿no? Y después te pasas las horas muertas con esa judía…

—No sé a qué se refiere, señor.

—¡Ja! Es suyo, y lo sabes bien. Pero déjame decirte algo, muchacho: nunca podrá reclamar su autoría. Aunque se arrojase llorando a los pies del Dux, la ciudad la destrozaría en cuanto supiera que Rebecca *Guillaume* ha estado engañándoles desde un principio. Los judíos ni escriben música ni entran en nuestras iglesias. Su única esperanza, tanto para ella como para su música, es ponerse a merced de quien sea capaz de inventar algún subterfugio que pueda mantenerla oculta.

Era obvio quién pensaba mi tío que podía ser esa persona, y yo sabía perfectamente qué clase de protector podría ser él. No contesté. Mis pensamientos volaban.

—Y tú... —continuó—, tú que dices ser de mi misma sangre has sido capaz de participar en semejante engaño. Ha bastado con que una infiel te mirase a los ojos para que te olvidaras de tus lealtades, ¿eh?

El cuadro de la iglesia del otro lado del *rio* se me vino a la memoria una vez más. Me parecía incomprensible que la primera vez que la vi no pudiera caberme en la sesera que un aprendiz sintiera ganas de asesinar a su maestro.

—¿Necesita algo más de mí, tío?

—¿Qué tienes que decir?

—Nada, señor.

—Entonces, quítate de mi vista. Hablaré con los Levi personalmente y veremos qué se puede hacer. Y en cuanto a tus excursiones con la dama en cuestión, ya puedes ir olvidándote. Tienes mucho trabajo aquí. Empieza barriendo el sótano, y ten cuidado no te muerdan las ratas. No volverás a salir de esta casa mientras yo no te lo ordene.

Me retiré a mi habitación para esperar a que se disipara mi furia mientras por la ventana veía pasar gente en San Casiano. Leo es como una araña que tiende sus telarañas en los rincones oscuros, que acecha desde las sombras, y luego, cuando su víctima está descuidada, se abalanza sobre ella sin dudar. Sin embargo, en esa vana confianza reside su debilidad.

Estuve escuchándole desde mi habitación. Bebía y hablaba consigo mismo, y de vez en cuando me llegaba el sonido metálico y frío de su risa desde dos pisos más abajo. El vino tinto del Véneto es su compañía antes de irse a la cama, y cuando ya no puede beber más, se queda profundamente dormido. Era más de medianoche cuando escuché sus ronquidos e inmediatamente salí en dirección al gueto, escabulléndome en las sombras.

Los avances de la policía

GIULIA MORELLI ESTABA sentada a su mesa de trabajo y tenía ante sí una pila de informes perfectamente ordenada, pero su pensamiento estaba en Ca' Scacchi, Daniel Forster y lo que había ocurrido semanas antes en Sant' Alvise. Tenía la sensación de que todo ello estaba relacionado. Precisamente lo acaecido en el piso de Sant' Alvise y lo cerca que había estado de perder la vida en aquella habitación sofocante y oscura era lo que había avivado su interés en descubrir cuál era el nexo de unión de todo aquello. El recuerdo de aquel momento en que se arrodilló frente al muerto esperando ser el siguiente pasajero de su mismo viaje seguía obsesionándola. Era una especie de imposición que se había hecho a sí misma, un fantasma que requería un exorcismo con los medios adecuados al caso.

El ama de llaves mentía, eso estaba claro, lo mismo que los dos ingleses, aunque en el caso del más joven no alcanzaba a comprender por qué. Había entrado en su habitación y había comprobado que las sábanas apenas estaban arrugadas, mientras que las del ama de llaves estaban tan revueltas que no era difícil imaginar dónde había pasado la noche. ¿Mentiría ella para protegerle a él? No, imposible. El inglés estaba demasiado convencido de su inocencia, demasiado ansioso porque Scacchi se recuperase lo suficiente para poder exculparla.

Massiter era harina de otro costal. Su nombre aparecía en cada uno de los expedientes que tenía sobre la mesa, aunque en todas las investigaciones realizadas hasta la fecha los resultados no habían sido concluyentes. Que tomaba parte en la venta ilícita de objetos era evidente. Disponían de información que provenía de múltiples fuentes que así lo atestiguaba. Pero también circulaban rumores de evasión de impuestos y fraude. El nombre de Massiter había sido oído en demasiadas conversaciones para tratarse de una mera coincidencia. Sin embargo no habían conseguido encontrar una sola prueba que le inculpase. Ni siquiera un inspector ambicioso que cuatro años atrás consiguió una orden del juez para registrar su casa había encontrado absolutamente nada, un fiasco que le había arrastrado a rellenar informes en Padua.

Massiter tenía amigos por todas partes, amigos en la sombra que sin duda le avisarían con antelación de cualquier acción que fuera a ejercerse contra él. Sin embargo, también él debía tener su talón de Aquiles y Giulia creía saber dónde estaba. Si los rumores no se equivocaban, tenía que existir un pequeño almacén en la ciudad o en Mestre donde pudiera guardar sus mercancías de contrabando antes de ponerlas en circulación. El desdichado inspector cuya carrera se marchitaba ahora en Padua había revisado los registros de la ciudad en busca de algún almacén a nombre de Massiter, bien en la escritura de propiedad o en el contrato de alquiler, pero no había encontrado nada. Sin embargo, aquella cueva de Ali Baba tenía que estar en alguna parte. Massiter trataba con objetos que no podían pasar por la ciudad sin depositarse en algún lado.

Se asomó a la ventana del moderno edificio que albergaba la comisaría en Piazzale Roma y contempló a la gente que entraba en la estación. El día era ya casi de verano, y la ciudad estaba a rebosar de turistas. Más allá del cristal, a menos de dos o tres kilómetros de allí, debían estar todas las respuestas, así como algunas de las preguntas que nadie se había formulado desde hacía años. Volvió junto a su mesa y abrió el último expediente, el que tenía en su portada el nombre de Susanna Gianni. No se le olvidaba cómo le había mirado el encargado del archivo al pedírselo. Aquel caso no había perdido su vigencia para quienes hubieran tomado parte en él y ella tampoco podía olvidar aquella semana de hacía ya diez años. Fueron unos días de actividad frenética durante los cuales temieron que un asesino en serie anduviera suelto por la ciudad, hasta que la aparición del cadáver del director puso punto final. Ella formaba parte del grupo que había ido al Palacio Gritti a examinar el cuerpo del director. La habitación estaba perfectamente recogida y la posición del cuerpo era perfecta. Luego, al revisar su equipaje, había encontrado algunas revistas de inofensiva pornografía homosexual y el número de teléfono de quien resultó ser un proxeneta gay de Mestre. En los armarios todo olía a un perfume intenso y asfixiante, y hablar con aquellos que le conocían le había confirmado lo que ella ya sabía: que los gustos sexuales de Anatole Singer no recaían en mujeres de ninguna edad, y mucho menos en una adolescente que había florecido a su cuidado.

Pero no había revelado nada de todo aquello por una buena razón, que a pesar de todo seguía obsesionándola. Estaba allí cuando registraron la habitación, y estaba presente cuando decidieron qué llevarse y qué dejar. Al mando de la investigación estaba el viejo comisario Ruggiero, que ahora vivía cómodamente retirado en la Toscana. Le había visto catalogar absolutamente todo y había podido leer la lista de objetos antes de salir del hotel. La nota de suicidio no estaba en ella, y todos los presentes lo sabían, pero todos guardaron silencio cuando Ruggiero se la sacó de la manga y declaró cerrado el caso. Giulia jamás se había dejado sobornar, ni por un céntimo ni por una copa gratis en el bar de al lado. Sin embargo, por lo que hizo o mejor, por lo que no hizo entonces, se sentía tan sucia como el policía más corrupto del Véneto, siempre con la mano abierta.

Abrió la carpeta del informe para leerlo una vez más, aunque a aquellas alturas se lo sabía de memoria, y casi una hora después, cuando ya le dolía la cabeza de tanto pensar inútilmente, llamaron a la puerta.

—¿Sí?

Era un subinspector de uniforme.

—Esta mañana nos dijeron que quería que rastreásemos lo del asesinato —dijo, incómodo en su presencia como tantos otros. Traía un informe en la mano, lo que le levantó un poco la moral.

—Sí.

—Esta mañana hemos cogido a un chorizo de poca monta robándole la cartera a un norteamericano en San Marcos.

—¿Y?

—Cuando le pregunté si sabía algo sobre lo ocurrido en Ca' Scacchi se puso blanco. Pero blanco como la pared. Como si no se lo pudiera creer. Yo creo que sabe algo, pero no sé qué.

Giulia se acercó a él, cogió el informe y bajó dos pisos detrás de él para llegar a la sala de interrogatorios.

—¿Lo conoce?

—¿A Rizzo? Claro. Es un descuidero de tres al cuarto. A veces hace recados.

El subinspector rondaba los treinta, era alto y de espalda planchada, con una cara corriente y de mal color. Parecía de confianza, pero los nuevos siempre lo parecían.

—¿Forma parte de algún grupo?

—No que yo sepa.

—¿Qué más sabe?

—¿Aparte de la cara que se le ha quedado al preguntarle?

Giulia no contestó, limitándose a esperar una respuesta. A veces la gente de uniforme parecía empeñarse en complicarle la vida. El subinspector se encogió de hombros.

—Cuando lo trincamos, tenía un resguardo del banco en el bolsillo en el que decía que el viernes había ingresado el equivalente a ochenta millones de liras en dólares americanos.

Se detuvieron ante la puerta de la sala.

—¿Sabe dónde andaba alrededor de las tres y media de esta madrugada?

El subinspector sonrió.

—Eso sí, jefa, porque fue a la hora que lo pillamos. Rizzo y el tipo al que intentaba robar iban bastante cargados, lo cual me sorprende bastante porque el tío éste parece profesional. A lo mejor le preocupa algo.

—Maldita sea…

—Vamos, jefa, que éste tío es un chorizo de tercera fila que no se atrevería a ir por ahí matando a la gente en su casa.

—¿Está casado o tiene pareja?

—Nada. Hemos estado en su casa. Tiene un piso alquilado cerca del viejo gueto, pero no hemos encontrado nada allí salvo unas cuantas cosas que sus dueños no volverán a ver, dondequiera que estén. Nada de importancia. De no ser por el dinero del banco y la cara que se le quedó al preguntarle ni siquiera la habría molestado.

Giulia le puso la mano en el brazo y le hizo gracia el respingo que dio el bueno del subinspector.

—Gracias. ¿Van a presentar cargos?

—Por supuesto. ¿Por qué piensa que hacemos esto si no? ¿Por disfrutar del placer de su compañía?

—Es que estaba pensando...

—Ya sé lo que estaba pensando.

—No sé si tendría sentido hacerle esperar un rato y que piense que algo se está cociendo...

—Bien, pero me gustaría que me contara por qué, jefa.

Ella asintió. Algún día tendría que enfrentarse a la decisión de confiar en alguien de la comisaría, alguien con quien poder compartir sus ideas.

—¿Cómo se llama usted, subinspector?

—Biagio.

—Bien. Gracias, Biagio.

Giulia abrió la puerta y entró. Miró al hombre que había sentado a la mesa y tras hacer un gesto con la mano para disipar la humareda del cigarrillo que se estaba fumando y que había atufado la atmósfera, abrió la ventana y dejó que entrase el olor a gasolina del aparcamiento. Se quedó allí hasta que pudo dejar de temblar. Había sido entrenada para no fiarse del instinto. Los hechos eran lo único que importaba. Sin embargo, aunque pareciera una locura, no podía quitarse de la cabeza la idea de que aquel tipo era el asesino que se había encontrado en el piso de Sant' Alvise. Entonces lo recordó: era el olor, el mismo olor a cigarrillo barato y fuerte, africano quizás, y el mismo tufo a sudor. Dos detalles casi insignificantes y que no tenían valor para la ley.

—Apaga eso —le dijo.

—¿Qué?

Giulia le quitó el cigarrillo de la boca y lo apagó en el tablero de plástico de la mesa.

—¡Eh!

Lo miró a los ojos. Estaban a oscuras en el piso y no había podido verle bien, pero el olor era el mismo y había algo en su presencia que también le era familiar. Estaba segura de que era él.

—¿Me recuerdas?

—Nunca he tenido el placer. ¿Es que me vas a pedir una cita?

Tenía tiempo. Tanto como quisiera, así que no tenía por qué ir directamente al asunto.

—¿Es que eres sordo además de idiota? Ochenta millones de liras en el banco, e intentas robarle la cartera a un tío en las narices de dos policías. Si hubiera alguna ley contra los tontos, estarías encerrado de por vida.

Rizzo tenía fruncido el ceño y se relajó. Estaba claro por qué. Esperaba ser interrogado sobre un caso de asesinato y lo que se encontraba era una reprimenda por robar. No estaba en guardia y eso la favorecía a ella.

—Verás, es que...

Hablaba muy alto y tenía un deje de ciudad.

—¡Hablarás cuando yo te pregunte! —le gritó—. Biagio, traiga sus cosas.

Biagio sonrió. Estaba disfrutando con el numerito. Le acercó una pequeña bandeja roja en la que había un talonario. Ella lo miró y lo tiró al suelo.

—¡Eh! —gritó Rizzo—. ¡Ese dinero es mío!

—Te va a venir muy bien en la cárcel.

Rizzo se volvió al subinspector.

—Me rindo. Llévate a esta loca y tráeme a un policía normal. El tío ese se lo merecía. Nada más, ¿vale?

—No vas a tener esa suerte —dijo ella, y cogió el móvil que había en la bandeja, uno de esos muy pequeños que les gustan a los jóvenes. Apretó un botón y cobró vida.

—¿Qué haces? —preguntó él.

—Llamar a mi primo a Nueva York. No te importa, ¿verdad? Es que tu teléfono es una monada. ¡Anda, mira, si tienes amigos!

Rizzo entornó ligeramente los ojos y el color de su cara bajó un poco. No estaba tan pálido como le había contado el subinspector, pero algo había.

—¿Y qué?

—Estos policías de uniforme estuvieron en tu casa y pensaron que eras basura, uno de esos tíos que no se llevan bien con la sociedad sólo porque no conoces a nadie y las únicas novias que has tenido son las que encuentras en las revistas que tenías al lado de la cama.

No contestó.

—Pero tú y yo sabemos que no es así, ¿verdad? Tienes a cuatro personas a las que quieres tanto que guardas sus números aquí para poder llamarles en cualquier momento —volvió el teléfono hacia él y le preguntó—: ¿Quiénes son, Rizzo?

—Parientes. Amigos.

—Ya.

Leyó los números e intentó mantener la esperanza. Los dos primeros eran de Mestre y el tercero de Roma. Sólo el último era de Venecia.

—¿Crees que deberíamos llamarlos?

—Si quieres... Mis padres viven en Mestre, pero están divorciados. Dos números. Y tengo un amigo en Roma.

—¿Y este último?

Como no contestó, marcó el teléfono, esperó a que alguien contestara y colgó. Rizzo sonreía y el subinspector también parecía divertido.

—Me gusta la pizza —dijo—. Los llamas y vienen. Además son baratos. Puedo recomendártelos, aunque supongo que la policía no paga las facturas, ¿verdad?

El ruido del tráfico que entraba por la ventana le hizo desear trabajar en alguna otra parte. Era precisamente la ausencia de coches lo que la animaba a vivir en el centro.

—¿Anoche cenaste pizza, Rizzo? —preguntó, tocando varios botones.

—A lo mejor.

—No te lo estaba preguntando. Mira —le enseñó otra vez el teléfono—. Son los diez últimos números a los que has llamado y cuándo.

—Ya.

Volvía a estar pálido. Giulia marcó un número, esperó a que contestaran y colgó sin hablar.

—Era el banco —dijo, y volvió a marcar.

Rizzo se volvió a mirar al subinspector.

—Oye, tío, el teléfono es algo personal. Hay leyes que protegen eso, ¿no?

—Vaya por Dios —exclamó Giulia, sonriendo—. No me lo puedo creer. ¿No te es suficiente con la pasta que tienes en el banco, Rizzo, que tienes que seguir apostando en las carreras? Qué pena. Demuestra que estás obsesionado por lo material.

Sólo había un número más, ya que el resto eran más llamadas

al banco. Marcó, esperó y colgó. Luego acercó una silla y apoyó los codos en la mesa.

—¿De qué conoces a Hugo Massiter? —le preguntó sonriendo—. ¿Qué clase de trabajos haces para él?

—¿A quién? No sé a qué leches estás jugando.

—¿De qué conoces a Hugo Massiter? —repitió—. ¿Qué clase de trabajo haces para él?

Rizzo golpeó la mesa con las palmas de las manos pero ella no pestañeó. Estaba asustado.

—Ya estoy harto —dijo, dirigiéndose a Biagio—. O me acusas de algo, o me sueltas, que me da igual. Sólo quiero que me quites a esta guarra de delante.

Volvió a marcar y sostuvo el teléfono entre los dos. Sonó un par de veces y luego saltó el contestador. La voz suave de Massiter daba una extravagante excusa para no estar en casa. Antes de que terminara el mensaje y sonara la señal, dijo:

—Voy a pedirle que se reúna aquí con nosotros, Rizzo, para que podamos aclarar todo este...

—¡No! —gritó, y se abalanzó para quitarle el teléfono de la mano, pero el subinspector lo agarró por el cuello en un abrir y cerrar de ojos. De todos modos, no era necesario. Aquel tío no era violento. Sólo estaba asustado. O más bien muerto de miedo.

Giulia se levantó y recogió el teléfono del rincón al que había ido a parar y lo colgó. Cuando volvió a la mesa, Biagio le había soltado. Rizzo seguía sentado y cabizbajo.

—¿Quieres un café? —le ofreció.

—No.

—¿Una cerveza? ¿Un zumo? ¿Prosecco?

—¡No quiero nada!

—Trae un café —ordenó a Biagio—. Yo me quedo con él.

Biagio salió diciendo algo entre dientes y Giulia se sentó frente a Rizzo. Él sudaba, y ella se sentía bien.

—Sólo di que me recuerdas. Sólo eso.

—Estás loca, tía.

Ella cogió el bolso, lo puso sobre la mesa y sacó la pequeña pistola que se le había caído de las manos en Sant' Alvise.

Rizzo la miraba y ella se la mostró sobre la palma de la mano.

—Ya no me tiembla la mano —le dijo—. A lo mejor debería darte las gracias por ello. Podría salvarte, Rizzo, ¿comprendes?

—Mecagüen...

En un abrir y cerrar de ojos, Giulia saltó de su silla, le agarró por el pelo y le puso el cañón del arma en la mejilla.

—Cállate. Cállate y escucha. No es a ti a quien quiero. A lo mejor incluso puedo olvidar lo que hiciste aquel día. Depende de lo que hagas ahora. ¿Qué me dices?

Un segundo después apartó el arma. El cañón le había dejado una marca en la mejilla, un círculo de carne enrojecida. Giulia volvió a sentarse y sonrió.

—Antes de que vuelva el subinspector, Rizzo, quiero que me digas que me recuerdas. Así tendremos algo sobre lo que trabajar. Algo que puede que te permita seguir vivo.

Rizzo miró a la puerta. Seguramente esperaba que se abriera. Temblaba.

La cárcel

Los dólares de los turistas rara vez cruzaban las aguas hasta Giudecca. El estrecho paseo junto al que atracó el *vaporetto* estaba lleno de inmundicias: colchones viejos, carros de supermercado y bolsas de plástico aquí y allá. Dorsoduro quedaba al otro lado del canal y era en sí mismo otro mundo, acaudalado y remoto. Daniel examinó el mapa y tomó dirección oeste, hacia la monstruosidad de ladrillo rojo que era el Molino Stucky. Tras cinco minutos de esquivar bolsas de basura y restos de construcción, se alejó de la línea del agua y tomó un estrecho *rio* salpicado de pequeñas embarcaciones particulares. Un modesto puente de madera comunicaba con el Fondamente delle Convertite y el antiguo monasterio que ahora formaba parte de la prisión.

Se detuvo un instante y leyó el cartel oval que colgaba sobre la entrada de mármol blanco. Decía: *Istituti Penali Femminili*. Una pequeña cámara de vigilancia colgaba del arco. Era un lugar que nunca había imaginado que llegaría a visitar. Incluso después de haber transcurrido ya día y medio desde los extraños y aterradores incidentes de Ca' Scacchi, seguía teniendo la sensación de ir andando por un sueño que desaparecería si era capaz de resistirse con fuerza suficiente a la persistente inercia que le mantenía en su hechizo. En ocasiones, cuando su cabeza era incapaz de comprender el alcance de lo que había ocurrido a su alrededor, deseaba que aquello fuese una pesadilla, unos segundos de sueño antes de despertarse en la cama de Laura. Pero ese despertar no llegaba nunca. Había estado sentado más de una hora junto a Scacchi en el Ospedale al Mare, intentando encontrar una explicación. Había hablado con los de la funeraria para que se ocuparan de la repatriación del cadáver de Paul a Minneapolis, consignado a su anciana madre, que era como lo había dejado indicado en su testamento. Había escuchado los requerimientos de Massiter, mitad ruego mitad amenaza, y había asistido al primer ensayo completo del concierto, cuya fuerza inalterable le había dejado asombrado y helado a un tiempo. En los sueños no había tantos detalles. Las cosas sólo sucedían así en la inevitable aspereza de la realidad.

Se pasó una mano por el pelo y brevemente se miró la ropa. Laura se preocupaba siempre por su aspecto y él buscaba también siempre su aprobación, incluso en un momento como aquel. Pasó bajo el arco, dejó que el único ojo de la cámara lo grabase, dio su nombre en la recepción y esperó a que lo llamaran. Quince minutos más tarde lo condujeron a una pequeña habitación con una única ventana enrejada. Laura estaba sentada ante una mesita baja y había una mujer vestida de uniforme que la vigilaba desde un rincón. Llevaba un vestido azul suelto y el pelo recogido en una coleta, y parecía joven y vieja a un tiempo. Ella lo miró con un brillo de incertidumbre y nerviosismo en la mirada y por la mezcla de emociones que Laura estaba sintiendo en su presencia, Daniel supo sin sombra alguna de duda que se había creado un lazo inmutable entre ellos.

Tenía las palmas de las manos apoyadas sobre la mesa y él las acarició, pero ella muy despacio, deliberadamente, las quitó de su vista.

—No, Daniel.

Volvió a sentirse como en un sueño, pero en su imaginación la ayudaba a levantarse y de la mano salían por la puerta al sol abrasador de la tarde, a una vida nueva sin pasado, con tan sólo un brillante futuro ante sí.

—Te he echado de menos —dijo por fin él.

Laura volvió la cara hacia la pared y Daniel vio brillar una sola lágrima en el borde de su ojo. La guardia tosió. Fuera, con gran estruendo, pasó un barco por el *rio*.

—¿Lo has visto hoy? ¿Cómo está?

—Inconsciente.

—¿No se ha despertado en ningún momento? ¿No ha podido hablar con la policía?

Que de pronto se hubiera vuelto tan pragmática le molestó.

—Pues no, todavía no se ha despertado ni ha podido decirles que has perdido el juicio, si te refieres a eso. Los médicos dicen que ha tenido más de un ataque. No saben si volverá a hablar. ¿Por qué estás haciendo esto?

—Piensa en Scacchi, Daniel —le espetó—, y no en mí. Debería haber sabido protegerlos.

—Lo siento, Laura. No sé qué decir. No sé qué hacer o qué pensar. Voy a volverme loco porque no entiendo nada. Nada en absoluto. Y ya veo que tú no estás dispuesta a ayudarme a ver entre la niebla. Es más, eres tú quien se empeña en hacerla más densa. ¿Quieres decirme por qué?

Ella suspiró.

—¿No va a recuperarse?

Él no contestó y Laura cerró los ojos. Una fina línea de lágrimas le rodó por las mejillas.

—Me lo debes —le rogó, aunque tenía ganas de gritar—. A mí y a él. Tienes que explicarlo. Tienes que decirles la verdad.

—A ti no te debo nada —espetó, indignada—. Yo quería a Scacchi, y puede que también te quiera a ti, no lo sé, pero no le debo nada a nadie. Tú nunca has comprendido. Además, no estabas allí. ¿Cómo sabes que no les he dicho la verdad?

—¿Que cómo lo sé? —repitió, casi riendo—. Porque recuerdo que en una ocasión, cuando era más joven y una persona totalmente distinta, iba sentado en la barca de Piero y tú me dijiste muy seria que querías mucho a Scacchi y a Paul, y que te gustaría que yo también aprendiera a quererlos. ¿Y ahora quieres que me crea que eres tú quien les ha arrebatado la vida? Sé que mientes, Laura, pero lo que no entiendo es por qué. Todo esto es una locura.

Ella echó hacia atrás la silla y su rostro quedó en sombras.

—No debemos volver a vernos, Daniel —dijo en voz baja pero con firmeza—. Nunca. Es muy doloroso para los dos.

—¡Laura!

—Lo diré aquí. Les diré que no vuelvan a dejarte entrar. No quiero volver a verte, ni aquí ni en ningún otro sitio. Vete y olvídate de nosotros. Vuelve a tu música y aprovecha la vida. Busca a personas que sean como tú. Habla con Amy o con quien sea —se incorporó y su rostro volvió a iluminarlo la luz. Jamás había visto tanta determinación en su cara—. Si te quedas, serás devorado. Te lo digo por amor, Daniel. Vete y no mires atrás.

—Me merezco una explicación —le dijo aún.

—Es peligroso pedir lo que uno se merece. Alguien puede creer que merece a los ángeles y encontrarse después bailando con el demonio. Escúchame: tengo su sangre en mis manos. Cuando me despierto por la mañana los veo mirándome, oigo sus voces que me hablan... es mi infierno, y no quiero compartirlo con nadie. ¡Vete!

Él agarró sus manos.

—No voy a abandonarte, Laura.

Pero ella las retiró de un tirón. Levantarse de la silla y quedar transformada en otra persona fue todo uno. Una retahíla de insultos y obscenidades salió de su boca como un río de ácido, gesticulando además con las manos y los brazos de un modo incomprensible.

La guardia que hasta aquel momento había estado adormilada despertó de inmediato pero Daniel permaneció en su silla, esperando que la cabeza le estallase. La mujer se le acercó y le puso una mano en el hombro.

—Será mejor que se vaya, señor. Si sigue así tendré que hacer algo, y no va a ser agradable de ver.

Él no se movió. Laura se retiró entonces a un rincón, se dejó caer, rodeó las rodillas con los brazos y hundió la cara en su vestido azul como si fuera una niña. Daniel la oyó llorar y cerró los ojos.

—Señor...

La mano de la mujer era como una losa en el hombro, y Daniel se levantó por fin.

—Laura... —la llamó una vez más, pero ella no interrumpió su retahíla de bisbeos rítmicos y sin sentido.

Salió. La tarde era abrasadora. Se sentó al borde de aquel canal sucio, lleno de basura que flotaba en el agua, se cubrió la cara con las manos y rompió a llorar.

Una discusión fatídica

—¡Lorenzo!

Era tarde y ella parecía cansada. Estaba pálida y como indispuesta o de mal humor.

—No deberías correr estos riesgos —me reprendió.

Había algo desconocido para mí en su expresión. Parecía otra persona.

—No tenía elección. Debemos hablar.

Se sentó algo más tranquila, seguramente porque pensó que mi urgencia tenía que ver con el amor y no con la necesidad.

—Hablemos. ¿Qué te ha parecido? ¿Has oído las alabanzas de Vivaldi? ¡No me lo podía creer! ¿Y el público?

—Pues… —tenía que elegir con cuidado las palabras. A lo mejor ella había hecho planes que desbarataban los de mi tío—. Pues que no han hecho más que lo que te merecías por tu trabajo. Pero también he de decirte que no están dispuestos a esperar demasiado para conocer la identidad del autor.

—Supongo que no.

—¿Has pensado qué vas a hacer ahora? Cuanto más tardes, más crecerá la expectación.

—Esperaba que Jacopo pudiera sugerirme una solución, pero cuando reuní el valor suficiente para contárselo, me miró como si hubiera cometido un pecado. Le conozco bien, y sé que mi hermano presiente el peligro mucho antes que otros. Fue así cuando tuvimos que huir de Ginebra y gracias a ello quizás salvamos la vida.

—¿Estás pensando en huir? —me acerqué a ella inmediatamente, me hinqué de rodillas y puse las manos en su regazo—. No hables de eso, Rebecca. No puedo oírte hablar así.

—¿Preferirías que nos quedásemos aquí y nos enfrentáramos al peligro? ¿Qué clase de amor es el tuyo, Lorenzo?

Sus palabras eran crueles y duras, y por su mirada pude comprender lo alejadas que estaban de su verdadero pensamiento. Algo iba mal entre nosotros y no podía saber qué.

—Yo arriesgaría mi vida por ti, Rebecca, y sacrificaría nuestra felicidad si en ello estuviera tu bien —dije, acariciándole la mejilla—. Pero no huyas sin pensarlo bien. Y si has de hacerlo, déjame acompañarte.

Ella se apartó de mí como si aquella promesa ya la hubiera oído antes. Yo he dado por sentado que para Rebecca es tan nuevo el amor como para mí, pero a veces doy demasiadas cosas por sentadas.

—Jacopo dice que es imposible, que jamás aceptarán que una mujer y además judía sea la compositora de esa música, por más que me presentara ante ellos más pura que la nieve recién caída. Si me doy a conocer me arriesgo primero a su burla, y después a su ira cuando se den cuenta de hasta qué punto les he engañado. Espero que nadie me haya reconocido en la iglesia, a pesar de que el idiota de Vivaldi me haya puesto en evidencia de ese modo, pero si alguien me descubre, estaré perdida. Todos lo estaremos. Alguien dejará una nota en la boca del león antes de que acabe el día y a la mañana siguiente estaremos declarando ante los inquisidores del Dux.

Apreté sus manos, pero ella no me devolvió el gesto.

—Bueno, dime que estoy equivocada —me provocó.

Entonces me di cuenta. Si el amor necesita de una serie de pruebas, una de ellas es ésta: que ninguna de las dos partes cede con facilidad ante la otra. Pero si se requieren pruebas, ¿de qué clase de amor estamos hablando?

—No, no estás equivocada. Ojalá pudiera decir lo contrario, pero Jacopo no se equivoca. Debe haber algún lugar en el mundo en el que puedas entrar con tu concierto en la mano e interpretarlo ante un público que te adore, pero Venecia desde luego no es ese lugar. Y yo no conozco ningún otro.

La verdad puede doler, y ella retiró las manos.

—Entonces, ¿qué vamos a hacer, Lorenzo?

—Tranquilízate. Todavía tenemos unos cuantos días de plazo.

Una risa amarga como yo no se la había oído nunca reverberó en la habitación.

—¿Y crees que el clima será distinto en tres o cuatro días? Por supuesto que no. Todo esto es culpa mía y os he arrastrado a Jacopo y a ti conmigo. Qué necia he sido. Pensar que el talento es cuanto necesitas para abrirte camino en el mundo, y que no importa ni el sexo, ni la raza, ni tus ancestros. La gente nos juzga tanto por quienes somos como por lo que hacemos. Si fuese la ramera del Dux las cosas serían distintas, pero una pobre judía no tiene ninguna posibilidad. Este es un mundo de gentiles, y de hombres. Debería haberlo sabido desde el principio.

Su mirada estaba llena de resentimiento y de ira, ¿y cómo culparla por ello? Rebecca buscaba la gloria con su trabajo pero por encima de ello creo que pretendía encontrar su verdadera identidad en una sociedad que negaba incluso su existencia.

—No nos juzgues a todos por igual —le dijo—. Los hay dispuestos a ayudarte.

—¿Quién?

—Vivaldi, por ejemplo. Vi cómo te miraba en el concierto. ¿O es que crees que no lo sabe?

No se le había ocurrido pensarlo.

—Pues no. Yo creía que no.

—Y yo pienso que sí. Tocaste como un genio. Conocías el trabajo de cabo a rabo. ¿Qué otra explicación cabe para eso?

—¿Y crees que guardaría el secreto?

—Ya lo ha hecho. No estaríamos aquí si no fuera así.

—Esperemos que siga así. Pero hay más, ¿verdad? Lo veo en tus ojos.

—Leo.

—¿Tu tío?

—Sí. Él también lo vio claro e intentó que yo se lo confirmara. Por supuesto lo negué todo, pero no me ha creído. Tendrás noticias suyas a poco tardar, y por eso he venido, para avisaros a los dos. Conozco a mi tío mejor que muchos, y no es hombre de fiar.

Ella lo miró sorprendida.

—¿Que no es de fiar tu tío? ¡Pero si gracias a él conseguí tocar en la orquesta de Vivaldi, Lorenzo! Fue él quien me presentó al inglés, y sin él ese violín de ahí seguiría en un taller de Cremona. Me ha hecho muchos favores.

—No lo niego, pero a mi tío le gusta pensar que también es músico, y estaría dispuesto a arrebatarte la gloria en cuanto tenga la oportunidad.

—No puedo creerte.

—Cree tener la única copia del concierto que existe.

—¡Y es que es así! —respondió irritada—. ¿Crees que tengo el dinero suficiente para hacer copias, si es que hubiera tenido el valor de encargarlas? Además, ¿para qué? Tengo cada nota grabada en la cabeza, y seguramente incluso mejoraría algunas cosas si tuviera que volver a escribirlo.

Era la primera vez que discutíamos, y fue mucho más tarde y después de haber repasado aquella escena una y mil veces en mi cabeza, cuando caí en la cuenta de la escasa lógica que guiaba nuestros pensamientos.

—¡Tú no le conoces!

—¿Y tú sí? Lo que me parece es que tú detestas ser el aprendiz de alguien, y por eso lo tergiversas todo.

—¡He visto cómo te mira!

Ella se echó a reír como si hubiera conseguido un triunfo.

—Ahora lo entiendo todo. Esa es la verdadera razón de tanto odio. Pues déjame decirte que te vas a pasar la vida odiando si te enfureces cada vez que me mire un hombre. Yo soy como soy, y los hombres responden así. ¿Qué quieres que haga? ¿Que me ponga un velo como las musulmanas? ¿Es que no basta con el pañuelo que los gentiles nos obligáis a llevar?

Su ira me hacía una gran injusticia.

—He venido para advertirte de que mi tío no es lo que parece.

—Búscame un hombre que sí lo sea —respondió, y me volvió la cara.

—Rebecca...

Se levantó de la silla y se alejó de mí.

—Estoy cansada y esta discusión me agota. Es infantil.

Aquello fue la gota que colmó el vaso. Me levanté y clavé la mirada en su espalda.

—Como lo es mi amor por ti, sin duda. En ese caso, déjame hacernos un favor: déjame librarte de él.

—¡Lorenzo! —exclamó, dándose la vuelta con los ojos llenos de lágrimas—. No digas eso. ¿Es que no es suficiente con que nos torture el mundo, para que además nos torturemos nosotros? Una mujer tiene preocupaciones que tú ni siquiera puedes imaginar, preocupaciones que a veces le hacen decir justamente lo contrario de lo que piensa. Si pudiera decirte que yo... que nosotros...

La indecisión se adueñó de ella y se quedó callada, y aquello me enfureció. No me reconocía ni a mí ni a ella en aquella conversación. Los acontecimientos nos habían transformado, aunque yo fui demasiado estúpido y no me di cuenta de hasta qué punto, de modo que hice lo que suelen hacer los hombres para ocultar sus debilidades: me alejé de ella y la abandoné cuando más me necesitaba.

—Ya conoces mi opinión —me oí decir a mí mismo, aunque apenas me reconocí—. No tengo más que añadir.

Y salí haciendo caso omiso de sus llamadas. Bajé las escaleras como un loco y cuando me desperté a la mañana siguiente con un tremendo dolor de cabeza por el vino que había consumido al volver, me encontré con mi tío vestido con sus mejores galas y de un humor excelente, pensando sin duda en su encuentro con los Levi. Antes de marcharse me despachó al sótano con instrucciones de lo que debía limpiar, tirar y ordenar, e incluso el encargo de que reparase algunos desperfectos menores en las paredes. Le escuché sin poder evitar pensar en cómo iba a mirar a Rebecca, aun siendo consciente de lo ridículo que era dejar que esas consideraciones me distrajeran en un momento en que tenía asuntos mucho más importantes en la cabeza.

En cuanto él se marchó, subí del sótano y busqué por toda la casa. Encontré la partitura de Rebecca oculta tras un cuadro de la antigua Atenas colgado de una pared que daba al canal. Mi tío había quitado algunos ladrillos para crear aquel escondite.

Lo saqué intentando no sentir la presencia de Rebecca en la tinta de sus notas y lo guardé en un lugar que mi tío me había sugerido sin saberlo. Fue en el sótano, a salvo de todo. Mi tío odiaba a las ratas. Le pasaba como a los imanes: que los iguales se repelen.

Luego salí de la casa y caminé hacia Ca' Dario, pensando qué iba a decirle al inglés. Si Rebecca debía tener un benefactor, mejor que fuera alguien en quien pudiera confiar.

Música en la oscuridad

CA' SCACCHI ESTABA vacía, de no ser por los fantasmas que habitaban en ella y por el olor de Laura. Cuando Daniel ya no pudo soportar más esa soledad, salió para La Pietà, donde iba a tener lugar el segundo ensayo del concierto a las cinco de la tarde. La ciudad era un bullir de gente, entre venecianos de gesto avinagrado haciéndose sitio en las colas para tomar el *vaporetto* y un mar de turistas que deambulaban y se detenían sin razón aparente en los lugares más aleatorios. Estaba empezando a adquirir demasiado pronto el desprecio que los venecianos sentían por los turistas, y se deslizaba entre aquellas masas de cuerpos sin ser visto, como un fantasma, como si viviera en un plano distinto, preguntándose incluso si la locura que parecía haber afectado a Laura no estaría circulando también por sus venas.

Había un pequeño grupo en la puerta de la iglesia intentando en vano entrar. Con una leve inclinación de cabeza saludó a la conserje, que nada más reconocerle se levantó y se acercó a él.

—Señor Forster —le abordó. Parecía apenada—. ¿Qué le ha ocurrido a Scacchi? He leído una historia horrible en el periódico, pero no me he creído una sola palabra.

—Está muy enfermo.

—¿Le ha visto? ¿Puedo ir yo también a verlo?

A Daniel le conmovió su interés.

—Por supuesto. Está en el Ospedale al Mare, pero...

Hizo un gesto de impotencia con las manos; un gesto italiano, pensó.

293

—¿No va a salir de ésta?

—No lo sé.

—Iré. Y esta noche rezaré por él. Es un buen hombre, señor Forster. No lo olvide, digan lo que digan. Y quería hacer algo por usted, aunque supongo que eso ya lo sabe.

Daniel se preguntó si de verdad comprendía las motivaciones de Scacchi. Laura le había dicho en varias ocasiones que era demasiado inocente.

—Creo que le gustaría que fuese a visitarle.

—¿Quién puede decir si me oye o no? ¿Los médicos? ¡Bah! Y lo que dicen de la chica que trabajaba para él... Dicen que fue ella la responsable de todo.

—No sé.

—Tonterías. Yo he estado con ella en un par de ocasiones, cuando todavía podía salir de la casa, y le digo que sería incapaz de hacerle daño ni a Scacchi ni a su amigo.

Recordó la explosión de Laura en la cárcel. Había sido una pantomima, y ambos lo sabían.

—Lo sé.

—No tardarán en soltarla. ¡Y si es necesario, iré yo misma a hablar con la policía!

El grupo de gente que aguardaba empezaba a ponerse nerviosa y una pareja de japoneses intentó echar un vistazo al interior de la iglesia, pero se quedaron clavados en el suelo al oírse interpelados en veneciano.

—¡Fuera! ¡Largo! ¡Compren las entradas para el viernes o márchense!

El japonés frunció el ceño.

—El viernes ya no estaremos aquí.

—Entonces, esperen a que se interprete en su país, que sin duda se hará, si es tan bueno como dicen. Pregúntenselo al compositor si quieren. Señor Forster...

La gente comenzó a arremolinarse en torno a él y Daniel sintió que las mejillas le ardían. Entre disculpas se zafó de ellos y entró. El interior de la iglesia estaba fresco y oscuro. El primer movimiento acababa de comenzar. Había una silla vacía a la derecha de la entrada y se sentó allí al cobijo de la oscuridad para dejarse empapar por la música, maravillándose una vez más del extraño poder que tenía aquel trabajo.

El ensayo duró cerca de una hora, aunque pronto perdió por completo el sentido del tiempo. Interpretado por músicos que empezaban a conocer sus temas y matices, el concierto era verdaderamente sorprendente en su técnica y su audacia, pero su verdadera fuerza no radicaba en la destreza de su composición. La música iba pasando de la tragedia majestuosa y lenta hasta alcanzar pasajes de hermosura y vida indescriptibles. Era equiparable a los mejores trabajos de Vivaldi, pero con un elemento más joven y moderno en sus notas. Cuando fuera conocido más ampliamente, aquel concierto alcanzaría rápidamente el nivel de un clásico moderno interpretado por los mejores violinistas del mundo, aunque a decir verdad Amy lo interpretaba muy bien. Todo aquello le llevó a tomar la decisión de que llegado el momento revelaría la verdad, independientemente de lo que dijera Massiter. Sabía que aunque se marchara de Venecia la vergüenza del engaño lo acompañaría siempre y no iba a poder soportar esa carga más de lo estrictamente necesario. Había bailado al son de Scacchi y Massiter demasiado tiempo.

El concierto llegó a su fin con una explosión de fuegos artificiales que eran los pasajes finales interpretados por Amy con un brío y una determinación sorprendentes. La discusión que habían tenido en el Palacio Gritti parecía pertenecer a otra vida. Tras hacer sonar la última nota, Amy se sentó mientras sus compañeros aplaudían. Tanto la orquesta como ella parecían exhaustas, como si el esfuerzo los hubiera dejado trastornados.

Sintió una mano en el hombro. Era la conserje que venía a decirle que había una llamada para él. Cuando volvió, Amy estaba guardando el violín en su funda y salió de la iglesia sin verle. Daniel la alcanzó en la calle, a la luz de un anochecer incipiente. La laguna estaba llena de *vaporetti*, y un ferry partía hacia Torcello. Al otro lado del agua, en el Lido, el cartel de Campari estaba ya encendido. Era un atardecer delicioso.

—Dan... no sé qué decir —le saludó, con una mezcla de dolor y compasión—. Lo he leído en el periódico. Hugo me ha dicho que ha estado con vosotros poco después de que ocurriera. Es increíble.

—Sí. Es precisamente eso: increíble.

—¿Cómo estás tú? ¿Y tus amigos?

—Laura está en la cárcel.

Ella lo miró sorprendida.

—¿Laura? Yo me refería a Scacchi. ¿Cómo puedes pensar en ella después de lo que ha hecho?

Su inmadurez tardaba poco en quedar de manifiesto, pero aun así Daniel se reprendió por la torpeza de su respuesta.

—Amy, Laura no ha hecho nada de nada. Quería a esos dos hombres y por nada del mundo les haría daño. Estuviste con ellos, y supongo que te diste cuenta.

Ella se cruzó de brazos y suspiró.

—Hugo me ha dicho que ella misma lo confesó, y que la policía va a presentar cargos en su contra. ¿Por qué no quieres enfrentarte a la verdad, Dan?

—Estaría encantado de hacerlo, si lo fuera.

—¿Por qué iba a acusarse de algo así?

Se alegró de que le hubiera hecho esa pregunta. El dolor le había impedido analizar la situación con lógica.

—Creo que porque se culpa de lo ocurrido y necesita sentirse responsable por alguna razón que no alcanzo a comprender.

—¡Pero eso es absurdo!

—Sí que lo es, y puede que sea esa la respuesta. Quería a esos hombres, Amy, y en particular a Scacchi. De hecho tengo la sensación de que para salvarse el uno al otro, firmaron una especie de pacto.

—Pero ahora Scacchi está inconsciente y no podrá contar lo que pasó de verdad.

—No, no podrá.

Se volvió a mirar el cartel iluminado de Campari y recordó a Scacchi en la barca de Piero, con Xerxes al timón, la risa constante y la generosidad con que corría el *spritz*.

—¿Por qué dices eso? ¿Es que no va a recuperarse?

Daniel se sentó en las escaleras y ella hizo lo mismo.

—No. Ha muerto. Me llamaron mientras estabais tocando. Se lo encontraron muerto a las cuatro. El corazón ha debido fallarle, pero no se esperaban que ocurriera tan pronto. El viernes le enterraré en San Michele.

—Dios... —murmuró Amy, y pasándole un brazo por los hombros, apoyó la cabeza junto a su cuello.

—Hubiera querido estar allí —dijo en voz baja—. Eso es lo peor de todo. Hubiera querido estar a su lado. Me siento engañado.

Ella lo miró a los ojos

—Dan...

—Sí, me siento engañado. Como si todos ellos me hubieran tenido por tonto.

—¿Por tonto? ¿Es que no has oído lo que hemos tocado ahí dentro? Nadie podría tomarte por tonto.

—Ya me lo dirás antes de marcharte —respondió él.

A Amy le sorprendieron sus palabras y se separó de él para secarse la cara con la manga de la camisa.

—Yo no..

—Por favor, Amy, ten paciencia conmigo —le pidió, y en aquel momento vio una figura vestida con camisa blanca y pantalones claros que se acercaba a ellos por el paseo—. O mejor pregúntaselo a Hugo. Supongo que os llevaréis muy bien.

—¿Qué quieres decir?

—Tú misma me lo dijiste el otro día. Parecía interesado, ¿no?

—¡Ya basta! —explotó, poniéndose de pie—. Me importa una mierda lo grande que seas, Dan. A veces te comportas como un auténtico imbécil.

Massiter comenzó a subir las escaleras de La Pietà hacia ellos, y tras inclinarse levemente ante Amy, se dirigió a Daniel.

—Me he enterado de lo ocurrido. Es una gran pérdida, Daniel. Scacchi era mi amigo.

—Ya.

Los ojos grises de Massiter no reflejaban emoción alguna, y a Daniel se le ocurrió de pronto un pensamiento que parecía quemarle la cabeza: que la muerte de Scacchi y Paul entroncaba, de algún modo misterioso, con el pacto que habían hecho con Massiter. Que lo ocurrido podía ser una especie de justicia cruel que todavía no había cerrado el círculo.

—Me gustaría hacer algo en su honor, Daniel —continuó Massiter—. Me gustaría que el concierto del viernes fuese en su memoria.

—¿No querías hacerlo en memoria de la chica? ¿Cuántos memoriales pretendes tener, Hugo?

—Es verdad. La policía esa tenía razón: hace ya demasiado tiem-

po que Susanna Gianni está muerta y enterrada. Scacchi está ahora en nuestro corazón, y es a él a quien debemos recordar en este
momento.

Massiter ya no le asustaba, y Daniel se preguntó por qué se habría
obrado ese cambio.

—¿Por qué haces esto, Hugo?

—¿A qué te refieres exactamente?

—A la escuela. Al concierto. A todo este numerito. ¿Qué obtienes
a cambio?

A Massiter parecía intrigarle la pregunta.

—No sé ni coger un pincel, Daniel. No sé escribir, ni tocar una
sola nota musical. Pero en cierta medida, lo poseo todo. ¿No te das
cuenta? ¿Tan difícil es de entender? Me gusta ver mi nombre escrito
sobre las cosas que admiro. Me gusta sentirme orgulloso de esas dos
palabras —dejó de sonreír—. Y me gusta saber que todos estáis en
deuda conmigo.

Amy se movió incómoda. Ya estaban cerca, pensó Daniel. Llegaría un momento en que ella también pasaría a formar parte de sus
posesiones, como había hecho él.

—El concierto se tocará en su memoria, Daniel. Puede que la música lleve tu nombre, pero soy yo quien paga a los músicos y quien
alquila el local. Tengo mis derechos.

—Por supuesto.

—Y será una revelación.

—Una revelación —repitió—. Ya.

Y sin decir una sola palabra más, Daniel Forster bajó las escaleras
de La Pietà y giró a la derecha para internarse en el laberinto de callejuelas que terminarían por llevarle, tras dar unas cuantas vueltas
en vano, al cascarón vacío que era Ca' Scacchi.

Un encuentro con el inglés

ENTRÉ POR LA puerta de servicio y encontré a Gobbo en la cocina, acosando a una de las doncellas. Cuando me vio, abandonó el juego.

—Dios bendito, Scacchi. Estás hecho un desastre. ¿Qué te ha pasado?

—Me gustaría hablar con tu amo. Es un asunto de bastante importancia.

—Si tiene que ver con su bolsa, ya puedes irlo olvidando. Mi amo está harto de que todos los venecianos anden tras su dinero. Un canalla ha desaparecido con la recaudación del concierto. ¿Qué te parece? Menudo modo tiene esta ciudad de darle las gracias. Mientras le alaba, le vacía la bolsa. Además no podría haber sucedido en peor momento. No había pedido dinero a Londres contando con esos ingresos, y ahora los bancos andan tras nosotros, lo mismo que los comerciantes —me miró con expresión glacial—. Si has venido para eso, para que te pagara alguna deuda pendiente con tu tío, no te voy a dejar pasar de esa puerta. La amistad termina donde empieza el puchero, y no pienso permitir que me tiren de las orejas para que tú puedas presentarle a tu tío otra factura cobrada.

—No se trata de dinero, Gobbo. Al menos no de pedírselo a él. Es más, puede que obtenga algo con lo que voy a decirle.

—¿De verdad?

Gobbo era un sujeto bastante feo, pero aún más con un gesto de desdén como el que tenía en aquel momento.

—Sí, así que ve y dile que necesito que me dedique diez minutos de su tiempo, y que no vengo tras su bolsa.

Gobbo salió por la puerta que comunicaba la cocina con la parte delantera de la casa y el primer piso; allí, en la estancia con vistas al canal, era donde se mantenían las reuniones. Esperé soportando los comentarios banales de la doncella hasta que me llamaron y entré en el amplio espacio forrado de espejos que había visto el día que fuimos a Torcello. Su magnificencia me pareció algo más ajada que la otra vez. A los cristales no les vendría mal un poco de limpieza, y encontré los muebles viejos y con arañazos. Supongo que las residencias alquiladas nunca son lo mismo que las ocupadas por sus verdaderos dueños. Con sólo tres personas entre sus paredes, aquel salón se me antojó vacío y frío. Sólo los ruidos que provenían del canal animaban algo la escena.

Delapole me miró complacido.

—¡Scacchi! ¿Qué te trae por aquí? No había vuelto a verte desde la tarde de nuestro triunfo. ¡Menudo concierto! Es una pena que un delincuente local haya escapado con las ganancias. Me habría venido bien ese dinero. Tengo una casa en Whitehall, una heredad en Norfolk, y no llevo la cuenta de cuántas fincas poseo en Irlanda, pero si le dices eso a uno de estos banqueros que presumen de mundanos, es como hablarles de terrenos en Lilliput. Supongo que aquí también se lee a Swift, ¿no?

—Se tarda un poco por las traducciones, señor, aunque he oído hablar muy bien de sus escritos.

—Desde luego. Aunque no creas que lo entiendo todo. Escribe versos muy inspirados.

Y alzó un brazo para recitar:

> *A flea hath smaller fleas that on him prey*
> *And these have smaller fleas to bite 'em*
> *And so proceed ad infinitum* [1]

Yo sonreí.

—¿Lo ves? —me dijo, complacido—. Yo no soy una pulga, ni la pulga de otra pulga, sino el mismo perro, el perro original sobre el

---

[1] Una mosca tiene moscas menores que de ella se alimentan || y éstas tienen otras aún más pequeñas que las muerden || y así hasta el infinito.

que se posó la primera de ellas. Al menos no soy capaz de encontrar sangre que chupar, por más que lo intente. Vamos a estar a pan y agua hasta que llegue ese sobre de Londres.

Gobbo me miró enarcando las cejas desde un rincón. Delapole no es ni tan pobre ni tan crédulo como quiere aparentar, me parece a mí. Ningún aristócrata por rico que sea podría pasar tres años por Europa, que es lo que creo que lleva él, siendo tonto de remate. Al menos en eso confiaba yo, si habíamos de vencer a mi tío.

—Bien, joven Scacchi. Estoy a tu servicio.

Antes de llegar a su presencia, había ordenado en mi cabeza las palabras que quería decirle del mejor modo posible. Era una senda resbaladiza la que debía transitar, y con sendos barrancos a cada lado.

—Señor, si me lo permite, desearía hablar con usted a solas.

—¿Cómo? ¿No quieres hablar delante de tu amigo? Creo que se va a sentir muy ofendido.

En verdad Gobbo parecía muy sorprendido, y no podía culparle.

—No es que desconfíe de él, señor, pero creo que lo que tengo que decirle es mejor que quede en secreto.

—Ah. Dos pares de orejas son prácticamente lo mismo que uno solo. El joven Gobbo sabe cosas de mí que te pondrían los pelos de punta, muchacho, y jamás ha traicionado mi confianza, de modo que si él no puede oírlo, tampoco puedo yo, puesto que si ha de derivarse alguna acción de lo que tengas que decirme, ¿a quién voy a acudir yo sino a él?

En eso tenía razón.

—Como guste. Pero primero déjeme decirle que le traigo este testimonio a regañadientes. Me duele tener que hacerle esta revelación, y al hacerlo voy a poner a alguien a quien admiro y a mi persona a su merced. Usted ha demostrado ser un hombre bueno y generoso, señor Delapole, y no quiero abusar de estas cualidades admirables más de lo que lo he hecho ya.

Él se volvió a mirar al canal.

—Es obvio que no eres veneciano, Scacchi. Tres frases completas y todavía no me has pedido dinero.

—No es su dinero lo que necesito, señor. Es su consejo, su sabiduría y su imparcialidad, porque me temo que está a punto de cometerse una grave injusticia que dañará a una persona que usted ya conoce y a la que ha honrado con su amabilidad.

Aquello pareció intrigarle, y tras separar de la mesa de caoba que había en el centro de la estancia una silla de respaldo alto, nos invitó a Gobbo y a mí a unirnos a él. Una vez estuvimos todos sentados, respiré hondo y le conté mi historia con tanta precisión y claridad como me fue posible, omitiendo sólo los detalles que me parecieron irrelevantes, el más importante de todos ellos mi relación personal con Rebecca. También me callé, por el momento, sus orígenes.

A medida que iba relatándoles lo ocurrido me iba tranquilizando, a pesar de que en el rostro de Delapole e incluso en el de Gobbo fuera palpable la sorpresa. El virtuosismo de Rebecca los había maravillado a ambos en La Pietà, y saber que ella misma había escrito el concierto los dejó de una pieza. Cuando les revelé que mi tío se había quedado con el único manuscrito y que pensaba negociar con él para su propio provecho, Gobbo dejó escapar un silbido.

—Ya te había dicho yo que ese hombre no era de fiar, Scacchi. No hay más que mirarle a la cara para darse cuenta. Nadie trata a los de su propia sangre como te trata a ti, sobre todo si acaba de perder a sus padres y ha venido a parar a un lugar como éste.

—Sé que me lo advertiste, amigo mío, y yo te escuché, pero sigue siendo mi tío y yo su aprendiz. Está en su derecho de tratarme como crea oportuno, y si sólo se tratara de eso, no habría venido a importunaros con mis preocupaciones. Pero lo que no puedo es quedarme de brazos cruzados viendo cómo maltrata a otros, y especialmente a una persona con el talento de Rebecca.

Delapole estaba desconcertado, y no era para menos, puesto que yo no le había referido el elemento crucial de la historia sin el cual nada tenía sentido.

—No lo entiendo, Scacchi. Admito que es muy poco común que una joven pueda componer una música así y desde luego la gente de más edad puede no aceptarlo, ¿pero qué le impide darse a conocer y capear el temporal? Ella es la compositora, y seguro que es capaz de escribir más. Se llevará unos cuantos abucheos, pero hasta Vivaldi tiene que soportarlos últimamente. ¿Por qué no se arma de valor y lo hace público?

Me miró desde el otro lado de la pulida superficie de la mesa y supe que no le había juzgado mal. Delapole era capaz de identificar el meollo de un asunto y atacarlo abiertamente cuando era necesario. Su fachada de petimetre era sólo eso, una fachada tras la que palpitaba un discernimiento aventajado.

—Porque eso es imposible. Rebecca es judía, aunque nadie fuera de su círculo lo sabe excepto Leo y yo.

—¿Judía? —exclamó, sin dar crédito a lo que oía—. Dios bendito, muchacho. ¿Estás seguro? Yo soy inglés y estas cosas no se me dan bien. Si no llevan un distintivo, o ese pañuelo que les obligan a llevar en la cabeza, soy incapaz de distinguirlos. Podría incluso trabar conversación con alguno de ellos sin darme cuenta de que...

—Estoy seguro, señor. Todas las noches que ha acudido a La Pietà a tocar bajo la batuta de Vivaldi y con el nombre de Rebecca Guillaume, yo mismo he ido a buscarla al gueto y la he ayudado a salir con falsas excusas.

—¡Scacchi, has perdido la cabeza! —exclamó Gobbo—. ¡Estás metido hasta el cuello!

Delapole parecía confundido.

—¿Dónde está el problema? Es una mujer, sí, y es judía, además de una violinista excepcional y una belleza. Pero ya no vivimos en la edad media. ¿Qué puede ocurrir?

—Puede que en Londres nada, mi señor —respondió Gobbo—, pero estamos en Venecia y el Dux tiene sus normas. Viven donde se les ha dicho que pueden vivir. Tienen que estar tras los muros al anochecer. Está prohibido que entren en nuestras iglesias porque su presencia las profana. Romper esas reglas es desafiar al Dux y todos sabemos cuáles son las consecuencias.

—Sigo sin comprender. No son más que detalles frente a un talento extraordinario. Yo diría que hasta le añade una nota de color. Un toque melodramático nunca le ha hecho mal a los artistas.

Ni Gobbo ni yo dijimos nada. Nos limitamos a mirarnos el uno al otro y fue nuestro triste silencio lo que al final le convenció.

—Está bien. Acepto vuestra interpretación de los hechos. A veces echo de menos mi tierra natal. Un poco del pragmatismo inglés os haría mucho bien. Encuentro increíble que Venecia parezca ser la poseedora de la primera mujer con talento para la música que ha conocido el mundo y que su respuesta sea encarcelarla, santiguarse y esparcir incienso en el aire. Si hubiera querido participar de esas costumbres, me habría ido a España.

Gobbo volvió a mirarme. Delapole no era consciente de la gravedad de la situación. El Dux era muy rígido en la interpretación de la ley, y no dudaría en encarcelar a un inglés lenguaraz lo mismo que a una hebrea.

—Creo, señor, que lo mejor sería que no hablásemos de esto con nadie y que no nos tomáramos a la ligera la justicia de la República —dijo Gobbo—. Usted es una celebridad en esta ciudad y eso puede hacerle blanco fácil de los rumores.

El inglés dio un puñetazo en la mesa.

—Así que esa sería su manera de mostrarme gratitud, ¿verdad? Escribir mi nombre en un papel y echarlo en uno de esos estúpidos leones de las esquinas, ¿no? Por Dios que no se puede permitir que traten a esa pobre chica con tanta crueldad. Tú culpas a tu tío, Scacchi, pero déjame decirte que si la ciudad no estuviera de su lado, él jamás se atrevería a hacer algo así. Este lugar está podrido y él se siente respaldado.

—Estoy de acuerdo, señor —contesté—, ¿pero qué se puede hacer?

—Dime, ¿qué tiene pensado hacer tu tío?

—Declararse compositor de la obra cuando llegue el momento.

—La fecha está fijada para dentro de una semana —intervino Gobbo—. Iba a ser antes, pero Vivaldi anda enredando con las fechas. Yo creo que lo hace por puro deseo de venganza, pero no puede posponerlo para siempre. A las tres en punto en La Pietà. Habrá un verdadero escándalo.

—Pero me temo—continué yo— que mi tío piensa ofrecerle a Rebecca alguna clase de arreglo antes de esa fecha. Él se llevará la gloria y el dinero, no me cabe duda, y a cambio no desvelará su secreto y puede que ella reciba alguna compensación. No lo sé. Tiene todas las cartas en su mano.

—Desde luego —corroboró Gobbo.

—¿Y la muchacha? ¿Qué piensa ella? —quiso saber Delapole.

—No estoy seguro de saberlo, señor. Creo que ni siquiera ella misma podría decirlo.

Delapole me miraba fijamente a los ojos.

—Pues es ella quien debe tomar la decisión, Scacchi. Si Leo es capaz de ofrecerle un compromiso que encuentre satisfactorio, como por ejemplo que ella siga componiendo y él llevándose los aplausos, no hay nada que nosotros podamos o debamos hacer.

—Estoy de acuerdo, señor, pero conociendo a Rebecca como la conozco...

Sus pálidos ojos azules parecían estarme horadando.

—... no dudo de que querrá toda la gloria o ninguna. Lo ha arriesgado todo para sacar su arte fuera del gueto, y aun en el caso de que accediera a algo así, estoy convencido de que la hundiría de tal modo que no volvería a tocar o a componer.

Delapole se levantó y se acercó a la ventana. Gobbo y yo le observábamos. Delapole era el amo allí, y los dos dependíamos de él. Gobbo me dio un puñetazo cariñoso en el brazo como diciendo *todo va a salir bien.*

Aguardamos a que tomara una decisión. Tras cinco minutos de interminable espera, volvió a la mesa, se sentó con decisión y me miró.

—Un hombre juicioso se lo pensaría dos veces antes de denunciar una injusticia en una sociedad que es de por sí injusta. Soy extranjero aquí, y un extranjero que ya ha pagado su deuda, si es que la hubiera.

El corazón se me encogió, aunque no podía discutir la lógica de lo que acababa de decir.

—Yo sólo pretendo su consejo, señor, nada más. Ha sido precisamente su condición de extranjero lo que me ha animado a acudir a usted. Si fuera veneciano, mi nombre estaría en manos de Dux en cuanto abandonase esta habitación, y Rebecca Levi quedaría abandonada a su suerte.

Él sonrió.

—Te expresas con gentileza, muchacho. Incluso el petulante de Rousseau lo dijo en un par de ocasiones, y no era un idiota.

—Gracias, señor. Quiero que sepa que mi opinión de usted no va a verse perjudicada ni un ápice aun en el caso de que no volvamos a hablar de este asunto.

—Vamos, vamos, muchacho... —me dio una palmada en la mano de un modo casi paternal—. Eres siempre demasiado serio, Scacchi. Te haría bien sonreír de vez en cuando.

El pecho me dolía.

—¿Me ayudará?

Delapole miró a Gobbo.

—Quiero que concertéis entre los dos una cita con la joven. Que sea de día, por favor. No quiero más complicaciones. He de conocer su pensamiento antes de actuar. Haré lo que pueda, Scacchi, por patético y torpe que pueda parecer. ¡Bien! —exclamó dando una palmada en el aire—. ¡Una sonrisa! A ver si conseguimos curar esa melancolía tuya, joven Scacchi. Gobbo, invítale a tomar algo en la taberna de la esquina, que yo necesito pensar. Tiene que haber una solución a este rompecabezas, pero debemos reflexionar con calma.

Nos levantamos

—Señor Delapole —le dije, inclinándome ante él—, siempre estaré en deuda con usted. Lo mismo que la señorita Levi.

—Uníos al club —contestó, sonriendo—. Si estar en deuda es otra forma de amistad, creo que debo ser el hombre más amado de este mundo. Ahora, marchaos. Y anímale un poco, Gobbo.

Y eso fue lo que Gobbo intentó hacer a su manera llevándome a una de las tabernas del *rio* y presentándome a un par de amigas suyas. Las dos eran bonitas, con ojos grandes y cabello negro y liso, vestidos rojos (lo cual lo decía todo) y de temperamento alegre.

Gobbo hizo un aparte conmigo y me dijo:

—Vamos, Scacchi. Creo que lo de hoy va a ser de balde. Las dos te encuentran de su gusto.

—No desearía ofender a nadie —dije—, pero no estoy de humor, Gobbo.

—No estoy de humor, no estoy de humor —se burló—. Ya me he quedado sin diversión.

—Lo siento.

—Ya. Espero que ella merezca la pena —añadió, mirándome a los ojos—. Tu amante judía podría matarnos a todos si Delapole da un solo paso en falso.

Me terminé el vino y salí. Había sido una mañana productiva, y no tenía intención de estropearla satisfaciendo la curiosidad de Gobbo. Además, enseguida encontré otros asuntos en los que ocuparme. Al volver a casa, mi tío estaba sentado a su escritorio, esperándome. No iba a permitir que volviera a pegarme, pero él supo encontrar un modo de castigarme mucho más sutil.

—Lorenzo —dijo, fingiendo benevolencia—. Desespero de ti, muchacho. Te pido que hagas una tarea tan sencilla como la de quedarte aquí, y no eres capaz de cumplirla. Pero como soy un hombre generoso, voy a recompensarte con una aventura.

Tenía una expresión de triunfo tal que me hundí. Si había tenido ocasión de hablar con Rebecca, no tenía intención de decírmelo.

—¿Una aventura, tío?

—Hay un corregidor en Roma de nombre Marchese que piensa que sus memorias serían una lectura agradable para las masas. Quiero que vayas a traerme el manuscrito.

—¿Roma? Pero si hay dos días de viaje hasta allí, tío, y aquí tenemos mucho que hacer.

—Cierto, pero teniendo en cuenta lo ocurrido esta mañana, dudo mucho que tu ayuda me sirva de algo, así que te irás a Roma. Dos días para ir y otros dos para volver, y un día para estudiar la publicación con el Signor Marchese. Si te das prisa, estarás de vuelta para el gran día. No querrás perdértelo, ¿verdad?

No pude articular palabra. Me tenía atrapado. Si me negaba, me echaría de su casa y perdería las escasas posibilidades que ello me brindaba de ayudar a Rebecca.

—Apresúrate, muchacho. Has de tomar el barco a Mestre para alcanzar el coche que sale esta noche. Si lo pierdes, quién sabe cuándo podrías volver.

Corrí a mi habitación, preparé la maleta y recogí el exiguo capital que mi tío me había preparado para el viaje. Así partí para Roma, dejando mi corazón y mi pensamiento en Venecia. En el Guetto Nuovo, para ser exactos.

Siluetas en el espejo

EL APARTAMENTO PARECÍA estar hecho de cristal. Amy estaba medio borracha. Habían comido en Da Fiore cangrejos fritos con polenta, rodaballo y langosta, y vino blanco en exceso. Se miró en el ventanal que daba al canal. Los *vaporetti* iban y venían de un lado al otro con tan sólo un puñado de pasajeros de última hora. Una góndola solitaria llevaba a unos cuantos turistas hacia el puente de la Academia con un músico tocando el acordeón en la proa. Algo en aquella imagen le inquietó. Estaba familiarizándose demasiado con Venecia, y empezaba a preocuparse por sí misma y por Daniel. La extraña conversación que habían mantenido en la escalinata de La Pietà le hacía temer por él. Había visto un vacío en sus ojos que presagiaba algo más que simple dolor.

Se volvió y miró a Hugo Massiter. Estaba sirviendo dos copas de coñac de una botella de cristal tallado que había en un armario modernista de metal y cristal ahumado. Su presunción del interés de Hugo en ella le pareció en aquel momento remota e infantil, pero seguía decidida, eso sí, a no marcharse de Venecia como había llegado.

Hugo se acercó con las bebidas. En los espejos que cubrían las paredes su forma se multiplicaba una y otra vez, hasta que se sintió rodeada por Hugo Massiter, engullida por su presencia.

Tomó la copa y dio un trago. No era capaz de pensar con claridad. Él la cogió por un brazo y volvieron junto a la ventana, y por alguna razón que no alcanzó a comprender, no quiso volver a mirar al canal.

—¿Qué ocurre, Amy? —preguntó él amablemente.

—No lo sé.

—Ah —contestó como si su respuesta lo explicase todo—. Comprendo.

—¿Qué es lo que comprendes, Hugo?

—Que te arrepientes de haber aceptado mi invitación de venir aquí. Que crees que te has equivocado. Una chica joven y guapa con un hombre viejo y decrépito.

—No, no es eso.

Tenía que estar de broma. Hugo se conservaba bien para su edad.

—Entonces, ¿qué?

Amy se sentó en el sofá de piel clara.

—No lo sé con exactitud.

—Yo creo que sí, querida. Lo que pasa es que no quieres hablar de ello.

Aquel era un signo de la edad, pensó Amy. La percepción de Hugo y su negativa a ocultarla por temor a ofender.

—Me preocupa este trabajo, Hugo. El concierto, quiero decir.

Él parpadeó sorprendido.

—¿Es que hay algo que no va bien? ¿No te gusta cómo lo está haciendo Fabozzi?

—¡No, no! Fabozzi lo está haciendo de maravilla y todos lo sabemos.

—¿Entonces?

Tomó un trago largo de coñac y su pensamiento se aclaró.

—Pues que no creo que Daniel sea el autor. Es imposible. Es un impostor, y eso le está devorando. Se está hundiendo, Hugo, delante de nuestros ojos. ¿No te has dado cuenta?

Hugo negó con la cabeza y se sentó a su lado.

—¿De qué estás hablando? Está afectado por la muerte de Scacchi, como es lógico y natural, pero eso no significa que sea un impostor.

—Hay algo más, aparte de la muerte de Scacchi —dijo. Le gustó oírse la voz. Era firme y convencida—. Lo supe antes de que falleciera, aunque no quise enfrentarme a ello. En cierto modo, lo sé desde aquella noche que fuimos a Torcello y que sacó aquellas páginas. Daniel no ha podido escribirlas. No es capaz. Además veo que quiere escapar cada vez que oye esas notas.

Hugo la miró fijamente.

—¿De verdad lo crees?

—No lo creo. Lo sé.

—Entonces, ¿quién es el autor del concierto, Amy?

—No lo sé. A lo mejor alguien lo robó. A lo mejor por eso mataron a Scacchi.

—El ama de llaves...

—Conozco a su criada, Hugo, y no sería capaz de matar a nadie. Se volvió loca después.

Volvió al armario de las bebidas y llenó de nuevo las copas.

—Esto es muy preocupante, pero tanto si hay algo de cierto en lo que dices como si no, no debemos permitir que interfiera con el concierto o con tu futuro.

—¡Eso a mí no me importa! Quien me preocupa es Daniel. Ya le has oído.

Hugo parecía perdido. A veces, pensó Amy, era demasiado confiado.

—No entiendo.

—Esto le está devorando. Dan no es esa clase de persona, y habiendo fallecido Scacchi ya no hay nadie que pueda dirigirle.

Él siguió mirándola sin comprender.

—Va a poner las cartas sobre la mesa, Hugo. Me lo ha dicho él mismo, y si quieres que te dé mi opinión, va a dejar que todo siga su curso porque no quiere hacernos daño. Cuando pase lo del concierto, se quitará el peso de encima porque le está matando.

Hugo se recostó en el sofá y suspiró.

—Bueno...

Amy lo observaba y su incredulidad manifiesta le hizo preguntarse si no estaría equivocada, pero no. Daniel mentía. Además su engaño lo explicaba todo sobre él, incluso por irónico que pudiera parecer, su honradez innata.

—Tienes que ayudarle, Hugo. Está pasando un verdadero infierno y tienes que ayudarle a salir de él.

—Si estás en lo cierto, ha cometido un fraude, Amy. Ha firmado contratos suplantando al compositor, y te garantizo que habrá quien no se lo tome nada bien. Ya se ha desembolsado dinero por esos contratos y tendrá que intervenir la policía. Podría tener que enfrentarse a penas de cárcel.

—Pero si no se libra de esa presión, acabará en el hospital. No puedo verle así, Hugo. Habla tú con él. Podría hablar con la policía cuando pase el concierto y aclararlo todo, pero necesita compartir con alguien ese secreto porque le está destrozando.

—Está bien —asintió—. Hablaré con él, pero después del funeral de Scacchi. ¿Te parece bien?

—¡Perfecto! —exclamó, y le besó en la mejilla. Olía a perfume caro. Massiter la miró con una expresión que fue incapaz de descodificar.

—Nunca he envidiado a los jóvenes. Llenáis la parte más preciada de vuestras vidas de angustia y dolor por cosas que carecen por completo de importancia.

—Yo no creo que esto carezca de importancia. Se trata de reclamar la autoría de un trabajo de la categoría de éste, aparte de la muerte de Scacchi.

—Cierto, pero ¿qué significan todas esas cosas para ti?

—Me gusta Dan —respondió, sorprendida por la pregunta—. Es... especial. Es un hombre íntegro.

—Acabas de decirme todo lo contrario.

—Ya, pero es precisamente su integridad lo que se lo hace todo tan difícil.

Hugo movió la cabeza.

—Ay, los jóvenes, cuántas complicaciones...

—Sí —respondió ella, riendo—. Pero tú no has pasado por ello, ¿verdad? Tú naciste ya madurito, ¿no?

—Exacto —se burló, levantando su copa.

—¿Así que nunca te has enamorado? ¿Nadie te ha partido el corazón? ¿No te has pasado nunca la noche en vela con una angustia que no te dejaba dormir?

—Cuando tenía tu edad, no —contestó con una curiosa expresión—. Sólo viajaba. Y vivía, niña querida. Vivir lo es todo. Lo demás carece de importancia.

Había una invitación oculta en sus palabras y Amy tardó en contestar.

—Pero...

—¿Quieres que te lo cuente?

—Tú mismo. Yo no voy a obligarte a nada.

Él suspiró.

—Estuve a punto de casarme en una ocasión. Creía que todo iba a ser perfecto hasta que de pronto se vino abajo, y hoy es el día que sigo preguntándome por qué.

Los ojos se le humedecieron y Amy se sintió culpable. Culpable y sorprendida por aquella transformación. Era otro Hugo Massiter el que tenía ante sí en aquel momento. Un Massiter vulnerable y casi patético.

—Lo siento —se disculpó—. No debería haberte preguntado.

—Pues no, pero ya que lo has hecho, ahora tienes que escuchar. Puede que yo también sea como Daniel. Yo también tengo secretos que he callado durante demasiado tiempo, y esto que voy a revelarte debe quedar entre nosotros dos, Amy.

—Por supuesto.

Respiró hondo y su expresión se oscureció.

—Iba a comprometerme con Susanna Gianni, la chica que fue asesinada hace diez años. Hablaste de ella cuando fuimos a Torcello.

—¿Qué? ¡Dios mío, Hugo!

—Ella tenía dieciocho años y yo cuarenta y uno. ¿En qué estaría yo pensando? Eso sería lo único que vería todo el mundo, si hubieran tenido la oportunidad, claro.

—No era mi intención obligarte a recordar algo así.

—No tienes por qué disculparte. Eso sería lo que habría dicho todo el mundo. Puede que incluso su madre, que conocía mis intenciones. Pero el dinero parecía compensar todo lo demás. Susanna era perfecta. Habríamos sido la pareja más feliz.

—¿Lo sabía alguien?

—Yo creía que no. Fuimos muy discretos. Al principio ni siquiera nos atrevíamos a reconocer nuestros sentimientos. Nos sorprendíamos el uno al otro y ambos sabíamos que un día sorprenderíamos al mundo, pero lo mantuvimos en secreto. El domingo después del último concierto habíamos pensado hacer un anuncio e irnos antes de que llegasen los *paparazzi*. Pero Singer lo sabía. Ahora me doy cuenta. La codició desde un principio, y de algún modo la convenció de que le acompañase cuando terminó el concierto. Yo esperé y esperé, pero ella no apareció. Y a la mañana siguiente...

Massiter se miró las manos.

—Eso es todo, Amy. El secreto que un viejo esperaba llevarse a la tumba, y sin embargo, te lo he contado a ti. Explícamelo, por favor.

Ella le cogió las manos. Eran suaves y cálidas.

—No puedo —contestó.

Él le acarició la mejilla y ella no se movió.

—¿Es por eso que tienes todas estas cosas, Hugo? —le preguntó mirando a su alrededor.

—Podría ser. En Londres tengo una Cleopatra de Tiépolo. Puede que sea el objeto más hermoso que poseo. Pero al final no es más que eso, un objeto. Es hermoso, pero carece de calor y de vida. Como te he dicho antes, la vida lo es todo.

Y volvió a rozarle la mejilla.

—¿Te recuerdo a ella?

—En absoluto. Ella tocaba mejor de lo que tú lo harás nunca, pero tú eres más guapa. Tienes más carácter y más aplomo. Susanna era un lienzo en blanco que siempre me pedía que fuese yo quien decidiera lo que debía mostrar.

Amy sintió la boca seca. La cabeza estaba empezando a dolerle.

—¿Y eso era malo o bueno?

—Ninguna de las dos cosas. Simplemente ella era así. Tú eres lo que eres, y puedo admiraros y amaros a ambas.

—No podemos...

—El mundo es lo que nosotros queremos hacer de él —la interrumpió, y deslizó la mano derecha hasta el escote de su vestido para luego cubrir con ella su seno—. Nunca has estado con un hombre, ¿verdad, Amy?

—No —contestó en voz baja.

—Bien.

Sobre el tejido de su vestido fue bajando las manos hasta llegar a las piernas. Poco a poco, como si estuviera llevando a cabo un examen médico, alzó el vestido y metió las manos entre sus muslos para ir ascendiendo hasta llegar al algodón de su ropa interior. Luego levantó más la falda para dejar expuesto lo que había tocado con las manos y con un movimiento suave y circular metió los pulgares bajo el elástico de sus bragas.

Amy suspiró sin saber lo que aquel sonido significaba mientras las manos de Hugo seguían trabajando en su cuerpo. De pronto la tomó en brazos como lo haría con una chiquilla y mirándola a los ojos la llevó a su dormitorio donde todas las paredes estaban cubiertas de espejo.

Ella se prendó de su propio reflejo de tal modo que no pudo dejar de mirarse mientras él la dejaba sobre la cama, se desnudaba y se arrodillaba a su lado con el rostro enrojecido. En una ocasión anterior había visto desnudo a un novio que tuvo. Comparado con él, Hugo era enorme, casi inquietante en su tamaño.

—Hugo —le dijo—, deberías ponerte algo.

—Yo creo que no —contestó, y de un tirón le rompió el vestido con tal violencia que su cuerpo experimentó una sacudida sobre la cama. Ella misma se quitó la ropa interior por temor a que hiciese lo mismo. Después se inclinó sobre ella y le mordió un hombro. Amy gimió de dolor.

—Hugo —repitió, empujándole para poder mirarle a la cara—. Tengo miedo.

—No tienes nada que temer. Conmigo nunca lo tendrás.

Amy quiso llorar. Quiso poder escapar de allí. Recordó de pronto el sábado anterior, cuando se ofreció descaradamente a Daniel y él la rechazó, desencadenando con su negativa todos aquellos acontecimientos.

Cerró los ojos. No quería mirarle.

—No... no quiero.

Pero él volvió a mover las manos, acariciando, buscando, entrando.

—Pero yo sí, amor mío.

El corregidor romano

ME ALOJÉ CON los Marchese en el Quirinal, no muy lejos del palacio en el que el residía el Papa, huyendo del calor y la malaria del Vaticano. En el estado de agitación en que me encontraba, fue un alivio descubrir que tenía un anfitrión espléndido. Marchese ocupaba una pequeña mansión patricia con su esposa y un único sirviente, Lanza. Era un hombre de edad, con problemas de espalda, una ligera cojera y el pelo blanco impoluto. Por el contrario, sus ojos eran tan brillantes, tan vivos y con la misma tendencia al llanto que los de un niño. A pesar de mostrar un carácter tan alegre, sospecho que pocos malhechores habrían escapado a su celo cuando estaba en activo.

Llegué por la noche después de dos jornadas de diez horas de viaje, y les agradecí enormemente que me ofrecieran un baño, una buena cena y que me obligaran a irme a la cama. Los Marchese no tenían hijos y los dos me mimaban como si fuera de su propia sangre. No había asimilado que estaba en Roma, una ciudad con tantas posibilidades y lugares hermosos, porque cuando subí al segundo piso de la vivienda y me tumbé en un cómodo diván, caí inmediatamente en un sueño profundo y tranquilo del que sólo el gallo y un sol brillante me sacaron a la mañana siguiente.

Pasé las primeras horas revisando el manuscrito de Marchese. Mi tío tenía sus normas. No publicábamos cualquier cosa. Tardé poco en darme cuenta de que aquel encargo no iba a suscitar ningún problema, y que incluso podríamos publicar algunas copias más aparte de las que Marchese nos encargara. Su prosa era algo desordenada,

317

pero nada que una buena edición no pudiera subsanar, y lo que sí tenía era intensidad. A excepción de algunos pasajes cortos que podían resultar aburridos, sus historias sobre la vida de la ciudad resultaban muy interesantes.

Muchos de quienes pagan a la casa de Scacchi para ver su nombre en letras de molde lo hacen por pura vanidad. Supongo que leer su nombre en la primera página de una publicación les garantiza en su opinión la inmortalidad, aunque si vieran la cantidad de volúmenes sin vender que se apilan tristemente en nuestro sótano cambiarían de opinión. Pero Marchese no encaja en esa descripción. Su objetivo, según me explicó, era describir sus métodos de investigación con la esperanza de que otros corregidores pudieran aprender de su experiencia y con el tiempo encontrar métodos más eficaces de descubrir a los culpables y hacerles pagar por su delito. Según él, la justicia es algo casi aleatorio porque lo primero que se hace es buscar un culpable que en muchos casos es inocente, y después iniciar la búsqueda de las pruebas que puedan establecer su culpabilidad. Marchese cree que el primer paso debería ser aclarar los hechos y dejar que sean ellos quienes conduzcan a la justicia a la localización del culpable, y no hacer caso de los comentarios o los rumores y arrestar a la primera persona que tiene cara de ser un delincuente. Yo no se lo he dicho pero me parece una idea muy revolucionaria para los italianos, que son seres de sangre caliente y buscan una satisfacción instantánea. Los alemanes o los ingleses quizás podrían soportar el procedimiento lento y laborioso que Marchese recomienda, pero dudo que satisfaga a quienes aguardan en la entrada lateral del palacio del Dux cuando ocurre alguna desgracia y el anciano tiene uno de sus arranques de cólera, para contar el número de desgraciados que entran y que no vuelven a salir.

El corregidor tenía un gran número de pruebas para soportar su tesis, todas ellas detalladas en sus memorias. Todos los capítulos tenían títulos melodramáticos: *"El fragmento toscano y un ramo de camelias"* o *"El gato egipcio que maullaba a la luna"*, por citar alguno. Pero Marchese no pretendía entretener a sus lectores sino transmitirles la técnica del proceso al que él se refería como *mecánica forense*, además de demostrar que al analizar las características personales de los delincuentes que aprehendía, la idea de que eran seres ruines por naturaleza o por elección propia, ambas especies completamente apartadas del ciudadano medio y honrado de las calles, debía quedar descartada.

—El mayor error —me decía, alzando un dedo regordete en el aire—, es creer que el mundo debe dividirse en blanco y negro, en pecadores y justos. No existe prueba alguna que pueda sustentar una noción tan estúpida. Cada argumento posee multitud de facetas, cada individuo una panoplia de rasgos, algunos dignos de alabanza, otros detestables y sospecho que muchos de ellos heredados. La diferencia la pone el modo en que cada ser humano selecciona una particular versión de los hechos y sus características. En un momento dado, yo puedo ser tan asesino como tú. Sólo la suerte, la falta de ocasión y espero que una determinada templanza de carácter nos salva del precipicio. Desconfía de aquellos que te digan que este mundo puede dividirse en dos: buenos y malos. O son idiotas, o aún peor, pretenden manipularte con el fin de incrementar su poder a costa de aquellos pobres de entre nosotros que puedan ser calificados de enemigos.

Olfateó el aire. Llegaba un aroma delicioso de la cocina, y tras disfrutar de un delicioso guiso de carne y dos jarras de vino, volvimos a ocupar nuestro sitio en los sillones. Yo me sentía saciado y somnoliento, y aliviado de haber conseguido apartar el pensamiento de los acontecimientos de Venecia. Pasara lo que pasase entre Rebecca y mi tío, independientemente de los progresos que Delapole hubiera podido urdir para hacer desistir a Leo de sus planes, nada que yo pudiera pensar o realizar en Roma iba a servir de algo.

—En cuanto al dinero —dijo, y yo tapé mi copa al ver que dirigía hacia ella una botella de *grappa*—, pienso pagar la tarifa habitual en el mercado y nada más. Los venecianos sois el mismísimo diablo a la hora de negociar.

No tenía intención de regatear con aquel hombre tan encantador, así que decidí dejar a un lado la lista de precios inflados que mi tío utilizaba como punto de partida en sus negociaciones y le entregué la verdadera, que era con toda sinceridad el precio más bajo que podría conseguir de cualquier editor veneciano de renombre.

—Vamos, Lorenzo —me dijo, dándome una palmada en el hombro—, un precio siempre se puede negociar. ¿Y si te lo pagara todo al contado?

—Como ya le he dicho, señor, esos son los precios, y no deberíamos malgastar el tiempo en regateos.

Me miró y suspiró.

—¿Sabes una cosa? No sé si eres el veneciano menos... veneciano que conozco, o el más liante de todos.

—Yo soy de un pueblo de Treviso, no de la ciudad, y carezco de la inteligencia necesaria para ese tipo de juegos.

—Ya. Eso sí que lo dudo, porque mientras trabajabas aquí conmigo has estado todo el tiempo pensando en algún asunto que has debido dejar pendiente en Venecia.

No contesté. No quería hablar de ello.

—¡Muy bien! —exclamó, y se levantó de su sillón ofreciéndome la mano—. Olvidémonos de algo tan prosaico como el dinero y vamos a tomar una bocanada del putrefacto aire de Roma. Hace un calor de mil demonios en la calle, hijo, pero no voy a permitir que te vayas sin que le hayas echado un vistazo a la ciudad. ¿Qué me dices?

Me levanté y estreché su mano. Marchese era el primer hombre de Roma con el que había hecho negocios, pero había obrado como siempre se espera de un romano.

—Pues que sería un verdadero placer, como todo lo demás en su compañía.

Así que salimos a pasear por la ciudad más impresionante de la tierra. Con Marchese como guía, siempre dispuesto a señalarme un monumento aquí, o una estatua mutilada allá, Roma cobró vida. Caminé junto a César y a Augusto, temblé en presencia de Nerón y me quedé mudo ante el Coliseo. Me sentía como un niño en presencia de un tío amable y generoso que tenía la llave del jardín secreto más maravilloso del mundo. En los bancos del Tíber, me enseñó el lugar donde se erigía el puente de madera de Ponte Sublicio, donde Horacio Cocles y sus camaradas habían luchado con tanto valor para defenderse de Lars Porsena y de todo el ejército etrusco. Luego me condujo a la isla Tiberina, que había sido gueto judío desde el pontificado del papa Pablo IV, quien los encerró tras sus muros bajo pena de muerte unos ciento setenta años atrás.

Tras aquella información me quedé pensativo y él tomó mi silencio por cansancio (es increíble el vigor que tiene él), así que volvimos al Quirinal.

Una vez allí, seguimos charlando animadamente. El bueno de Marchese no dejaba de mirarme y al final, dejando sus gafas sobre la mesa, me dijo:

—Lorenzo, no estás en la conversación.

—Lo siento, señor, pero es que tengo asuntos personales con los que no quiero preocuparle. Le pido disculpas si le he parecido distante.

—A veces es mejor hablar de esas cosas con desconocidos.

—A veces, pero en esta ocasión, no. Si se tratara de otro asunto no dude que me gustaría hablarlo con usted, puesto que creo no haber congeniado de este modo con nadie en tan sólo un día, un hombre que empezó la mañana siendo un desconocido y terminará la tarde siendo un amigo. Al menos eso espero yo.

Le gustó lo que le dije, y yo me alegré de haberle complacido.

—Me ofendería que no me consideraras tu amigo— me respondió—, y para demostrártelo voy a pedir que, como amigo, hagas una cosa por mí. No te pediré que me des la respuesta ahora. Puedes hacerlo cuando quieras: después de haber dormido, o en el coche hacia Venecia, incluso más tarde si quieres.

Fue a la librería, apartó un grueso volumen y de detrás de él sacó unas cuartillas escritas con la misma cuidada caligrafía que el manuscrito que me había entregado.

—Falta un capítulo en el documento que te he entregado, Lorenzo. No alcancé el éxito en todos mis casos, aunque no sea esa la razón de haberlo omitido. Júzgalo por ti mismo. No sabía si mostrárselo a alguien, y sigo sin saber si es apto para ver la luz del día. Espero que me ayudes a decidir. Léelo y confiaré en tu decisión.

Cogí las cuartillas y me llamó la atención un título un tanto singular. Luego me despedí de él y de su esposa y me retiré a mi habitación. El día había sido largo y me esperaba un cansado viaje. Pero cuando me metí en la cama en mi habitación del Quirinal, me resultó imposible dormir. Me hallaba sumido en un duermevela al que acudían imágenes de la roma imperial: César agarrándose la túnica y cayendo herido de muerte bajo una lluvia de golpes; Calígula asesinado por su guardaespaldas; la cabeza y las manos de Cicerón, cercenadas por los hombres de Augusto y exhibidas en la *rostra* del Foro.

De pronto el ámbito y la época de los sueños cambiaron, y en su lugar vi a Rebecca, desnuda, pálida y asustada, cubriéndose con las manos, incapaz de articular palabra. Estábamos en su habitación de Venecia, como si se tratara aún del último encuentro que habíamos mantenido, en el que discutimos y yo presentí que deseaba revelarme algo pero que al final no lo hizo. Seguíamos mirándonos en silencio en aquel mundo de sueño, y yo abrí la boca pero no salió palabra alguna de mi garganta. Ella me rogaba que la ayudara con la mirada, pero yo era incapaz de caminar hacia ella. Entonces, con un esfuerzo que arrancó lágrimas de sus ojos, levantó una mano y me mostró su palma antes de decir:

—No está manchada de sangre.

Me desperté temblando como de calentura.

Nada tenía sentido y no podía dormir, así que intentando distraerme, saqué el manuscrito de Marchese, encendí una vela y comencé a leer.

Una hora más tarde comprendí el sueño y muchas cosas más. Con el corazón en un puño corrí por el pasillo hasta llegar a la puerta de mi anfitrión y la aporreé con los puños.

Preguntas difíciles

GIULIA MORELLI ESTABA sentada en la terraza del café de la plaza de San Casiano, acompañada de Biagio, que se movía incómodo en aquellas duras sillas de plástico. El subinspector no estaba de servicio e iba de paisano.

—Pareces incómodo —comentó ella—. Relájate, que no muerdo.

—No sé cómo he podido acceder a esto. ¿Qué tiene de malo su gente?

Había intentado convencerse de que podía confiar en Biagio, y estaba a punto de conseguirlo.

—Cada cosa a su tiempo —le contestó—. ¿Sabes por qué te he escogido a ti?

—Sí.

Después del interrogatorio de Rizzo, había estado hablando con Biagio sobre sus antecedentes: había asistido a la universidad en Roma, su ciudad natal. Venecia era un hecho accidental. No tenía familia allí, de modo que en principio no debía pertenecer a ningún grupo de presión, a menos que hubiera sido reclutado a su llegada a la ciudad dos años antes, y eso era bastante poco probable. Y puesto que tenía que confiar en alguien, aquel hombre le pareció la mejor opción.

—Cuando haya conseguido pruebas —le dijo—. Cuando todo esté tan claro que nadie pueda pararlo. Entonces podré hacer lo que tengo que hacer con ciertas garantías de éxito. Si alguien llegara a sospechar ahora, me pararían los pies en cuanto se me ocurriera mencionar el nombre equivocado. Tú lo sabes igual que yo. Y los dos lo lamentaríamos.

Él asintió y miró con amargura la fachada de ladrillo de Ca' Scacchi, que quedaba al otro lado del *rio*. Biagio era digno de confianza, lo presentía, pero no por ello tenía que participar de buen grado en aquel asunto.

—El chico inglés no va a salir hoy —dijo—. Llevamos aquí sentados casi una hora y ni ha asomado la cara para ir a desayunar.

—Tienes razón —contestó. ¿Qué significaría su encierro? Según los periódicos, Daniel Forster era un músico brillante. Su primer trabajo, la recreación de un concierto barroco para violín, una obra maestra decían los entendidos, iba a estrenarse en La Pietà el siguiente viernes. Sin embargo, se comportaba como si se sintiera perdido en Venecia. Las muertes de Scacchi y el americano tenían que haberle afectado, por supuesto, pero tenía que haber alguna razón más para tanta lasitud. Había dispuesto que Biagio le siguiera, y éste le había informado de una única salida, que había consistido en una visita a La Pietà el lunes por la tarde. Luego se había pasado casi todo el martes encerrado en Ca' Scacchi, desde donde sólo había hecho una llamada, y a una funeraria (había pinchado discretamente su teléfono). Salió de la casa en una ocasión para comprar una botella de vino y una lasaña precocinada en una tienda cercana, y eran ya las once de la mañana del miércoles. El momento que sin duda sería para él el más importante de su vida quedaba sólo a cuarenta y ocho horas, y Daniel se comportaba como un recluso, como si la expectación palpable que iba creciendo en torno a La Pietà y que se reflejaba en la creciente presencia de los medios de comunicación internacionales no tuviese nada que ver con él.

—Podemos estar aquí sentados una eternidad sin que pase nada —se lamentó Biagio.

—Estoy de acuerdo.

Esperaba haber podido seguir a Daniel por la calle y pillarle desprevenido, lejos de lo que él ya consideraba su territorio. Biagio tenía razón. Daniel Forster parecía haberse recluido en la concha de Ca' Scacchi por tiempo indefinido.

—Ven —dijo, y dejó unos billetes sobre la mesa antes de levantarse rápidamente y echar a andar hacia la vieja mansión mientras el subinspector intentaba seguirla a toda prisa.

Llamó y Daniel abrió la puerta. Estaba hecho una pena: los ojos rojos, sin peinar, el aliento oliendo a vino...

—¿Qué quiere? —le preguntó, sin mirarla a los ojos.

—Hablar contigo.

—No tengo nada nuevo que decir.

—Puede que no. Puede que seamos nosotros quienes tengamos algo nuevo que decirte. ¿Podemos pasar?

Él asintió y abrió la puerta de mala gana, y los tres subieron al salón que daba al *río*. La mesa estaba llena de platos sucios y había dos botellas de vino vacías en el centro. Daniel les indicó que se sentaran en los dos sillones que había frente a la chimenea apagada.

—Debes echar de menos al ama de llaves —comentó Giulia—. La casa huele a mil demonios.

Él se volvió a mirar la mesa.

—Sí —contestó—. Todavía... todavía me cuesta hacerme a la idea de que no van a volver.

Pensó en subir al otro piso para ver si las sábanas del dormitorio principal seguían como cuando ella las vio, pero en realidad no era necesario. Nada había cambiado en la casa desde la última vez que estuvo allí. Seguro que incluso las manchas de sangre seguían en la alfombra del dormitorio.

—Supongo que el funeral será en San Michele el viernes —dijo—. Apenas unas horas antes del concierto. Tendrás que guardar la compostura. Los vivos sólo pueden dejar que la pena les consuma hasta cierto punto. Si nos pasamos, ofendemos a los muertos. O a su memoria, por lo menos.

—Le agradezco el pésame —dijo—. No lo olvidaré.

—Bien.

Le gustaba aquel muchacho, a pesar de la frialdad con que la trataba. Su respuesta había sido educada. Ella habría hecho lo mismo.

—Dime una cosa, Daniel: ¿quién crees tú que mató a tus amigos?

Él tenía ladeada la cabeza, como si estuviera pensando, aunque con aquella pregunta consiguió captar toda su atención.

—Creía que ya me había dado usted la respuesta a esa pregunta. Me dio la impresión de que ya había cerrado el caso.

—¡No! —se rió—. Me limité a contarte lo que nos había dicho el ama de llaves y en dos ocasiones nada menos. Eso mismo fue lo que te dijo cuando fuiste a verla a Giudecca, ¿verdad?

Él la miró con desprecio.

—No pensarás que las guardias están sordas, ¿no?

—Váyase a hacer puñetas.

Biagio, que había permanecido al margen de la conversación deliberadamente, o eso le parecía a Giulia, lo miró alzando el dedo índice.

—Cuidado con ese lenguaje.

—Gracias, Biago —le contestó, sorprendida—, pero creo que puedo arreglármelas sola. Daniel, no te culpo por estar dolido. Parece que todos los que te rodean te han abandonado, o peor aún, te han engañado.

Miró por la ventana. Iba a ser otro día de calima y sin viento. A lo mejor, siendo extranjero, notaba más el calor que los venecianos.

—¿Vamos a tardar mucho? Es que iba a salir.

—No mucho. Depende de ti. Voy a hacerte de nuevo la pregunta: ¿quién mató a tus amigos?

Él negó con la cabeza de lado en una mezcla de desesperación e ira.

—¿Por qué se empeña en torturarme así? Ya tiene a Laura. No irá a decirme ahora que no piensa presentar cargos contra ella, ¿verdad?

—Desde luego que no —contestó, y esperó un instante—. Esta misma mañana he firmado los papeles de su puesta en libertad. Ya ha salido de la cárcel.

—¿Dónde está? —le preguntó con ansiedad—. ¿Dónde puedo encontrarla?

—No tengo ni idea. Ahora es ya una mujer libre y yo no necesito volver a hablar con ella, así que puede irse donde quiera. A lo mejor viene hacia aquí. No lo sé.

—No juegue con personas a las que quiero, por favor —le dijo, frunciendo el ceño.

—Ah.

Giulia unió las manos y guardó silencio contemplándose los dedos, esperando que fuera él quien marcara el paso.

—Usted dijo que había sido ella —explotó Daniel cuando ya no pudo soportar más el silencio.

—No, Daniel. Fue ella quien lo dijo, y en más de una ocasión. Por supuesto yo no me lo creí. Podría haberla acusado de hacernos perder el tiempo, pero eso habría sido una crueldad, después de que fue ella quien se encontró a dos hombres a los que quería, el uno muerto, y el otro agonizando. Se consideraba su protectora, y puede que se sintiera responsable de su suerte, pero yo soy policía y tenía que considerar otra posibilidad, y es que estuviera protegiendo al verdadero asesino. A ti, quizás.

Daniel farfulló un insulto y aunque Biagio se movió al oírlo, no dijo nada.

—Si cree que soy culpable, deténgame.

—Sé que no lo eres. Los dos os acostasteis juntos aquella noche. ¿Cómo ibais a levantaros uno de los dos para asesinar a Scacchi y a su novio cuando acababais de hacer el amor? ¿Por qué ibais a hacer algo así?

—Está dando palos de ciego.

—No. Vi las sábanas de la cama de Laura, Daniel. Es prerrogativa de la policía.

Había un paquete de cigarrillos sobre la mesa y Daniel sacó uno, lo encendió, y tras darle dos caladas empezó a toser. No debía ser fumador habitual, pensó ella.

—Disfruta con esto, ¿verdad?

—Desde luego. ¿No es evidente?

—¿Por qué?

—Pues porque a veces, no siempre, pero a veces, conseguimos arreglar las cosas. Es como si encontráramos un descosido en la tela de la que está hecha el mundo y consiguiéramos coserlo. ¿Qué íbamos a hacer si no? ¿Cerrar los ojos y pasar de largo? Ya hay demasiada gente así, Daniel. ¿Por qué íbamos a comportarnos como las ovejas y seguir al rebaño?

Daniel apagó el cigarrillo y no contestó.

—Eres muy distinto a ese amigo tuyo que conocí la triste mañana del asesinato —continuó—. Tú te escondes aquí, como si tuvieras miedo del sol, mientras el señor Massiter es el hombre del momento. Comidas, reuniones, declaraciones... ¿Sabías que cenó el otro día con el alcalde? Se mueve en esos círculos sin tener ni un ápice de talento. Se dedica a parasitar el tuyo.

—Personas como Hugo Massiter son... —buscó la palabra adecuada—... un mal necesario.

—Desde luego. Y un mal que triunfa. ¿Conoces a esa violinista joven? Creo que es norteamericana.

—¿Amy?

—Sí, creo que se llama así. Es una coincidencia, sin duda, pero esta mañana estaba yo desayunando cerca de la casa de Massiter y la vi salir. Era muy temprano y tenía cara de... bueno, ya sabes. Creo que ellos... en fin, ¿quién soy yo para juzgar esa clase de cosas?

—¿Están siguiendo a Hugo? —preguntó.

—Yo no he dicho eso. Fue casualidad que viera a la chica salir de su casa. Iba algo desaliñada, y yo diría que disgustada también. No sé. En fin, que deberías hablar con ella cuando la veas.

—Ya.

—¿Crees que al señor Massiter le gustan las jovencitas?

Daniel suspiró.

—No tengo ni idea. No sé mucho sobre él. Lo conocí al llegar aquí.

—Pues yo diría que esa chica... ¿Amy, has dicho? Yo diría que está bastante interesado. Por cierto que también es una muchacha de talento.

—Si usted lo dice.

La posibilidad parecía preocuparle, pero no del modo que ella esperaba. Era sólo preocupación, no celos.

—Dígame: ¿quién cree usted que ha matado a Paul y a Scacchi?

Ella se encogió de hombros.

—Alguien que tuviera motivos para hacerlo, supongo. Una persona que quisiera algo de ellos o que creyera que debía castigarlos por algo.

—Le dije que alguien les había prestado dinero y usted me llamó mentiroso.

La costumbre que tenía aquel muchacho de exagerar, de distorsionar la verdad, era muy molesta.

—No. Lo que te dije es que no tenía pruebas de ello, pero eso no significa que no sea cierto. Simplemente que es poco probable.

—Entonces, ¿quién?

Giulia esperó un momento. El interrogatorio al que había sometido a Rizzo había establecido una cosa sin sombra de duda: que Massiter andaba buscando un instrumento que había entrado en el mercado negro. A pesar de sus presiones, Rizzo había mantenido su inocencia del asesinato del responsable del cementerio y no había arrojado ninguna luz sobre la naturaleza del instrumento, aunque estaba casi convencida de que había sido él quien lo había sacado del ataúd de Susanna Gianni. De todos modos, Rizzo no iba a escapar fácilmente. Ya volvería a interrogarle más adelante, presionándole un poco más cada vez, hasta que consiguiera romper sus defensas y arrebatarle el primer premio, que era lo que importaba desde un principio.

—Scacchi trataba con mercancías robadas de vez en cuando —dijo—. ¿Lo sabías? ¿Negociaste tú en su nombre en algún momento para la compra o la venta de esa clase de artefactos?

Daniel enrojeció ligeramente.

—Me dijo que era tratante de antigüedades. Eso es todo.

—Una expresión de sentido tan amplio... pero volvamos a mi pregunta, por favor. ¿Has manipulado algún objeto de ese tipo en su nombre? Tu respuesta es importante, Daniel, y no te preocupes, que no ando persiguiendo un ladrón, sino un asesino.

—Sé que hay cosas en esta casa que quería mantener escondidas —se escabulló.

—¿Y siguen estando aquí?

—No he encontrado nada de valor, y he mirado por todas partes —admitió.

Ella lo miró atentamente.

—¿Por qué has hecho una cosa así? ¿Pretendías vender lo que encontrases?

—¡No!

—Entonces, ¿por qué?

Había sido demasiado impetuosa, y había metido la pata. La expresión de Daniel se volvió inescrutable.

—Soy músico, no ladrón.

—Un músico que no va a ver cómo van los preparativos de su primer concierto. ¿Vas a estar en el estreno, o en la fiesta de después?

Daniel volvió a mirar por la ventana.

—Estaré, sí. ¿Ya hemos acabado con las preguntas?

—No. ¿Has acabado tú con las respuestas?

—Le he dado más de las que se merece —espetó.

Ella miró a Biagio. Parecía inquieto. Entraba a las tres, y aquella entrevista no parecía llegar a ninguna parte.

—La verdad es que me habría gustado que fueras tú el asesino,

Daniel. Habría sido todo tan sencillo, tan limpio... y ya sabes lo mucho que nos gusta eso a la policía.

Él la miró frunciendo el ceño.

—¿Qué?

—Tú eres la única persona con motivo, aparte del ama de llaves, y los dos sabemos que ella no fue.

Había odio en su mirada, y eso le sorprendió. Le parecía fuera de lugar.

—Deberías ocuparte cuanto antes de las cuestiones de sus propiedades —añadió—, antes de intentar ahogar tus penas en vino. Ayer hablé con el abogado de Scacchi, y parece ser que dejó divididas sus propiedades en tres partes: una para su amante, otra para su ama de llaves y otra para ti. El cambio en el testamento se hizo hace sólo una semana. El amante está muerto, y el ama de llaves renunció a su parte en cuanto le hablé del testamento, así que sólo quedas tú.

Daniel abrió los ojos de par en par.

—Esta casa es tuya, Daniel —continuó—. Y todo lo que contiene. Sin deudas ni cargas. Scacchi te nombró su heredero, aunque te conocía desde hacía unas semanas. ¿Por qué crees que haría algo así?

El rubor había desaparecido de su cara, y Giulia se preciaba de ser una buena analista de las emociones ajenas. En aquel momento, Daniel estaba lleno de rabia y de justa indignación por lo que su benefactor había hecho, como si Scacchi hubiera ejecutado un truco misterioso desde la morgue.

—Daniel, ¿por qué?

Pero él tenía el pensamiento en otra parte, un lugar que ella ni se imaginaba. Cuando se volvió a mirarla, había una fiereza en su mirada que estaba allí por primera vez.

—Dígame, señora: cuando vuelve a su casa después de terminar el trabajo, ¿tiene la sensación de haber contribuido al bien en el mundo?

La pregunta le ofendió.

—Por supuesto. Este trabajo no puede hacerse por ninguna otra razón.

—¿Y cómo definiría su actuación?

—Yo no robo —contestó inmediatamente—. No acepto sobornos, ni invento pruebas para quienes me parece que puedan ser culpables, ni miro para otro lado cuando los delitos los comete alguien que se supone que está más allá de la ley.

La expresión de Daniel le llamó la atención. La conversación había cambiado sustancialmente, y no sabía cómo reconducirla.

—¿Así es como define usted el bien? ¿Describiendo lo que no hace?

—En esta ciudad es así —contestó, y se arrepintió de no haber madurado más la pregunta.

Daniel cruzó los brazos y sonrió, y Giulia se levantó con una excusa por la que tenían que marcharse ya. Biagio se levantó también.

—Quiero que me llames, Daniel —dijo, dejándole una tarjeta sobre la mesa—. Nos haría bien a los dos hablar de nuevo. Llámame al móvil, por favor, y no te olvides de lo que te he dicho sobre cómo funciona esta ciudad. Ten cuidado con las compañías.

La temperatura en la calle había subido varios grados, lo que en unas horas transformaría la ciudad de Venecia en un lugar insoportable. Giulia se sentía confusa, y eso no era corriente en ella. Biagio la miraba extrañado.

—¿Qué?

Él se encogió de hombros.

—¿Cómo te sientes cuando alguien te gana la partida?

—Ya lo has visto. Maldito hijo de la gran bretaña...

—Me gusta ese chaval. Parece bastante honrado.

—¿Bastante?

—Bastante como para ayudarnos si es que puede. Y si quiere, claro. Si tiene alguna razón para hacerlo.

Biagio tenía razón y ella lo sabía. Sin Daniel Forster, estaban perdidos. Las ideas que no paraban de darle vueltas en la cabeza ni de día ni de noche perderían su vigencia. Incluso era posible que llegase a perder la posibilidad de pedir el traslado.

—Yo la encontraré —contestó, pero Biagio no la escuchaba. Estaba a la sombra de una puerta contestando al teléfono, y por la expresión de su cara lo que le estaban contando no era bueno. Había enrojecido y soltaba tacos como ristras de chorizos. Terminó y se volvió a mirarla con pocas ganas de contárselo.

—¿Qué ha pasado?

—Que han encontrado a Rizzo flotando boca abajo junto a uno de los viejos muelles del puerto. Le han disparado en la cabeza. Anoche, probablemente.

Giulia cerró los ojos y deseó haber sido más persistente para sacarle la verdad.

—Madita sea...

Biagio no contestó. La observaba.

—Voy a ir a ver a Massiter —dijo—. A ver dónde anduvo anoche.

—No puede hacerlo. El caso ya ha sido asignado y no podrá ni leer el expediente sin dar explicaciones.

—¿Quién lo tiene?

—Raffone.

Aquello era increíble. Habían asignado el asesinato de Rizzo al peor inspector de toda la comisaría; incompetente y corrupto además.

—Dios... está claro que hay alguien de por medio aquí. ¿Qué podemos hacer?

Biagio se irguió y Giulia deseó haberle pedido opinión antes.

—Ya tiene el caso Scacchi, ¿no? —contestó, señalando Ca' Scacchi con un gesto de la cabeza—. Pues utilícelo. Encontraremos el modo de apoyarnos en ese muchacho. No hay otra opción.

—Te ha gustado, ¿verdad?

—Sí. ¿A usted no?

Giulia estaba segura de que Daniel le ocultaba algo, pero al mismo tiempo se sentía incapaz de culparle por lo que había hecho. Le resultaba imposible pensar que le hubieran movido razones sucias o egoístas.

—Sí, a mí también me gusta, pero si es necesario, tendremos que ir a por él.

Biagio miró su reloj y no dijo nada. Su turno estaba a punto de empezar.

—¿Se lo has dicho a alguien?

—¿El qué?

—Lo de Rizzo.

—Estuvo en la comisaría, así que difícilmente puede ser un secreto.

—Es verdad —la información podía haberse filtrado de mil maneras diferentes. Tenía que aprender a confiar en alguien—. Perdona.

—No importa. Voy a proponerle una cosa: seguiremos con esto durante una semana, y si al cabo de ese tiempo no hemos encontrado nada, lo dejamos. ¿De acuerdo?

—De acuerdo —mintió.

El demonio que se me escapó de las manos

Capítulo excluido por voluntad del propio autor de las memorias de Alberto Marchese, corregidor del barrio del Quirinal, 1713-33.

Como ya habrá deducido a estas alturas, querido lector, el bribón es una especie bastante ordinaria. Durante los años en que he ejercido como corregidor he despachado más de doscientos a prisión y unos treinta al patíbulo, pero conociendo la naturaleza humana como la conozco, no puedo sentir ni satisfacción ni lástima por su destino. La vida la determinan en muchos casos los dados del azar. Ninguno de esos desgraciados llevaba la semilla del diablo en la sangre, y de haber nacido de otros padres y en otro tiempo, podrían haber sido todos ciudadanos modélicos, excepto quizás el desdichado de Fratelli, que estaba tan loco como el perro de un porquero y era el doble de peligroso. Pero un ser humano capaz de estrangular a su esposa y después servirla guisada a los parientes que acudieron a celebrar su cumpleaños debe ser calificado de lunático, y por lo tanto no del todo humano. Incluso Brazzi, aquel canalla de ágiles dedos al que le gustaba distraer las bolsas de los turistas en el Palatino, tenía su lado amable ya que era capaz de recitar a Petrarca mientras yo organizaba su cita con el hacha (robar es una cosa, pero asesinar a aquel milanés... sé que las gentes del norte pueden ser bastante enojosas, pero un asesinato es un asesinato).

Sólo puedo dar cuenta de un encuentro a lo largo de los años con un hombre abominable en el que la maldad era consustancial a su naturaleza y que para mi eterna vergüenza debe seguir siendo un hombre libre. No se trata de un delincuente ordinario, y no conozco ni su verdadero nombre ni su historia, pero lo que sí sé sin sombra alguna de duda es que era una de las criaturas más perversas que han caminado sobre la faz de la tierra y que su maldad era intencionada y dirigida hacia los más inocentes, consciente del daño y del dolor que iba a causar. La mayoría de malhechores caen en su círculo de criminalidad por pereza, accidente o necesidad en algunos casos. El hombre del que hablo disfrutaba con su maldad porque su ejecución y sus consecuencias le deleitaban. El dinero, la influencia, el poder carnal y mundano... todas esas cosas eran sólo aperitivos del plato fuerte de su placer, que era el de engañar al mundo con una cara y devorarlo con otra.

A los demás criminales con los que me he cruzado a lo largo de mi carrera pude llegar a comprenderlos de un modo u otro. La pobreza, la lujuria, la codicia, todas ellas recogidas en la Sagrada Biblia, han empujado a los hombres a cometer actos perversos desde que Eva le ofreció a Adán un mordisco de la manzana. Sin embargo, el hombre del que hablo estaba fuera de mi alcance y me atrevería a decir que incluso del de Dios en su infinita sabiduría. Si digo que era inglés, podréis sospechar de mí por su condición de extranjero, pero os equivocaríais. Aquel hombre que yo conocí bajo el nombre de Arnold Lescalier (aunque dudo mucho que ese nombre tuviera algún parecido con el que le impusieron al bautizarlo, si es que lo bautizaron), poseía una veta de maldad tal en su alma que resultaba tan clara como la veta oscura del mármol. Resultó apropiado que nos conociéramos en el Teatro Goldoni, en el que un grupo pasable de cómicos estaban intentando entretenernos con una traducción de una obra sobre Fausto escrita por el inglés Marlowe. Era un entretenido melodrama que lo habría sido todavía más de haber sabido que aquel inglés tan abierto y divertido que me presentaron en el intermedio podría haber sido la inspiración misma del tema de la obra. ¿Has pensado que me refiero al doctor de camino al Hades? Pues no. A pesar de todos sus defectos, Fausto era humano de pies a cabeza. El señor Lescalier tenía más en común con Mefistófeles, el *aide de camp* frío y despiadado del diablo, capaz de cortarle a cualquiera el cuello con una sonrisa y atrapar después el alma que huye del cuerpo, que pierde la vida a borbotones de sangre, para ofrecérsela a su amo en un frasco.

Nada de todo esto aprecié yo a primera vista cuando nos conocimos. Se trataba simplemente de un inglés de aspecto apacible, de poco más de treinta años, pelo rubio, rostro engañosamente inexpresivo y la clase de ropa que los aristócratas suelen llevar cuando salen de viaje y visitan Roma: seda y adornos. El señor Lescalier parecía la clase de tipo que llevaría un pañuelo de encaje en cada manga pero que jamás osaría limpiarse la nariz en público. El único indicio de lo contrario en el que debería haber reparado, era su mayordomo, un italiano increíblemente feo cuyo nombre nunca llegué a saber. Supuse que era precisamente el desparpajo mundano de su sirviente lo que evitaba que el ingenuo amo acabara siendo pasto de los delincuentes de Roma. Según contaban, Lescalier era hijo bastardo de un acaudalado lord inglés que le había enviado a Europa para completar su educación, y el modo de conseguirla parecía ser derrochar dinero para ser admitido en determinados círculos. A Lescalier le encantaba la pintura, la escultura, la música, la danza, todo lo que Roma pudiera ofrecer. Me dijo que había estado en París, Ginebra, Milán y Florencia antes de llegar a nuestra ciudad, y que aunque todas tenían sus atractivos, ninguna podía compararse con Roma. Más tarde descubrí que era cierto. Un inglés llamado Debrett (era curioso que siempre eligiera apellidos con regusto francés) había desplumado a un sinnúmero de nobles en Milán antes de desaparecer, y algo similar oí que había ocurrido en Ginebra a manos de un tal Lafontaine.

El señor Lescalier embrujó a todos aquellos que estuvieron con él aquella noche. Las damas deseaban ser su madre, los hombres lo consideraban como un hermano menor que acabase de llegar a la ciudad y estuviera necesitado de guía y protección ante la cruel realidad. Antes de que la velada concluyera, le habían invitado a cenar a seis de las mejores mesas de Roma (yo decidí no jugar aquella partida porque mi humilde morada no podía compararse con las que le aguardaban). Lescalier pasó por los cafés y comedores de la ciudad como un torbellino y tuvieron que transcurrir siete meses para que descubriéramos la tragedia y el desastre que iba dejando a su paso.

Entrábamos en enero de 1733, mi último año en activo, el mismo año en el que escribo estas notas. A las tres de la madrugada me despertó alguien que aporreaba mi puerta. Hacía una noche espantosa: caían unos copos de nieve tan fríos como una tumba, arremolinados por un viento gélido que te helaba hasta los huesos. No había sitio mejor en el que estar que la cama, así que besé a mi queridísima Anna y le dije que siguiera durmiendo mientras yo atendía a quien llamara. Es responsabilidad de un corregidor estar a disposición de todo el mundo a cualquier hora, y no hay razón por la que compartir esa carga con la esposa de uno.

Al otro lado de la puerta encontré a alguien que reconocí de inmediato: era la doncella de la Duquesa de Longhena, una joven hermosa devota de su ama. La pobre estaba histérica. Lloraba sin contención y decía cosas ininteligibles con las manos puestas en las mejillas. Longhena, una viuda regordeta, poco agraciada pero adinerada y de naturaleza voluble, vivía tres calles más allá de la mía, al límite mismo de mi jurisdicción. Era una mujer que nunca me había gustado, sinceramente, y a la que últimamente encontraba más ordinaria de lo normal. La muerte de su marido la había destrozado, y según decían los rumores, se dedicaba a recibir jóvenes en su casa sin ningún decoro (su pecado era la falta de discreción, por supuesto, no el acto en sí mismo... estamos en Roma, no lo olvidéis).

Envié a Lanza a la cocina a que le trajese a la pobre chica una copa de *grappa* y a ella la hice sentarse en el recibidor. Cuando se hubo tomado el licor de un solo trago y tras un minuto más de sollozos y gemidos, consiguió calmarse lo suficiente para que pudiera hacerle la pregunta que se imponía en un momento así:

—Es muy tarde, muchacha. ¿Por qué tanto alboroto?

Ella me miró llena de tristeza.

—Señor, se trata de mi señora. Está muerta. Es horrible.

—¿Muerta?

—Asesinada, y a manos del hombre que ella creía que la amaba más que ningún otro.

—¡Lanza! —le llamé, pero ya traía él nuestros abrigos, bufandas y sombreros para protegernos del frío. Treinta años lleva este hombre a mi servicio y no me ha fallado jamás—. Vamos, hija. Tenemos que ver lo que nos cuentas.

—¡No, señor! —exclamó, horrorizada y con los ojos llenos de lágrimas—. No puedo. No me obligue a entrar de nuevo en esa habitación. ¡Me moriría! Se lo ruego, por favor...

—Tonterías —respondí yo, impaciente por ponernos en marcha—. Si se ha cometido un crimen, hemos de verlo con nuestros propios ojos, y tú tendrás que contarme cómo lo descubriste. ¿De qué otro modo crees que encontraríamos al culpable? ¡Vamos!

Lanza la tomó por un brazo, y mientras la desventurada lloraba cada vez más fuerte, salimos a aquella noche infernal y nos abrimos paso en la tormenta y sobre el hielo que cubría las calles empedradas y que nos obligaba a avanzar con cautela para no caer. A pesar de aquella galerna, un numeroso grupo de gente se había arremolinado en la verja de la mansión Longhena, y se les oía hablar de asesinato y venganza. La patrulla nocturna aún no había hecho acto de presencia (lo cual, desgraciadamente, es bastante usual). Anuncié mi presencia y me abrí paso entre los curiosos. La casa era muy grande, de tres pisos y con una entrada palaciega. La puerta principal estaba abierta y de dentro salía la luz de un pequeño candelabro encendido. Con una mano en mi daga entré al vestíbulo y escuché atentamente. Algunos delincuentes se entretienen a la hora de abandonar el escenario del crimen, y lo mejor es ser precavidos.

La mansión parecía vacía. No se oía un solo ruido. Lanza venía detrás de mí con la doncella a su lado, que seguía sollozando con el ritmo con que lo hacen algunos dementes. Ojalá le hubiera prestado más atención, pero en lugar de hacerlo y sospechando connivencia por su parte (la servidumbre aparece ligada a los delitos en más ocasiones de las que cabría esperar), me volví a ella.

—¿Dónde está el resto del servicio, muchacha?

—Todos tienen la noche libre, señor. Órdenes de la señora. Dijo que sólo yo estuviera en la casa cuando llegara él, pero que no quería verme. Que me quedara por si me necesitaba. ¡Y todo ha ocurrido tan deprisa, que salí huyendo para salvarme!

Supongo que no es necesario que les revele la identidad del visitante solitario.

—¿Dónde está tu señora?

—¡No! —gritó, y miró aterrada a la escalera antes de caer de rodillas al suelo y taparse la cara con las manos. En numerosas ocasiones he visto las mismas muestras de dolor en el villano que pretende eludir a la justicia, y se requiere mano de hierro para ser imparcial. Ordené a Lanza que la arrastrara si era necesario para que me siguiera escaleras arriba.

La sangre humana huele de un modo muy especial. Subimos hasta el tercer piso de la casa, y cuando llegamos al último tramo de escaleras, reconocí su olor. Al final del pasillo, en lo que debía ser el dormitorio de la dama, había una luz encendida que se colaba por la puerta entreabierta. El aire de la noche que nos llegaba por alguna ventana de la fachada principal que debía estar abierta, olía a muerte. He visto suficientes cadáveres a lo largo de mi vida profesional para emprender la tarea con ecuanimidad, lo mismo que Lanza, de modo que avancé pasillo adelante sin decir nada. Lanza obligó a la chica a seguirnos. La pobre gritaba cada vez más fuerte hasta que, al llegar a la puerta, se arrojó al suelo y se abrazó a mis piernas.

—¡Se lo suplico, señor Marchese! ¡Por amor de Dios, no me haga entrar ahí otra vez!

En estas situaciones soy muy cínico. Es mi deber.

—Si eres inocente, niña, ¿qué tienes que temer? Y si a tu señora la han asesinado, es tu deber ayudarnos a encontrar al culpable, y no dificultar las cosas.

Ella me miró con inconfundible desprecio.

—¿Encontrar al culpable, señor? ¿Es que piensa encerrar al mismo diablo?

—Si puedo ponerle grilletes, lo encerraré.

Ví que su pecho se movía, quizás por una risa contenida.

—¿Y piensa que se quedaría tan tranquilo en la celda aguardando su destino?

Aquella forma de hablar me molestaba.

—Vamos —ordené, y Lanza la obligó a levantarse para que los tres entrásemos en el dormitorio de la finada Duquesa de Longhena.

Creo que fue en aquel preciso instante (mis recuerdos siguen borrosos incluso después de tanto tiempo) cuando Lanza y yo nos unimos a los gritos de la muchacha. He visto el hacha del verdugo separar la cabeza de un hombre de sus hombros. He presenciado los crímenes más viles de Roma, pero nada me había preparado para algo así. Lanza soltó a la chica, y pálido y tembloroso, corrió a la chimenea a vomitar sobre las ascuas todavía calientes. La pobre muchacha volvió a dejarse caer y se tapó la cara con las manos mientras se balanceaba hacia delante y hacia atrás, y de su garganta salía el aullido que uno imagina que las bestias emiten cuando llegan ante el cuchillo del matarife.

Estaba en lo cierto. Nadie que entrase en aquella habitación podía salir indemne. La duquesa de Longhena, o lo que quedaba de ella, estaba desnuda sobre la cama, como una pequeña ballena blanca varada en el mar de su propia sangre. Le habían cortado el cuello de oreja a oreja, y en su rostro había quedado la sonrisa helada de un payaso de carnaval. Le habían abierto el vientre desde debajo de los senos hasta el himen, y habían separado la carne para dejar al descubierto los órganos internos y arrancarlos de su lugar para lanzarlos contra las paredes como haría un niño enfadado con sus juguetes.

Yo mantuve la compostura mientras la doncella seguía acunándose y Lanza con sus arcadas en el rincón, aunque era sólo una falsa pretensión de tranquilidad. En mi interior, aullaba enajenado como la muchacha, perdido en una habitación cerrada de mi imaginación. Y sólo a la imaginación debía pertenecer aquella escena de una crueldad y una violencia extremas que debían haberse originado más allá del mundo racional en que habitamos. Pero por encima de todo yo era corregidor y debía contener mis sentimientos.

Di un paso hacia la cama. Junto a los restos del cuerpo había algo pequeño y rojo, de una forma familiar, aunque no en aquellas circunstancias. Miré bien y sobre la colcha sanguinolenta vi la forma diminuta y perfecta de un niño humano, la cabeza inclinada hacia abajo como si estuviera concentrado, los ojos cerrados, los puñitos apretados, las rodillas dobladas junto al estómago. El cordón umbilical todavía salía de su vientre. Intenté tomar nota de la escena. Intenté calmar mis pensamientos y de pronto noté una mano en el hombro. Era la doncella, que se había sentido atraída hacia la cama por el horror. Me volví a mirarla. Sus ojos estaban enloquecidos y me pregunté qué sería de ella en el manicomio. Ambos volvimos a mirar la carnicería que había sobre el satén blanco de la colcha y luego aquel cuerpecito perdido, la víctima más inocente que se puede encontrar de la brutalidad humana.

Estábamos contemplando aquella miniatura que encarnaba el

milagro humano cuando de pronto el universo se nos volvió patas arriba. Se movió. Un temblor breve y convulsivo le hizo mover las piernas y abrir los ojos un segundo, aquellos ojos cubiertos aún por un velo, igual que los de un zorro. Una burbuja de moco y sangre emergió de sus labios. Luego el niño, un varón, nacido de la duquesa de Longhena mediante una cesárea asesina, murió ante nuestros ojos.

Caí de rodillas y me encontré sin darme cuenta intentando rezar. Dos vidas se habían apagado en aquella cama, una inútil y desperdiciada, la otra tan breve que era imposible imaginar cómo la gracia de Dios había podido tocar su atisbo de existencia.

Cuando me levanté, confuso y perdido, la muchacha me miró. Ya no lloraba, ni gritaba. Su mirada estaba llena de odio y supe por qué.

—Yo no... comprendía... —balbucí.

—Ha sido el inglés —me dijo sin emoción—. Mi señora lo hizo venir para decirle que estaba embarazada de él. Por eso les pidió a todos que se marcharan. Quería intimidad para desvelarle la noticia.

—¿Pero por qué...

La habitación parecía saturada de una ira demencial que nos ahogaba a todos. La chica volvió a mirar a la cama. Ya no parecía tener miedo.

—No puedo llevar este veneno en la sangre —dijo sin dirigirse a nadie en particular.

Mis pensamientos se atropellaban unos a otros sin control, y no vi lo que iba a ocurrir hasta que no fue demasiado tarde. Se acercó a la ventana abierta, apartó la cortina, y sin decir una sola palabra, saltó al aire de la noche y cayó al vacío de los dos pisos. Recuerdo el sonido de su cuerpo al estrellarse en el mármol del suelo, y me hicieron falta todas mis fuerzas para no seguirla. Aquella noche había estado en presencia del mal y su ponzoña me había tocado. La ironía fue darme cuenta de que había estado en su presencia en muchas otras ocasiones y nunca había reconocido su verdadero rostro.

Lescalier había impregnado también a la duquesa, por supuesto. Al parecer, había tenido aventuras por toda Roma, y sólo un cura o un médico habría podido decirme por qué fue la noticia de la concepción de un hijo lo que le desquició. Aun así, y según supe después en el curso de mis investigaciones y en el caso de no haberse cometido aquel asesinato, el inglés estaba a punto de abandonar la ciudad. Su *modus operandi* era similar al que había empleado en otros lugares hasta los que le rastreé. Primero se presentaba como un visitante inocente y rico que repartía lo que había robado en el último lugar en el que había estado con el fin de ganarse el favor de las gentes. Luego, cuando había sido admitido por todos ellos, se transformaba en el ladrón y el canalla robando, desfalcando, seduciendo, hasta que el círculo de sus delitos se hacía tan amplio que empezaba a ahogarle. En ese punto huía y unas semanas más tarde otro aristócrata inglés con nombre falso, aparecía en la buena sociedad de algún otro lugar de Europa. Al parecer, en París y Ginebra, también asesinó a mujeres embarazadas, una de las cuales era totalmente inocente y simplemente se cruzó en su camino. ¿Qué clase de demonio puede hacer odiar de ese modo a un hombre el concepto de la maternidad? No puedo ni imaginármelo. Cuando me enfrento a horrores de este tamaño, la complejidad de la bestia humana escapa a mi entendimiento.

Así que se me escapó, lo mismo que se les escapó a mis colegas de otras ciudades. Si volviera a Roma tendría que enfrentarse a la justicia, pero dudo que eso ocurra. Es demasiado listo. Nos engaña despertando la mejor parte de nuestra naturaleza, nuestra generosidad, nuestro amor al arte, nuestra propensión a abrirle los brazos a un extraño encantador, y eso hace de él un villano más taimado que cualquier otro.

Si llegara a darse la circunstancia de que la justicia lo prendiera, me aseguraría de personarme en el juicio. Y en un receso, acudirá a mi memoria la imagen más horrorosa que presencié aquella noche: el cuerpo roto de aquella pobre doncella, tirado sobre la terraza de mármol de la duquesa de Longhena, ante las narices de un pomposo y estúpido corregidor romano que puso la ley por encima de la necesidad de compasión de un ser humano.

Con esa imagen en la cabeza, abandonaré toda una vida dedicada a la justicia, sacaré mi puñal, me acercaré al estrado y le sacaré las entrañas a ese bastardo.

Dudo que publiques estas páginas, amigo editor. Sin embargo, de entre todas las historias que he referido en mis memorias, ésta es, en cierto sentido, la más edificante.

Sant' Erasmo

EL FERRY QUE llegaba cada mañana de Fondamente Nuove venía vacío. Cruzaba a paso de tortuga la laguna y dejó a Daniel a unos quince minutos andando de la parcela de Piero. El Adriático era una sombra débil y gris en el horizonte oriental y enviaba una agradable brisa que discurría entre las ordenadas filas de hortalizas de su huerta.

Había esperado en la casa durante una hora pero Laura no había aparecido. Según Giulia Morelli la habían soltado el día anterior, de modo que si tenía intención de volver a Ca' Scacchi, ya lo habría hecho. Además, seguro que sabía dónde encontrarle. Estaría quizás con su madre en Mestre, o con algún otro pariente.

O en el refugio de Piero. Intentó imaginársela en aquellos campos verduscos y recordó la otra ocasión en que estuvieron allí. La recordaba sonriendo triunfal después de aquel ridículo juego de las anguilas. También recordaba el sabor a pescado en la boca y cómo le había mirado ella después de haber hundido la cabeza en el cubo de cuerpos resbaladizos. Aquel ritual fue el que selló su compromiso con la ciudad y, consecuentemente, con ella, y le sorprendió darse cuenta de que entonces no lo había percibido así.

La finca se iba haciendo más grande a medida que se acercaba. No había ninguna figura femenina fuera de la casa, más allá del campo de alcachofas de cabezas floridas que se inclinaban suavemente con la brisa. Sólo estaba Piero tallando algo de madera cerca de la casa con Xerxes sentado a su lado, contemplando extasiado a su dueño. Daniel le saludó con un grito y el perro fue el primero en contestar con un ladrido que recorrió la isla. Piero levantó la cabeza, y aunque desde la distancia era difícil discernir su expresión, Daniel tuvo la impresión de que se había desilusionado.

El perro corrió a su encuentro y se subió a sus piernas.

—¡Abajo! —le gritó Piero. Estaba cubierto de serrín—. Condenado chucho...

—No pasa nada, Piero —contestó Daniel, ofreciéndole una mano que el hombrón estrechó de mala gana.

—No quiero que te ofendas, Daniel —dijo—, pero ¿qué haces aquí? Seguro que tienes un montón de cosas que hacer en la ciudad, con lo del funeral y el concierto del que habla todo el mundo. ¿Qué te trae a este lugar?

—Un amigo, quizás. Y el recuerdo de momentos más felices.

Piero asintió. Había aceptado su reproche. Se acercó a la tosca mesa de madera que había junto a los árboles, sacó una botella de plástico y sirvió vino tinto en dos vasos.

—Ten —dijo—. Por los compañeros ausentes.

Bebieron, y Daniel recordó que Piero, aun siendo primo de Scacchi, no había sido mencionado en su testamento. A lo mejor estaba molesto por eso.

—Quería hablar contigo —le dijo—. Hay muchas cosas que... no quiero malentendidos, Piero. Yo no redacté el testamento; es más, ni siquiera sabía que existía. Dime lo que quieres de Ca' Scacchi y lo tendrás.

Piero frunció el ceño y Daniel se dio cuenta inmediatamente de que había cometido un error.

—¿Dinero? ¿Me estás ofreciendo dinero de Scacchi? ¿Es que piensas que lo necesito, Daniel?

—Perdona, Piero. Es que... no sé, me ha parecido que no te hacía gracia verme aquí.

Piero apuró el contenido del vaso.

—Tienes razón, pero no es por ti. Es que odio las muertes. No puedo soportarlo. Trabajé hace un tiempo entre muertos, y no puedo soportarlo. No me verás el viernes en San Michele. Conozco demasiado bien ese lugar. Pero mira, iba a enviar esto. Así me ahorrarás tú el viaje.

Volvió a donde estaba trabajando y sacó del nido de serrín y astillas una pequeña pieza de madera oscura que dejó sobre la mesa.

—La he labrado para Scacchi. Sé que de estar vivo no le habría hecho maldita la gracia, pero ahora está muerto y no puede impedírmelo. Prométeme que esto irá dentro de su ataúd. A donde va, al viejo le va a hacer falta toda la ayuda que pueda conseguir.

Daniel examinó el trabajo. Era una cruz labrada en una raíz de olivo.

—Desde luego. Es bonita.

—Es un regalo idiota para un tío más idiota aún, y que siempre supo que yo era otro idiota. Scacchi la habría tirado al fuego y encima se habría quejado de que ardía mal.

Daniel tocó la madera pulida y pensó en el tiempo y el cuidado que había puesto al hacerla. Piero tenía razón: Scacchi nunca había tenido tiempo para trivialidades.

—Yo mismo la colocaré, te lo prometo. Y espero que reconsideres tu decisión. Yo no sé nada de funerales, pero tengo la impresión de que después podrías lamentar no haber estado.

—No. Las personas dejan de existir con el último aliento. ¿Por qué decirle adiós a su carcasa? Tengo a Scacchi donde debe estar, que es en mi pensamiento, vivo aún, donde seguirá estado hasta que volvamos a encontrarnos. Pero tú sí debes ir, Daniel. Tú eres joven y para ti es distinto.

—Por supuesto.

—Y... —Piero parecía no encontrar las palabras—... todo esto es tan raro. Scacchi ya no está. El americano tampoco. ¿Y por qué?

—No tengo ni idea —admitió.

—Claro. Soy un imbécil. Scacchi era un hombre difícil al que le gustaba envolverse en misterio y tratar de vez en cuando con gente a la que es mejor no conocer. Lo sé porque a veces incluso me presté a hacerle de chico de los recados en esos tratos, idiota de mí.

Daniel no dijo nada y Piero lo miró atentamente.

—Por lo que veo a ti te ha tratado del mismo modo, ¿eh? —adivinó—. No te molestes en negarlo, Daniel. Todos éramos, hasta cierto punto, juguetes suyos. Yo le quería del mismo modo que se quiere a un perro que nunca se comporta como es debido, pero cuando Scacchi quería algo todos éramos meros peones en un tablero de ajedrez, y tengo la impresión de que precisamente ahí reside la explicación de su muerte. Debió engañar a alguien, o por una vez, presionar a alguien demasiado.

—Laura... —comencé a decir.

—¡Laura! ¿Cómo puede ser tan idiota la policía? ¡Mira que encerrarla así!

—Confesó, Piero. ¿Qué querías que hicieran?

—Pues para empezar, escuchar a quien les habla. ¿Acaso se creen todo lo que les cuentan los delincuentes? Por supuesto que no. Sin embargo, cuando una pobre muchacha rota por el dolor les cuenta lo que ella les contó, se lo tragan todo de cabo a rabo y la meten en la cárcel. Y mientras tanto, el verdadero asesino sigue libre como un pájaro. ¿Te preguntas por qué vivo en Sant' Erasmo? Pues para distanciarme de la estupidez que os cae encima todos los días a los habitantes de la ciudad.

Daniel dejó su vaso de plástico en la mesa y puso la mano encima para que no volviera a servirle.

—¿Dónde está ahora? Necesito hablar con ella.

—No tengo ni idea. ¿Por qué me lo preguntas a mí?

—Porque tú eres su amigo y la conoces. Es importante, Piero.

—¡Te he dicho que no tengo ni idea! —explotó, y su vozarrón viajó por los campos. Xerxes bajó las orejas y fue a esconderse en un rincón. Daniel no dijo nada y un momento después, Piero se disculpó.

—No debería haber gritado, Daniel, pero es que tengo los nervios de punta. Me preguntas como si creyeras que tengo todas las respuestas y no es así. Sé lo mismo que tú.

—¿Dónde puede estar? Me dijo que su madre era mayor y que vivía en Mestre.

Piero lo miró con desconfianza.

—¿Te dijo eso? Laura es huérfana, Daniel. Vino directamente del orfanato a trabajar a casa de Scacchi hace muchos años.

—¡Pero si me lo dijo ella misma!

—Tu capacidad para creerte cualquier cosa me sorprende, muchacho —contestó moviendo la cabeza—. No sé cómo puedes ir por esas calles sin que te quiten hasta la ropa que llevas puesta.

—Entonces, ¿quién es Laura, y dónde puede estar?

Piero elevó la mirada al cielo.

—Daniel, Daniel... ¿cuántas veces tengo que decirte que no lo sé? Además...

Daniel esperó. Le costaba trabajo continuar.

—Además, ¿qué?

—Tú sientes algo por ella. Algo más que amistad. ¿Me equivoco?

—No. No te equivocas. Y creo que ella siente lo mismo que yo.

Piero tomó un trago de vino y lo escupió al suelo.

—Esto está asqueroso. Se ha avinagrado. El mundo entero se ha avinagrado. Daniel, ¿cómo puede quererte Laura? No está muda, ni sorda, ni ciega. Si quisiera haberse puesto en contacto contigo, ya lo habría hecho. Pero se ha marchado sin decirnos nada ni a ti ni a mí. ¿Te parece que una mujer enamorada haría algo así?

—Lo que me parece es que está asustada, quizás de los hombres que mataron a Scacchi. Puede que pretenda protegerme por alguna razón. No lo sé. Por eso debo hablar con ella, y si me dice a la cara que no quiere verme más, lo aceptaré. Pero no puedo dejarlo así. No estoy dispuesto.

—No tienes elección. Yo no puedo ayudarte y ella tampoco lo hará —sentenció Piero viendo como el perro jugaba en el canal del agua y luego se paraba a olfatear el aire—. Puede que esté en el aire. Es ese veneno que echan al cielo todas esas sucias fábricas de Mestre lo que nos está volviendo locos a todos. El día que vinimos aquí, pensé que eras uno de los nuestros. Jugaste al concurso de las anguilas, y todos te queríamos. Scacchi más que ningún otro. Pero nos equivocamos. Todos —agarró a Daniel por los hombros—. Éste no es tu sitio. Cuando hayas terminado lo que estás haciendo, vuelve a casa. No encontrarás felicidad aquí. Sólo tristeza o algo peor. Lo siento, porque sigo considerándote un amigo, pero es precisamente la amistad lo que me obliga a decírtelo. Vete mientras puedas.

Aquel hombre se había vuelto de pronto un extraño.

—Si no te conociera, Piero, diría que me estás amenazando.

—No. Todo lo contrario. Es un consejo de un amigo que no quiere ver cómo malgastas tu vida persiguiendo fantasmas. Por favor, escúchame.

Daniel cerró los ojos e intentó imaginar una salida a aquel laberinto. Piero tenía razón. Los fantasmas estaban en el aire: Scacchi y Paul riendo juntos, Laura de pie ante él, contemplando extasiada la anguila que se retorcía entre sus dientes. Y Amy triste, perdida, que había sido abandonada desde el principio.

—Seguiré tu consejo, Piero —dijo—. La semana que viene, pase lo que pase, me iré de Venecia.

Dos brazos como maromas le abrazaron con fuerza, y cuando lo soltó, vio que tenía los ojos llenos de lágrimas.

—Si estuviera en mi mano dar marcha atrás en el tiempo —se lamentó Piero—, este pobre idiota daría cualquier cosa por conseguir que todo fuera distinto...

—No —contestó Daniel, sorprendido por el dolor palpable de Piero—. Has hecho todo lo que estaba en tu mano para ayudarme. Siempre te recordaré en tu *Sophia*, el día de nuestra fiesta.

Piero volvió a abrazarle y en aquella ocasión, lloró abiertamente.

Daniel consiguió soltarse de su abrazo y le dijo:

—Quiero que me prometas una cosa, Piero.

—Lo que quieras.

—Que me recordarás como soy, no como otros me pinten.

Piero le dio una palmada en la espalda y sirvió otros dos vasos de vino agrio. Luego se volvió a contemplar el campo de alcachofas con sus cabezas en flor y el perro los miró a ambos moviendo la cola.

—Te conozco, Daniel —dijo Piero sin mirarle—. No soy tan tonto como piensan algunos.

Un regreso apresurado

No PODRÍA CULPAR a Marchese si pensaba que me había vuelto loco. A las cuatro de la madrugada, con el sol comenzando a adivinarse en el horizonte, empecé a explicarle atropelladamente que el hombre que yo conocía como Oliver Delapole era el que él conocía como Arnold Lescalier, con la cicatriz en la mejilla que confirmaba su identidad, y que debía volver a Venecia inmediatamente. Me escuchó pacientemente mientras yo le explicaba el caso tan sincera y abiertamente como me era posible. Era imperativo que Delapole fuese detenido, naturalmente. Pero también tenía que asegurarme de que Rebecca y su hermano escapaban de las garras del Dux, por razones que no eran de la incumbencia de Marchese.

Tal y como debería haberme imaginado, Marchese descubrió inmediatamente la laguna que había en mi historia.

—Veo que esto te preocupa enormemente, Lorenzo. Ese hombre es una bestia, no cabe duda, pero no un vulgar violador. No sé por qué te preocupa tanto que se encuentren.

—Es posible que el inglés pueda… pedirle algo —salí como pude—. Y ella es muy vulnerable.

—¿Vulnerable? Me la habías pintado como una mujer de carácter.

—Y lo es, pero recuerdo el modo en que la miró cuando nos conocimos. La encuentra atractiva y si tiene la oportunidad utilizará cualquier medio a su alcance para presionarla.

—Ah —se limitó a decir, y aunque no dijo nada más, su expresión hablaba por él—. Entonces esa señorita y tú sois…

—Por favor, amigo mío, no tengo tiempo de dar más detalles. Quiero a esa mujer y eso es todo lo que hay que decir.

Marchese se pasó la mano por la mejilla y me di cuenta del formidable adversario que debió ser para todos aquellos a los que había perseguido. Nada escapaba a su atención.

—Sin embargo, Lescalier... Delapole, o quien quiera que sea... ese hombre se encontrará con muchas mujeres a lo largo de una semana, Lorenzo. Debemos notificárselo a las autoridades, desde luego, pero puesto que todavía no le ha hecho daño a nadie y no sabe que le hemos descubierto, creo que deberíamos seguirle el juego un poco más. A menos que...

Yo me tapé la cara con las manos, incapaz de hablar.

—Muchacho —dijo, y percibí una nota de impaciencia en su voz—, no puedo aconsejarte sin conocer todos los hechos.

Tenía razón. Estaba actuando como un niño. Pensé en nuestro último encuentro y en cómo ella había intentado decirme la verdad sin conseguirlo, enfrentada a mi frialdad. Pensé en el sueño, en sus brazos extendidos hacia mí y sus palabras *no hay sangre*.

—La verdad es... —yo no la sabía de sus labios, pero la idea había adquirido una solidez tal en mi cabeza que sabía que tenía que ser cierto—, creo que la verdad es que está embarazada, y que su hijo es mío. Y si utiliza ese hecho para resistirse a sus avances, no puedo dejar de pensar en las consecuencias.

El hombre palideció notablemente. De pronto me agarró por los brazos.

—¡Dios bendito, Lorenzo! ¿Estás seguro? Porque eso lo cambia todo.

—Creo que sí. Ella quiso decírmelo antes de que yo me marchara, pero empezamos a discutir porque yo... *yo* la presioné para que hablase con el inglés y que le pidiera ayuda.

Él se pasó una mano por la frente.

—Un niño... bueno, ya sabemos lo que piensa él de eso —dijo con determinación—. Al menos te has hecho una idea, porque lo que he escrito no es más de una décima parte de lo que vi y lo que llegué a saber. De haberlo contado todo, ningún lector habría podido volver a conciliar el sueño por temor a que pudiera colarse en su casa. Ese hombre es el diablo en persona. ¡Debemos detenerle!

—Sí, ¿pero cómo? —me lamenté.

Marchese ya había trazado un plan en su cabeza.

—Estamos a más de trescientas millas de Venecia. Tomaré el primer coche que salga para allá, y con un poco de suerte llegaré después de la media noche de mañana. ¿Sabes montar?

—Crecí en una granja, señor.

—¡Excelente! Mi vecino tiene un caballo decente. Se lo compraré. Tomarás el camino de la montaña por Perugia hasta Ravena y la costa. Luego continuarás en dirección a Chioggia, a ver si allí consigues pasaje en algún barco. Puede que me saques unas seis horas de ventaja.

Se levantó y yo le seguí. Desde la misma puerta iba ya gritándole a su vecino para que se levantara de la cama y preparase el caballo. Había amanecido y la mañana en Roma era buena, sin mucho calor, con una brisa ligera y algunas nubes sueltas en el cielo. Un día perfecto para cabalgar a galope tendido. Un rostro moreno y con barba apareció en una de las ventanas del piso superior de la casa vecina y nos lanzó unos cuantos improperios.

—¡Vamos, Ferrero! —le contestó Marchese—. ¡Sal de ahí y ayúdanos a hacer justicia!

El hombre no tardó en bajar a la calle y no dudó en hacer lo que Marchese le pedía. Cuando el reloj del palacio de verano del Papa daba las seis, yo ya estaba listo para marchar y deseoso de emprender el viaje, pero Marchese me sujetó por un brazo para darme un último consejo:

—Lorenzo, cuando llegues ve directamente a hablar con un corregidor o con la guardia. Diles que esa muchacha corre un grave peligro y que deben asegurarse de que no le ocurra nada. Diles que un corregidor de Roma te sigue para apresar a ese asesino y poner en marcha los engranajes de la justicia. Cuando me oigan a mí y lean lo que he escrito, su cabeza estará en el cadalso, no lo dudes.

Le miré a los ojos y no dije nada. La situación era demasiado compleja, y yo no podía hacer lo que me pedía hasta que Rebecca estuviera lejos de las garras de Delapole y de la ciudad. Él comprendió mis dudas y por primera vez le vi asustado.

—Escúchame, hijo. Conozco a ese hombre. He visto su trabajo. Enfréntate solo a él y te desollará vivo.

—Sí, señor —fue todo lo que dije antes de saltar a la silla y espolear al caballo pío de Ferrero para salir calle adelante.

Mientras cabalgaba fui ordenando mi cabeza lo mejor que pude. Imposible alertar a la guardia sobre el pasado de Delapole hasta que Rebecca y Jacopo no estuvieran lejos de la ciudad. Mientras no llegara Marchese, estarían más predispuestos a creer a un aristócrata inglés supuestamente adinerado que a dos judíos y a un aprendiz huérfano que a los ojos de todos habría traicionado a su amo. Con su habilidad, Delapole los pondría a todos en contra nuestra, revelándoles la naturaleza de nuestros delitos para mientras escapar él con la presa que tuviera ya cazada. Mi primer objetivo debía ser encontrar a Rebecca, ponerla a salvo y ayudarla después a huir antes de que nuestro engaño pudiera caernos sobre la cabeza.

Al llegar a Chioggia dejé al caballo exhausto y conseguí que me admitieran en un esquife de pesca de los que salían cada hora del puerto para cruzar la laguna y atracar en la lonja de pescado del Gran Canal. De camino me dejarían en el límite meridional de Cannaregio, cerca de San Marcuola, y desde allí llegaría en cuestión de minutos al Ghetto Nuovo. Encontré un lugar tranquilo en la popa del barco, coloqué mi chaqueta a modo de cama y me quedé dormido arrullado por las olas que rompían contra el casco de la pequeña embarcación.

Cuando me desperté, un par de horas más tarde, navegábamos por aquella transitada vía de agua que había llegado a conocer a la perfección. A no mucha distancia quedaba Ca' Scacchi, y podría haberme acercado a preguntarle a mi tío qué tal le iba. Su relación con Delapole también debía estar en un punto delicado, lo mismo que la mía. No sabía qué me depararía el futuro, pero desde luego no iba a continuar como aprendiz de editor en Venecia.

La pequeña vela que nos había empujado mientras cruzábamos la laguna estaba ya recogida, de modo que avanzábamos a remo. A la izquierda pasamos el estrecho canal del Cannaregio, y el corazón me dio un brinco al pensar en la cercanía de Rebecca. Entonces la embarcación se detuvo en el pequeño muelle de la iglesia y el capitán me deseó buen viaje con un reniego y una palmada en el hombro.

De un salto me encontré de nuevo en tierra firme, todo lo firme que puede estar en Venecia y recorrí el laberinto de callejas hasta llegar al puente que me había servido de primer vínculo de unión con el mundo de los judíos. El guardia bostezó y me dejó pasar con un gruñido. Una vez fuera de su vista, subí las escaleras de la casa de Rebecca de dos en dos. Me llevé una sorpresa al encontrarme la puerta entreabierta. La empujé y me encontré a Jacopo como no le había visto nunca. Estaba tirado sobre la mesa, con una botella delante de sí, los ojos vidriosos, borracho.

—¡Vaya!— exclamó—. ¡A quién tenemos aquí!

El corazón se me heló. Era evidente que estaba solo. Entré y cerré.

—Jacopo, ¿dónde está Rebecca? Es vital que la encuentre.

Una risa amarga fue su única respuesta. Luego cogió un vaso vacío que había sobre la mesa y sirvió vino.

—Así que vital, ¿eh? No tengas tanta prisa, muchacho, que hay tiempo de brindar.

Aparté su mano. Los ojos de Jacopo estaban llenos de odio, y sentí que mis planes tan cuidadosamente trazados se hacían mil pedazos.

—¿Dónde está, Jacopo? Por favor...

—¿Por favor? Vamos, Lorenzo. Un brindis. Rebecca y yo hemos tenido buena suerte por fin. En cuestión de días volveremos a cambiar de ciudad, pero esta vez como perritos falderos de ese inglés amigo tuyo. Ella compone, él firma y yo me aprovecho de los dos. Qué generoso, ¿verdad?

—No entiendo nada. ¿Tan pronto os vais a marchar?

—Somos los nuevos criados del señor Delapole, ¿no lo sabías? Estamos para satisfacer sus necesidades, y me temo que no se trata sólo de fama y fortuna. Se le van los ojos tras las faldas de mi hermana.

Me senté a la mesa y le agarré por los hombros.

—Ese hombre no es lo que parece, Lorenzo. ¡No podemos dejar que se acerque a ella!

—¡Vaya! Ahora Delapole no es lo que parece. Yo creía que el falso era tu tío, con quien yo había negociado un acuerdo bastante satisfactorio antes de que tu inglés se metiera por medio. El bueno de Leo nos habría tratado con decencia: habría publicado la obra y guardado silencio hasta que ella encontrara el modo de dar a conocer su autoría. Es un avaro, quizás, pero un hombre honrado, Lorenzo. Le has juzgado mal. Y ahora, en lugar de él, tenemos a...

Temí que fuera a golpearme, pero Jacopo estaba por encima de algo así, incluso en el estado en que se encontraba. Lo que hizo fue agarrarme por la pechera y tirar de mí hasta que nuestras caras casi se rozaron. El aliento le apestaba a vino.

—Ahora tenemos a ese inglés —continuó—. Un hombre que lo sabe todo de nosotros y lo revelará a menos que estemos dispuestos a hacer lo que él nos diga. ¡Maldita sea...!

Agarró la botella y la lanzó contra la pared maldiciéndome espantosamente.

—¿Quién te dio derecho a jugar con nuestras vidas?

—Creí que mi tío iba a quitármela —contesté, pero me apresuré a aclarar lo que quería decir—. Pensé que mi tío se iba a aprovechar de Rebecca a cambio de su protección.

Jacopo me miraba incrédulo.

—¿Leo? Tu tío vive en un mundo de fantasía, Jacopo. ¿Es que no te has dado cuenta? Además, si mi hermana hubiera considerado que ése era el precio a pagar por su embarazo, ¿quién eres tú para decidir otra cosa?

—¡Yo la quiero!

—¡Ja!

—Soy el padre de su hijo.

Jacopo enrojeció de furia y se bebió de un trago el vaso que había servido para mí.

—Esta locura empeora por momentos. Márchate, Lorenzo. Tu presencia me ofende.

—¡Delapole es un asesino! No podemos dejar que se acerque a él.

—Un poco tarde para eso, muchacho. No la he visto desde que fue a visitarle hace dos días, tal y como tú le sugeriste que hiciera, para que él fijara el precio por no dejarnos caer en las garras del Dux. A lo mejor está haciéndole el equipaje. Sí, eso debe ser. Ahora será su doncella. Mañana se revelará como el autor inspirado por las musas y poco después partiremos todos hacia lugares desconocidos.

Me hundí. No podía controlar las imágenes que se me aparecían en el pensamiento.

—Pero ella no se prestará voluntaria a...

—¡Vamos, criatura! —estaba furioso—. ¡Tu inocencia es más peligrosa y más mortificante que una caterva de criminales! ¿Es que sigues sin darte cuenta de quiénes somos, Lorenzo? ¿Sigues sin conocernos?

No quería oír más. Quería salir de allí y me levanté para hacerlo, pero él me sujetó por un brazo con fuerza y me obligó a sentarme de nuevo.

—¡Vas a escuchar aunque tenga que atarte a la silla! ¿Cómo crees que logramos escapar de Munich y sobrevivir cuando tantos otros perecieron? ¿Y en Génova? ¿Qué nos separa de las demás familias hebreas de este gueto? ¿Nuestro aspecto? ¿Nuestros modales? ¿Nuestra historia?

Aquella habitación ya pequeña empezaba a ser opresiva. Las cortinas, las colgaduras, los adornos parecían cercarme y asfixiarme.

—Estás borracho, Jacopo —dije—. Deberías dormir y hablar cuando hayas recuperado la razón.

—La razón nunca me ha abandonado —contestó con amargura—. No puedo permitírmelo. Dime, ¿cómo crees que una mujer hermosa puede escapar de una habitación llena de soldados que han ido allí para matarla? ¿Cómo crees que podemos quitarnos las vestiduras de pobres y cubrirnos con terciopelos?

—¡No pienso seguir escuchando!

—¡Vas a escuchar hasta el final! —me escupió, agarrándome por los hombros—. ¿Qué crees que receto yo en esas visitas nocturnas a las damas de mediana edad de la República? ¿Sólo una poción, o un poco de consuelo después? Lorenzo, somos la viva imagen del pragmatismo. Nos ganamos la vida lo mejor que podemos, en el pequeño espacio que vosotros los gentiles nos dejáis. Y cuando eso no funciona, nos prostituimos para poder huir hasta la próxima parada, aunque yo esperaba que ésta fuese la última.

Aquellas palabras olían a verdad, pero el dolor que provocaban era espantoso.

—Si Rebecca ve una oportunidad entre las sábanas con el inglés, será ella quien tome la decisión, no tú, ni tampoco yo. La necesidad es un ama cruel, Lorenzo. O sigues sus órdenes, o pagas un alto precio por la desobediencia.

Jacopo Levi me miró con la tristeza hosca de los borrachos, odiándose tanto a sí mismo como a mí.

—Puede que todo lo que dices sea verdad —contesté—, pero no

puedo esperar más. En Roma me han informado de qué clase de persona es ese hombre, Jacopo. Es un asesino cruel y despiadado.

—Tus fantasías empiezan a aburrirme, muchacho —dijo—. Vete. Yo quería haberme quedado un poco más en esta ciudad y tú me has obligado a cambiar de planes. Eres un necio y un entrometido, y crees que puedes disculparte por lo que has hecho ocultándote tras las buenas intenciones. Me aburres. ¡Lárgate de una vez! Tengo que seguir bebiendo.

—Jacopo...

—¡Fuera de aquí, antes de que pierda los estribos y haga algo que lamente después!

Le dejé allí, con sus negros pensamientos, su vino y su vacío. El sol casi se había puesto cuando volví a recorrer las calles. La noche caía sobre Venecia, y el rostro de la luna brillaba desde la superficie negra y aceitosa de los canales. Aprovechando las sombras como un ladrón, corrí en dirección sur, hacia Dorsoduro y Ca' Dario.

Un encuentro accidentado

ESTABA CAMBIADO. GIULIA se había sentado al lado de Daniel en la sala del primer piso de la Scuola di San Rocco e intentaba encontrarle sentido a la situación. Le había dejado un mensaje en el contestador en el que le daba a entender que podía tener algo para él. Claro que esperaba que contestase, pero ni tan rápido ni con tanta seguridad como lo había hecho. La duda y la tristeza que había percibido en él el día anterior habían desaparecido.

Siguió la dirección de su mirada. Estaba contemplando las pinturas de uno de los rincones de la sala. A pesar de todo, seguía convencida de que podía ganar la partida.

—Me encanta este sitio —le dijo—. Podría pasarme horas aquí. Es como si la historia del mundo estuviera en estas paredes.

—¿De verdad lo piensa? —preguntó él, sorprendido.

—¿Y por qué no? A una policía también puede interesarle la pintura, Daniel. Y la música. Me darás una entrada para el concierto, ¿verdad?

—Creía que no aceptaba sobornos.

—¡Y no los acepto! —se rió—. Estás muy agudo hoy. Ya no tienes los ojos rojos. Supongo que has dejado de beber.

—El vino se me ha avinagrado esta última semana. Le dejaré las entradas en la entrada. ¿Sólo una?

Ella se encogió de hombros.

—No necesito más. Soy una mujer solitaria. Gracias.

—No hay de qué.

Tenía la vista fija en uno de los cuadros, aunque era uno de los menos llamativos, una obra en el que ella apenas había reparado antes.

—¿Qué estás mirando?

—La sala —mintió—. ¿Por qué le gusta este lugar?

—Ya te lo he dicho: porque es como si hubiera un universo entero en él. Todas las emociones. Incluso la historia del bien y del mal que nunca se ha contado.

Seguía mirando el lienzo de la esquina.

—Háblame de ése —le pidió.

—Es la Tentación de Cristo. ¿No se había fijado antes en él?

Giulia miró el trabajo de Tintoretto sin poder creer en un principio que pudiera ser ése su título, pero no podía tratarse de otra cosa: Cristo, en la oscuridad y la duda, y Lucifer con las piedras en la mano.

—La verdad es que no —contestó—. Hay trabajos mucho más llamativos aquí, y ése es... un poco raro. Cristo está en la sombra y el diablo en la luz. Además es un diablo guapo.

—El Lucifer de Venecia, lo llamaba Scacchi. Me advirtió que un día me lo encontraría y que me vería obligado a elegir.

—¿Y lo has conocido ya? —le preguntó. Parecía importante.

—Quizás. Puede que ahora mismo esté en su compañía.

—Ah. ¿Por eso nos hemos encontrado aquí, y no en Ca' Scacchi?

—No —sonrió, y Giulia pensó una vez más que Biagio estaba en lo cierto: Daniel era un hombre honrado, aunque más escurridizo de lo que le había parecido en un principio—. La verdad es que estoy cansado de estar encerrado en ese caserón esperando oír una voz que no sea la mía. Y como a usted, me encanta este lugar. A Scacchi también le gustaba. Si contemplas estos rostros durante un rato, incluso empiezan a hablarte.

Ella no dijo nada. Prefería que fuese él quien marcara el ritmo de la conversación.

—Tiene algo que ofrecerme, ¿no? Lo digo por el mensaje que me dejó en el contestador.

—Los dos pretendemos lo mismo, Daniel: encontrar al asesino de tus amigos. Tengo algunas teorías, pero ninguna prueba. Podría acusarte a ti, eso sí, e intentar obligarte a que me ayudes.

—Haga lo que le parezca —respondió secamente—. Scacchi tenía a la policía en muy poca consideración.

—Tenía buenas razones para evitarnos.

—No era eso. Scacchi era ambivalente en cuestiones de moral. Por eso le era imposible tratar con alguien que pensara como él, y supongo que por definición, usted encaja en esa categoría. La ley no es siempre blanca o negra, ¿no?

—Algunos intentamos que sea así.

—Puede. Pero le hace a Scacchi un flaco favor si piensa que la policía no le gustaba sólo por su propio interés. Digamos que simplemente no le veía utilidad. Y como por otro lado era incapaz de definir su postura, confiaba en que los demás lo hicieran por él. Creo que yo le gustaba precisamente por eso. Esa es la razón de que casi me adoptara. Lo que él consideraba rasgos de mi carácter como la tenacidad o la sinceridad, le proporcionaban un pilar en el que apoyarse, del que depender. Al menos durante un tiempo.

No podía dejar de mirar aquel cuadro.

—Y se equivocaba —añadió con firmeza tras un breve silencio—. Se equivocaba por completo. Por eso estamos aquí.

—Deberíamos hablar de ello en profundidad —dijo ella.

—No. Como él, yo también creo que no me sirve de nada hablar con usted.

—¿Es que has encontrado a la mujer? Al ama de llaves, me refiero.

Entonces sí que le prestó atención. Las dos figuras del cuadro quedaron olvidadas.

—Vamos, Daniel. No ha vuelto a Ca' Scacchi, no tienes ni idea de dónde está y necesitas hablar con ella. Necesitas comprender por qué te ha abandonado.

—Eso es personal —respondió con frialdad.

—Tienes razón, pero creo que podemos ayudarnos mutuamente, y a cambio de tu ayuda podría indicarte dónde buscar.

Daniel se volvió a mirar hacia el otro lado, como si estuviera sopesando su ofrecimiento.

—Dígame dónde y la ayudaré.

—¿Tan tonta me crees, Daniel?

—¡Qué falta de confianza!

—No es necesario que te esfuerces tanto en resultar exasperante, Daniel. Eres un hombre joven y enamorado, eso se te ve en la cara, y si te digo lo que quieres saber, te olvidarás de lo demás: de mi caso, del concierto que tiene a toda la ciudad en ascuas, de todo. Los dos podemos perder más de lo que crees. ¿No lo habías pensado? Ella confesó, Daniel, y debió tener sus razones para hacerlo.

—Perdió la cabeza —contestó él, mirando hacia otro lado—. Estaba loca de dolor.

¿De verdad creería que ésa podía haber sido la razón?

—Quizás. No podemos saberlo.

—Entonces, eso quiere decir que no tiene ni idea de dónde está, o ya habría conseguido que ella se lo explicara. Estoy cansado ya de estos juegos. Por favor, déjeme en paz.

Giulia sacó del bolso las fotografías que había reunido de los expedientes y la morgue aquella misma mañana.

—Esto no es un juego, Daniel. Ahora hay tres hombres muertos, no dos, y el tercero estaba relacionado con el caso incluso antes de que tú llegaras a Venecia. Y no hay razón para pensar que vaya a ser el último. El Lucifer de Venecia no es sólo un cuadro. Es real. Está aquí, a nuestro alrededor. Nos echa el aliento en la nuca y se ríe de nosotros en nuestra cara. ¿Ves a este hombre?

Le pasó la fotografía que habían tomado de Rizzo dos años antes, cuando fue detenido por un robo menor en el Lido. Daniel la miró con aparente desinterés, pero Giulia no se dejó engañar. Lo conocía.

—Es un chorizo de poca monta que, de vez en cuando, se abre camino entre las piernas de nuestro demonio.

Luego le entregó la segunda fotografía, que había sido tomada en la camilla del forense el día anterior. Sus ojos sin vida miraban a la cámara, y tenía un agujero negro en la sien.

—Éste es su aspecto ahora —dijo, mirándole.

Daniel se quedó pálido y Giulia se preguntó si iba a vomitar.

—Puedes tratar con el demonio que hizo esto, o puedes tratar conmigo e intentar hacer las paces con Laura cuando todo esto acabe. Si es que sigues vivo, claro.

No reaccionó. Tenía la mirada de nuevo en la pared.

Enfadada con él y molesta consigo misma precisamente por estarlo, tiró de su barbilla para obligarle a mirarla.

—Ya no me queda paciencia, Daniel. Ni paciencia ni tiempo. Decídete ya, por favor. Y usa la cabeza para hacerlo.

Cerrar un trato

DANIEL ESTABA SENTADO en casa de Hugo Massiter contemplando los reflejos de sí mismo que le devolvían los espejos. Eran las ocho de la mañana. Una hora después los dos comparecerían en la rueda de prensa que Daniel había querido convocar. A las doce asistirían al funeral de Scacchi en San Michele. El concierto era a las ocho, y habría una fiesta después.

La tarde anterior, Daniel había entrado en una tienda de Castello de esas que abren hasta tarde y con el dinero que encontró en una de las chaquetas de Paul se compró un traje caro de lino azul oscuro, camisa blanca también de lino y una corbata de seda negra.

—Tu aspecto es demasiado comercial, Daniel —le dijo Massiter tras estudiarle enarcando las cejas—. Pareces un agente de bolsa, y no un compositor.

—Lo siento. Soy nuevo en estas cosas.

—La próxima vez te acompañaré para aconsejarte. Si has decidido empezar a cuidar lo que te pones, un poco de experiencia no te irá mal. Por favor...

Massiter llevaba un traje azul pálido y camisa rosa, y Daniel se preguntó si no debía recordarle la clase de ceremonia que iba a celebrarse en San Michele. Pero antes de que pudiera hablar, le invitó a sentarse en el sofá.

—Bueno... en primer lugar, quiero darte las gracias por haber venido. No puedo negar que esté preocupado, Daniel. ¿De qué va todo esto? ¿Por qué este cambio? ¿Qué es lo que quieres decir?

—Lo que tú quieras que diga, Hugo. Creía que se trataba de eso.

—No lo entiendo. Te has comportado como un recluso desde que el pobre Scacchi murió, y ahora, de repente, te recuperas milagrosamente y ardes en deseos de hablar con la prensa. Me alegro mucho de tu recuperación, por supuesto, pero como tu socio principal en esto, creo que tengo derecho a saber lo que pretendes decir.

—Todo menos la verdad —contestó—. ¿No es eso lo que quieres que diga?

Massiter lo miró fijamente, como buscando una imperfección en su cara.

—Amy piensa que te sientes mal, Daniel. Sospecha que no eres el autor del concierto y cree que lo que quieres es decírselo al mundo para poner a salvo tu conciencia. ¿Es eso? Porque si lo es, tengo que decirte que los dos tendríamos que enfrentarnos a las consecuencias. Todavía debes el importe que acordé con Scacchi: cincuenta mil dólares. No es moco de pavo, pero tú lo sabes bien puesto que lo negociaste personalmente. Pero por encima de todo está la cuestión del fraude. Has formado parte de una conspiración, y si ahora decides darme la espalda, los dos acabaremos siendo procesados. ¿Quieres ir a la cárcel?

—Por supuesto que no. Y tampoco querría que fueses tú, Hugo. Has sido amable conmigo, y con Scacchi también lo fuiste.

—Eran negocios —insistió él—, no te equivoques. Eso sí, negocios muy agradables. Espero que hayas disfrutado de mi compañía lo mismo que yo de la tuya. Y también espero que hayas aprendido algo de mí. Tengo mucho que enseñar, Daniel. Y tú tienes mucho que aprender.

—Lo sé. Pero estoy progresando, ¿no te parece?

—Desde luego. Más de lo que esperaba, si quieres que te diga la verdad.

—Me siento halagado.

Daniel pensó entonces en la proximidad de aquella otra casa, la que fascinaba y aterraba a Laura. Ella le había dicho que Massiter podría quizás organizar una visita a Ca' Dario para satisfacer su curiosidad. Acababa de caer en la cuenta de que podía beneficiarse en muchos sentidos de aquella situación. Había sido un idiota, esperando sentado a que llegasen los premios, como si fueran suyos por derecho.

—No me dejes colgado, Daniel —dijo Massiter—. Ni a mí ni a ti.

Sonrió mirándole a la cara, y no pudo evitar preguntarse cómo habría sido cuando Amy estaba allí, qué medios habría usado para seducirla, y sobre todo, qué fuerzas le quedarían aún.

—Ni se me ocurriría, Hugo. Pienso exprimir el día de hoy al máximo. Te sentirás orgulloso de mí. Cuando esta noche salgas de la sala de conciertos, serás el héroe del día. Más incluso que yo, porque les diré que nada de todo esto habría sido posible sin tu ayuda. Que eres el benefactor que un verdadero artista como yo necesita.

—Excelente —contestó Massiter pero sin emoción.

—Pero todo eso tiene un precio, Hugo, aparte de lo que ya hemos acordado. Y es un precio que no se puede regatear. Pagarás sin dejar de sonreír.

—¿De qué se trata? —preguntó en voz baja.

—Después del funeral —contestó—. Cuando por fin esté tranquilo. Entonces hablaremos de ello, una vez Scacchi esté enterrado.

Massiter frunció el ceño y Daniel se levantó.

—Vamos, Hugo. El mundo nos aguarda, y no debemos hacerle esperar.

Un desaire y una sorpresa

ERAN CASI LAS diez cuando identifiqué la entrada trasera de la mansión de Delapole. Los habitantes de la noche alimentaban su negocio en los estrechos callejones que partían del *rio*: caras pálidas provocando desde las puertas, figuras que caminaban arrastrando los pies y que salían de las tabernas para hacerles compañía. Me sentía vulnerable en aquel mundo lóbrego y agitado. Delapole era un hombre alto y fuerte, y Gobbo tenía el músculo de esos terrier que se plantan a la entrada de la madriguera de un tejón y que no cejan hasta no haber despedazado a su víctima. Si pudiera escabullirme dentro y salir con Rebecca sana y salva, me daría por contento. Marchese estaba de camino. Si todo había ido bien ya habría dejado atrás Padua, y con su ayuda Delapole estaría encerrado al día siguiente, el mismo día que pretendía ser el héroe de los venecianos.

Llamé al timbre y una doncella de rostro avinagrado me abrió y me hizo pasar a la cocina, vacía a aquellas horas. En un instante Gobbo se presentó. Estaba sorprendido de verme. Se sentó a la mesa y me invitó a unirme a él encogiéndose de hombros al mismo tiempo, como si quisiera decir *¿qué podía hacer yo?*

No acepté su invitación de que me tomara un vaso de vino.

—Creía que ibas a quedarte en Roma más tiempo —me dijo—. Por ese asunto de tu maestro, quiero decir.

—Creo que ya no tengo maestro, Gobbo. El inglés y tú os habéis encargado de ello.

Gobbo se ofendió.

—¿Qué quieres decir?

—Pues que la tenéis aquí encerrada. He hablado con su hermano y me ha dicho que lleva dos días sin aparecer por su casa y que os vais a marchar de la ciudad en breve. No le habéis dejado nada a mi tío, y es culpa mía.

—Estás exagerando, amigo. Llevamos siete meses aquí, y Delapole se aburre enseguida.

Tenía que andarme con cuidado si no quería revelar lo que sabía.

—Ya me lo imagino.

—No, no te lo imaginas. Mira... —empujó un vaso sobre la mesa hacia mí. Creo sinceramente que en aquel momento Gobbo no pretendía hacerme ningún mal—, voy a darte un consejo. Has estado jugando en el campo de los ricos, y ese lugar no nos corresponde ni a ti ni a mí. Lárgate mientras puedas. Este no es juego de aprendices, Lorenzo, y lo único que puede pasar es que vengas a por lana y salgas trasquilado.

—Yo la dejé a tu cuidado, Gobbo. Creía que ibas a protegerla de mi tío, pero ahora resulta que le evité un destino regular para arrojarla a otro peor. Me ha dicho que...

—¡Ya está bien! —exclamó, golpeando la mesa con el puño cerrado—. No está tan mal. Vive. Come. Ve mundo. Sigue con su música aunque sea el nombre de mi amo el que aparezca en la portada. Podría ser mucho peor. Leo no le habría dado más, sino mucho menos.

No podía compararse el uno con el otro, pero tampoco tenía sentido seguir con aquello.

—No puede funcionar, Gobbo. A tu amo le harán preguntas que no sabrá contestar. Le pedirán que toque, o que dirija la orquesta.

—¿Y crees que no es capaz de hacerlo? Yo le he visto tocar algunas veces, y lo otro es cuestión de mover mucho los brazos. Los dos somos buenos actores, Lorenzo. Tú no tienes ni idea. Como aquel imbécil de Rousseau solía decir, es increíble las cosas que puedes conseguir, o fingir que consigues, cuando te pones a ello.

—Pero...

—Pero nada. A veces eres un poco lerdo, ¿sabes?, y es un defecto peligroso. ¿De verdad no comprendes qué clase de hombre es mi amo?

Lo comprendía demasiado bien, pero no podía hacérselo saber.

—Un inglés. Un aristócrata. Y un caballero, creía yo.

—Te voy a contar su historia tal y como me la ha contado él. Cuando era un mocoso de apenas diez años, su padre enviudó y volvió a casarse con una tía bruja... al menos eso es lo que dicen todos. Una noche, apenas un mes después de la boda, le despiertan unos gritos. Duerme en la habitación de al lado de la de su padre, como siempre ha hecho, y corre a ver qué pasa, y lo que se encuentra es a aquella nueva madre suya a horcajadas sobre su padre, jodiendo con él, gritando los dos como animales.

Algo de lo que Marchese me había dicho sobre el origen del comportamiento de Delapole me vino a la cabeza.

—¿Y eso que tiene que ver con nosotros, Gobbo?

—¡Pues todo! Su padre murió aquella noche, delante del muchacho, y en aquellas circunstancias. Dos meses después, empieza a notar que su madrastra está embarazada, pero el hijo no es de su padre, según dice él, y cuando aún no ha pasado el año desde la boda de su padre hay otro hijo en la casa y a él lo echan a unas tierras pantanosas que tenía el padre en Irlanda con una pensión de hambre. ¿Lo entiendes ahora?

Un poco, pensé.

—Lo que entiendo es que se siente ultrajado por esa mujer.

—No. Para él es el mundo entero quien le ha vejado, y por eso se dedica a estos juegos. Y si te entrometes, correrás un gran peligro, Lorenzo. A mí a veces me da miedo, y hay pocos hombres en este mundo que puedan asustarme.

—¿Cuándo os marcháis?

—Dentro de un par de días como mucho. Después del numerito de La Pietà, que supongo que nos dará algunos fondos. La verdad es que lo del concierto no va demasiado bien. No tiene copia de la partitura, ¿qué te parece? Y dice que no puede reproducirla toda a tiempo. A menos que podamos sacarle el manuscrito original a tu tío y llevarlo a toda prisa a un copista, estamos metidos en un lío. Tendremos que dejar que Vivaldi toque algo de lo suyo e inventarnos una excusa, y buscar peculio por otra parte. La gente se va a volver loca de contento, ¿no te parece? Estoy harto de que los acreedores vengan todos los días a la puerta. Si no nos vamos pronto de aquí, el concierto tendrá que celebrarse en la caponera. Supongo que tú no sabrás dónde guarda Leo la partitura, ¿verdad?

—Mi tío es muy reservado. Preguntádselo directamente a él.

—Ya lo hemos hecho, pero el viejo es testarudo como una mula. Y encima dice que no está donde él la había guardado —apuró el vino y me miró—. Tengo cosas que hacer, camarada. No me puedo quedar aquí de chanzas toda la noche.

—Tengo que verla —le rogué.

Él me miró con el ceño fruncido.

—No me has escuchado. Vete ya, y olvídanos a todos.

—Sólo una vez, Gobbo, y luego me marcharé. Te lo prometo.

Él suspiró.

—No sé por qué tengo que hacerlo. Si te hago este favor, ¿dejarás de darnos la lata?

—Tienes mi palabra.

—Tendrás que ver también a Delapole. Ahora son uña y carne. Voy a hablar con él para que no haya malentendidos.

Y salió. Oí voces apagadas en el salón que daba al canal, al que Gobbo me acompañó tras volver a buscarme. Rebecca estaba sentada junto a la ventana en un taburete tapizado en brocado, de espaldas a mí, y Delapole estaba de pie junto a ella sonriendo como siempre, con su aspecto impecable de caballero inglés.

—Scacchi —me saludó, invitándome a acercarme a ellos con un gesto de la mano—. Como ves, tu plan ha funcionado. Rebecca ha pasado a formar parte de mi casa y yo me ocuparé de que su talento reciba la recompensa que se merece; eso sí, en todo menos en el nombre, lo cual en estos tiempos crueles es inevitable.

Intenté verle la cara a Rebecca, pero seguía obstinadamente de espaldas.

—Señor, me gustaría hablar un momento a solas con la señorita Guillaume, si es posible.

—¿Guillaume? Ah, supongo que quieres decir Levi, ¿no? Ya no hay secretos entre nosotros.

—Se lo agradecería.

El inglés la miró con displicencia y yo me maldije por ello. A la luz de las velas que se reflejaba en el cristal de la ventana, podía verle como era en realidad: un hombre frío y cruel que consideraba al resto de los humanos como juguetes, piezas de un ajedrez que podía mover o sacrificar a su conveniencia. ¿Cómo no me habría dado cuenta antes? En su forma de mirarla se adivinaba su pensamiento: disfrutaba con la indefensión de su víctima, y con su belleza. Como si hubiera cazado una mariposa con la mano.

—Gobbo y yo tenemos asuntos de los que ocuparnos. Tardaremos más o menos una hora y luego volveremos aquí. Espero que no abuses de mi generosidad, muchacho. Este asunto es de adultos, y tú no tienes cabida en él.

Yo hice una leve inclinación de cabeza, y él, con gesto arrogante, salió de la habitación seguido de Gobbo. Rebecca seguía sentada dándome la espalda y puesto que no había tiempo para tonterías, me interpuse entre ella y el cristal y cogí sus manos.

—Rebecca, he de rogarte que abandones esta casa, pase lo que pase aquí. Delapole es el mismo diablo. He estado en Roma y a mi pesar conozco su verdadera naturaleza. Si sigues a su lado te quitará la vida.

Pero ella continuó contemplando el canal y el movimiento de barcos en él.

—¡Vamos! —exploté, tirando de sus manos—. Tenemos que irnos.

—¡No! —me contestó ella, mirándome llena de odio—. ¿Por qué te empeñas en atormentarme, Lorenzo? ¿Es que no he sufrido ya bastante por tus celos?

Yo apoyé la espalda en la ventana y cerré un instante los ojos. ¿Cómo había podido ser tan necio para pensar que me bastaría hablar con ella para convencerla?

—Sí —contesté, y ella me miró con más indulgencia—. Tienes razón, y te pido que me perdones por ello, pero créeme, amor mío: este hombre es un diablo envuelto en seda. Ha robado y asesinado por media Europa y mañana esta ciudad tendrá pruebas de ello. Vámonos ahora y estaremos lejos de su alcance cuando la justicia le atrape.

—Cada hombre que me mira es un demonio para ti, Lorenzo —espetó con desprecio—. En estas dos últimas noches he tenido ocasión de conocer a nuestro amigo inglés, puesto que nos ha dejado bien claras las condiciones por las que Jacopo y yo podemos mantener la libertad e incluso cierta dignidad. No pretende matarme, Lorenzo. Tiene otras cosas en perspectiva, aunque cuando me vea forzada a acceder, creo que preferiré verme muerta.

—¡Entonces, ven y escapa de esta bestia! —le rogué—. ¿Qué te retiene?

—¡Que no tengo elección! Tú mejor que nadie deberías saberlo.

—En cuanto lleguemos a *terra firma*, tendremos todas las posibilidades del mundo.

Ella me miró, y la expresión rendida de sus ojos me heló la sangre.

—Una palabra a las autoridades y no podremos salir de Venecia. Estamos en una isla, Lorenzo. Estando sobre aviso, nos darían caza en cuanto quisiéramos tomar un barco, y no sólo a mí sino también a Jacopo, a quien ya he hecho bastante daño metiéndole en este lío. Pensaba que por fin estábamos en un lugar del que no íbamos a necesitar huir, y mira...

Eso mismo había leído yo en su rostro, a pesar de la borrachera. Jacopo siempre había sido el más cauto de los tres.

—En Roma asesinó a una mujer que estaba embarazada de él. Fue algo tan atroz que no me atrevo ni a contártelo. Hizo lo mismo en París y en Ginebra. Este hombre es letal, Rebecca.

Se pasó la mano por el pelo como siempre que estaba nerviosa.

—¿Por qué iba a hacer algo así, cuando bastaba con huir o con negar que el niño fuera suyo?

—Está en su naturaleza. O en su historia, no lo sé, pero lo que sí conozco son sus hechos. Viene de camino un corregidor que pedirá su arresto, y cuando eso ocurra, estaremos en peligro, amor mío, porque Delapole se llevará por delante a todos los que pueda.

—Y con razón —contestó ella—: falsedad, blasfemia, fraude... porque ese violín está por pagar, y la factura se hizo a mi nombre. De todo ello soy culpable, además de... vender mi cuerpo cuando ha sido necesario.

Pretendía echarme de su lado con aquello, obligarme a huir por mi propio bien.

—He hablado con Jacopo —respondí—, y ya sé lo que has hecho para sobrevivir.

—No sabes nada de mí, Lorenzo. De lo que soy capaz. Cuando me miras, crees ver a una dama perfecta, pero no sabes hasta qué punto te equivocas.

—No. Yo veo a una mujer. Una mujer que me consoló en momentos de desesperación. Una mujer que me hizo ver el mundo más allá de mí mismo. Una mujer a la que amo y que lleva en su seno un hijo mío.

Ella negó con la cabeza y su melena oscura se movió con lentitud.

—¿Un hijo? ¿Más tonterías, Lorenzo? —me preguntó, pero vi que había enrojecido.

—No. Mientras estaba en Roma te vi en sueños...

—¿En sueños?

—...y ese sueño era la traducción, creo yo, que mi cabeza me ofrecía de la última conversación que tuvimos. Tú estabas preocupada, y yo enojado. Estás embarazada de mí, Rebecca, y me lo has ocultado para protegerme cuando en realidad eres tú la que estás en peligro.

Ella cerró los ojos, pero una lágrima se escapó de entre sus párpados.

—Si eso fuera cierto, razón de más para aceptar el ofrecimiento de Delapole. ¿Qué vida tendríamos juntos con un niño? Estaríamos en la más absoluta miseria, o incluso algo peor.

—Tendríamos la vida de un hombre y una mujer enamorados. ¿Qué más se puede pedir?

—¡No! —insistió, sollozando—. Es imposible. Si no accedo a las condiciones de Delapole, estamos todos condenados: Jacopo, yo e incluso tú, si insistes en quedarte aquí.

—No pienso abandonarte.

—¡Entonces, te obligaré a hacerlo! Por favor, Lorenzo —imploró, cogiendo mis manos—. Si alguna vez he significado algo para ti, márchate ahora, deja esta ciudad y busca la felicidad en otro lugar, porque ninguno de nosotros la encontrará aquí.

—¡Te matará, Rebecca!

—Así todo habrá terminado.

Su expresión me horrorizó, caí de rodillas y tomé sus manos en las mías.

—¡No digas eso!

Rebecca se abrazó a mí como quien lo hace por última vez. Sentí la humedad de sus lágrimas en mi mejilla y la abracé con fuerza, pero ella se separó.

—Una mujer como yo debe aprender trucos para esquivar su

destino —dijo, secándose las lágrimas y sin mirarme—. Tiene que hacer feliz a un hombre pero evitar las consecuencias que esa felicidad acarrea con suma facilidad. Pero tú me hiciste olvidar esas consecuencias al hacerme pensar que ambos podíamos ser felices. Tu dulzura y tu inocencia me recordaron que una vez yo también fui así, pero ya sabemos los dos cuál ha sido el resultado. Si puedo convencer a Delapole de que el niño es suyo, puede que muestre un poco de clemencia.

—Te degollará primero y después te arrancará el niño del vientre, como hizo en Roma —sentencié.

Rebecca palideció.

—Eso es lo que tú dices, y si es cierto confiemos en que ese magistrado del que hablas llegue mañana a detenerle y que un milagro nos salve de su ira.

—¡Los únicos milagros que existen son los que nosotros mismos obramos, Rebecca! Ven conmigo ahora y ponte a salvo.

—¿A salvo? Nadie estará a salvo mientras él siga libre. Si mañana le detienen todo será distinto. Entonces podremos echar a correr y tratar de salir de la ciudad antes de que él nos señale con su dedo acusador.

—¡Ha de ser ahora!

—No puedo. No me lo pidas más. Vete, Lorenzo, que si hay Dios a lo mejor se apiada de nosotros por todos nuestros pecados.

La besé en la mejilla y sentí que ella se apartaba de mí. Luego salí de la casa y caminé sin rumbo por la ciudad, pensando y pensando. Cuando el reloj de San Casiano daba la una, volví a Ca' Scacchi y entré por la puerta lateral del almacén de modo que nadie me viese. Mi tío se merecía una explicación y una disculpa, además de la oportunidad de despedirme con viento fresco.

Subí la escalera, entré por la ventana y me encontré en mi habitación de siempre: la tercera del tercer piso. El muchacho de Treviso que unos cuantos meses antes llegó a Venecia entusiasmado y sin saber lo que le esperaba me pareció un extraño. Vivía dentro de mis recuerdos pero como si fuera otra persona, desconocida e insondable. Recogí unas cuantas cosas que creí que podrían serme útiles para la vida errante que me aguardaría pasara lo que pasase al día siguiente: algo de ropa, unas cuantas cartas de mi querida Lucía y un pequeño retrato de mi madre. Luego cogí la estrella de David de plata que Rebecca me había regalado y que me había quitado en un ataque de rabia después de nuestra discusión, y volví a ponérmela al cuello.

Un instante después y con sumo cuidado para no hacer ruido, ya que no quería encontrarme con mi tío hasta que yo lo decidiera, volví a bajar. Había oído ruidos. Leo debía estar allí, bebiendo. El licor era su medicina favorita cuando tenía que enfrentarse a la adversidad.

El fuego se estaba apagando y había un cabo de vela que todavía ardía sobre la mesa. Mi tío estaba allí, con una botella de vino y algunos vasos. Permanecía pegado a la silla, inmóvil, borracho. No era precisamente el momento ideal para mantener con él una conversación, pero no me quedaba otro remedio. Le había hecho un daño incalculable pensando que él podría ser aquel maestro cruel retratado en el cuadro de San Casiano, cuando en realidad no era más que un hombrecillo triste que intentaba abrirse camino en el mundo como podía.

—Tío —lo llamé para despertarlo, y me acerqué desde atrás para ponerle la mano en el hombro.

Su cuerpo se ladeó con un ademán extraño y su cara cayó sobre la mesa. Tenía la boca abierta y ensangrentada, y sus incisivos habían desaparecido. Tenía sangre también en el cuello, un ojo reducido a una cavidad oscura y líquida y su mano deforme era ya un muñón. Oí una voz que no era la mía pero que provenía de mi interior que empezaba a gritar, y supe de inmediato quién podía ser responsable de un crimen tan atroz.

—Lorenzo —dijo una voz que me era familiar y cuyo acento inglés no dejaba lugar a dudas. Delapole se materializó ante mis ojos. Había permanecido oculto en un rincón oscuro junto a la chimenea. Gobbo estaba con él y mantenía la miraba baja, como si sintiera vergüenza—. Desde luego tu tío era un tipo raro. *No lo sé, no lo sé*, es todo lo que acertó a gimotear por mucho que le insistimos. Y seguimos sin encontrar el manuscrito. Ahora ya es demasiado tarde para acudir a los copistas, pero lo encontraré. Es mío, y lo que me pertenece debe estar en mi poder. El bueno de Leo debe haberlo escondido. ¿Dónde crees tú que puede estar?

—No lo sé —contesté, y retrocedí hacia la escalera que quedaba a mi espalda.

Delapole se acercó más a la vela y su rostro amarillento y cadavérico quedó iluminado por una claridad cerúlea. Sonreía.

—¿Cómo puedes mentirle con tanto descaro a quien tanto te ha favorecido? Esta costumbre veneciana de jugar con la verdad me hastía, muchacho, y a ti no te hace ningún bien. Sólo me convencí de que tu tío decía la verdad cuando le arranqué esos dedos deformes de la mano. De todos modos, ¿para qué le servían? Pero aullaba de tal modo que no pude aguantar más y decidí usar esto para hacerle callar. ¡Cógelo, muchacho! ¡Cógelo!

Movió el brazo derecho y un objeto pequeño, frío y manchado de sangre voló por el aire y me rozó la mejilla. Pensé en el tajo que seccionaba el cuello de mi tío y supe lo que me había lanzado. Marchese tenía razón: un demonio habitaba en el cuerpo de aquel hombre, un demonio que había quedado suelto por la tierra.

—Tráemelo, Gobbo —dijo Delapole ocultando un bostezo—. Nos costará cinco minutos arrancarle la verdad y dejaremos que su cadáver confiese el asesinato de su amo. Qué simetría tan perfecta. Luego saldremos para Viena.

La figura rechoncha y desagradable del hombre que yo consideraba mi amigo avanzó hacia mí, dejando atrás el cuerpo mutilado de mi tío, y con tanta rapidez como un sabueso que diera caza a un zorro. Sin darme cuenta, empecé a rezar.

Relaciones públicas

MASSITER HABÍA RESERVADO una gran sala de conferencias en el Londra Palace, muy cerca de La Pietà, y sentados en una plataforma sobre la que habían colocado una mesa larga y sillas, medio cegados por las luces, estaban Daniel, Massiter, Fabozzi y Amy, pálida y asustada, como representante de la orquesta. Daniel había aprovechado la ocasión para hablar con ella un instante antes de que empezase la rueda de prensa y Amy había accedido sin atreverse a mirarle a los ojos. El sentido de culpa o la vergüenza le asomaban a la cara. Había muy poco tiempo entre la conferencia y el funeral de Scacchi, pero estaba decidido a hablar con ella antes de marcharse de allí.

El concierto había despertado una enorme expectación. Estaban en pleno verano, una época en que la prensa carecía de otras noticias por la lasitud estival. Además, estaba el aire de misterio como un plus añadido: la reticencia de Daniel hasta aquel día a dejarse ver en público y la muerte violenta de sus dos amigos. Se olían algo gordo, y Daniel estaba convencido de que si les daba la oportunidad, intentarían pillarle con la guardia baja. Debía haber más de cien periodistas congregados en la sala, además de los fotógrafos que disparaban sin cesar desde la primera fila. Sonrió para ellos, pero su pensamiento estaba en el funeral y en la conversación que iba a tener con Massiter, y mientras posaba con aquella sonrisa educada y estática se decía que nadie de entre los asistentes se podía ni imaginar la clase de titular que iban a publicar sus periódicos antes de que terminara el fin de semana.

Massiter se levantó y les dio la bienvenida con un discurso corto y con referencias musicales: les recordó que Tchaikovsky había compuesto su cuarta sinfonía durante su estancia en aquel hotel en 1877. Daniel recordaba la composición, y con ayuda de la fecha que había dado Massiter, consiguió emplazarla en la carrera del músico. Era el momento en que su vida había empezado a caer en picado hacia el caos y la locura, y resultaba inquietante pensar que en algún lugar de aquel edificio, en una de sus habitaciones, Tchaikovsky sufría indescriptiblemente pensando en su matrimonio fracasado, su homosexualidad y el largo y agotador trabajo que acababa de comenzar. Otro fantasma más que pululaba por Venecia, y otra razón por la que él nunca podría tener el aspecto que Massiter esperaba, ya que no era persona capaz de torturarse de ese modo. Por desgracia el genio se veía acompañado en numerosas ocasiones por el infortunio, y quizás fuera esa la razón por la que el concierto que ahora llevaba su nombre había permanecido oculto y anónimo en Ca' Scacchi casi trescientos años: que detrás de esa música había un ser humano que todavía aguardaba la oportunidad de levantarse de sus cenizas.

Massiter se sentó mientras sonaban los aplausos y Daniel se dispuso a acometer su tarea, consciente de que el joven que había llegado aquel mismo verano al aeropuerto de Marco Polo y al que habían recogido en la *moto topo Sophia*, se habría arrugado ante tanta atención.

Le costaba trabajo recordar a esa persona. Se presentó como compositor y no como orador, y se declaró dispuesto a contestar a sus preguntas con la mayor sinceridad posible. Durante treinta minutos no hizo más que eso, contestar preguntas que le llegaban de todas direcciones, algunas inteligentes, otras estúpidas y otras simplemente incomprensibles. Agradeció a Massiter su patrocinio y dio las gracias a Fabozzi y a Amy por su apoyo. Quienes persistentemente le preguntaron por Scacchi y Paul tuvieron que conformarse con un rodeo y la sugerencia de que dirigieran esas mismas preguntas a la policía.

Cuando un periodista inglés volvió a insistir en el asunto, Daniel le dio una explicación un poco más elaborada; eso sí, con la voz algo desfigurada:

—Por favor... ambos eran amigos míos. Hoy entierro al Signor Scacchi, un hombre cuya amabilidad para conmigo ha sido sobrepasada sólo por la del señor Massiter aquí presente. Sin el Signor Scacchi, no habría venido a Venecia. Sin que él me presentara al señor Massiter, nunca habría encontrado un benefactor de su talla, ni habría salido de mi relajante oscuridad a esta luz cegadora. Les ruego que sean indulgentes conmigo en este sentido, señoras y señores. Cuando el día de hoy haya pasado, cuando hayan escuchado el concierto y yo haya cumplido con el triste deber de enterrar a un amigo, volveremos a hablar e intentaré contestar a sus preguntas del mejor modo posible, pero por ahora les pido que tengan paciencia. Júzguenme por lo que escuchen, y no por estas torpes palabras.

Hubo una especie de ola de admiración entre el público, y Daniel experimentó un gran alivio. Se esperaba una situación mucho más comprometida.

Una periodista de una de las grandes cadenas norteamericanas dirigió su micrófono hacia Amy.

—Señorita Hartston.

—¿Sí?

—Me pregunto qué opina usted de todo esto.

Amy miró a Daniel sin saber qué contestar.

—¿En qué sentido?

—Usted me lo dirá —contestó, agresiva—. ¿Qué se siente al tocar una música escrita por alguien casi de su misma edad, pero que no es moderna, sino que parece compuesta por un fantasma de hace trescientos años?

Amy asintió.

—No he hablado con Daniel sobre ello.

Los periodistas se quedaron quietos. Algo se palpaba en el aire, pero no sabían qué.

—¿Que no ha hablado con él? —se sorprendió—. Pero si es el compositor.

—Yo...

Massiter se levantó.

—Mi querida señora —intervino—. El señor Fabozzi, un director de prestigio, es quien está al mando de este evento. Cuando hablamos de cómo aprovechar esta inesperada oportunidad, decidimos que fuera él quien dirigiera la orquesta y no el compositor. Fue una decisión compartida, ¿verdad Daniel?

Ellos le miraron sorprendidos y él asintió.

—Desde luego —contestó—. ¿Por qué iba yo a complicarles la vida interponiéndome entre los músicos y su director?

—Ya —ironizó la periodista.

—Bueno, pues pasemos ya a cuestiones más prácticas —anunció Massiter—. En la puerta encontrarán entradas reservadas a los críticos acreditados y algunas más.

Daniel intentó adivinar su estado de ánimo. Los periodistas trabajaban en bloque, y como una reata de galgos a medio comer, su resentimiento por lo que no habían recibido era mayor que la gratitud que sentían por los escasos bocados de que habían podido disfrutar. Se palpaba en el aire cierto nerviosismo y era una pena, porque Fabozzi y los músicos habían trabajado muy duro y se merecían su reconocimiento.

Massiter se levantó y les vio marchar. Luego cogió del brazo a Daniel y le susurró al oído:

—¡Has estado excelente, Daniel! Los has tenido comiendo de tu mano.

—¿Tú crees? A lo mejor es que olían una rata.

—Tonterías. Son demasiado estúpidos para ver algo aunque les de en la cara, pero aun así, mejor andarnos con tiento, ¿eh? Mañana te reservaré habitación en alguna parte, donde tú quieras. En el Cipriani si te parece, para que tengas paz y tranquilidad.

Recordar el hotel palatino de Giudecca le trajo inmediatamente a la memoria la imagen de Laura gritándole en aquella pequeña sala de la prisión de mujeres.

—O si lo prefieres, en Verona —sugirió Massiter—. Donde quieras, pero lejos de estos animales. Piénsatelo.

—Lo haré.

Amy se había detenido en la puerta e intentaba llamar su atención.

—Hablaremos después del funeral, ¿de acuerdo?

Massiter le miró a los ojos.

—Ah, sí. Hablaremos de tu nuevo precio, ¿no?

—Sí.

Inesperadamente, Massiter se echó a reír.

—Eres la leche, Daniel Forster.

—¿Cómo?

—Pues que detrás de tu fachada de hombre débil, resulta que tienes un carácter duro como el pedernal.

Daniel saludó con una breve inclinación de cabeza.

—Gracias.

—De nada. Podrías ser un buen alumno. A veces me pregunto si no necesitaré un acólito, en lugar de tanto parásito.

—Pero yo soy un compositor, Hugo. No lo olvides.

Massiter se rió con una sola y breve carcajada y le dio una palmada en la espalda.

—¡Genial! ¿Quieres venir conmigo en taxi al funeral?

—No, gracias. Quiero caminar un rato. Necesito pensar.

—Sí. En lo del precio, ¿no?

—En lo de Scacchi.

Massiter no dijo nada y se marchó.

Amy estaba esperándole en la puerta y Daniel fue hacia ella. Parecía distinta. Había perdido parte de su exuberancia natural.

—Amy, lo siento —le dijo—, pero he estado un poco despistado estos días. Debería haberte llamado.

—¿Por qué? —preguntó ella sin mirarle a los ojos.

—Porque te lo debía.

Ella suspiró y miró el largo corredor que tenían ante sí. Los halcones de la prensa se habían ido ya. Estaban solos.

—Quiero tocar el concierto y marcharme, Dan. No me preguntes por qué, pero tengo la sensación de que todo esto está mal. No sé... es como si me estuviera volviendo loca.

—No estás loca, Amy —contestó él, poniéndole una mano en el hombro.

—¿Tú crees? Le dije a Hugo que tú no podías haber escrito el concierto. Que no eras capaz. Pero ahora te he visto en la rueda de prensa y supongo que ese es tu yo verdadero. Lo que pasa es que no he sabido verlo antes. Tenías a esos periodistas comiendo de tu mano.

—Puede.

—No, Dan. Ha sido así. No sé por qué se me da tan mal juzgar a las personas. Y a mí misma a veces también.

—Ten paciencia, que ya verás como todo se arregla.

Amy se cruzó de brazos.

—Ya está todo arreglado. Hugo y yo estamos juntos. Te lo digo por si todavía no te ha llegado el rumor. Voy a ser una estrella, igual que tú.

Había amargura en su voz, pero parecía dirigida contra sí misma más que contra Massiter.

—Todos cometemos errores, Amy, pero no tenemos por qué vivir con ellos para siempre.

—¿Tú crees? Ya está todo organizado. Me va a meter en la Juilliard, y voy a vivir en su apartamento de Nueva York, que parece ser que queda a unos cientos de metros del Lincoln Center. Asunto arreglado.

—Es... fantástico —la felicitó con cautela.

—Claro. Lo único que tengo que hacer es follar con él cada vez que se pase por la casa. Aunque tampoco se trata de eso en realidad. Es como si lo que de verdad pretendiera fuese marcar su territorio o algo así.

—Amy, no tienes por qué hacer nada que tú no quieras. Tus padres...

—Ya ha hablado con ellos, y los ha convencido de que todo es maravilloso. De pronto la tonta de su hija tiene una carrera por delante y un novio rico, maduro e inglés. El dinero no lo necesitan, pero la clase... eso no tiene precio.

—No hay nada hecho que no pueda deshacerse —contestó, apretándole el brazo.

—¿Ah, no? Me parece que no estás entendiendo nada, Daniel. Tú y yo vamos en el mismo barco. Somos de su propiedad, como quien posee un cuadro, una estatua o cualquier otra obra de arte. Eso es lo que le pone: saber que estamos ahí, en la repisa, esperando a que quiera algo de nosotros, y... —Amy soltó una sonora blasfemia—, no hay modo de dar marcha atrás. Él lo sabe, y cuando te ve mirar hacia la puerta, te la cierra en las narices. Ahora somos suyos. Lo seremos mientras vivamos.

Daniel se agachó y la besó en la frente, y ella lo miró sorprendida.

—¿Por qué has hecho eso?

—Por mí. Y para decirte que soy tu amigo, Amy, y que te ayudaré en lo que pueda. Tú ten paciencia, y esta noche toca como el viento, preciosa. Y no para mí, ni para Hugo, sino para ti misma.

Al mirarla en aquel momento creyó ver a la Amy de antes, con la esperanza y la inocencia suavizándole la mirada. Luego se abrazó a él y apoyó la cabeza en su pecho. El pelo le olía a perfume, a un perfume caro y adulto, seguramente regalo de Hugo.

—¿Qué vas a hacer ahora? —le preguntó.

—No lo sé. Volver al hotel, supongo. Estamos preparados ya y Fabozzi dice que no necesitamos ensayar más.

—Seguro que tiene razón.

—Tú vas a ir al funeral, ¿no?

Daniel bajó la mirada y no dijo nada.

—¿Quieres que te acompañe? —se ofreció ella—. Sólo le vi aquella vez, pero...

—Sí, Amy, por favor. Acompáñame.

Fugitivo de todos

GOBBO SE LANZÓ decidido tras de mí escaleras arriba. Yo subí un par de peldaños más, esperé y con la pierna derecha le propiné una patada en la cara con todas mis fuerzas. Él gritó de dolor y cayó hacia atrás. Había que saber aprovechar las oportunidades. Yo conocía aquella casa y el edificio adyacente como la palma de mi mano, y ellos no. Podía esconderme en lugares que jamás encontrarían. Y aún mejor, cuando se presentara la oportunidad, podía salir a la noche y correr por la Calle dei Morti hasta desaparecer en el laberinto de calles que era Santa Croce.

Aquellos pensamientos se me amontonaban en la cabeza mientras corría escaleras arriba al segundo piso y al tercero, planeando el modo de escapar. Qué terrible coincidencia... debería haber pensado únicamente en escapar y planear qué camino coger una vez me hallara fuera de aquella casa infernal, pero cuando alcanzaba el final del último tramo de escaleras, a dos o tres peldaños de distancia de mi habitación en el tercer piso y de la ruta de escape que había utilizado en otras ocasiones, oí un ruido a mi espalda y sentí que una mano me agarraba el tobillo. Con un movimiento rápido y e inesperado, Gobbo me retorcía la pierna y me hacía caer sobre los peldaños de madera.

—¡Bravo! —oí gritar a Delapole desde abajo. Él no era tan rápido como su lacayo y apenas debía haber iniciado la subida mientras que Gobbo, a pesar de la fuerza con que yo le había propinado la patada, se había recuperado en un instante y me había perseguido hasta darme alcance como a un animal. Sentí un tirón en la cintura y un brazo que me obligaba a darme la vuelta. Entraba una luz blanquecina de la luna por la ventana del techo, y vi que Gobbo sangraba por un ojo, que debía ser donde había recibido el golpe. Estaba casi sin aliento, pero había algo extraño en su expresión. Era como si no quisiera haber llegado a aquella situación, incluso como si hubiera obedecido las órdenes de su amo de mala gana.

—¡Sujétale, Gobbo! —gritó el inglés desde abajo—. Este placer será mío, no tuyo.

Gobbo me miró con una mezcla de compasión y desprecio.

—¿Por qué no me hiciste caso, Scacchi? —me susurró, jadeando—. He intentado alejarte del peligro desde el principio, pero tú te empeñabas en hacer precisamente lo contrario de lo que yo te decía.

Intenté mover el cuello, pero él me sujetaba con fuerza. No podía escapar.

—Yo sólo sigo los dictados de mi corazón, Gobbo —contesté—. Como harías tú si no tuvieras amo, si no fueras su lacayo.

—Tú sigue —se lamentó—. Cada vez lo empeoras más.

—¿Va a ser peor que en Roma? ¿Peor que lo que le hizo a la duquesa de Longhena?

Me miró frunciendo el ceño.

—¿Qué sabes tú de eso? Él me dijo que tuvo que defenderse. Que esa mujer se había vuelto loca.

—¡Es mentira! He hablado con el magistrado, Gobbo. Tu amo asesinó a esa mujer del modo más brutal y más horrible que puedas imaginarte. Y luego le arrancó del vientre a su propio hijo para dejarlo junto al cuerpo descuartizado de la madre. Pero ese tiro le ha salido por la culata porque el magistrado llega esta noche en el ferry con una orden de detención para tu amo. Y tú estarás con él en el patíbulo si no te andas con cuidado.

Sentí que su presión sobre mi cuello cedía.

—Mientes.

—No. Es la verdad, Gobbo. ¿Cómo iba a saber si no el nombre de la duquesa? No voy a permitir que haga lo mismo con Rebecca.

El ruido de los pasos de Delapole indicaba que estaba cerca. Debía haber subido ya el segundo tramo de escaleras.

—Yo soy capaz de robar o asesinar a un hombre que se lo merezca —admitió Gobbo—, pero no a una mujer.

—Eso cuéntaselo al verdugo —le susurré, y vi detrás de su cuerpo rotundo la sombra de su amo.

—¡Mientes! —farfulló, y sacó del bolsillo una navaja de hoja estrecha todavía manchada con la sangre de mi tío. Había llegado el momento final. Respiré hondo, apoyé un pie contra su vientre y empujé con todas mis fuerzas, hasta que la fuerza de la gravedad le escupió del escalón. Gobbo quedó como suspendido en el aire un instante, braceando desesperado por mantenerse de pie. Sólo necesitaba un poco más de fuerza, así que de un tirón solté mi pierna derecha, la flexioné y le golpeé con todas mis fuerzas. Maldiciéndome Gobbo cayó escaleras abajo hasta colisionar con su amo, y ambos siguieron rodando, gritando, hasta detenerse en el descansillo del segundo piso en un revoltijo de piernas y brazos.

No iba a tener más oportunidades, así que sin pensar en nada más, entré en mi dormitorio, y por la ventana abierta salí y me colé en el almacén. Una vez allí, bajé las escaleras de cuatro en cuatro, abandoné el almacén por el nivel del agua y temiendo que pudieran verme si cruzaba el *rio* por el puente, me deslicé temeroso en las aguas negras de la laguna.

Era la primera vez que entraba en aquel líquido maloliente. Estaba frío y tenía una calidad viscosa completamente distinta al agua del mar. El olor era nauseabundo, como el de una cloaca abierta. Por encima de mí oí hablar a Gobbo y Delapole, que se preguntaban por dónde había desaparecido y cómo seguirme. El inglés estaba furioso y gritaba sin preocuparse de que alguien pudiera oírle.

—O le encontramos, o tenemos que incriminarle en el asesinato de su tío. Si no conseguimos atraparle en cinco minutos, saldrás a buscar a la ronda para decirles que has descubierto el cadáver de un hombre asesinado y que el asesino salió huyendo en plena noche al verte llegar.

Así que estaba condenado. El frío de aquel líquido me sirvió para ahogar el grito que intentó salir de mi garganta. Tragué saliva, hundí la cabeza bajo la superficie y con toda la fuerza que me fue posible nadé hacia el Gran Canal. Cuando emergí intentando no hacer ruido, estaba junto a ese pequeño puente que parte de la Calle dei Morti hacia la iglesia. Busqué la cara norte para alejarme lo más posible de Ca' Scacchi y salí un poco más del agua para agarrarme a la piedra y escuchar. No había movimiento en las proximidades. Gobbo tenía muchas salidas que explorar desde nuestro *campo*, y las probabilidades de que eligiera aquella en la que yo me encontraban eran escasas. Salí completamente del agua, me subí al puente y corrí como el viento hasta Santa Croce.

Conocía las reglas. Las había oído de labios de Delapole: si no me atrapaban en cinco minutos me denunciarían como autor del asesinato de mi tío, de modo que esperé una buena media hora y luego retrocedí en dirección sur, hacia San Casiano y el Rialto, el único modo que tenía de cruzar para ir a Cannaregio, que era donde atracaban los barcos que provenían de Mestre. Con el corazón en la garganta me abrí paso entre los villanos y las rameras que merodeaban por el lugar. Gobbo podría haberme atrapado fácilmente allí, pero como buen sirviente, y él lo era, estaría contándoles una gran mentira a los idiotas de la ronda.

Chorreando agua maloliente y con el cuello de la chaqueta subido para taparme la cara, crucé rápidamente el Gran Canal y seguí la ruta que tan bien conocía y que me llevaría al gueto. No tenía modo de saber dónde iba a pasar la noche Marchese, pero no podía ser muy lejos del muelle en el que iba a dejarle el ferry. Si conseguía encontrarle ya me inventaría algo para mantenernos a salvo al día siguiente.

Con todas aquellas posibilidades dándome vueltas en la cabeza, me acerqué al empleado de los ferrys y él se encargó de desbaratarlas de un plumazo. Tras contemplar mi apariencia, empapado, despeinado, poco menos que un mendigo, me espetó:

—El coche de Roma llega con retraso. Como muy pronto estará aquí mañana al mediodía. Dicen que ha perdido una rueda en Bolonia y que se salieron del camino.

Debía tener un aspecto lastimoso, y cuando le pedí que me prestara papel y carboncillo para escribir un mensaje a un amigo, entró en la taberna más próxima y al salir con ambas cosas me dijo:

—¿Pero qué clase de idiota eres tú? Pedirle a un marino algo con lo que escribir...

Sin dinero y muerto de hambre, me uní al resto de desposeídos en la tarea de recoger los restos que dejaba el mercado de Cannaregio: un trozo de pan mohoso y una manzana a medio comer. Luego robé unas naranjas de un carro y me escabullí en la oscuridad antes de que me viera el comerciante.

En un callejón apestoso de cerca del gueto devoré las magras viandas que había conseguido reunir y volví a ponerme en movimiento. A la luz de una hornacina en la que había una virgen con su vela, partí el papel y con distinta letra fui escribiendo mensajes similares. Luego, agotado y medio dormido, fui recorriendo la ciudad. Fui hasta a San Marcos y más allá en busca de las bocas de león que podía recordar con la esperanza de hacer reflexionar a los hombres del Dux cuando lo leyeran y así intentar encontrar una fisura en la armadura del inglés.

El último de los mensajes lo deposité en el león que queda cerca del palacio ducal, y después, para recordarme lo que había apostado en aquel juego, me acerqué a los calabozos, cerca del Puente de los Suspiros. Escuché las quejas y los gemidos que salían de sus ventanas enrejadas. En un portal húmedo y oscuro pasé la noche en duermevela, aterrado por una pesadilla en la que veía a Delapole acosando a Rebecca en un dormitorio en penumbra cuyas paredes estaban cubiertas de espejos. Sigilosamente se acercaba a ella, como un delincuente cualquiera, para después, brutalmente, mientras ella se resistía como una tigresa, tomarla por la fuerza, aullando como un animal. Cuando terminaba y se quedaba sobre ella inmóvil, la saliva cayéndosele por la comisura de los labios sobre el cuello blanco de ella, levantaba la cara y se miraba en el espejo, y entonces allí me veía yo, en el cuerpo de Delapole. Era yo quien había cometido aquel acto en connivencia con el diablo, que estaba detrás de los dos y nos miraba satisfecho, aplaudiendo ruidosamente, como si se tratara de una representación de teatro.

Me desperté sobresaltado, y con las imágenes del sueño recordé unas líneas de aquella obra inglesa que en una ocasión y guiado por mi inocencia pensé que Gobbo podía haber leído.

El demonio puede citar la Escritura para justificar sus designios.
Un alma perversa que apela a testimonios sagrados
Es como un bellaco de risueño semblante,
Como una hermosa manzana de corazón podrido;
¡Oh, qué bello exterior puede revestir la falsedad!

Apenas había amanecido y yo temblaba, aún mojado, aunque tras aquellos escalofríos se ocultaba algo más profundo. En mi sueño yo había tenido, había visto, la verdadera identidad de Delapole. ¿Qué era él a sus propios ojos? ¿El Diablo mismo? ¿Qué buscaba? Dominar las vidas de los demás, manipularlas, disponer de ellas como le placiera. Lo que Delapole deseaba, lo que codiciaba por encima de todo, era apropiarse de la parte más íntima de hombres y mujeres. La lujuria, la codicia, la falsedad eran sólo pecados ordinarios, cometidos por muchos. Para Delapole, aquellos tesoros eran como para los hombres primitivos de Guinea la cabeza de los adversarios que se cuelgan del cinturón: cuantos más, mejor. Rebecca no era la primera, y no sería la última. Su sed era insaciable.

Me quité aquel pensamiento de la cabeza y aún con apariencia de pordiosero me acerqué al borde del agua, a unos doscientos metros de La Pietà, intentando decidir mi próximo movimiento. El día empezaba. Los vendedores peleaban por el mejor lugar para montar sus puestos. La plataforma que usaba Canaletto estaba erigiéndose en la parte del paseo más próxima al Arsenal, dirigidos los trabajos por el propio pintor, que daba ordenes a diestro y siniestro. De nuevo intentaba captar clientes. Varios de sus cuadros iban a ser expuestos para incitar otros encargos, y entre ellos se encontraba aquel trabajo que yo le vi empezar cuando era un crío, unos seis meses atrás, y que no me atreví a mirar de cerca por temor a los recuerdos.

Un soldado clavó un pasquín en uno de los maderos que servían para amarrar las góndolas. Esperé a que hubiera terminado y después, para satisfacer mi curiosidad, me acerqué a leer, aunque sabía bien qué debía esperar. En él se proclamaba la orden de búsqueda y captura de un tal Lorenzo Scacchi, aprendiz de San Casiano, que había asesinado a su maestro la noche pasada de un modo brutal. A continuación se describía al asesino, y nadie que me viera con el aspecto que tenía en aquel momento sería capaz de reconocerme. Por último se prometía una recompensa que haría efectiva el benefactor inglés de la ciudad. Si Delapole no podía arrancarme la cabeza con sus propias manos, pagaría a la República para que lo hiciera.

Le maldije a él y a Venecia, y a pesar de mi miedo, me acerqué a contemplar el trabajo de Canaletto cuando el artista estaba ocupado reprendiendo a un carpintero al otro lado de la plataforma. La pintura era magnífica pero fría. Entre aquel momento congelado en el tiempo y mi estado presente había todo un tratado de dulzura y tristeza. Todo lo que el artista ofrecía allí era un testamento exquisito de la grandeza del espectáculo. Contemplé su trabajo una vez más y volví a ocultarme en las sombras para soñar con nuestra huida.

Un trato inesperado

DANIEL CERRÓ LOS ojos y sintió que se tambaleaba con aquel calor. Olía a cipreses y a la química de la laguna. Habían viajado con el ataúd en la góndola funeraria, de pie en la popa. Ojalá fuera Laura quien estuviera a su lado en aquel barco negro y brillante. Luego, cuando cruzaron la parte más estrecha de la laguna que separaba San Michele de la ciudad, Amy le apretó con fuerza el brazo. Él hizo lo mismo y se sintió enormemente agradecido por su presencia. No quería estar solo, y había cosas de las que debía ocuparse.

La piedra istria de la iglesia del muelle les cegaba con su fulgor al sol del mediodía. A su espalda, Venecia seguía con sus quehaceres. Los *vaporetti* iban y venían entre los muelles en una sucesión interminable, un movimiento sin pausa de la vida por el perímetro de la ciudad. Frente a ellos quedaba la silueta de ladrillos de Murano, con sus hornos polvorientos en los que se fabricaban piezas de cristal ornamental para los turistas. Scacchi debía haber hecho aquel mismo viaje en muchas ocasiones para enterrar amigos y familiares en el cementerio que ofrecía un descanso eterno de sólo diez años, al cabo de los cuales se veían obligados a buscar otro santuario. Un final curioso para una vida humana, pensaba Daniel, pero un final que Scacchi había insistido en que quería tener. Era el veneciano que vivía en su sangre y que no podía desear otra suerte distinta.

Desembarcaron y siguieron al ataúd a paso lento. Había un pequeño grupo de gente esperando. Massiter estaba entre ellos, vestido de negro, y Daniel reconoció también a la mujer que se ocupaba de las admisiones al curso de verano en La Pietà, a la dueña de una pequeña tienda que solía llevar comestibles a Laura de vez en cuando y a Giulia Morelli, con traje de chaqueta negro, impasible detrás de unas gafas negras. Debería haberse imaginado que asistiría. Por fin reconoció también a un hombrón vestido con traje azul. Era Piero. Pero había algo distinto en él, algo que faltaba, y era su pequeño perro negro.

Piero se acercó a él y le dio un abrazo con lágrimas en los ojos.

—Daniel, muchacho.

Luego miró a Amy y con ambas manos, estrechó la de ella.

—Señorita Amy, también ha venido. Lo pasamos tan bien aquel día... y ahora esto.

Ella le dio un beso en la mejilla.

—Lo siento muchísimo.

Daniel se sintió orgulloso de ella. Siguieron caminando y tras pasar bajo un antiguo arco de piedra, entraron en el camposanto, giraron a la derecha y dejaron atrás un grupo de pulidos ataúdes medio ocultos en la sombra de un almacén que tenía las puertas abiertas. Al poco de llegar a Venecia había pensado pasarse por allí para curiosear entre las tumbas como hacían los turistas, en busca de nombres famosos. Pero ahora era un Daniel Forster distinto. Ahora tenía un único recuerdo que evocar de la tierra marrón de San Michele, y se juró que, pasara lo que pasase, volvería dentro de diez años. Scacchi se lo merecía. A pesar de sus engaños, a pesar de sus ardides, le había descubierto la vida.

El grupo se alejó de los edificios y entró en los cuarteles del cementerio donde se alineaban filas y filas de pequeñas lápidas de mármol hasta alcanzar la pared del fondo, la mayoría con fotografías recientes. Leyó la pequeña inscripción que indicaba dónde se encontraban: Recinto 1, Campo B. Había una placa igual en cada línea de tierra cavada y vuelta a cavar cada diez años, un ciclo continuo de humanidad moviéndose en aquella tierra ocre y reseca.

Se detuvieron ante una tumba vacía. Los portadores del féretro maniobraron con cuidado para depositarlo sobre las cuerdas con las que lo harían descender. El sacerdote comenzó a hablar en un tono de voz monótono y apagado y Daniel cerró los ojos para capturar el momento: el olor a ciprés, a polvo seco, y por encima de todo ello, el clamor perezoso de las gaviotas. Sintió la mano de Amy en el brazo e intentó no pensar en Laura, en dónde estaría ni en qué le habría impedido acudir a aquella ceremonia. A su espalda oyó un sollozo: la voz de una mujer y la de un hombre, fuerte y desconsolada. Era Piero, que tan familiarizado parecía con la muerte por su trabajo en la ciudad y que había jurado no volver a poner el pie en San Michele. Scacchi los reunía a todos a su alrededor incluso en la tumba.

El sacerdote se agachó, cogió un puñado de tierra y lo dejó caer sobre la tapa del ataúd. Daniel vio que Massiter hacía lo mismo, pero él no sintió deseos de imitarles. Piero tenía razón. El lazo que nos unía a una persona desaparecía con su último aliento. Aquellos rituales tenían su sentido, pero se hacían a beneficio de los vivos y no de los muertos. Lo que hubo entre Scacchi y él estaba grabado, congelado en su memoria. Sólo el futuro era mutable.

Piero le observaba con atención y parecía aprobar su comportamiento. Luego, cuando la ceremonia concluyó, se marchó rápidamente con la excusa de que tenía que ir a buscar a Xerxes. Las demás personas del duelo se fueron dispersando sin rumbo tras decirse unas palabras los unos a los otros. Daniel se quedó allí y esperó a que sólo quedaran tres.

Massiter se acercó, y pasándoles a Amy y a él un brazo por los hombros, dijo:

—Todavía no me lo creo. Scacchi estaba enfermo, y todos lo sabíamos, pero no nos dábamos cuenta de que...

—¿Qué? —preguntó Daniel.

—De que podía ocurrir tan de repente. Con esta brutalidad.

—Yo creo que él sí que era consciente de ello. Es más, creo que hasta lo esperaba.

—¿Caballeros? —los llamó alguien desde detrás.

Daniel se volvió y frunció el ceño. Giulia Morelli aguardaba a cierta distancia.

—¿Sí?

Se acercó con una sonrisa que se diría profesional.

—Quería ofrecerles mi pésame. Nada más.

—Eso no le sirve ya de mucho a Scacchi, ¿no le parece? —masculló Massiter—. Supongo que todavía no habrá detenido a los responsables de su muerte.

—No —contestó, quitándose las gafas para mirarles con sus ojos de azul intenso—. Pero no perdemos la esperanza, señor Massiter. Qué sería de la policía sin la esperanza.

Nadie contestó. Giulia Morelli hizo una leve inclinación de cabeza para despedirse.

—*Ciao*. Y gracias por la entrada, Daniel. Allí estaré.

Massiter se quedó mirando cómo se alejaba.

—Maldita sea... ¿por qué no se dedicará a lo suyo en lugar de seguir dándonos la lata a nosotros?

—Es su trabajo —contestó Amy.

—Supongo —contestó él, y le dio una palmadita en el trasero—. Anda, vete, mi amor, y descansa. Esta noche serás la estrella, y quiero que estés bien descansada.

Ella lo miró frunciendo el ceño pero dio la vuelta.

—No —intervino Daniel, sujetándola por un brazo—. Hay algo que tengo que decirte, Hugo, y no puedo esperar más.

Massiter lo miró unos segundos antes de contestar.

—¿No íbamos a tener una charla en privado?

—Y la tendremos, pero más tarde. Creo que el único modo de decir lo que quiero decirte es sin rodeos, Hugo. Lo tuyo con Amy no puede seguir. En primer lugar, porque es mía. Estuvimos juntos el fin de semana pasado, y su discreción la ha obligado a no mencionártelo, pero con la muerte de Scacchi no le he prestado la atención que debiera. Y en segundo lugar, porque simplemente no puedo permitirlo.

El bronceado rostro de Massiter palideció ostensiblemente, y Amy se cogió de la mano de Daniel y apretó con fuerza.

—Es un error, Hugo. ¿La Juilliard? Amy necesita la inspiración que sólo puede proporcionarle una escuela en el extranjero. Hablaré con la gente de la Guildhall y de la Academia en Londres. Allí, cerca de mí, será mucho más feliz, y no atrapada en un apartamento en Nueva York.

—Entiendo.

—No quiero que me malinterpretes, amigo. No soy celoso, ni me ofende lo que haya ocurrido entre Amy y tú. Es más, si en el futuro queréis seguir siendo amigos, por mí perfecto, pero debes controlarte, Hugo. Mañana Amy y yo nos iremos por ahí. Necesitamos estar juntos, y dentro de unas semanas, cuando todo este jaleo haya pasado, tú y yo volveremos a hablar y nos aseguraremos de que nuestra amistad no se resienta. Te debo mucho, Hugo, y te admiro, pero en esto debo ser inflexible.

Massiter se acunó sobre los talones.

—Inflexible. Ya.

—Por supuesto. Llegó a ti de rebote. Esa es la verdad, y no por ello debes sentirte menospreciado. De hecho yo me sentiría muy halagado de que una jovencita como ella se echara en mis brazos teniendo tu edad. ¿Sin resentimientos? —le preguntó, ofreciéndole una mano que Massiter estrechó con firmeza y sequedad.

—Desde luego. Tienes razón. No sé en qué estaría pensando.

Amy acarició el brazo de Daniel y lo besó en la mejilla.

—Eres un encanto, Hugo —dijo ella—, pero hemos ido demasiado lejos. ¿Crees que podremos seguir siendo amigos?

La sonrisa del diplomático, toda encanto y persuasión, volvió a su cara.

—¡Desde luego! Estamos en Venecia. Aquí las locuras están permitidas, ¿verdad?

Los tres se quedaron un instante junto a la tumba, preguntándose quién debía hablar a continuación. Fue Daniel quien rompió el silencio.

—Pero Hugo tiene razón en una cosa, tesoro —le dijo a Amy—. Tienes que irte a descansar. Esta noche vas a impresionarnos.

—Sí —dijo Massiter—. Consíguelo y te lo perdonaré todo.

Los dos se quedaron viéndola marchar hacia el muelle. Luego Daniel se volvió a mirar a Hugo:

—No has luchado por ella. Qué desilusión.

—Ha sido una interpretación fantástica la tuya, Daniel —dijo Massiter mirándola con codicia—. Yo no habría podido hacerlo mejor a tu edad.

Daniel dio una patada a la tierra, y parte de ella cayó sobre el ataúd de Scacchi. Un par de obreros sudorosos se acercaban. Quedaba trabajo por hacer.

—Pero no has luchado. Qué chasco. No significaba mucho para ti, ¿eh?

Massiter se encogió de hombros.

—Amy es una chica guapa y con más talento del que ella cree, pero para serte sincero me aburre un poco. Es tan... pasiva. A mí me gusta que peleen un poco, ¿a ti no?

Daniel reparó en su elección de palabras.

—¿Pero no te das cuenta de que tengo un problema?

—Pues sinceramente, no.

—Sigo buscando el precio correcto, Hugo. Nos has quitado tanto... tanto que yo diría que nos has arrancado el alma, y todo lo que quiero es un poco de lo mismo de ti. Quiero quitarte algo que sea tan preciado para ti que te duela desprenderte de ello. Creía que Amy podría serlo, pero...

—Nuestro acuerdo es excelente —le advirtió Massiter.

Daniel se rió en su cara.

—¿Qué? No tengo nada que no hubiera podido conseguir yo solo en cualquier momento. No. No es suficiente.

—Ten cuidado, Daniel.

—¿Con qué? —respondió, mirándole a los ojos. Ya no le impresionaban—. Tienes que pagar el precio, Hugo. Quiero algo precioso, y si no lo consigo, lo contaré todo mañana. ¿A mí qué más me da? Un poco de notoriedad y unos meses en la cárcel como mucho. De todos modos, ya no voy a poder volver a vivir como lo hacía antes. Mientras que tú...

—No me amenaces —espetó.

Daniel abrió los brazos.

—Yo no te estoy amenazando, Hugo. Sólo pretendo obtener un trato justo.

Massiter se quedó pensativo. Necesitaba conocer ese precio. Estaba en su naturaleza.

—¿Y qué precio es ése?

—Scacchi me dijo que tienes un escondite secreto. Un sitio en el que guardas los objetos de mayor belleza.

Massiter guardó silencio.

—Creo que no es sólo la música lo que te mueve en este caso. Eres un marchante. Alguien que compra y vende toda clase de cosas. Parecido a Scacchi, pero en otra escala.

—Di de una vez qué quieres.

Daniel se acercó a hablarle en voz baja.

—Quiero uno de tus tesoros, Hugo. Quiero que me lleves a tu

cueva y me los enseñes tú mismo y luego elegiré yo. Ese es mi precio. Después habremos terminado.

Massiter se volvió a mirar a los obreros que estaban al pie de la tumba, apoyados en las palas, esperando a que se marcharan.

—Lo pensaré.

—Esta noche. Después del concierto. Unas cuantas copas de champán y luego una visita privada. No te habrás ofendido, ¿verdad?

—En absoluto. Es más, casi me siento halagado. Aprendes deprisa, Daniel.

—Es cierto, pero es que he tenido al mejor de los maestros.

La llegada de Marchese

—No tengo dinero, muchacho. Vete a pedir a otra parte.

Tiré de la chaqueta de Jacopo hasta llevarle a una zona en sombra junto a La Pietà. No había sido difícil localizarle con aquella estrella amarilla en el pecho que se veía desde un kilómetro de distancia, incluso entre el gentío que se había congregado para el concierto.

—¡Eh! —me gritó. Tenía los ojos inyectados en sangre y las mejillas hundidas. Aun así, ya había borrado de su cara aquella expresión funesta que tenía el día anterior, cuando pretendía ahogar su dolor en la jarra de vino. Entonces me miró con atención—. ¿Lorenzo?

Mi aspecto debía ser el de un mendigo de los pies a la cabeza. Me había tiznado la cara (no necesité mucho para hacerlo) y rasgado la ropa. Ningún veneciano que se precie presta atención a un pordiosero. O eso esperaba yo.

—Baja la voz, hermano —le dije—. Soy un proscrito.

Se apoyó en la pared y suspiró.

—Un proscrito y un asesino, según me han dicho. Pensar que confié la seguridad de mi hermana a un hombre como tú...

—El hombre con quien está ahora es el que debe preocuparte, Jacopo, y tú lo sabes.

La gente se había aglomerado junto al agua y su estado de ánimo era complejo. Empezaban a perder la paciencia. Delapole había tirado demasiado de las riendas, y estaban ansiosos por llegar al final.

—Puede. Tú no has matado a tu tío, ¿verdad?

Entonces fui yo quien suspiró exasperado.

—¿Tú qué crees? Habrás leído los detalles en los pasquines, aunque desde luego no lo cuentan todo porque la verdad era todavía mucho peor. Sí, estuve allí, y me habrían dado muerte a mí también si no hubiera huido. Pero fue Delapole quien lo hizo.

—El juego se ha terminado para todos nosotros.

—¡No! Te rindes demasiado fácilmente. Como intenté decirte, hay un corregidor de camino. Viene de Roma con pruebas suficientes para encerrar a Delapole.

La mirada de Jacopo pareció recuperarse un poco.

—¿Y dónde está?

—Llega con retraso. El coche ha tenido un accidente, pero estará aquí hoy, y cuando llegue necesitaremos aguzar el ingenio porque el inglés intentará arrastrarnos en su caída.

Una luz de esperanza apareció en su cara.

—Déjame hablar con Rebecca cuando haya terminado el concierto. Huiremos entonces. Estoy preparado para olvidarme de esta maldita ciudad.

Aquello era imposible.

—Es demasiado listo, Jacopo. Nos vigilará como un halcón cuando tu hermana esté en público. Además mientras no esté encarcelado, fácilmente podría tergiversar la situación y echarnos a los lobos. Las calles están llenas de hombres del Dux.

—Entonces, ¿qué?

—¿Qué vas a hacer después del concierto?

—Quiere que me vaya con Rebecca y con él a Ca' Dario. Para preparar el equipaje, nos ha dicho. Sospecho que saldremos esta misma noche.

—Entonces habrá que hacerlo antes. Tienes que encontrar el modo de escapar de la casa. Nos reuniremos en La Salute y buscaremos un bote que nos lleve a Zattere.

—Tú lo ves muy fácil, pero ¿tienes idea de lo taimado que es ese hombre?

La imagen de mi tío mutilado seguía viva en mi recuerdo.

—Sí que lo sé. Mejor de lo que te imaginas.

Él me miró en silencio.

—¿Qué ocurre?

—Sólo pensaba. Te estaba recordando cuando eras un muchacho.

—De eso hace ya mucho tiempo, amigo mío.

Jacopo se acercó y me abrazó, y yo sentí la más extraordinaria de las sensaciones. Fue como si quien me abrazara fuera su hermana. Había en su gesto el mismo afecto, la misma emoción y cierta inquietud por el futuro, imagino. Sin querer los ojos se me llenaron de lágrimas y Jacopo me hizo el gran favor de no darse por enterado.

—Lo siento —balbucí—. Siento haberos arrastrado a esto. Siento haberos arruinado la vida. Daría todo lo que tengo por poder dar marcha atrás.

Se echó a reír y reconocí entonces al Jacopo de siempre.

—¡Qué tonterías dices algunas veces!

Yo estaba destrozado. La tristeza ni siquiera me dejaba hablar.

—Es todo un juego, Lorenzo, no lo olvides —me consoló—. Además, estaba empezando a volverme un holgazán en ese gueto, y Rebecca estaba ansiosa por perderlo de vista, como tú bien sabes. El hombre es un animal perezoso por naturaleza, y de vez en cuando necesitamos que ocurra algo que nos arranque de ese letargo.

—De todos modos...

—De todos modos, nada. Estoy hastiado de curar matronas venecianas y de tener que meterme en su lecho después. La vida es mucho más que eso. Además...

Asomó la cabeza del callejón para mirar a la gente congregada en el paseo y a continuación, de un tirón, se arrancó la estrella amarilla que llevaba cosida a la chaqueta y la tiró al barro. La insignia se quedó allí como patético testimonio de su pasado.

—He aprendido una cosa de vosotros dos —dijo mientras se desabrochaba la chaqueta para dejar al descubierto la camisa blanca que llevaba, al más puro estilo veneciano—: que yo mismo les he ayudado a encerrarme en ese gueto y a echar la llave. Es nuestra aquiescencia lo que les otorga poder sobre nosotros. Somos quienes creemos ser, y donde quiera llevarme ahora el destino seré lo que me dé la gana: judío o gentil, suizo o italiano, médico, curandero o rufián. Si Delapole puede hacerlo, ¿por qué nosotros no?

—No estoy seguro de que Delapole pueda ser precisamente un buen ejemplo, o de que nosotros seamos capaces de desprendernos de nuestra herencia cuando nos plazca.

—Puede que no, pero si los judíos somos una raza tan radicalmente distinta, ¿por qué es necesario que nos marquen como animales?

Jacopo se estaba reinventando a sí mismo, y contestó él mismo a su pregunta:

—Pues porque no es a nosotros a quien temen, sino a ellos mismos. La presencia de seres humanos que hablen otra lengua, que adoren a otro dios y sobre todo, que piensen diferente los alarma. Nos marcan para que no podamos mancharlos con nuestra diferencia, no vaya a ser que su maravillosa identidad se desintegre.

Hacía frío en el callejón, a pesar del sol del verano, y yo me estremecí. Jacopo me abrazó una vez más, y yo sentí que parte de su fuerza, de su vigor intelectual, pasaba a mi carne. Luego dio media vuelta y se perdió entre la gente, la chaqueta abierta como cualquier veneciano, la cabeza alta, sus rizos negros moviéndose con el aire fétido de la laguna.

Tenía razón. Nadie le habría identificado como judío a no ser que le conociera. Las acciones de Jacopo eran su modo de contribuir a nuestra causa ya que, de un modo u otro, nuestras vidas iban a transformarse antes de que expirara el día.

Me pasé las manos por el pelo para despeinarme un poco más y subiéndome el cuello de la chaqueta me uní al mar de gente. El concierto iba a comenzar en cualquier momento. Al otro lado de la plaza, junto al agua, había cierta conmoción y me puse de puntillas para ver mejor. Mi sorpresa y mi angustia fueron enormes al descubrir que se trataba de Marchese, que alzaba una mano con unos documentos en ella. Su voz de acento romano se hacía oír entre la gente mientras se abría paso hacia La Pietà, dispuesto a arrestar a Delapole él solo si era necesario.

Ocurría demasiado pronto. Yo esperaba algún aviso, una patrulla de guardias por ejemplo que dieran escolta a Marchese y detuvieran a Delapole como debían hacerse esas cosas. Pero en aquel momento, Rebecca seguía en su poder.

Abriéndome paso a codazos y patadas, atravesé el gentío en dirección a Marchese. Jamás había visto tal tumulto en mi vida. Todas aquellas personas se apretujaban en el paseo intentando ver la plataforma dispuesta ante la escalera de La Pietà y en la que Delapole, maestro de ceremonias, aguardaba su momento de gloria con las manos entrelazadas a la espalda.

Había tanto ruido que nadie podía oír lo que gritaba Marchese.

Conseguí abrirme camino hasta él y tiré de su brazo pidiéndole que se calmara. Tenía el rostro congestionado del esfuerzo y la rabia.

—¡Señor! —grité—. ¡Señor, soy yo! ¡Scacchi!

—¿Scacchi?

Tiró de mí en dirección al agua, donde el estruendo era menos ensordecedor.

—Llega demasiado pronto —le dije—. Debería haber traído una patrulla con usted. Si no, se escapará.

—¿Una patrulla? —repitió con desdén—. Son todavía más inútiles aquí que en Roma. Están esperando al capitán, que debe andar emborrachándose en alguna taberna. Sólo entonces leerán los documentos que traigo, y... —se detuvo y me miró—. ¿Qué te ha pasado, muchacho?

—Cosa del inglés. Ha asesinado a mi maestro y me ha echado a mí la culpa.

—Entonces el juego ha empezado ya y no parará hasta llegar a la última casilla. La chica... ¿has podido apartarla de él?

Desde donde estábamos no podía ver la plataforma, pero supe que Rebecca estaría allí, tal y como él le había ordenado. Ojalá Jacopo les hubiera visto.

—Todavía no. Razón de más para que espere a la patrulla. Si no, se la llevará de rehén.

Me miró como si fuera un idiota.

—Ya es su rehén, ¿no te das cuenta? Maldito coche. Si hubiera llegado a tiempo...

—Señor —le interrumpí, agarrándole por el brazo—. Yo creo que...

—¡Maldita sea, Scacchi! —explotó, señalando a un punto entre la marea humana—. ¡Ahí está su lacayo, tan fresco como una lechuga! Juro por Dios que...

Pero quedó en silencio porque Gobbo se había abierto paso entre la gente y se había plantado ante ellos sonriendo como un mono.

—Signor Marchese —lo saludó, con una leve inclinación de cabeza—. Y mi querido amigo Lorenzo. No sabría decir cuál de los dos frecuenta peores compañías. Ya me gustaría saber de qué hablan un asesino y un corregidor.

—Veré tu cabeza en el cadalso antes de que termine el día —contestó Marchese—. La tuya y la de tu amo.

—Yo creo que no, señor. Acabamos de embarcarnos en esta aventura y sería una grosería por nuestra parte abandonarla tan pronto.

—Desgraciado hijo de...

—Esas palabras no son propias de un caballero de Roma —contestó Gobbo, y nos dio la espalda como si pretendiera desaparecer en la multitud.

Marchese estaba furioso.

—¡Voy a...

La cabeza a veces te juega malas pasadas. Me di cuenta de lo que pretendía Gobbo como en una iluminación, y su plan se desarrolló ante mis ojos con una inexplicable lentitud. Marchese se lanzó hacia él y le agarró por un hombro. En ese momento, Gobbo dio la vuelta y vi su brazo izquierdo echarse hacia atrás para luego volver hacia delante y hacia arriba, y a este movimiento se unió también su brazo derecho. Oí una especie de suspiro de labios de Marchese y vi que se le caía la cabeza para atrás. Tenía sangre en la boca. Luego su cuerpo macizo se apartó de la hoja de Gobbo y cayó en mis brazos. Su peso era demasiado grande para mí, de modo que caímos al suelo. Había una mancha rojo oscuro en su abdomen. Había sido una cuchillada mortal que había entrado por el estómago y en dirección ascendente le había alcanzado el corazón.

La gente se arremolinó en torno a nosotros sin apreciar aún el horror de lo que acababa de ocurrir. Gobbo seguía frente a mí. Su insolencia era tal que ni siquiera había intentado huir. Yo era incapaz de moverme.

—¿Qué pasa, Scacchi? —se burló—. ¿Te da miedo un poco de sangre?

—Era un buen hombre, Gobbo —contesté yo absurdamente—. Su testimonio os habría llevado ante la justicia.

Había ocultado el arma manchada aún por la sangre de Marchese. La gente se movía detrás de mí y empezaba a comprender lo ocurrido. Gobbo se rió.

—¡Justicia! Flaco favor le ha hecho la justicia a tu amigo. Tú mismo harías bien en levantarte y salir corriendo, que es lo único que la gente como nosotros puede hacer.

Pero yo no estaba dispuesto a seguirle el juego.

—Juro que se hará justicia, Gobbo. No descansaré hasta conseguirlo.

Aquella fea y deforme criatura se encogió de hombros y me miró casi con afecto, como había hecho aquellos días en que me acogió bajo su protección.

—Tonto serás si lo haces. ¿Es que no te he enseñado nada? Ten...

Movió la mano y me lanzó su arma, y yo, sin pensar, la cogí en el aire. La sangre de Marchese tiñó mi mano.

Entonces él echó a correr entre la gente, levantando los brazos en alto y gritando:

—¡Asesino! ¡Asesino! ¡Es Scacchi, el de los pasquines, que no contento con matar a su maestro ahora ha asesinado a un pobre desgraciado a plena luz del día! ¡Asesino! ¡Criminal! ¡No dejen que se escape, que cualquiera de nosotros puede ser el siguiente!

Tiré la navaja pero era ya demasiado tarde. Todos los rostros se habían vuelto hacia mí, asustados y llenos de odio. Yo retrocedí y sentí que una mano me agarraba el hombro mientras oía la risa de Gobbo dispersarse en la distancia como las hojas caídas empujadas por el viento.

Con rapidez bajé la cabeza para pasar por debajo del brazo de quien me retenía y me escabullí entre la gente en dirección al agua, donde por segunda vez en el mismo día busqué refugio. Salté desde el muelle a la laguna. La marea negra me cubrió la cabeza y moví con todas mis fuerzas las piernas para dirigirme hacia el este, más allá de La Pietà, donde la gente seguiría sin conocer, o eso esperaba yo, la suerte que había corrido Marchese. Salí a la superficie unos metros más allá de la iglesia y subí por las escaleras que usan los gondoleros, dando tumbos y cantando como lo haría un borracho para que nadie se me acercara.

Mientras corría todo lo que me permitían las piernas a lo largo de los límites del Arsenal, oí la música de una orquesta que atacaba los compases iniciales de una de las melodías favoritas de Vivaldi, e incluso me pareció distinguir el sonido del Guarneri de Rebecca. Luego la música quedó ahogada por un alboroto de abucheos, silbidos y protestas. Sin mirar hacia atrás, busqué refugio entre las zarzas y los arbustos donde, dando diente con diente, intenté recuperarme.

Fue allí donde el pordiosero Lorenzo Scacchi lloró por su amigo Marchese y una amistad que había sido demasiado corta y cuya ausencia transformó aquel día ya oscuro en una jornada aciaga.

Una première afortunada

EL CIRCO QUE se había montado llegaba hasta las escaleras de La Pietà, donde se habían amontonado las cámaras y aquellos rezagados que intentaban conseguir una entrada a cualquier precio. Dentro de la iglesia reinaba la excitación en voz baja. La orquesta, de negro riguroso, estaba ubicada al fondo de la nave, con Fabozzi subido a una plataforma de altura exagerada. Amy estaba sola, entre él y las filas en las que se apretujaba la audiencia.

Daniel entró acompañado de aplausos que aceptó con un esbozo de sonrisa, inclinó levemente la cabeza hacia Fabozzi, luego hacia Amy y por fin hacia la orquesta, y luego ocupó su lugar junto a Massiter en la primera fila. Giulia Morelli estaba sentada tres bancos más atrás, y al verle volverse lo miró sin sonreír. Un ruido, el de la batuta de Fabozzi golpeando el atril, señaló el comienzo del concierto. Luego Daniel cerró los ojos y por primera vez en su vida, se dejó envolver por el trabajo conocido como *Concierto Anónimo*, perdiéndose en sus temas y en su complejidad.

En Ca' Scacchi, mientras transcribía las notas del manuscrito, oía en su cabeza una serie de voces de violín y viola, de violonchelo y oboe, cada una distinta y peleando por encontrar su lugar en el conjunto. Era increíble que una mente humana fuera capaz de abarcar la claridad individual de cada instrumento por separado y conciliarlas después simultáneamente para obtener una creación global y armoniosa, de una magnificencia incomparable que iba más allá de la suma de cada parte. La verdadera identidad de aquel compositor volvió a fascinarle. No era Vivaldi. Había demasiados elementos modernos en la pieza para serlo, y si la fecha de la cubierta era la correcta, tenía demasiada energía para ser el trabajo de un hombre de alrededor de cincuenta años, cerca ya del final de su vida.

Tampoco era trabajo de ningún otro compositor conocido. De eso estaba seguro. Y no existía ningún otro concierto escrito por la misma mano. De existir, sería de sobra conocido. Aquella composición había surgido de una inspiración súbita que luego debía haber desaparecido, o que se había visto apagada por una desgracia o por el destino. Había también un elemento más que le sorprendía. El concierto le dejaba una especie de regusto a distancia, a alienación, como si el compositor hubiera escuchado atentamente a Vivaldi y después de absorber su trabajo, con un enorme sentido de la ironía y del buen humor, hubiera transformado ese conocimiento en algo similar pero distinto. Era el acto de un admirador, no de un acólito. Seguramente nadie cercano a Vivaldi se hubiera atrevido a seguir tan de cerca sus pasos y con una brillantez tan impertinente.

Daniel abrió los ojos y vio a su alrededor rostros atónitos. Amy había iniciado su primer solo y la voz de su antiguo Guarneri ascendía hasta el techo de La Pietà con una belleza salvaje e indómita que lo llenaba todo. Recordó entonces las palabras que le había dicho Massiter e imaginó que quizás Amy pensara que podía ganarse la libertad a través de la música, tocando como no lo había hecho nunca. Embelesado observé la concentración de su hermoso rostro mientras avanzaba por las notas con el Guarneri pegado al cuello como si formase parte de su cuerpo. Una vez la lenta y melodiosa apertura había dado paso a la fuerza creciente y constante del primer movimiento, tanto ella como todos los demás se dejaron llevar por su éxtasis implacable y sobrecogedor.

Daniel ya no sentía vergüenza por haber engañado a todos. Sin él aquella maravilla seguiría olvidada, quizás para siempre, detrás de los ladrillos del sótano de una mansión veneciana. Sin él, sería como si nunca hubiera existido.

Amy atacó con decisión uno de los pasajes más difíciles, avanzando como un ciclón por el delgado cuello de su Guarneri. Se oyó a alguien contener el aliento. Fue el único sonido que se escuchó en toda la audiencia. Como Massiter había vaticinado, la sensación de estar presenciando un acontecimiento histórico impregnaba la ocasión. Bien podía ser aquella la primera vez que aquel trabajo se interpretaba en público. Ojalá su creador pudiera escuchar su magnificencia y sentir la veneración que inspiraba en aquellos afortunados que habían podido presenciar su estreno.

El concierto discurrió a su propio ritmo, atrapándolos a todos en la prisión de su mundo imaginario. Fue una sorpresa para Daniel darse cuenta de que habían llegado a los últimos pasajes del tercer movimiento, que Amy interpretaba una vez más con maestría. Rascándose la cabeza intentó encontrar una explicación lógica a la secuencia de acontecimientos que se encadenaban desde las notas de la apertura hasta alcanzar las de la conclusión que se acercaba ya a gran velocidad, pero le resultó imposible. La obra tenía una entidad única formada por un conjunto de complejidades que se unían sin fisuras bajo la superficie. Amy se lanzaba a los compases finales y Daniel, como aquellos que tenía a su alrededor, apenas se atrevía a respirar. Entonces llegó la conclusión en un furioso aluvión de notas que rasgaron el techo de La Pietà y siguieron resonando, tanto entre sus muros como en los oídos de los asistentes, mucho después de que ella hubiera dejado de tocar.

Cuando la madera del Guarneri dejó de vibrar y calló suavemente, hubo un momento de silencio. Unos segundos después La Pietà se venía abajo. La gente era una masa compacta que no sabía a quién dirigir sus aplausos. Daniel se escabulló rápidamente y fue a ocultarse tras uno de las pilares más grandes. Sin compositor al que dirigirse, la audiencia volcó su admiración en Amy, que seguía de pie ante ellos, atónita, con los ojos húmedos y abiertos de par en par, incapaz de articular palabra. Una niña vestida de blanco se acercó a ella y le entregó un ramo de rosas rojas. La orquesta dejó sus instrumentos y se unió a los aplausos. Fabozzi hizo lo mismo.

Daniel lo observaba todo desde su escondite y no podía dar crédito. Hasta Massiter parecía conmovido. Aplaudía frenéticamente y lanzaba hurras al aire. Era un momento para saborear. El trabajo era tan intenso que nadie podía cuestionar su valor, y la interpretación de Amy le había hecho entrar en la edad adulta con mucha más fuerza que cualquier acto físico. Un pensamiento oscuro volvió a asaltarle: que quizás habría que pagar con dolor un precio desorbitado por aquella grandeza. Y también se preguntó si su intervención había tenido algo que ver en el descubrimiento y la puesta en libertad del genio que aquella mujer llevaba dentro.

Pero surgió de pronto otro clamor. Una especie de canto bajo e insistente que se prendió en la audiencia y la orquesta como la pólvora. Todos excepto Amy, que seguía allí de pie y sola, asustada quizás, buscándole con la mirada por la iglesia.

—Forster, Forster, Forster...

El joven Daniel habría salido a todo correr de allí, pero él recordó a Scacchi y la conversación que habían mantenido sobre el Lucifer veneciano, y decidido salió de las sombras, la cabeza alta, aplaudiendo a la orquesta mientras se acercaba a ellos, sonriendo, oyendo el clamor de la gente crecer a cada paso, sintiéndose como un dios de pega que entrara en el paraíso.

Amy lo miraba con incredulidad. Daniel se acercó a ella, le quitó el ramo de las manos, la abrazó y la besó en ambas mejillas. Los aplausos arreciaron.

—Daniel...

—Te lo has ganado, Amy. Éste es tu momento.

—Pero...

Volvía a desconfiar. Amy había vivido el concierto aquella noche. Lo conocía mejor que nadie, y había llegado a la conclusión de que sus primeras sospechas eran correctas. Él no podía ser su creador. La acusación estaba en su mirada.

—Mañana tienes que irte —la interrumpió él, y se volvió una vez más a sonreírle a la audiencia, a continuar con el juego—. No me esperes. Toma un avión para Roma y vuélvete a casa.

—No puedo. Tenemos que hablar.

La gente rugía. Sabía que debía hablar con ellos.

—Ahora no —dijo, y volvió a besarla. Luego se giró y tirando de su mano derecha la alzó por encima de su cabeza en un gesto muy teatral, pidiéndole a la gente su aplauso.

—¡Amigos! —gritó por encima del estruendo—. ¡Amigos!

Poco a poco se fue haciendo el silencio, pidiéndoselo los unos a los otros.

—Amigos —repitió, y su voz reverberó en las paredes de la iglesia. La gente había vuelto a sentarse y esperaba. Miró a Massiter y a

Giulia Morelli. Los dos tenían la misma expresión de concentración e interés.

—¿Qué puedo decirles? ¿Cómo explicarme?

—¡Bravo, maestro! —gritó Massiter de entre el público y volvió a aplaudir, con lo que se desató otro estallido de aplausos que Daniel ahogó rápidamente.

—No —insistió—. Su gentileza me desborda. Yo no sé hablar en público, y cuando oigo tocar a Amy y a estos músicos a las órdenes de Fabozzi, incluso me pregunto si soy músico.

—¡Qué modesto! —gritó alguien, y no pudo distinguir si era un halago o una ironía.

—No —contestó—. No estoy siendo modesto. Esta velada me la deben a mí, pero sólo en primer lugar. Yo entregué a estos músicos papel y tinta esperando que pudieran crear algo con ello, y lo que han escuchado les pertenece tanto a ellos como a mí en calidad de compositor. Yo les debo a ellos mi enhorabuena, y a ustedes mi agradecimiento. Pero ahora deben dejarme descansar, por favor. ¡Ciao!

Y dicho esto, dio media vuelta y se perdió en el fondo de la iglesia. Tras recorrer estrechos pasillos encontró una pequeña habitación que se usaba como vestidor en la que el clamor de fuera quedaba reducido a un rumor distante. Se sentó en un banco bajo y se tapó la cabeza con las manos. Ojalá tuviera el valor de llorar. Tenía la sensación de que un veneno le corría por las venas.

Se oyeron pasos en el corredor y alguien llamó a la puerta. Era Amy. Parecía agotada. Estaba pálida y ojerosa.

—Dan, quieren que salgas. Creo que no se van a marchar hasta que lo hagas.

Él sacudió la cabeza como si necesitara despejarse y se obligó a sonreír.

—Diles que estoy desbordado por su respuesta. Que no me encuentro bien. Invéntate cualquier excusa, por favor.

—De acuerdo —contestó ella, pero se quedó en la puerta—. Lo de antes, ¿era en serio? ¿Tengo que irme?

—Por supuesto. Es lo que querías, ¿no?

Se acercó a él y le puso una mano sobre la cabeza.

—Lo que yo quería era a ti, Dan. Desde el principio —hizo una pausa. No sabía si debía continuar o no, pero lo hizo—. Aunque seas un farsante, te quiero. No me importa.

—Por supuesto que te importa, Amy. No puede ser de otro modo.

—Déjame ayudarte.

—Ya lo has hecho. Pronto comprenderás hasta qué punto lo has hecho.

—No hables así. Me asustas —dijo con los ojos húmedos.

Daniel se levantó, cogió su cara entre las manos y volvió a besarla.

—Ve a la recepción, Amy. Nos encontraremos allí. Mañana, a primera hora, coge el avión.

—¿De verdad vas a venir a la fiesta? Necesito que estés conmigo, Dan. Después me iré, te lo prometo.

—Como quieras —contestó—. Ahora márchate y habla con esa gente. Ésta es tu noche, Amy. Venecia te pertenece.

—Lo sé —contestó—. Y ojalá me sintiera más agradecida por ello.

Amy salió y Daniel esperó, sabiendo que él no tardaría en aparecer. Tras unos quince minutos de espera, el ruido al otro lado de la puerta disminuyó. Oyó a la orquesta volver a los vestidores entre charlas y risas ocasionales, pero él se sentía dolorosamente lejos de su merecida gloria. Poco después, Massiter entró, colocó a su lado la única silla que había en la habitación y se sentó.

—Antes me has dado un buen susto, Daniel. No sigas con estos juegos, por favor. Detesto esas cosas.

—Lo siento, Hugo. No era mi intención.

—Por supuesto —contestó secamente—. Bueno, dicen que no hay tiempo como el presente. Supongo que no tendrás ningún interés en ir a tomar champán con toda esa gente, ¿verdad? Todo el mundo nos espera, pero yo creo que ya nos hemos ganado la cena.

Daniel se preguntó qué andaría pensando. Massiter parecía resignado a concederle lo que le había pedido, y él se había esperado más resistencia. Pero si rompía la última promesa que le había hecho a Amy, ella nunca se lo perdonaría. Y quizás fuera lo mejor.

Massiter lo miraba, por primera vez desde que le conocía, casi con preocupación.

—Eres un privilegiado. No mucha gente ha visto lo que yo voy a enseñarte ahora.

—Me halaga tu ofrecimiento, Hugo.

—No me has dado elección.

—Por supuesto que tenías elección. Más de una, diría yo. Lo haces porque quieres.

Massiter asintió.

—Cierto. Eres un tío curioso, Daniel. Scacchi te enseñó bien. Y yo diría que aunque involuntariamente, yo también.

Daniel se levantó.

—Pero no hay nada gratis —añadió—. Supongo que eres consciente de ello.

Salieron por una puerta lateral. Hacía una noche templada y la luna era apenas una línea en el cielo. La laguna brillaba reflejando a las estrellas en su superficie. En la parte de atrás del taxi acuático, Daniel cerró los ojos intentando controlar sus pensamientos. La música sonaba una y otra vez en su cabeza, negándose a abandonarla, describiendo un círculo constante, un rompecabezas sin fin.

Notas disonantes

DELAPOLE TENÍA RAZÓN en una cosa: los venecianos pueden ser gentes muy desagradables cuando se les molesta. Los mensajes que yo había depositado en las fauces del león habían surtido efecto. En ellos no acusaba a Delapole del asesinato de mi tío Leo, porque tal acusación sería difícil de mantener sin pruebas, y el resultado de algo así sería contraproducente para mí. En su lugar elegí un asunto que ningún funcionario de la República que se preciara sería capaz de guardarse para sí: la autoría del concierto misterioso.

Mis mensajes decían, de modo distinto cada uno de ellos, que Delapole iba a reclamar la autoría del concierto, buscando con ello engañar a la ciudad. Sugería también en ellos que era un ladrón e incluso algo peor, y que iba a cometer su delito con el fin de desplumar a los venecianos y huir después al abrigo de la noche. Para demostrar mi acusación pedía que algunos de los asistentes al concierto reclamasen al inglés una prueba de su autoría cuando apareciera en el podio con la orquesta de Vivaldi. Que le pidieran, por ejemplo, que dirigiera a los músicos en la obertura del concierto. Si era capaz de hacerlo, podrían aclamarlo; de lo contrario, la ciudad tendría elementos de juicio para extraer sus propias conclusiones y actuar de acuerdo con ellas.

Cuando escribí aquellos mensajes tenía el convencimiento de que Marchese estaría ya en la ciudad dispuesto a arrestar al inglés. Menuda intuición la mía. Pero aquello estaba siendo una partida de ajedrez con piezas humanas, y un movimiento defensivo podía ade-

417

lantar varios pasos el resultado de la partida. La gente estaba enfadada, y el asesinato de Marchese había agriado todavía más su carácter. Se estaba extendiendo el rumor de que el anhelado concierto no se iba a tocar y Delapole, en lo alto de la plataforma, iba y venía de un lado para otro con nerviosismo, contemplando la perspectiva de que su momento de triunfo quedase convertido en una catástrofe.

—¡Música, maestro! —gritó un bromista—. ¿O es que le ha comido la lengua el gato?

Delapole miró al acusador y buscó refugio en el otro lado de la plataforma, pero tampoco allí le fueron bien las cosas. La multitud estaba inquieta. Vivaldi permanecía de pie, inmóvil, y la orquesta pasaba las páginas de la partitura sin saber muy bien qué hacer. Entonces un borracho se encaramó a la plataforma y le quitó a una violonchelista la primera página de la partitura.

—¡Esto no es el concierto! —gritó—. Sé muy bien lo que pone en esta página. Nos han robado. ¡Van a tocar algo del cura rojo, y se me sale su música por las orejas!

Vivaldi miró a Delapole. El inglés, con una sonrisa helada en la cara y abucheado por todos, se acercó al borde de la plataforma y pidió silencio.

—Damas y caballeros... —rogó.

Un grupo de trabajadores del Arsenal, bastante cargados de licor, se habían reunido delante de él para divertirse a su costa.

—¡Vamos, empezad ya de una vez, cuerpo de Dios! —gritó el más corpulento—. ¡Que hemos venido aquí a escucharlas a ellas, y no a ver a su merced yendo y viniendo como un gallo en busca de gallina!

—Y así lo haremos, señor —contestó Delapole—, en su debido momento.

—¡Y queremos esa música nueva —gritó otro—, y no la bazofia esa de la que estamos hasta la coronilla!

—Ojalá pudiera complacerles —contestó Delapole, bajando la mirada.

Al oírle esas palabras la multitud guardó silencio, a la espera de sus explicaciones.

—Es voacé quien la ha escrito, ¿no? —preguntó otro del grupo—. Vive Dios que está en su mano complacernos.

El inglés abrió de par en par los brazos.

—Había prometido no revelar esa información, pero sí, yo soy su autor —declaró, ofreciendo la mejor de sus sonrisas, pero no hubo ni un solo aplauso.

—¡Entonces, demuéstrelo! —gritó el otro—. ¡Que sea voacé quien dirija a las chicas y terminemos con esto!

Delapole movió apesadumbrado la cabeza.

—Nada me complacería más, créame, pero hemos sido víctimas de un acto criminal. Nos han robado el trabajo y no ha quedado tiempo material para reproducirlo y que la orquesta pudiera tener su partitura. Será la próxima semana, lo juro. Tocaremos entonces y de balde para todos aquellos que ya hayan pagado hoy.

La gente se mostró todavía más hosca al oírle decir aquello.

—¡Nos han robado! —insistió Delapole—. Y ha sido ese bastardo de Scacchi, capaz de asesinar a su propio maestro, que además era su tío. Lo asesinó precisamente para robar mi manuscrito de la caja fuerte de su amo, que era donde estaban las copias para el concierto de hoy. No tenemos nada con lo que estas criaturas puedan trabajar. ¿Qué otra cosa puedo hacer que no sea pedirle a mi querido amigo Vivaldi que interpreten algo para distraernos mientras yo me quemo los ojos para recrear lo que ya escribí una vez?

—No nos importa lo que voacé tenga que hacer —volvió a la carga el hombre—. ¡Demuéstrenos lo que sabe! Hágalas tocar.

La compostura del inglés se resquebrajó ante aquella provocación.

—Verá vuestra merced... yo no conozco la obra tan bien como mi amigo, y no le haría justicia.

La gente estaba disfrutando de lo lindo con todo aquello.

—¡Por amor de Dios! —gritó alguien—. Vuestra merced es el compositor, ¿no? Si ha podido escribir esa maravilla que hemos oído antes, podrá hacer que las chicas toquen algo mucho más sencillo.

Delapole miró con nerviosismo a Vivaldi.

—Sería una impertinencia para mi amigo.

El cura rojo se levantó de su asiento, y acercándose a Delapole le puso su batuta en la mano.

La multitud rugió.

La orquesta se preparó, esperando a que su batuta las dirigiera. Delapole debió darse cuenta de que no tenía escapatoria porque dándole la espalda a la gente, hizo un gesto con la mano y se lanzó a la interpretación.

No sabría decir con exactitud lo que ocurrió después. No sé si fue él quien no consiguió dirigir a la orquesta, o fueron las jóvenes quienes no lograron entenderle. Sólo Rebecca conocía su verdadera naturaleza. El resto supongo que debió percatarse de su incapacidad en cuanto decidió llevar aquella charada demasiado lejos, porque todo quedó descubierto en cuanto le vieron gesticular inútilmente ante la orquesta. Delapole podía ser el compositor del concierto anónimo lo mismo que cualquiera de aquellos que se burlaban de él desde la audiencia. Era un farsante, y pretender implicarlas a ellas en su engaño sólo consiguió sellar su perfidia.

La orquesta tocó tan mal como le fue posible pero no hasta el punto de perder la dignidad. Ni una sola nota estuvo desafinada o duró más o menos de lo debido, pero cada instrumento hizo su entrada una fracción de segundo más tarde o más pronto, de modo que el movimiento fue acelerándose o retrasándose hasta acabar en una cacofonía desbocada que no conducía a ninguna parte, como un tiro de caballos que hubiera perdido a su conductor.

La muchedumbre empezó a pedir sangre. Gobbo subió a la plataforma de un salto y le dijo algo al oído a su amo. Supongo que se había dado cuenta de que Marchese podía haber hablado con alguien antes de morir y sin duda las autoridades se interesarían por lo ocurrido con el concierto. Y si además alguna otra información había llegado a sus oídos, bien podría conducirlos en breve al palacio del Dux donde serían invitados amablemente a hablar un poco de su pasado.

Desde el lugar en que me hallaba oculto en el Arsenal, oía la barahúnda de la gente, y ello me dio la oportunidad de salir, aún medio empapado, y llegar hasta la línea del agua para acercarme con sigilo a la iglesia. Nadie miraba hacia atrás en aquel momento. Canaletto bien podría haber retratado aquel instante y hacerlo parecer una ceremonia de pompa y boato de la República. Desde aquel lugar alejado nadie podría ver el odio que corría como la pólvora entre aquella masa de gente, o imaginar qué macabro final se estaba cociendo en el alma envenenada de Delapole.

De repente el foco de atención cambió. Alguien se movía, pero era imposible ver nada. Algo estaba sucediendo en la parte delantera del estrado. Vi un retazo de la ropa de seda de Delapole y algo más que me pareció el vestido negro de una integrante de la orquesta de Vivaldi. Habían echado a correr hacia la laguna y estaban subiendo a una embarcación que aguardaba. Sin importarme quién pudiera verme, corrí hasta el muelle. Allí, bajo una lluvia de huevos, fruta podrida y otros objetos menos dañinos, el inglés abandonaba Venecia. Gobbo iba sentado a su izquierda y a su derecha, envuelta en su capa, iba Rebecca, su cara pálida como la luna y el violín en su funda bajo el brazo.

Delapole esperó a que la barca estuviera fuera del alcance de los proyectiles para ponerse en pie en la popa y levantar un brazo a modo de saludo. Luego dio órdenes a sus hombres de que remasen con fuerza en dirección a La Salute. El inglés permaneció de pie donde estaba, sin encogerse, sin bajar la mirada, sonriendo, y mi imaginación me hizo pensar que su mirada no abandonó mi rostro ni un instante.

En espera de la llamada

GIULIA MORELLI ENTRÓ sin llamar la atención en la recepción que se había organizado después del concierto en la planta baja del Londra Palace, cerca de donde se había celebrado la conferencia de prensa aquella misma mañana. Daniel no estaba, y Massiter tampoco. Charló brevemente con la violinista, que parecía alterada, quizás sobrepasada por todo aquello. Apenas hubo un instante en el que pudiera hablar con ella a solas, si es que hubiera podido mantener una conversación medianamente racional después de las copas de *prosecco* que la joven se había tomado y que parecía dispuesta a seguir tomando. Amy Hartston no tenía ni idea de dónde podían estar Daniel o Massiter. Giulia la oyó hablar de la perfidia de los hombres y de lo mucho que detestaba la música, y se preguntó si podía ser la misma persona que los había encandilado a todos aquella misma noche. Los músicos eran gente muy extraña.

Cuando la fiesta empezó a aburrirla, salió a la calle y se quedó junto a la parada del *vaporetto* para fumarse un cigarrillo. Eran las once. Los turistas empezaban a abandonar los cafés de la plaza y el ruido de las orquestas que interpretaban de cualquier manera música clásica y de jazz, había cesado. La noche empezaba a enseñorearse de Venecia.

A las doce menos cuarto empezó a sentirse inquieta y sin pensar sacó el móvil de su bolso, lo que le hizo acordarse de Rizzo. Rizzo, tan amenazador y tan fácil de asustar en realidad. Su muerte era casi una afrenta para ella, una muerte acaecida antes de que hubiera podido sacar de él todo lo que podía obtener.

Miró el teléfono. A lo mejor Biagio no podía llamar. En otra ciudad, en otra clase de cuerpo, no necesitaría andarse con esas historias. Podría confiar en sus compañeros, organizar un equipo. Pero Venecia era distinta. Una ciudad en la que las fronteras siempre eran difusas. Hasta que tuviera en la mano lo que buscaba no podía correr riesgos.

Giulia tiró el cigarrillo a las aguas de la laguna y lo oyó apagarse con una especie de silbido.

"Llámame, Biagio. Llámame".

Habían dado las doce en el campanile cuando sonó el teléfono. Se equivocó al intentar descolgar y maldijo su propia impaciencia.

—¿Sí?

—No se lo va a creer —dijo Biagio, y su voz sonó áspera y distante—. Lo tenemos casi en la puerta.

—¿Y Forster?

—Con él. Los dos están dentro ahora. Queda cerca de San Nicolò Mendicoli. Puedo esperarla fuera. No hay nadie por aquí.

Intentó imaginarse el lugar. Conocía aquella iglesia. Era pequeña, medieval, junto a un *rio* estrecho, al sur de Piazzale Roma. En un taxi tardaría diez minutos en llegar, no más.

—¿Qué quiere que haga? —preguntó Biagio.

Su pregunta era una forma de pasar de puntillas sobre la verdadera pregunta que ambos tenían en la cabeza. Dos hombres, los dos de la misma reputación, habían entrado en un edificio de una parte remota y casi desierta de la ciudad. No podían pedir refuerzos porque no había nada de lo que informar. O peor aún, sí que lo había, pero podía llegar a oídos inoportunos.

—Espéreme —le ordenó—. Dentro de un cuarto de hora llame, informe de que hay algo sospechoso y pídales que nos den algo de tiempo antes de intervenir.

—De acuerdo —contestó Biagio, y su voz sonó insegura. No estaba de servicio. Había dicho que se encontraba enfermo, lo cual era correr un gran riesgo, y tendría que protegerle si las cosas salían mal.

—Biagio, no se preocupe —le dijo—. Yo me haré cargo de todo, ¿de acuerdo?

—Usted manda.

—Cierto. Usted haga esa llamada tanto si yo he llegado como si no. No tardaré.

—¿Y luego?

—Luego... abriremos un par de ataúdes —dijo—, y ya veremos qué encontramos debajo del polvo.

Panorama desde la ventana

PEDÍ, SUPLIQUÉ A tres gondoleros distintos que me transportaran al otro lado de aquel corto trecho de aguas negras, y por tres veces fui rechazado. Un hombre sin dinero deja de existir, y yo sólo tenía un objeto de valor en el mundo: la pequeña estrella de David que Rebecca me había puesto al cuello hacía ya toda una eternidad. Por fin decidí ofrecérsela a uno de ellos. La miró con desdén y con un gesto de la cabeza me indicó que subiera. No tenía elección. Mi única alternativa era recorrer los callejones de la parte de atrás de San Marcos, describir la amplia curva que los unía con el Rialto y luego bajar en dirección a Dorsoduro una vez más. No tenía tiempo que perder, pero sin aquel pequeño recuerdo de aquella otra parte de mi vida me sentía desnudo.

La tarde del mes de septiembre estaba acabando ya cuando me encontré en la callejuela que discurre junto al *rio* y que conduce a la entrada trasera de Ca' Dario. El aire seguía teniendo parte de la fetidez del verano, y verdaderos batallones de moscas se alzaban de los montones de basura que esperaban ser recogidos junto al agua. Desde los oscuros abismos que hacían las veces de entrada a las pensiones más sórdidas de la ciudad sentía que siniestras miradas se clavaban en mí. Todo apestaba en aquella ciudad, y yo sentía que el tiempo que me quedaba en ella se agotaba como la arena en un reloj, pero me dije que si conseguía arrancar a Rebecca de las garras de aquel diablo y ponerla a salvo, me postraría de rodillas y besaría *terra firma* para no volver a abandonarla jamás.

Pero tenía mucho por hacer y poco que emplear a mi favor para conseguirlo. Carecía de dinero, de armas, incluso de plan. Sólo me quedaba la esperanza de que Jacopo encontrara el modo de poner en libertad a su hermana.

Cuando me encontré frente a aquella fachada tan familiar para mí, con su bosque de curiosas chimeneas, su emplazamiento pre-eminente en el Gran Canal y el muro que la rodeaba, me di cuenta de lo imposible que era mi esperanza. Delapole había escogido bien su morada. Era, en cierto modo, una pequeña fortaleza. Por la parte de atrás había una entrada, y sólo otra más por la delantera. Al oeste quedaba el *rio*, por el que únicamente una góndola podía pasar, ade-más de que el muro de ese lado carecía de puerta, y al este quedaba una línea todavía más delgada de agua entre Ca' Dario y el palacio contiguo, y por allí tampoco se podía acceder debido a la altura del muro. Era un lugar impenetrable, de modo que lo único que podía hacer era esperar. Y eso fue lo que hice, sentándome a la sombra del acceso al jardín vecino.

La doncella y el cocinero de Delapole se marcharon para no vol-ver, a juzgar por lo que iban murmurando entre ellos sobre la cica-tería de su amo cuando pasaron por delante de mí. Hasta aquel mo-mento Ca' Dario me había parecido una propiedad pequeña, y lo era en comparación con los palacios vecinos, pero no cuando se trataba de imaginar dónde podrían encontrarse exactamente las personas que lo habitaban. Tenía cuatro plantas, y cada una de ellas podía albergar seis u ocho habitaciones de tamaño normal. Yo sólo había visto el primer piso, con su hermoso salón con vistas al canal, y me resultaba imposible imaginar en qué parte de aquel castillo en mi-niatura podía estar Delapole ultimando los preparativos de su huida. Lo único que creía poder dar por cierto era que tendría prisa, pero una vez más, me equivocaba con él.

Dos hombres de rostro congestionado llegaron a la puerta y Go-bbo los despidió con palabras desabridas y los bolsillos vacíos. Du-rante casi una hora no ocurrió nada más, y la paciencia empezaba a agotárseme. Si las autoridades iban a tomar nota de lo denunciado por Marchese, lo cual era bastante incierto tras lo ocurrido, pronto se presentarían allí. En cualquier caso, Delapole no podía tardar mu-cho en marcharse, así que saqué la cabeza del agujero en el que me había metido y consideré la situación. Ca' Dario parecía inexpugnable, pero había una pequeña posibilidad de entrar. La casa poseía un modesto jardín en la parte trasera cuyo muro quedaba muy cerca del de su vecino antes de que el *rio* terminase o se volviera subterráneo. Sobre el muro del palacio de al lado se veían las hojas de un jazmín, y un poco más allá, las ramas de un naranjo, con sus frutos aún pequeños y verdes.

Se me ocurrió intentar abrir la puerta de hierro del jardín que tenía a la espalda. Para fortuna mía estaba abierta y entré sin dilación. No había tiempo de pensárselo mucho. La casa parecía vacía. Trepé por el naranjo hasta llegar a lo alto del muro, salté y caí a un césped ralo de un rincón del jardín de Ca' Dario. La sangre se me heló en las venas. Se oían voces, voces masculinas y ásperas cerca de allí. Me escondí tras un arbusto e intenté pensar. El ruido provenía de la parte delantera de la mansión, del embarcadero privado que la casa tenía sobre el canal. Si Delapole iba a marcharse, aquella iba a ser sin duda su ruta de escape. Estaba más a la vista que la trasera, pero resultaba menos accesible desde fuera del palacio. En cualquier caso, para salir de la ciudad necesitaba transporte marítimo, una embarcación que le trasladara a él y sus posesiones a tierra firme, o quizás a un barco de pasajeros.

Estudié mis posibilidades. La planta baja quedaba descartada, ya que todas las ventanas estaban enrejadas. El primer piso, donde se encontraba aquel hermoso salón en el que traicioné a Rebecca arrojándola en los brazos del inglés, quedaba fuera de mi alcance. Si pretendía entrar en la casa, tendría que ser por la puerta principal.

No había tiempo de darle más vueltas, así que me pegué a la pared, avancé junto al *rio* hasta llegar al canal y me asomé. El espíritu veneciano me pareció una bendición en aquel momento. Había tres hombres sentados en la popa de la embarcación con varias maletas. Unas espirales de humo ascendían sobre sus cabezas. Maldecían los caprichos de los ricos que pedían un barco para las cinco y ni siquiera a las seis embarcaban.

Uno murmuró:

—A lo mejor se está dando un revolcón con esa muñequita. Hay que entenderlo, ¿no os parece? Seguro que no están ahí arriba rezando el rosario.

El corazón se me encogió. Mientras ellos seguían hablando, yo avancé sin hacer ruido pegado a la fachada de mármol blanco del edificio hasta llegar frente al muelle y me colé bajo el arco de la entrada. Nadie me vio. Una vez dentro, me detuve un instante para ordenar mis pensamientos. Había un mazo al pie de la mugrienta escalera que conducía hasta la casa. No quería encontrarme con Gobbo ni con Delapole desarmado, y puesto que no era probable que encontrara otra cosa, lo cogí y calibré su peso. Subí los peldaños de dos en dos y llegué al corredor por el que se accedía a la habitación principal. Los hombres de abajo habían dicho que Delapole y Rebecca estaban arriba, pero no tenía ni idea de dónde podía estar Gobbo. Entonces oí algo que me hizo empuñar el mazo con las dos manos y contener el aliento. Desde la planta de arriba, distante pero inconfundible, oí la voz intensa del violín de Rebecca, y por debajo la voz fría de Delapole.

Debían estar directamente sobre mi cabeza, en el piso superior. El suelo de madera crujía con lo que debía ser el ir y venir de Delapole. Un único tiro de escalera me separaba de Rebecca y de nuestro destino. Volví a escuchar, pero no oí nada más. Quizás Gobbo había salido. Al parecer estábamos solos, con la única compañía de los marineros de abajo, y ellos no entrarían en la casa a menos que los llamasen.

Metí el mango del mazo en mis pantalones y sujetando la cabeza de hierro contra mi estómago, subí por la escalera, paso a paso, escuchando aquellos dos sonidos, el del violín de Rebecca y la voz de Delapole. Al final de la escalera había un descansillo mal iluminado con una larga cortina de terciopelo que enmarcaba el acceso a la estancia. Vi brevemente la espalda de Delapole al pasar por mi campo de visión. A Rebecca no podía verla. Di un par de pasos pegado a la pared hasta llegar la final de la cortina. Luego aparté un poco la tela y la vi por fin. Estaba sentada con el instrumento en los brazos, con una única hoja puesta en el atril que tenía delante. Delapole andaba en círculos alrededor de ella, como si fuera una especie de maestro, y yo no alcanzaba a comprender qué clase de juego era aquel.

—Todavía no —decía el inglés—. Hay algunas frases que desaparecen antes casi de haberse oído, y eso es algo que debemos evitar a toda costa.

—Señor —le respondió Rebecca, que parecía agotada—, estoy cansada. Creía que íbamos a marcharnos esta noche.

—Cuando Gobbo encuentre a tu hermano. Échale la culpa a él, y no a mí. Les daremos treinta minutos más y nos marcharemos. Mientras tanto, quiero seguir disfrutando de mi juguete nuevo. ¡Vamos, muchacha! ¡Toca!

—Estoy cansada —insistió—. No voy a tocar más.

Delapole se agachó junto a su silla.

—Yo creo que deberías complacerme, querida. Es por tu propio interés. Con tu talento y mi... perfeccionamiento, ¿quién sabe hasta dónde llegaremos?

—No deseo seguir —contestó ella, y dejó con cuidado el violín en su funda.

—Ah —dijo él, y la miró con una expresión que tiempo atrás yo habría interpretado que era de amabilidad. Ya no—. Entonces me entretendré de otro modo.

De un tirón la levantó de la silla y la lanzó al suelo. Rebecca gritó, y no porque temiese sus intenciones, sino de dolor. Aquella bestia no se daba cuenta. Se estaba desabrochando los botones y de un manotazo le levantó el vestido y acarició su cuerpo con lascivia. Apreté el mango del mazo en mis manos y lamenté no saber si Gobbo había vuelto ya con Jacopo. Íbamos a tener una única oportunidad de escapar de sus garras, y aunque no iba a permitir que Delapole la maltratara otra vez, si me veía en la necesidad de golpear, lo haría de tal modo que nos garantizase la libertad.

Entonces Rebecca hizo algo inesperado: arrastrándose se separó del inglés para escupirle a la cara. Él se limpió su saliva con una sonrisa que parecía prometer venganza a tal afrenta.

—No volverá a tocarme —dijo Rebecca con frialdad—. Soy capaz de arrancarle los ojos si lo intenta. Estoy dispuesta a tolerar la charada de su talento por la seguridad de mi hermano y de Lorenzo, pero del resto ya se puede ir olvidando. Llevo en mi seno un hijo de Lorenzo y no pienso permitir que lo envenene.

Las palabras de Marchese me volvieron inmediatamente a la memoria y sentí que me quedaba sin fuerzas, tanto que tuve que apoyarme en la pared para no desfallecer.

El inglés se levantó abrochándose el pantalón.

—Un hijo de Lorenzo, ¿eh? Qué encanto. No me lo habías mencionado, cariño.

Ella se bajó el vestido y permaneció sentada en la alfombra, rodeándose las rodillas con los brazos.

—Pues se lo digo ahora. No pienso permitir que su veneno manche a esta criatura.

—Un niño —repitió, aparentemente sereno y pensativo. Intenté que Rebecca me viera, pero no lo conseguí. Tendríamos que actuar juntos para liberarnos de él.

Delapole se acercó a la ventana y dejó vagar la mirada por el canal.

—No creía tener que enfrentarme tan pronto a esta situación, pero tú me has arrastrado al lecho de Procusto antes de que esté preparado para ello. Qué lástima.

Rebecca se levantó despacio y se acercó a la puerta, pero seguía sin verme.

—Es tarde —dijo—. Deberíamos irnos.

—Oh, no. Ahora tenemos otro asunto que liquidar antes de marcharnos. Tú me lo has pedido. Un niño...

Su expresión me dejó helado. Parecía sereno y distante, como si otro Delapole que viviera bajo su piel hubiera reclamado su turno.

—Alguien viene —dijo Rebecca—. He oído ruido en las escaleras.

No se oía absolutamente nada. La casa estaba silenciosa como una tumba. Rebecca no podía acercarse más a la puerta sin dejar clara su intención de salir. Yo esperé, dispuesto a actuar.

—Y yo no le he pedido nada —añadió—. Sólo un poco de decencia.

—¿Ah, no? Vamos, Rebecca. Admite la verdad, porque los dos la conocemos. Hay sólo una mujer en el mundo. Puedes llamarla Eva, o Lilith si lo prefieres. Una mujer que le arranca la vida a los hombres apoderándose de su semilla y utilizándola para alimentar a la muerte en su propio cuerpo. De haberlo sabido antes, te habría arrancado ese pequeño demonio del vientre antes de que empezase a crecer, pero entonces no habríamos podido disfrutar del placer de nuestra mutua compañía, y habría sido una pena.

—Señor...

Él dio dos pasos hacia delante y yo apreté el mango del mazo entre las manos, mirándole como un halcón.

—¡Silencio! No lo permitiré —le gritó, y de la chaqueta sacó algo que me horrorizó. En la mano derecha tenía un cuchillo largo y delgado, como el de un cirujano—. Siempre me obligáis a acabar del mismo modo. Siempre el mismo engaño y siempre la misma cura. Ahora estáte quieta y todo será más fácil. Verás como...

Delapole avanzó hacia ella y yo salté de detrás de la cortina blandiendo aquel arma burda en mis manos.

—Lorenzo —dijo él, mirándome extrañado—. Una intromisión tan grosera no es propia de ti.

El mazo le golpeó en el hombro derecho y el cuchillo cayó al suelo. Yo le di una patada y fue a parar resbalando a un rincón de la estancia. Delapole cayó de rodillas echándose mano a la manga de su camisa blanca en la que un único punto de sangre empezó a crecer con rapidez.

Rebecca miraba inmóvil al inglés, y yo la cogí por un brazo.

—Tenemos que irnos. Ya.

—¿Dónde está Jacopo? —me preguntó.

Yo no podía apartar los ojos de Delapole. Estaba allí sin quejarse, sin hablar, como si su dolor fuera algo lejano, únicamente molesto.

—No lo sé. Se suponía que tenía que estar aquí, ayudándote a escapar. Pero la casa parece vacía.

—¿Pues dónde va a estar? —intervino Delapole—. Muerto, muerto, muerto. Buen chico, ese Gobbo... —se rió, y para mi sorpresa se levantó y sacudió el brazo ensangrentado como si con ello pudiera hacer cesar la hemorragia—. Con un judío es más que suficiente, muchacha. ¿De verdad creías que iba a darle de comer también a él? Gobbo ha ido a buscarle, pero no para traerle aquí. Y ahora, volviendo al asunto que nos ocupaba...

Con el brazo sano recogió el cuchillo y volvió hacia nosotros fintando en el aire, con el otro brazo colgando, desencajado del hombro.

—Lorenzo... —susurró Rebecca—. No puede ser...

—Yo he visto lo que es capaz de hacer —contesté—. ¡Vamos, corre!

Pero Rebecca fue hasta la chimenea en busca de un largo atizador que allí había.

—No sin ti —contestó—. Y sin mi hermano, tampoco.

Delapole parecía no poder decidir a quién de los dos atacar primero. Estaba allí plantado y sonreía, como si todo aquello no fuese más que un juego.

—¿No vas a marcharte? —preguntó—. Bien. Me gusta ese espíritu. Me gusta...

Me lancé sobre él, pero Delapole se echó hacia un lado y hendió el aire con aquel cuchillo con tanta fuerza y velocidad que nadie diría que estaba herido. Cuando vi avanzar aquella hoja metálica hacia mí, tiré de la cortina de terciopelo y vi cómo el tejido se rasgaba y la hoja penetraba como un escalpelo en la carne tierna. Empuñé el martillo y lo estrellé contra su cara. Fue un golpe corto, que haría poco daño. Delapole retrocedió dando traspiés, perdiendo el equilibrio, y Rebecca le golpeó con el atizador. Él se echó mano a la cabeza y maulló como un gato herido antes de caer de rodillas.

—¡Vamos! —grité—. Que la ciudad se ocupe de este demente.

La cogí de la mano y miré su cara preciosa. En aquel instante estábamos más cerca de lo que lo habíamos estado desde hacía días. Rebecca echó a andar, pero la criatura que había en el suelo rugió:

—¡No!

Vi que aquella hoja endemoniada volaba por los aires. Rebecca gritó y cayó al suelo agarrándose una pierna. La hoja se le había clavado en el muslo, y una sangre oscura le manchó el vestido. Agarré la empuñadura y tiré antes de levantar la falda. Se había abierto una herida por encima de la rodilla y sangraba mucho.

Arranqué una tira del borde.

—Atátelo fuerte. Reducirá la hemorragia. ¡Tenemos que irnos ya!

Ella no me miró. Tenía los ojos clavados en un punto a mi espalda, y sin volverme supe lo que era.

—Lorenzo... —gimió el inglés, y me alegró oír dolor en su voz.

Me volví. Estaba hecho una pena, con un brazo y la cabeza sangrando, pero seguía de pie y firme como un soldado en un desfile, y supe que se lanzaría sobre mí, con arma o sin ella, de un momento a otro.

Cubrí a Rebecca con mi cuerpo.

—Eres un tipo testarudo, inglés —le dije—. ¿Qué tengo que hacer? ¿Romperte las piernas para que no puedas andar?

Él asintió con aquella sonrisa que tan bien le conocía.

—No. Vas a tener que matarme. O esperar a que yo te haga ese honor. Hoy. Mañana. A la semana que viene. El año que viene. No me importa. Tengo todo el tiempo del mundo.

El martillo estaba en el suelo entre nosotros dos. Le había perdido la pista después de que Rebecca le golpease, pensando que ése era el fin. Él hizo ademán de recogerlo, y yo no podía creerme que volviéramos a pelear.

—Estás loco —dije, e intenté calibrar si podríamos salir de la habitación—. A lo mejor tienes suerte y te mandan al manicomio y no al cadalso, que es donde debes ir.

—Ay, el postre no siempre lo disfruta quien debiera.

Cayó junto al martillo y yo de una patada lo alejé de su mano. Él se revolvió y volvió a mirarme, aún sin dejar de sonreír.

—Tu concepto del triunfo es muy limitado, Lorenzo —me dijo—. Como el de todos los italianos.

—Nos vamos.

—¡No!

No quise escuchar más y cogí a Rebecca por la cintura. Parecía a punto de desmayarse del dolor.

—¡Lorenzo! —ladró Delapole—. Pregúntale quién es el mejor en la cama. Pregúntale quién tiene la lengua más ágil y quién sabe encontrar los mejores bocados. Pregúntale quién la lleva mejor al borde del éxtasis y la obliga a implorar para que le permita alcanzarlo. Pregúntale de quién es el hijo que lleva dentro...

Ella gimió y me miró con los ojos muy abiertos, con unos ojos que no podían mentir.

—Eres un idiota —continuó él—. ¿Acaso piensas que un violín como ése no tenía un precio? Se lo puse en el regazo y poco después fui yo quien ocupó ese lugar. Aunque he de admitir que su origen y sus talentos eran un secreto para mí hasta que tú me los desvelaste.

La miré a los ojos buscando una negativa, y ella no dijo nada pero se apartó de mis brazos.

—Pobre Lorenzo —se burló Delapole—. Y ahora...

Ya no oí lo que dijo a continuación. Una ira ciega y sorda me estaba sofocando. Si aquello era lo que Delapole quería, así iba a ser.

—Y ahora, voy a poner fin a todo esto —contesté, y cogí el martillo.

Ella me vio, y por razones que en un principio no comprendí, se unió a mí con el atizador. Allí, en el segundo piso de Ca' Dario, masacramos al hombre que conocíamos como Oliver Delapole, metódicamente, con el martillo y el cuchillo, tan concienzudamente como él debió asesinar a aquellas mujeres que tuvieron la desgracia de cruzarse en su camino. Golpeamos y cortamos a un ritmo constante que llenó el aire con olor a sangre y a carne hasta que el espíritu de aquel demonio desapareció para siempre de la faz de la tierra. Supe en aquel momento que nunca volvería a cerrar los ojos y a verlo todo negro y vacío, y que en aquel lugar se quedaría para siempre aquella mancha roja y el sonido del metal al chocar contra la carne.

Se reía de nosotros entre golpe y golpe. Aquello estaba siendo una transformación para nosotros dos y él la había obrado. Hacia el final, cuando la sangre se le había acumulado de tal modo en la garganta que apenas podía hablar, murmuró algo. Fue sólo después, una vez nos habíamos quitado ya la ropa cubierta de sangre y pretendíamos salir de una vez de aquella casa maldita, cuando creí entender lo que había dicho. Era una cita, aunque a aquellas alturas mi estado era tan febril que pude haberlo imaginado todo. Las palabras eran del poeta inglés Milton, de su obra *Paraíso Perdido*:

> *Quien vence por la fuerza*
> *Vence sólo a la mitad de su enemigo*

SÓLO PARTE DE Oliver Delapole murió aquella tarde en Ca' Dario. El resto sigue vivo dentro de nosotros, como una infección que circulase por nuestra sangre, contaminándola con su semilla infernal. Haciendo de nosotros sus asesinos, nos conquistó. Rebecca se unió a mí en aquella carnicería para poder compartir conmigo la vergüenza.

Lo comprendí todo en aquella habitación junto al Gran Canal, cuando el día veneciano daba paso a la noche. Desquiciado, desesperado, me acerqué al ventanal que daba al agua, como si pudiera encontrar la redención al otro lado del cristal. Y allí me encontré con la visión más extraña que alguien pueda imaginar. No era de la Venecia que yo conocía y había llegado a odiar, íntima, despiadada y fría como una tumba. Otro espectáculo fue el que apareció ante mis ojos, tan disparatado que tuve la certeza de que me había vuelto loco. Las góndolas con los farolillos que las hacían parecer luciérnagas sobre el agua habían desaparecido y en su lugar veía una multitud de embarcaciones, navíos enormes que colmaban el canal transportando montones de individuos vestidos del modo más curioso. A su alrededor pululaban otros botes más pequeños, aunque mayores que las góndolas y dos veces más rápidos, pero sin remeros a la vista.

El horizonte de la ciudad se perfilaba sobre una especie de aura de luz amarilla, pero demasiado brillante para que la proporcionara una antorcha, ni aun la más grande de todas. Unas insólitas estructuras que parecían esqueletos de grandes bestias se cernían sobre la parte occidental de San Marcos como si quisieran devorar los edificios con sus mandíbulas gigantes. Tenía que ser otro mundo lo que yo estaba viendo a través de las ventanas de cristal emplomado de Ca' Dario, un mundo al mismo tiempo conocido e inalcanzable...

Sentí que la sangre se me volvía barro en las venas y que dejaba de respirar. Tenía ante mí una imagen del paraíso o quizás una visión del infierno que se avecinaba. Paralizado, sin saber qué le estaba pasando a Rebecca, me quedé clavado en el sitio deseando poder estirar el brazo y tocar aquella aparición que vivía y respiraba en algún punto del universo ignorando mi presencia. Al menos eso creía yo.

Pero de pronto, frente a mí, en la popa de uno de esos enormes barcos de hierro, unos ojos me miraron. Era una niña vestida de blanco que no podía tener más de diez años y a la que la maldición de poseer un tercer ojo debía haberle alcanzado, igual que a mí. La niña miró hacia arriba y se encontró conmigo a través del abismo que nos separaba. Aquel fantasma del futuro *me vio*. Y lo que pudo ver de mi persona la aterrorizó.

Una vida es insuficiente. Hay algunos de nosotros que tenemos tantas culpas que expiar que la sucesión de años de una vida resulta insuficiente. Vi su expresión de terror, me miré las manos manchadas de sangre y rugí como lo haría una bestia.

La cueva del tesoro

MASSITER LE DIJO al taxi acuático que nos dejara en el final del muelle de Zattere. Era una zona que Daniel no conocía. Allí empezaban los bloques modernos que ocupaban el norte del puerto hacia Piazzale Roma. En el aire se distinguía el olor a gasoil de los barcos, y un poco más allá el de la combustión de los coches aparcados en el inmenso aparcamiento que ocupaba el límite de tierra firme de la ciudad. Pero quedaban algunos edificios viejos, con sus formas bajas e imponentes asomando en las calles mal iluminadas. Se alejaron del canal de la Giudecca, cruzaron un pequeño puente, tomaron un callejón negro como la boca de un lobo y salieron a un *campo* de adoquines que daba acceso a una anodina iglesia.

Massiter se detuvo en la plaza junto a una columna rematada por un pequeño león alado, visible a la miserable luz amarillenta de la iglesia, y miró a su alrededor.

—¿Ves a alguien? —preguntó.

Daniel se volvió y miró. No había ni un alma y así se lo dijo.

—Supongo que no. Ésta es una de las partes más antiguas de la ciudad, ¿sabes? Si excavaran un poco, no sé lo que podrían encontrar. Ésta iglesia es la de San Nicolò, una construcción medio bizantina destrozada por la modernización de unos vándalos.

—Es tarde, Hugo. Acabemos —le apremié.

Él se volvió a mirar los alrededores una vez más.

—Claro. No me fallarás, ¿verdad?

—¿Qué quieres decir?

—Vamos, Daniel. Ya sabes que te estoy haciendo un gran favor. Hace más de diez años que tengo este almacén y nadie fuera de mi círculo lo ha visto. Hay a quien le gustaría conocer su localización exacta. A los ladrones, por ejemplo.

—Yo no conozco a ningún ladrón, Hugo.

—¿No me digas? Pues a la policía, entonces.

—No tengo nada que ver con ellos.

—Ya.

Massiter no dijo nada más y echó a andar en dirección norte. Daniel lo siguió.

—Tenía un primo metido en el negocio del cine —le explicó—. Trabajó en esa película... ¿cómo se titulaba? Bueno, da igual. La cuestión es que la rodaron en esa iglesia. Nos veíamos de vez en cuando.

Cruzaron otro puente.

—Un hombre necesita tener un puerto al que volver. En aquellos días, un sitio al que llevar a una mujer, o en el que fumar y tener intimidad. Y luego...

—¿Qué le pasó a tu primo?

—Murió. De accidente. Fue una tragedia. Me desilusionó profundamente.

Tomaron una calle estrecha y tras recorrer unos metros, se detuvieron ante una moderna puerta de metal que Massiter abrió rápidamente. Daniel le siguió. Una serie de luces fluorescentes se encendieron. Había una larga fila de cajas pegadas a la pared.

—Son de un amigo que se dedica al transporte —explicó—. No tiene nada que ver conmigo, ya sabes, pero esto... —avanzó por el pasillo y se detuvo frente a una vieja puerta verde cerrada con varios candados. Sacó unas llaves y comenzó a abrirlos maldiciendo lo mucho que le costaba. Entraron, encendieron una luz y Daniel vio una escalera estrecha de ladrillo con los peldaños de piedra gastada—. Yo creo que esto debió ser una bodega en su momento. A lo mejor remodelada a partir de una cripta. ¿Quién sabe? Cerraste la puerta de fuera, ¿verdad?, que no quiero tener que echar todos esos malditos cerrojos.

—Claro.

—Bien —dijo, y sacó algo del bolsillo que resultó ser una pequeña pistola—. Toma, llévala tú. Y si nos interrumpen, dispara.

Daniel se quedó mirando la pistola.

—Hugo, yo no tengo por qué usar esto.

—Por supuesto que sí —espetó—. ¿Qué pasa? Con una llamada podría hacer desaparecer todas las pruebas. No sería la primera vez, ¿sabes?

—Ya.

—¡Vamos, Daniel! —le reconvino Massiter—. Tú eres un impostor, un fraude. Estarías en la cárcel el lunes si hubieras seguido adelante con la tontería esa de desnudar tu corazón en público. Por favor, no te hagas el inocente conmigo.

Daniel miró la pistola.

—No pienso usarla.

—Entonces, sólo sujétamela.

Y echó a andar escaleras abajo. Daniel le siguió despacio dejando la puerta abierta, igual que había hecho con la de la calle. Seguía sin oírse nada. Giulia Morelli le había advertido que sería difícil que los dos llegasen a un tiempo. El arma era un peso frío en su mano.

Tras unos veinte pasos, el techo bajo desapareció y una bóveda de oscuridad se abrió sobre sus cabezas. Massiter encendió otro interruptor y Daniel tuvo que contener una exclamación de sorpresa. Estaban en el umbral de una vasta y abovedada cripta sostenida por un verdadero bosque de columnas, cada una terminada en un arco de ladrillo. El lugar estaba inmaculado, como si acabaran de barrerlo, y las piedras del suelo tenían un brillo apagado. Pegado a las paredes había una colección de objetos tapados con lienzos blancos: muebles, la forma rectangular de los cuadros y algunas otras siluetas que no podía reconocer. En el rincón más alejado, fuera de lugar, había una cama baja y moderna y siguió a Massiter hasta allí.

—Maldita sea —murmuró éste. Las sábanas eran blancas y estaban arrugadas, y había una inconfundible mancha de sangre en el centro—. El problema de estos sitios secretos es que uno debe ocuparse personalmente de limpiarlos de vez en cuando. Olvidé cambiar las sábanas después de la discusión que mantuve con tu amigo Rizzo. Pero tampoco pensé que fuera a tener visita.

—¿Rizzo?

—Ah, no te dijo su nombre. Me refiero al chorizo que te vendió mi Guarneri. Él mismo me lo dijo al final, aunque yo ya me lo había imaginado, naturalmente. Nunca confíes en un veneciano, Daniel. Siempre acaban pegándotela.

Daniel no contestó y Massiter se echó a reír.

—No te preocupes, que no me has ofendido. Al final incluso te lo agradecí, porque me hizo darme cuenta de que tenía un alumno aventajado.

—Yo no...

—¡Por supuesto que no! Bueno, ¿y qué va a ser?

Uno a uno fue quitando los lienzos que cubrían sus tesoros.

—Tenemos una bonita colección aquí. ¿Oro ruso quizás, liberado por los nazis? ¿Un icono bosnio? ¿Un relicario de Bizancio, o una porcelana de Shanghai? No...

Cruzó la habitación y descubrió un cuadro de grandes proporciones, enmarcado en pan de oro. El artista era veneciano y le resultaba familiar. En él se representaban con una gracia fluida y primitiva a dos hombres desnudos luchando a muerte, uno de ellos blandiendo una daga plateada contra el otro.

—Tiziano —dijo Massiter—. *Caín matando a Abel.* Es mejor que el que hay en La Salute. Seguro que estás de acuerdo. Aquel fue un ensayo para esta maravilla final.

—¿De dónde sacas estas cosas, Hugo?

—¡Vamos, Daniel! Nunca debes preguntarle algo así a un coleccionista —le reprendió, y volvió a mirar el cuadro—. Yo simpatizo más con Caín, pero supongo que no te sorprende.

Daniel estaba entre Massiter y el túnel que conducía a la planta de calle, y creyó oír un ruido.

—¡Bueno! A ver si encontramos un regalito para ti. El Tiziano está fuera de toda posibilidad, por supuesto. Nos causaría un sinfín de problemas y no creo que estés preparado aún para organizar tu propia cueva del tesoro. Pero hay objetos con antecedentes mucho menos comprometedores. Es para ti, ¿verdad, Daniel? No pretenderás subastarlo, ¿no? Yo de vez en cuando vendo alguna pieza, pero me ofendería pensar que es sólo dinero lo que andas buscando.

Hubo un ruido inconfundible arriba. Ojalá Massiter no lo hubieras oído.

—¿Por qué tienes todo esto, Hugo? ¿Para qué te sirve aquí escondido?

Massiter parpadeó varias veces. Parecía no comprender la pregunta.

—Los poseo. ¿Qué otro uso necesito darles?

—¿Y a la gente también la posees?

—Si lo deseo, sí, y sólo si ellos acceden. No puedo tentar a los santos. Sólo voy donde me invitan. Precisamente tú deberías saberlo ya.

Daniel miró la cama.

—No estás pensando en tu regalo —le recordó Massiter, que había seguido la dirección de su mirada—. Eso es sólo una cama.

—¿Para qué?

—Una cama tiene muchos usos —contestó sonriendo—. Principalmente placenteros, al menos para mí.

—Dime una cosa, Hugo. La chica aquella de hace diez años... su cuerpo fue encontrado cerca de aquí. ¿Te la llevaste a esa cama?

—¿A Susanna Gianni? Por supuesto —se encogió de hombros—. O mejor dicho, lo intenté. Era preciosa y estaba en deuda conmigo. Y lo habría estado todavía más de no haber muerto.

Daniel iba siendo cada vez más consciente del peso del arma que tenía en la mano.

—No me malinterpretes, que aunque te he dicho que me gusta que peleen un poco, seguía viva cuando terminé. Y si hubiera seguido mi consejo y se hubiera tomado un poco de tiempo para recuperar la compostura, seguiría viva ahora. No fui yo quien la arrojó al canal. Yo no deseaba su muerte, Daniel. ¿Por qué iba a quererla muerta cuando le quedaban tantos usos y tan exquisitos? Además... —se puso la mano en la barbilla para ayudarse a encontrar las palabras correctas—, todavía no había terminado con ella. Seguía sintiéndome engañado, sinceramente. Había un misterio que aun sigue desconcertándome. En fin... —se acercó—. Tienes que elegir tu regalo. Para eso estamos aquí.

Daniel le miró a los ojos. No había emoción en ellos, ni humanidad.

—Por supuesto me gustaría recuperar el Guarneri, y la música que encontré. Las dos cosas.

—¡Ah! —exclamó—. Scacchi fue muy listo. Vio tu potencial mucho antes que yo. ¿Te habías dado cuenta?

Una ira desconocida en él le ardió por dentro.

—Un violín y una partitura, Hugo. ¿Mataste a Paul por algo así? A Paul, y al final, también a Scacchi.

Él se rió.

—¡Hombre, Daniel! No seas injusto conmigo. Los maté a los dos de una vez. Un fulano que trabaja para mí se coló en el hospital del Lido y asfixió a Scacchi mientras las idiotas de las enfermeras dormitaban. De todos modos, Paul y él estaban muy unidos, y habría sido un pecado dejar vivo sólo a uno. Lo vi claro la noche que fui a visitarlos. Al americano no fue fácil convencerlo, y no me dejó elección.

La rabia le había dejado mudo y a Massiter parecía hacerle gracia su reacción.

—No te enfades conmigo. Yo mismo habría matado a Scacchi por pura cortesía profesional, pero no me fue posible. Era un poco arriesgado. Pero no lo hice con malicia, no te vayas a creer. No podía permitir que se despertara y que contase a los cuatro vientos que había sido yo la visita inesperada.

—¿Pero por qué, Hugo? ¿Por qué fuiste a verlos? Eran gente sin importancia, y se estaban muriendo. Todo esto es indigno de ti.

—Me sorprende que tengas que preguntármelo. Tenía que ir porque me habían robado algo preciado para mí y no querían devolvérmelo. ¿Qué crimen puede ser mayor que ése? Me robaron, Daniel, y me engañaron, y yo no me lo merecía.

Daniel apuntó con la pistola a la cara de Massiter.

—Podría matarte, Hugo. Me importan una mierda las consecuencias.

—Ya lo sé. Pero no puedo darte el Guarneri, ni la música. No lo tenían ellos. Me dijeron que habían vendido las dos cosas. Bueno, me lo dijo Scacchi cuando ya le había dado al americano lo suyo para que soltara la lengua. Lo que pasó fue que, a aquellas alturas, habían hecho ya tanto ruido que no tuve más remedio que largarme. Oí pasos en la escalera y pensé que eras tú, así que no iba a quedarme, como tú comprenderás. Además era un treta, estoy seguro. Querían que me fuera de la casa. Pero también estoy convencido de que el instrumento no estaba allí. ¿Entiendes ahora lo del misterio? —le preguntó, dedicándole la mejor de sus sonrisas.

Daniel volvió a sopesar el arma. La boca del cañón estaba a unos centímetros de la cara de Massiter.

—¿Y bien? Que no tenemos toda la noche. ¿Cuál va a ser tu precio? El Guarneri no, por supuesto, porque no lo tengo. ¿Yo, quizás?

Daniel le miró a los ojos. Se estaba burlando de él.

—En cierto modo.

—¿Ah, sí?

Era evidente que estaba disfrutando con todo aquello.

Se oyó ruido de pisadas en la escalera y Massiter se volvió con un movimiento muy teatral hacia la entrada. Giulia Morelli apareció en la bodega seguida por un hombre moreno vestido con vaqueros y camisa blanca que traía un arma en la mano.

—¡Teniente! —la saludó Massiter—. No habrá estado escuchando a hurtadillas, ¿verdad? Hay que ver qué costumbre más fea.

Giulia se acercó y le obligó a levantar los brazos para cachearle. Él los mantenía por encima de ella, divertido, y abrió su chaqueta para mostrarle una abultada billetera.

—¿Cuánto? Llévese lo que quiera.

—¿Qué?

—Querida, puedo sobornarla a usted, o a su superior. O al de él, ya que me pongo. Hay tantas pulgas chupándose la sangre unas a otras en esta ciudad... El orden de los parásitos me da igual. ¿Qué delito se ha cometido aquí que pueda interesarla? Un poco de contrabando no...

—Tres asesinatos, Signor Massiter —dijo ella.— Y Susanna Gianni.

—Ah, todavía sigue sin dejarla dormir ese caso, ¿eh? Pero si eso ya pasó a la historia.

—Es usted un hombre poderoso, pero esta vez no se va a ir de rositas a base de sobornos, así que mejor comportémonos con dignidad, ¿vale? Si nos vamos ahora a la comisaría, podremos evitar darle publicidad al caso.

—¿No me diga? Sería una pena desilusionarla.

Ella se movió nerviosa y Daniel miró a la escalera. Estaban solos, pero ella parecía esperar refuerzos.

—Tengo una paciencia limitada —le advirtió.

—¡Ah, hola Biagio! ¿Estás bien?

Ella miró a su compañero sin comprender.

—Sí, Signor Massiter —contestó Biagio bajando el brazo de la pistola.

—Me alegro. Sigo estando en deuda contigo por las noticias sobre lo de nuestro amigo Rizzo. Y por lo demás. Te estoy muy agradecido.

La cara de Giulia Morelli cambió por completo.

—¿Biagio?

Massiter bostezó.

—Por amor de Dios, hombre. Mata ya a esta zorra, que me aburre soberanamente.

Daniel vio que Biagio levantaba el brazo del revólver y saltó hacia delante, peleándose con su propia pistola. Massiter se abalanzó sobre él y le golpeó con fuerza en la nuca para tirarle al suelo.

La caverna retumbó con una explosión que les hirió los oídos y que reverberó escaleras arriba. Daniel levantó la mirada y vio a Giulia Morelli dando traspiés hacia atrás, con un agujero negro y perfecto en el tejido de su chaqueta oscura y algo líquido que salía por él. Biagio la observaba con atención, preparado para un segundo disparo si era necesario. Pero ella cayó con la espalda contra la pared y fue escurriéndose hasta caer al suelo. Abrió la boca y su garganta formó una palabra inidentificable antes de que un hilo de sangre le saliera por la boca y escurriera por su barbilla.

—Condenada mujer —maldijo Massiter, y tiró de Daniel para que se levantara. El arma volvía a estar en su lugar, que era la mano fuerte de Massiter—. ¿Qué demonios estabas haciendo, muchacho? ¿Hacerle el juego a ella en lugar de a mí, que soy el único que nunca te ha mentido?

La furia que vio brillar en sus ojos fue la de la mayor traición posible, más cruel que cualquier otra.

—Hice una elección Hugo —le contestó—. No la acertada, pero sí la mía.

—Y después de lo que te he dicho: que he matado a tus amigos, que mato a quien me da la gana, ¿tú tienes un arma en la mano y no haces nada?

Massiter miró la pistola y la puso contra la cara de Daniel. Se oyó un ruido que provenía de la pared de enfrente. Giulia Morelli gemía. Aún estaba viva, pero por muy poco.

—Eres un enigma para mí, Daniel. A veces pareces prometedor, pero otras... —Daniel no contestó y él de pronto sonrió, como si acabara de comprender algo—. ¡Claro! ¡Ahora caigo! Crees que estoy jugando contigo —el cañón de la pistola rozó su sien—. Piensas que te tiento con promesas vacías y con un cargador vacío. Ay, Daniel, Daniel... todavía no me conoces.

Alzó un poco más la mano, el dedo en el gatillo y se giró. La habitación volvió a estallar. Daniel vio la frente de Biagio abrirse delante de sus ojos por la fuerza del disparo prácticamente a quemarropa, y le vio salir hacia atrás por el aire. Cayó al suelo y se quedó inmóvil.

—Soy un buen jefe —dijo Massiter, contemplando el cuerpo caído—, pero la policía... con ellos todo se reduce a dinero.

El aire apestaba a pólvora y a sangre, y Hugo volvió a acercarse a él. Daniel cerró los ojos y no tardó en volver a sentir el cañón del arma en la mejilla.

—Podríamos deshacernos de todo esto—le dijo—. Bastaría con una llamada. Tengo gente que se ocupa de cosas así. Lo mejor sería estar fuera de Venecia durante un tiempo, lejos de la vida pública. Aquí todo pasa, con algo de tiempo y un poco de dinero.

Hubo una pausa.

—Te recompensaré —añadió—. Con mucho más de lo que has visto en esta habitación.

—Vete a la mierda —contestó Daniel, temblando—. Yo no soy como tú.

Massiter le agarró por el pelo y presionó más contra su mejilla.

—Todo el mundo es como yo. Es sólo una cuestión de proporciones.

Daniel intentó pensar en Laura. Y en Amy, magnífica en la nave de La Pietà, arrancando aquellas notas de su instrumento. Un mundo vivía dentro de su cabeza, organizado, completo. Un mundo que podía contenerle a él para siempre y al que Hugo Massiter nunca podría acceder.

Temblando pero sin miedo, Daniel Forster permaneció de pie en la cripta, dispuesto a morir, esperando hacerlo, sin atreverse a contar los segundos. Entonces, inesperadamente, la fuerza con que Massiter le sujetaba cedió. No hubo ruido alguno, ni dolor, ni oscuridad. Por fin Daniel abrió los ojos.

Hugo Massiter había abandonado el sótano sin hacer un solo ruido. Había dos armas en el suelo junto al cuerpo de Biagio. Al otro lado de la cueva Giulia Morelli permanecía inmóvil, apenas sin respirar ya.

Se acercó a ella y sacó el teléfono de su bolso sabiendo que tendría que salir para poder hablar. Le tocó la frente. Todavía tenía calor. Ella abrió los ojos.

—¿Daniel?

Su voz sonaba distante, débil, fantasmal.

—No hables. Massiter se ha ido. Estás a salvo. Voy a salir a llamar a una ambulancia. Te pondrás bien.

Ella se llevó la mano al pecho y se la miró después.

—No digas tonterías —le dijo, intentando sonreír—. Escúchame.

—No. Espera.

—Daniel...

Le agarró por un brazo y Daniel esperó. Algo le estaba pasando en los ojos. Se estaban apagando. La vida se le escapaba.

—Daniel...

Giulia musitó unas palabras ininteligibles y quedó en silencio para siempre.

Informe de la guardia

Del diario del Capitán Giuseppe Cornaro, de la ronda nocturna del Dorsoduro, a diecisiete de septiembre de 1733.

EL VILLANO LORENZO Scacchi ha sido ejecutado. Yo mismo arrastré su triste cadáver al patíbulo y presencié con satisfacción como el verdugo del Dux le despachaba para el lugar del que nunca debería haber salido. En todos los años que llevo como guardia de la República, jamás me había cruzado con un demonio como él. Su astucia es sólo comparable a su capacidad para la crueldad y la violencia. Ni siquiera Dios puede perdonar el daño que ha causado. La ciudad ha sufrido grandes pérdidas a sus manos: un editor tío suyo nada menos, y propietario de una casa de gran reputación, y en sus últimas horas sobre la faz de la tierra segó la vida de un hombre que sólo había pretendido enriquecer a la República con su talento y generosidad. Los buenos y los dóciles son siempre conducidos al seno de nuestro Señor por los viles y miserables. Yo no soy hombre de Dios, así que no pretendo saber por qué ocurren tales cosas, pero en la guardia de Dorsoduro debemos estar siempre vigilantes e intentar remediar las consecuencias de esos actos de criminalidad como esté en nuestras manos hacerlo.

Los hechos de la muerte de Leo Scacchi son ya bien conocidos. Aquellos que rodearon la muerte del caballero inglés, Oliver Delapole, parecen haber dado lugar a numerosas especulaciones en la ciu-

DAVID HEWSON

dad, buena parte de ellas iniciadas según parece por el propio Scacchi, puesto que varios de los documentos hallados en su poder muestran que su letra se parece enormemente a la caligrafía con que se escribieron varias de las notas anónimas que recibimos. A continuación procederé a detallar lo que nosotros, como autoridad legal, sabemos con certeza, y al hacerlo pretendemos asegurar a aquellos que lean este informe que no hay nada de valor que hubiera podido obtenerse alargando las investigaciones. Un asesino ha sido ejecutado, pero las tristes consecuencias de sus actos le sobreviven, y no debemos malgastar tiempo ni fondos del erario público para añadir más cargos a la lista del ajusticiado.

De modo que para hacer justicia al finado Olivier Delapole (y para calmar al indignado cónsul inglés), declaro en el presente informe que no hemos encontrado prueba alguna, salvo las mentiras escritas por la mano del asesino, de que hubiera cometido ningún delito. Bien es cierto que tenía deudas, ¿pero qué caballero no confía de vez en cuando en los fondos que puede proporcionarle el banco? Por otro lado, sigue pendiente el contencioso de la autoría del misterioso concierto. Yo no soy músico, sino un humilde recolector de hechos, y en este caso voy a hacer sólo una pregunta: si Delapole no escribió el concierto, ¿quién lo hizo? Nadie más ha pretendido ponerle su nombre. Las habladurías acerca de que una supuesta maldición pesa sobre la obra las descarto de inmediato. Si el compositor viviera, en cuyo caso podría sin duda recrear la obra, ¿por qué iba a guardar silencio? Aunque no volviera a escribir una sola nota en su vida, tendría asegurados fama y fortuna por ese único esfuerzo. No. Delapole debía ser su compositor, y la maledicencia extendida por su asesino debió ser sólo una treta para arruinarle, aunque la tragedia mayor en este sentido sea que Scacchi destruyera hasta el último trozo de papel relacionado con el concierto después de haber acabado brutalmente con la vida de su creador.

El testimonio del hombre de Roma lo he descartado por completo porque creo que se trataba de un lunático. He entrevistado a aquellos que hablaron con él nada más llegar a Venecia y a los que refirió mil acusaciones relacionadas con el pasado de Delapole. Estaba perturbado, sin duda. De que conocía a Scacchi no me cabe ninguna duda. Tengo pruebas de que estuvo con él en Roma, y quizás fue capaz de envolverle de tal modo con sus mentiras que el buen hombre lo siguió hasta aquí con el fin de desprestigiar a Delapole. Su llegada puso en peligro el plan de Scacchi y el resultado ya sabemos todos cuál fue. Dispongo de un buen número de testigos que le vieron sobre el cuerpo de Marchese con la daga que puso fin a su vida aún goteando sangre. ¿Qué más puedo necesitar?

Pues alguna razón para todo esto se podría pedir, y justamente además. Los abismos oscuros de los delitos de Scacchi están bien documentados, pero seguimos sin tener una explicación para ellos. La respuesta debe ser una mujer, y la hubo. Cuando acudí a casa de Delapole para hablar con él de las acusaciones de Marchese y descubrimos su cuerpo mutilado, fui a entrevistar a las personas que trabajaban para él. Una joven hermosa había vivido en su casa durante varios días, y al parecer era también conocida de Scacchi. Por el momento está desaparecida. Puede que su cuerpo descanse en el fondo de la laguna, enviado allí por su celoso enamorado. No hay modo de saberlo y me temo que poco importa. Lo fundamental es que el criminal ha encarado ya su tan merecido destino. Todo lo demás son habladurías que a mí, como guardián de la República, no me interesan. La bestia ha muerto y esta vez no rezaré por el alma del ajusticiado. Vi lo que era capaz de hacer. Es difícil de creer que el montón de carne y despojos que encontré en el suelo de aquella mansión había sido una vez un hombre que hablaba y caminaba... y que escribía una música maravillosa.

Informaré a continuación brevemente sobre el modo en que fue apresado Scacchi. Como ya he reseñado, me enviaron a hablar con el inglés sobre varios asuntos y al llegar a su residencia me encontré con la tragedia que ya he descrito. Cerca de la casa, en un callejón cercano al *rio*, mis hombres encontraron a un caballero que al parecer había detenido al villano cuando pretendía escapar. Durante el forcejeo, el joven Scacchi, a quien el hombre reconoció tras haberlo visto en varias ocasiones por la zona, resultó herido en el pecho y la cara, ésta última herida tan profunda que no le permitía decir una sola palabra coherente. De todos modos, no era necesario. Habíamos visto ya con nuestros propios ojos el alcance de sus actos criminales y le habríamos detenido de todos modos, aun careciendo de la orden de búsqueda por el asesinato de su tío.

Así mismo tampoco hubo necesidad de malgastar dinero público celebrando un juicio. El siempre dedicado magistrado Cortelazzo abandonó una fiesta para atender el caso mientras Scacchi lo presenciaba todo, más muerto que vivo, con su captor al lado. Un hombre sorprendente, por cierto, y si no se hubiera marchado apresuradamente, habría recomendado que se le entregara una gratificación. Al parecer se trataba de un médico que hacía su ronda y que se encontró fortuitamente con Scacchi, quien aterrado y cubierto de sangre le pidió dinero. Fue entonces cuando le reconoció y decidió avisar a la justicia. Por una vez, el villano se encontró con la horma de su zapato. Afortunadamente su condición de médico le permitió atenderle después y de no ser por él dudo que Scacchi hubiera sobrevivido para el patíbulo. Pero como la mayoría de venecianos, cuando se encuentra en un momento de crisis, responde sin esperar nada a cambio. Después de presenciar la ejecución de Scacchi, me volví y ya no estaba. Tengo su nombre, eso sí (Guillaume, se llamaba), y una dirección en Cannaregio. Algún día, cuando todo recupere la calma, iré a visitarle y le agradeceré su intervención. Venecia está hecha de buenos cristianos como él.

Para concluir este informe diré que el mundo se ha librado de otro ser abyecto, aunque también ha sufrido la pérdida de dos hombres buenos y de gran talento. La vieja serpiente nos visitó y nos encontró preparados. No hay razón para el regocijo, pero sí podemos permitirnos creo yo cierta satisfacción. Aun así he de manifestar mi crítica en un solo punto: habríamos aprehendido a Scacchi mucho más rápidamente de haber estado mejor informados. La descripción que se hacía de él en los pasquines repartidos por la ciudad (que no sé de dónde salieron), hablaban de un muchacho de estatura media y complexión normal. A lo mejor fue él mismo quien los escribió porque en la vida real, aun descontando las heridas y la sangre, resultaba evidente que Lorenzo Scacchi era el individuo más feo que he tenido el privilegio de enviar a los infiernos. Aun sin el corte que le seccionaba la cara, su rostro era infame. Y por añadidura en la espalda sobresalía la curva inconfundible de una joroba. De no habernos confirmado el joven Guillaume su identidad, me temo que habría escapado.

Quizás el buen Dios nos sonrió en aquel momento, y a través de la persona del doctor, nos envió la luz que dejó al descubierto el disfraz de la bestia. Sea como fuere, en el futuro espero disponer de hechos que ahorren a nuestro Señor las molestias.

El final de la laguna

DANIEL FORSTER NO rebatió los cargos que se presentaron contra él con demasiado convencimiento. Dos policías habían muerto y se habían defraudado grandes sumas de dinero a distintas instituciones musicales muy conocidas internacionalmente. Hugo Massiter era quien se ocultaba tras todo aquello, como sabían bien tanto las autoridades como la opinión pública, pero había desaparecido de la faz de la tierra la misma noche en que Giulia Morelli y Biagio murieron. Pero Daniel se quedó, y admitió su participación en varias de las actividades delictivas de Massiter, de modo que fue él el único culpable que un sistema judicial vengativo por naturaleza pudo encontrar. Al no poder cargarle a él las dos muertes, el fiscal se esmeró en los cargos de malversación y consiguió una sentencia de cárcel de tres años que Daniel aceptó con un mero parpadeo.

No encontró razón para oponerse. Además, un deseo constante de expiar sus culpas parecía no dejarle descansar. Necesitaba tiempo para pensar. En la pequeña y moderna celda de Mestre que compartía con un simpático mafioso de Padua llamado Toni, Daniel comenzó a elaborar una explicación de lo que le había ocurrido aquel largo y azaroso verano. Era un prisionero muy conocido. Incluso había empezado a enseñarle inglés a su compañero de celda, con el que estaba trabando una fuerte amistad que ambos sabían que sobreviviría a su condena. Conoció también a otros hombres que le serían de utilidad y que le confirmaron sin dificultad lo que Giulia Morelli ya le había dicho: Scacchi no le debía dinero a nadie. La casa, que ahora era suya, estaba libre de cargas, de modo que después de pagar las multas que le había impuesto el tribunal, quedaba en una situación económica desahogada. Después de cuatro meses, cuando a las autoridades de la prisión les quedó claro que no tenía intención de evadirse, le fueron suavizando la condena. Empezó a pasar días enteros fuera de la prisión para acudir a cursos en la ciudad. Lo que no sabían era que abandonaría pronto sus ya débiles lazos con Oxford para iniciar sus investigaciones en otro campo.

La propiedad fue su primer foco de atención. Vendió el almacén adyacente a la casa y que se encontraba en un estado casi ruinoso para recoger fondos con los que iniciar la restauración del edificio. En un año, Ca' Scacchi quedó reconvertida en un edificio de tres apartamentos, dos de ellos propiedad de ciudadanos norteamericanos, al que se accedía por un puente nuevo que salvaba el *rio*. Mientras supervisaba los trabajos de restauración y la reparación del sótano en el que Laura y él habían descubierto el manuscrito, su interés se centró en el problema de la autoría del concierto. La obra empezaba a incluirse en los repertorios habituales de las orquestas de todo el mundo, sin que el misterio que había rodeado su aparición en Venecia menoscabara su valor. Por otro lado, Daniel nunca había dudado de que su fama fuese merecida. Tenía sus pequeñas faltas y a veces recurría a los fuegos de artificio para deslumbrar al auditorio, pero su profundidad era tal que seguía sorprendiéndole aun teniendo la sensación de saberse todas las notas.

Con la ayuda del director de la prisión, consiguió una autorización para entrar como lector en el Archivio di Stato, los archivos que contenían todos los documentos que habían sobrevivido de la República de Venecia. El edificio quedaba detrás de los Frari, a un tiro de piedra de San Rocco, y pasó meses en él sumergiéndose en los miles de páginas que los escribanos de la ciudad habían llenado en torno a 1733. Durante semanas le pareció que iba a ser un trabajo sin fruto, pero de pronto, seis meses después de haber sido condenado, se encontró con un fragmento del informe redactado por el capitán de la ronda nocturna de Dorsoduro. La mayor parte del documento había quedado destruida por el moho y la humedad y sólo un párrafo era legible, pero le bastó. En él se hacía referencia claramente a un *concierto misterioso* y una muerte relacionada con él. También se mencionaba el nombre de un caballero inglés que al parecer era el creador de la obra, y el hecho de que todos los documentos relativos al concierto habían sido destruido tras la muerte de su compositor por razones desconocidas. No había descubierto la razón por la que el original debiera estar escondido tras los ladrillos de Ca' Scacchi, aunque parecía bastante probable que uno de los ancestros de su amigo hubiera sido el encargado de imprimir la obra.

Pero le quedaba por delante una importante labor de investigación antes de que aquellas líneas pudieran resultar en hechos contrastables. Todos los días salía de la prisión, tomaba el autobús a Piazzale Roma y entraba en el archivo a cribar metros y metros de estanterías en busca de pruebas. El nombre de Delapole salió a relucir en otras ocasiones, pero nunca en relación con la música. Al parecer y según informaba la ronda nocturna, había contraído deudas. En otros fragmentos de documentos privados encontró comentarios sobre el caballero en cuestión, que al parecer era un hombre culto y encantador. A lo largo de semanas fue reuniendo todo lo que encontró sobre Delapole. Cuando necesitaba pensar, salía del archivo, caminaba unos metros y se sentaba en la sala del primer piso de San Rocco, bajo la sombra de Lucifer, y dejaba que los hechos volaran libres en su imaginación y que tratasen de encajar por sí solos.

Tras diez meses de trabajo consiguió articular una historia, pero se dio cuenta de que sólo podría estar completa si revelaba cómo había reaparecido el manuscrito, de modo que junto a la trágica historia de Oliver Delapole emergió otra: la de Hugo Massiter, un engaño, y un amigo llamado Scacchi que pagó su astucia con la vida. La historia tenía lagunas, como le habían dicho varios editores, pero Daniel no se amilanó: su relato se basaba en hechos, no en la ficción. Carecía de un final íntimo y redondo. El misterio seguiría formando parte de aquella historia para siempre, y aun en el hipotético caso de que Hugo Massiter volviera a aparecer, seguramente tampoco podría explicarlo todo.

Se cerró un trato y el libro fue publicado con rapidez pasmosa. El concierto anónimo, que era como se lo conocía, seguía causando sensación por todo el mundo y ningún editor quiso perder el tren, de modo que para cuando llegó el momento de salir en libertad condicional, a los veinte meses de su condena, el libro de Daniel Forster era ya un éxito internacional que consiguió hacerle casi rico. Se compró su propia mansión en el corazón de la ciudad y se abrió ante sí la posibilidad de continuar con la carrera de escritor. Jamás se planteó volver a Oxford. En Venecia tenía una tarea más importante por delante.

Un lunes del mes de septiembre, Toni llamó. Tenía una dirección y una sugerencia. Había buscado durante muchas semanas y no estaba seguro. La gente cambiaba. No tenían fotografías, y era mejor que la viera primero en público, sin que ella se diera cuenta, antes de arriesgarse a presentarse en su casa.

Al día siguiente, Daniel tomo el *vaporetto* número uno para cruzar la laguna en dirección al Lido. Mientras avanzaba perezosamente sobre la superficie de la laguna recordó la primera vez que navegó sobre aquellas aguas planas e inciertas, hacía poco más de dos años, a bordo de la buena de la *Sophia*, capitaneada durante un rato por un perro llamado Xerxes. Nadie le reconoció. Se había dejado un fino bigote y llevaba el pelo muy corto. Aquel cambio en su apariencia alejaba a los curiosos.

Vio acercarse el muelle sin saber en realidad qué sentía. Una vez hubo desembarcado, echó a andar en dirección sur durante algo más de un kilómetro, hacia la zona residencial en la que había un mercadillo. Aquella era otra parte de Venecia, más ordinaria, más parecida al resto del mundo. El Lido tenía coches y autobuses, y el olor a gasoil se mezclaba con el aroma a jazmín de los naranjos en flor.

Cruzó el canal que pasaba ante el casino del Lido y tomó una amplia avenida flanqueada por árboles. El perfil de la ciudad se veía en el horizonte de la laguna dominado por la silueta del campanile. El mercadillo estaba en pleno apogeo. Daniel se colocó unas gafas de sol y pronto se sintió engullido por una masa de gente que discutía animadamente entre puestos de ropa, hortalizas, pescado y queso.

Encontrarla fue cuestión de minutos. Laura estaba ante el mostrador de una furgoneta casi al final del mercadillo, regateando junto a un enorme trozo de parmesano. Llevaba la bata blanca de nylon y el pelo recogido en una coleta, como siempre. No pasaba día por ella. Aún recordaba su olor y el tacto de su piel. La vio alejarse en dirección a la calle principal y quiso seguirla pero ya se había subido a uno de los autobuses naranja que callejean por el Lido, desde el pequeño aeropuerto del norte hasta Alberoni, al otro extremo de la isla. Sacó del bolsillo la nota con la dirección que Toni le había dado, y tomó el siguiente autobús hacia el sur.

Tardó diez minutos en llegar a Alberoni. Nunca había ido tan lejos en la laguna. Había campos de hortalizas y zonas de hierba, algunos restaurantes y hoteles y un puñado de tiendas. Sus construcciones eran casas de campo rodeadas de vallas, con persianas color naranja y jardines con rosas.

Le preguntó dónde se encontraba la dirección que buscaba a una joven que llevaba a un bebé en un carrito. La casa estaba en una calle sin salida que llegaba hasta el mar. Entró sorteando baches y volvió a ver la bata blanca en un jardín cerrado por una puerta de hierro forjado recién pintada de verde. Un joven rubio estaba con ella. Llevaba camiseta blanca y vaqueros, y era guapo. Parecía haber estado perfilando los elegantes rosales de la entrada. Ella había llegado con la compra. Habían charlado, él la había besado en las mejillas y le había quitado las bolsas de la compra de las manos.

La cabeza le daba vueltas y se detuvo en mitad de la calle para mirarlos. El hombre se volvió con las bolsas en la mano y lo miró sorprendido. Luego se volvió Laura. Estaban demasiado lejos para ver la expresión de su cara, así que se acercó hasta que estuvo a un par de metros de ella, separados sólo por la verja. Laura se tapó la boca con la mano, y el hombre dijo algo que él no pudo oír, con un acento que parecía norteamericano. Otra figura apareció, de menor estatura y vestida exactamente del mismo modo que el que había besado a Laura, pero de mucha más edad y con unas gafas de culo de vaso. Miró a Daniel, abrió la puerta y le hizo un gesto con la mano invitándole a entrar. Daniel cruzó el umbral sin poder apartar la mirada de ella.

—Es hora de que nos vayamos, John —dijo el más joven, pasándole el brazo por los hombros al otro—. Laura tiene un invitado.

—¿Un invitado? —preguntó el mayor.

—Eso parece. ¿Podemos saber tu nombre, amigo?

—Daniel —intervino Laura—. No nos hemos visto desde hace mucho tiempo. Te presento a John. Y a Michael.

—Eres el primer compatriota que me encuentro aquí —dijo John, algo aturdido—. Bueno, tenía que ocurrir. ¿Nos vamos a la presentación, o qué?

—Claro. Enseguida. Al festival de cine —añadió Michael a modo de explicación—. Estamos en el negocio... más o menos.

John sacó unas llaves de coche.

—Dejemos a estos jóvenes para que puedan charlar. Tú conduces, que yo voy a beber.

Y se alejaron hacia el garaje. Un Alfa estaba delante de la puerta, brillante e impecable.

—Oye, Laura —dijo Michael—, podéis charlar en la casa si queréis. No hay problema. No pienso contar las velas cuando vuelva.

Ella le miró frunciendo el ceño en un gesto que Daniel reconoció inmediatamente.

—Vamos.

Daniel cargó con las bolsas y se oyó el rugido del motor del Alfa cuando atravesaban el umbral. Le condujo a una espaciosa habitación en la que había un brillante Bechstein junto a la ventana, se sentó en un sillón, apoyó los pies en la mesita baja y lo miró. Daniel se sentó en el taburete del piano frente a ella.

—Pareces mayor —dijo Laura.

—Tú estás igual.

—Eres un adulador. Voy a menos, ¿no crees?

Alzó los brazos y se deshizo la coleta. El pelo le había crecido.

—A mí no me lo parece.

Al otro lado del ventanal había un jardín estilo inglés, con densos arriates en blanco y azul y una pérgola sostenida por columnas sobre las que trepaban rosas rojas.

—¿De dónde los sacas, Laura? Son como Paul y Scacchi.

—Qué tontería. John y Michael son totalmente distintos. Michael es productor de cine y John... le ayuda. Tienen dinero, buen gusto y son honrados. Además están fuera gran parte del año, y yo me quedo aquí sola para cuidarles la casa.

—¿Y eso te gusta? —le pregunté, sin poder evitar una nota réproba en la voz—. Estar sola, quiero decir.

No parecía haberse ofendido, en contra de lo que él esperaba.

—Daniel, siento muchísimo lo que pasó. Me enteré por los periódicos de que te habían metido en la cárcel y me puse furiosa. ¿Por qué no quisiste declarar? Todos nos volvimos un poco locos aquel verano. Bueno, yo un poco no, un mucho, y tú lo sabes bien —hizo una pausa—. No quería volver a verte. No quería que me encontrases. Ojalá no lo hubieras hecho.

—Ya.

—Lo siento. Tengo una vida nueva y no quiero problemas.

—Por supuesto.

—Pues ya está. Eso es todo. Tú tienes tu carrera como escritor. Tienes Ca' Scacchi.

—Yo no la quería, Laura. De hecho, la mitad es tuya. Toda si la quieres.

—¡Ja! ¿Así que para eso has venido? ¿Para sobornarme?

Él se echó a reír y vio que ella hacía esfuerzos por no sonreír.

—En absoluto. He venido para cabrearte. Se me ha ocurrido que a lo mejor no has tenido oportunidad de hacerlo en estos últimos tiempos. Antes disfrutabas mucho con ello.

Laura se echó el pelo hacia atrás.

—No juegues conmigo, por favor. No quiero nada de Scacchi, ni de ti. Esa parte de mi vida se terminó. Déjame en paz.

—De acuerdo. Pero antes tienes que hacer una cosa.

—¿El qué?

—Tocar para mí. Toca el Guarneri. Tú debes tenerlo. El violín y la música. He tenido mucho tiempo para pensar en la cárcel. Toca, por favor.

—¿Es que te has vuelto loco? —espetó—. ¿De qué me estás hablando? Yo no sé tocar. Soy una criada.

—De eso nada —respondió, y sacó del bolsillo un antiguo recorte de periódico que dejó sobre la mesa. Ella no quiso mirarlo. Era una historia con un titular llamativo y la foto de una muchacha. Con el pelo más largo, el parecido entre la adolescente Susanna Gianni y ella era sorprendente pero no innegable. Sin embargo comprendía por qué Scacchi no quería que Massiter se acercara por la casa—. Yo sé quién eres: Susanna Gianni. Aunque para mí siempre seguirás siendo Laura. Pero tu nombre verdadero es Susanna, a quien Hugo Massiter intentó poseer hace doce años y a punto estuvo de matar. Que lleva escondida desde entonces y está decidida a seguir sola porque cree que no hay otro modo de sobrevivir, aunque se equivoca. Puede que incluso lo haga para protegerme a mí. Eres como Scacchi... siempre engañando para proteger a alguien. Por eso me metías a Amy por los ojos. Porque querías salvarla de Massiter. Pero es un error, Laura. Todos necesitamos tener la oportunidad de elegir y de aprender.

—¿Pero de qué demonios estás hablando? ¡Esa chica está muerta!

Recordaba perfectamente el día que lo vio todo claro. Estaba en un café cerca de los Frari, preguntándose dónde estaría el violín y por qué Massiter ansiaría tanto tenerlo.

—No. Es la única respuesta posible. Giulia Morelli lo sospechaba e intentó decírmelo antes de morir.

—No dices más que tonterías.

—Massiter me engañó diciéndome que era el violín lo que andaba buscando, pero no tenía ningún interés en él. Ni siquiera tenía instrumentos musicales de ninguna clase. Lo que le interesaba eran las personas. Siempre había encontrado algo raro en la muerte de Susanna y sabía que no la había matado. Él mismo me lo dijo.

Ella ni siquiera parpadeó. Siguió allí sentada, mirándole cruzada de brazos, como si estuviera loco.

—Por eso le ordenó a Rizzo que fuera al cementerio cuando se abriera el ataúd —continuó—. Él no podía acudir en persona, por supuesto, porque llamaría la atención, pero necesitaba satisfacer su curiosidad, cerciorarse de que Susanna estaba muerta de verdad. No tenía ni idea de que el Guarneri estuviera en el ataúd, ni de que Rizzo lo hubiera robado. Pero en cuanto el violín salió al mercado vio su oportunidad. Sabía que si podía comprarlo y comprobar que era el mismo que había comprado diez años antes, significaría que quizás tú estabas viva y que lo vendías por necesidad. Y a partir de ahí, te encontraría y reclamaría lo que creía que era de su propiedad.

Ella enarcó las cejas.

—Tu próximo libro será de ficción, supongo.

Daniel ignoró la puya.

—Scacchi percibió el peligro de la situación. Sabía que el violín estaba dentro del ataúd probablemente porque él mismo lo metió a instancias tuyas. Se enteró de que el ataúd había sido abierto antes de tiempo con una autorización que Massiter había falsificado. No compró el instrumento para pagarse el tratamiento médico, o para satisfacer la deuda que había contraído con unos mafiosos, como nos quiso hacer creer. Tenía dos intenciones en realidad: protegerte a ti por un lado, como llevaba ya diez años haciendo, y en cierto sentido, devolverte tu identidad. El día del concurso de las anguilas me dijiste que Scacchi iba a compartir su secreto contigo. ¿Qué otra cosa iba a ser más que lo del violín? Te conocía, Laura, y te quería, y no deseaba que siguieras escondiéndote detrás de ese disfraz para siempre.

—No sé de dónde te sacas todas estas chorradas, Daniel. ¿Es que has perdido la cabeza en la cárcel?

—En absoluto. La he encontrado allí. El engaño de Scacchi habría funcionado de no ser por Rizzo. Massiter descubrió su mentira y seguramente le torturó para sacarle toda la verdad antes de matarlo. Fue así como Hugo se enteró de que Scacchi tenía el violín y que no quería venderlo. ¿Por qué haría un hombre como Scacchi algo así? Sólo podía haber una explicación. Dedujo que Susanna vivía y que quería mantener oculta su identidad. Por eso Massiter visitó a Scacchi y a Paul aquella noche: para sacarles la verdad. Y por eso murieron. Para salvarte a ti.

—Estás deshonrando su memoria —espetó—. Todo eso son sólo tristes fantasías. Además, si yo soy esa pobre chica muerta, ¿quién estaba en el ataúd?

Daniel sonrió. Había localizado el único punto flojo de su historia inmediatamente.

—No sé quién era. La semana pasada le pregunté a Piero...

—¿A Piero? —se enfadó—. ¿Por qué has molestado a ese bobalicón con tus locuras?

—Le pregunté qué había pasado y si él tenía por casualidad algo especial que Scacchi le hubiera pedido que guardase. El bueno de Piero se puso como la grana y fingió enfadarse, igual que tú.

—¡A Piero le falta un hervor!

—No. Eso es lo que queréis hacer creer a todo el mundo. Piero es un amigo bueno y leal y lo ha sido siempre. Lo que yo creo que ocurrió, y corrígeme si me equivoco, es que fue él quien te dejó al cuidado de Scacchi la misma noche que Massiter te atacó. Puede que te encontrara él, o que le encontrases tú a él, no lo sé. La cuestión es que Scacchi se enteró de tu historia, y como conocía bien a Massiter, supo sin ningún género de dudas que no dejaría de perseguirte. También creo que...

Hizo una pausa. No quería hacerle daño deliberadamente.

—Esta historia es cada vez más interesante. Anda, sigue.

—Creo que tu madre murió un año después de que ocurriera todo esto.

Ella lo miró con los ojos desmesuradamente abiertos. Incluso puede que un poco asustada.

—¿Qué sabes tú de mi madre?

—Sospecho que pensaba que deberías haber accedido a lo que Massiter te pidiera. Erais pobres y a ella le parecía que así tenías una oportunidad. Tus sentimientos eran una cuestión secundaria. El que Massiter te pegara, que fuera violento y que quisiera hacer de ti una de sus posesiones no significaba nada para ella. Pretendió hacer lo mismo con Amy a través de sus padres. El mismo truco.

—¡Cuentos! ¡Historias para no dormir! Estás intentando reconstruir el pasado como si fuera uno de tus libros. Además, lo de la chica muerta en el ataúd, ¿qué?

—Ah, sí. Piero fue quien proporcionó el cuerpo. Para eso trabajaba en la morgue. He estado revisando los papeles de esa época, y resulta que un pequeño bote con inmigrantes ilegales de Bosnia naufragó en la laguna aquel mismo fin de semana. Murieron dos personas, una adolescente y un muchacho. Scacchi podía manipular a la gente igual que Massiter, así que se las arregló para que el cadáver de una extranjera ocupase tu lugar en el *rio* en vez de ir a parar al crematorio. Luego él la identificaría convenientemente como Susanna Gianni. Yo mismo fui testigo de su influencia.

—¡Ja! ¿Y tú crees que se puede engañar así de fácilmente a la policía?

—Durante mucho tiempo, no. Pero ahí es donde la naturaleza de Massiter jugó en tu favor. Cuando se temió que su ataque pudiera ser descubierto, ejerció toda su influencia para que inculparan al pobre director y que así se cerrara la investigación. No quería que alguien pudiera examinar con demasiado detenimiento el cadáver. Podrían encontrar pruebas físicas que les condujeran a él.

Laura no dijo nada y Daniel sintió que tenía la boca seca. Le había planteado el caso tal y como había planeado que lo haría. Sin embargo, si Laura continuaba negándolo todo, poco podría hacer él.

—No sé si fuiste su amante antes de esa noche, como en el caso de Amy —continuó con cuidado—. Pero estoy seguro de que ocurrió algo aquella noche, aparte del maltrato. Algo tan perverso que te ha empujado a ser otra persona, a disfrazarte, a cambiar de identidad, incluso a pedirle a Scacchi que enterrara tu instrumento con el ataúd.

Ella se había vuelto a mirar el jardín.

—Debes tener en cuenta que Scacchi tenía una segunda intención —continuó—. Compraba el Guarneri no sólo para que Massiter no te encontrara, sino porque esperaba que en algún momento recuperaras al menos parte de tu antigua identidad. Creo...

Daniel no supo si seguir. Laura parecía estarse recluyendo cada vez más en sí misma.

—Amor mío —continuó—, yo también he estado en ese lugar. He bajado por esas escaleras y he respirado el aire de esa habitación bajo tierra. He visto los cuadros y todas sus otras posesiones. He visto esa cama baja del rincón y...

—¡Basta! —gritó Laura, cogiéndose la cabeza entre las manos.

Daniel se levantó, cruzó la habitación y arrodillándose ante ella, acarició sus manos.

—Lo siento. No pretendía torturarte. Sólo quería decirte que también yo he visto lo que hay en la cabeza de Hugo Massiter. Sé lo que es.

Ella le apartó las manos y al mirarla fue como si de repente fuese una persona mayor, alguien que hubiera visto algo que él no.

—Tú no sabes nada —le dijo, y Daniel se sintió culpable por despertar aquel dolor—. No tienes ni la más mínima idea de lo que es sentirse devorada por ese hombre y no ver el modo de escapar.

—Tengo una idea. Lo vi en la cara de Amy.

—Y está libre —se maravilló.

Laura le acarició el pelo y rozó su bigote.

—Quizás. Tan libre como se pueda ser porque yo me pregunto si alguno de nosotros ha conseguido escapar de él por completo. Ya no te poseía y sin embargo te condicionó la vida hasta tal punto que tuviste que convertirte en otra persona y encerrarte en Ca' Scacchi.

—¿Ah, sí? ¿Es eso lo que quieres de mí, Daniel? ¿Una confesión?

Él no contestó. Se sentía ridículo.

—Si todo lo que dices es cierto, Daniel, ¿qué tienes tú que ver?

—Tú sabes bien lo que tiene que ver conmigo.

—No. No pienso permitirlo. Todo eso es el pasado, y un pasado al que no se debe volver. Eres muy listo, Daniel. ¿Por qué no eligió Scacchi a un idiota?

—No podemos negar lo que ocurrió, Laura. No podemos borrarlo.

—Ya. Así que piensas que Piero y yo debemos recordarnos constantemente que una noche se encontró a una adolescente desnuda y medio muerta y le salvó la vida. Y que yo, cada vez que vea a un hombre mayor y frágil, debo recordar a Scacchi sentado en la silla y todas aquellas cosas que decía sobre el violín y Massiter y tú, con Paul muerto y tú dormido en mi cama. ¿Es eso?

Daniel intentó hablar pero no pudo. La cabeza le iba a estallar.

—No me gusta cómo llevas el pelo —dijo ella—. Está demasiado corto. Pincha. ¿Cómo te lo va a poder acariciar una mujer? También tienes que quitarte el bigote. En algunas cosas tienes un gusto horrible.

—Gracias —contestó él, sonriendo.

—¿De dónde has sacado todo esto, Daniel?

Recordaba con tanta claridad el momento como la primera vez que comprendió el verdadero motivo del interés de Massiter por encontrar el Guarneri. Fue en su celda, una noche de tantas en la que era incapaz de quitarse el recuerdo de la cabeza.

—Recordando el día en que Amy y yo nos fuimos en el barco de Hugo. Cuando empezábamos a alejarnos, me volví a mirar hacia el parque. Tú llevabas unos vaqueros, una camiseta roja y esas enormes gafas de sol que te ponías siempre que salías a la calle. No podías dejar de mirar el barco. Entonces pensé que era por mí...

—¡Hombres! Siempre pensando que todo se mueve en torno a ellos.

—Cierto, pero a quien mirabas era a Massiter. Querías verle desde lejos, convencerte de que su presencia seguía siendo tan malévola como tú la recordabas.

—Deseé subirme al barco y arrancarle los ojos. No me gustaba que estuviera cerca de ti, pero tuve miedo. Todavía lo tengo.

—Ibas a ver a tu madre, o eso creía yo.

—Ah —fue todo lo que contestó.

—En la cárcel, cuando estaba aburrido, me dedicaba a imaginar tu vida. Intentaba soñar qué estarías haciendo en un momento determinado. Y lo que habías hecho aquel verano cuando yo no estaba contigo. En esas visitas a Mestre, por ejemplo.

—Lo confieso —contestó ella—. Tenía un amante. Era un camionero de manos ásperas y halitosis. Pura atracción sexual.

—¡Y una mierda! Lo imaginé con todo detalle. No querías tocar en casa para no molestar a Scacchi, así que en Mestre debía haber alguna agrupación musical. Un cuarteto de cuerda, quizás. Pedías prestado un violín barato y tocabas por debajo de tu capacidad, pero tocabas, y eso era lo importante.

—Tu imaginación no me gusta, Daniel Forster. No es natural.

—Lo siento.

—Sigues disculpándote demasiado. Además, sí que tuve un amante una vez. No soy una mojigata.

Daniel acarició su mejilla y su pelo.

—Ahora lo tienes también.

—¡Vamos, Daniel! —exclamó y se volvió hacia la ventana.

—Por favor, toca para mí Laura. He esperado tanto tiempo para oírte tocar...

Ella se inclinó, lo besó en la frente, le pasó la mano por el pelo y salió de la habitación. Diez minutos después, un lapso de tiempo que a él le pareció una eternidad, volvió a aparecer. La bata blanca había dejado lugar a una camisa roja de algodón y unos pantalones color crema. Llevaba un colgante de plata al cuello y el pelo suelto, tal y como lo lucía en la fotografía de los periódicos. En la mano traía el voluminoso Guarneri que él tocó en aquel almacén del Arsenal. Hacía ya toda una vida de eso.

Verla así le dejó sin palabras. Era como si se hubiera transformado en otra persona; como si Susanna Gianni hubiera florecido bajo su piel.

—No siempre voy de uniforme, y tampoco soy una monja. Deja de hacer eso con la boca, que pareces un pez.

—Es que...

—¡Calla! Siéntate y escucha.

Laura se colocó junto al piano, la espalda muy recta, la pose decidida. No había música. Se colocó el violín bajo la barbilla y acercó el arco a las cuerdas. Era la parte más difícil: el final. Daniel cerró los ojos y la escuchó, dejando que el sonido pleno e intenso del Guarneri ocupara hasta el último rincón de su consciencia.

Amy lo había interpretado magníficamente, pero al lado de Laura, era una niña. Con ella la pieza ganaba en intensidad, en madurez, en frescura. Así era como debía tocarse aquel trabajo. Había dominado cada cadencia, cada armonía, hasta que no quedó nada que cambiar porque había alcanzado la perfección absoluta, una maestría etérea, casi sobrenatural.

Cuando terminó, lo miró sonriendo.

—¿Por qué te sorprendes tanto? Aquí puedo practicar, Daniel. No tengo por qué escapar a Mestre cada vez que tengo ganas de coger el violín. ¿Cómo crees que paso los largos meses de soledad cada vez que los dueños de la casa están fuera?

Daniel se levantó y le pidió permiso para coger el Guarneri. Era un instrumento muy curioso, bien hecho y de un tamaño extraordinario. Pero su sonido era... recordaba el día en que lo había tocado en el Arsenal, y un matiz nuevo apareció ante sus ojos: Rizzo temía aquel violín, y él mismo, en cierto modo, también.

—¿He tocado bien? —le preguntó.

—Has estado magnífica.

—¡Gracias! He leído tu libro. ¿De verdad crees que ese inglés pudo escribir una obra tan espléndida?

—Todas las pruebas apuntan a que fue así. ¿Por qué no iba a poder escribirla un inglés?

Laura se echó a reír.

—No seas tan quisquilloso. Es que a mí me da la sensación de que no puede ser. Tengo el presentimiento de que la escribió una mujer.

—¿Quieres decir que la escribieron *para* una mujer?

—No. Que su autor es una mujer. Lo siento cuando lo toco. Tú eres el historiador, así que puedes decirme que estoy equivocada.

—Desde luego sería bastante... inusual, digamos.

Ella se encogió de hombros.

—No lo sé. A veces sueño demasiado. ¿Te pasa a ti también?

—Sólo contigo. Me gustaría oírte tocar en Ca' Scacchi, Laura.

Su expresión se volvió sombría.

—No puedo. Tú sabes bien por qué.

Daniel cogió sus manos.

—Te prometo que no lo sé. Tengo una casa que los dos adoramos y que siempre me parece vacía sin ti. Lo mismo que mi existencia. Creo que lo supe desde el mismo momento en que subí al bote de Piero, pero fui demasiado tonto para darme cuenta.

Laura apoyó la cabeza en su hombro, y Daniel sintió que sus lágrimas le mojaban el cuello.

—Scacchi me dijo una vez que desde que nacemos nos vamos acercando al paraíso —le susurró ella, agarrada a su cintura—. Yo me negué a creerlo por el bien de los dos, pero desde que nos conocimos he tenido siempre la sensación de que había nacido para acercarme a ti. No sé por qué, y me asusta no entender ese sentimiento.

—Entonces estamos iguales...

—No. No puede ser. Tú no conoces a ese hombre. Es el mismo diablo. Ni más ni menos. Vive, espera y un día vendrá a por nosotros. Nos devorará porque cree que nosotros le hemos dado ese derecho.

—Massiter se ha largado, y nadie sabe dónde esta.

—Él nos ve, Daniel. A ti en particular. Con tu dinero, tu libro y tu fama. ¿Es que no te habías parado a pensarlo? Tú eres el que más se ha beneficiado de él.

El plan que tan cuidadosamente había trazado se le desmoronó.

—¿Para qué iba a volver? ¿Para vengarse?

—Podrías haberle matado —dijo, y Daniel creyó percibir una nota acusadora en su voz—. Lo leí en el periódico. ¿Por qué no lo hiciste?

Era una pregunta que él mismo se había hecho en varias ocasiones, y para la que no había conseguido encontrar respuesta.

—Porque, de haberlo hecho, me habría transformado en un ser parecido a él. Me habría metido en su mismo infierno. Y te habría perdido a ti para siempre.

—Ese diablo nos buscará, Daniel. Está en su naturaleza.

—¿Y qué si lo hace? No tiene poder alguno sobre nosotros a menos que nosotros mismos se lo demos. Y si tú y yo nos poseemos enteramente el uno al otro, ¿qué puede quedar para Hugo Massiter? ¿Qué espacio quedará en nuestras vidas para él?

Laura se soltó de sus manos.

—Aun así, vendrá. Algún día vendrá.

—Quizás —admitió—, pero si me marcho sin ti, no me importa lo que me pase.

—¿Y esperas ganarme con esa clase de chantaje, Daniel? ¿Presentándote aquí con ese bigotillo y el pelo a cepillo?

—Eso esperaba.

—¡Bah!

Laura salió del salón y entró en otra habitación, la cocina seguramente. Daniel se acercó a mirar por la ventana. Una formación de patos salvajes cruzaba el cielo con su característica forma de uve en dirección a Sant Erasmo y, si la suerte no estaba de su lado, a las fauces de un perro negro y marinero. Había muchos lugares donde vivir peores que Alberoni. Al fin y al cabo, era la laguna.

La oyó carraspear y se volvió. Laura traía dos copas de un líquido rojo como la sangre. Daniel sonrió y fue a coger la suya, pero ella se lo impidió:

—Espera.

En un rincón de la estancia, un pequeño reloj dio las seis. Cuando terminó, le dio su copa.

—¡Spritz! —anunció, sonriendo—. El momento es importante, Daniel. Me gusta que mis días sean ordenados. Ya deberías saberlo.

—¡Spritz! —contestó él, alzando su copa—. Te confieso que ya lo sabía.

—Bien. ¿Hay algo que yo deba saber de ti?

—Sólo que nunca dejaré de quererte, pase lo que pase. Y que nunca te abandonaré, porque eso sería abandonarme a mí mismo.

Ella ladeó la cabeza, pensativa.

—¿Qué?

—Estaba recordando la última vez que me besaste. Sabías a anguila.

—No. Esa fue la primera vez que te besé. La última fue unas cuantas horas más tarde.

No dijo nada más. Laura miraba la habitación como si estuviera pensando abandonarla. Parecía tranquila por fin. Luego se volvió a él y le abrazó. Temblaba a pesar del calor, y sus cuerpos se unieron como dos piezas de un rompecabezas.

—Tengo miedo.

—¿De qué?

—De nosotros. De cómo me siento cuando estamos juntos. De lo que nos espera.

Daniel no contestó. Dejó vagar la mirada por las marismas y el horizonte vacío y gris. Ante su mirada una figura solitaria caminó despacio por la playa de cantos en la distancia, más allá de las dunas, hasta que quedó oculta por ellas. Siempre habría sombras. Para los dos.

Se abrazaban con fuerza. Sonó el timbre. Laura se estremeció.

Daniel fue a abrir. Era un muchacho de unos nueve años que venía a vender manzanas y peras recién cogidas, y que pareció asustarse un poco al verlos a los dos. Daniel le dio unos cuantos billetes y a cambio el muchacho le entregó unas manzanas y se marchó casi corriendo. Cuando Daniel se giró, encontró a Laura en el recibidor con un pequeño cuchillo de cocina en la mano. Se acercó a ella y tras quitarle la hoja de las manos, le dijo:

—Ven conmigo, Laura, por favor.

—Claro —contestó ella nerviosa, y rápidamente se quitó la cadena de plata, se recogió el pelo y buscó en el bolso las gafas de sol.

—No —le dijo él, y con delicadeza soltó su cabello castaño, que volvió a rozar sus hombros en todo su esplendor.

Salieron a la puerta. Daniel respiró hondo el aire de final del verano y la invitó a salir. De la mano y en silencio fueron paseando por la avenida, dejando atrás restaurantes y pequeños hoteles, hasta llegar a la línea del agua.

La laguna reflejaba el color oro del cielo a aquellas hora. Era una tarde perfecta. Las últimas golondrinas de la temporada pasaron a toda velocidad sobre sus cabezas. Varias familias jugaban en la estrecha banda de arena de la playa y las parejas paseaban cogidas de la mano por el paseo. En la distancia se veía la línea de la ciudad, reverberando en el horizonte.

Laura apoyó la cabeza en su hombro.

—¿Quiénes somos?

—Los bienaventurados —contestó.

Nada, ni siquiera Hugo Massiter, podría separarlos jamás.

Encuentro casual

DEL DIARIO DE Jean-Jacques Rousseau, abril 1743

POR FIN VAN a hacerme justicia. Viajo hacia mi destino como secretario del embajador de Francia en ese pozo de iniquidad que es Venecia. Al trabajo no le encuentro falta alguna; sólo al destino. En mis otros diarios apenas he hablado de la ciudad, aunque pasé allí unos meses hace aproximadamente diez años. Posee muchos lugares de interés y una gran pléyade de artistas. Sin embargo he de decir que excepto un recuerdo, más bien un incidente que a nadie podría olvidársele, no recuerdo nada reseñable de aquel interludio en La Serenissima. Nada excepto el hedor de los canales, algo que ni siquiera un idiota podría olvidar.

A veces los designios de la fortuna tienen su propia forma de compensar sus omisiones. Viajo hacia Venecia desde Ginebra, donde he estado visitando a los pocos parientes que me quedan. Cuestiones de trabajo me impiden tomar el camino directo y he de visitar a los soporíferos burgueses de Zurich durante tres tediosos días. Luego tomo el coche hasta Chur para cruzar las montañas en dirección a Milán por Lugano y Como, un paso tan antiguo que debo ir pisando las huellas de César y sus legiones.

Es un viaje largo y cansado, de modo que me veo obligado por pura necesidad a hacer pausas con relativa frecuencia para no permanecer sentado día y noche en el duro asiento de un frío y astroso coche escuchando las toses y los estornudos de los demás pasajeros. Chur es un lugar tan bueno como cualquier otro para hacer una pausa. Resulta un pueblo curioso, al abrigo de un valle profundo labrado por el Rin. Los nativos, que pertenecen al cantón Grisón y su *Graubünden*, dicen descender de los etruscos y hablan una lengua extraña conocida como rético. Hay unos cuantos edificios interesantes, así como hoteles y restaurantes, y una antigua *kathedrale* con uno de esos altares góticos que te marean si los miras durante demasiado tiempo.

Con algo de dinero en el bolsillo por una vez y el deseo de disfrutar de una comida decente y una cama blanda, tomé habitación en el Drei Könige, un cómodo establecimiento próximo a la parada de los coches de línea. Allí cené maravillosamente cerdo suizo con patatas, lombarda y cerveza antes de pasar al salón de la parte trasera, atraído por la conversación de un pequeño grupo de seis o siete viajeros. Acerqué una silla y me perdí en mis propios pensamientos. La música que interpretaban con mano diestra era sin embargo muy predecible: insípidas tonadas de baile de las que uno se espera oír como entretenimiento en un hotel. Lo que llamó mi atención fueron los intérpretes: una mujer de físico sorprendente que debía rondar los treinta y cinco años, con cabello oscuro y ondulado y un vestido rojo, que tocaba un voluminoso y sonoro violín como si hubiera nacido con él pegado al brazo; un hombre de aspecto furtivo, algo más joven que su esposa, que tocaba el clavecín con una destreza mucho menor que la de su mujer, y un muchacho de cabello oscuro y demasiado serio para los ocho o nueve años que debía tener y que tocaba un violín de menor tamaño al lado de su madre y con gran soltura.

Reconocí a la pareja al instante. Me había encontrado con ellos en Venecia precisamente, y al menos a uno de ellos lo creía muerto en relación con unos oscuros actos delictivos. Verlos ante mí en carne y hueso y con su descendencia resultó una experiencia curiosa y escalofriante, sobre todo cuando después de un rato los dos adultos comenzaron a mirarme fijamente. Tocaron durante otros quince minutos más y después, tras una breve ronda de aplausos, comenzaron a recoger los instrumentos dándome la espalda, de modo que animado por su grosería, decidí seguirles el juego y me acerqué al pequeño escenario para trabar conversación con aquellos "desconocidos".

El hombre miró la mano que yo le tendía como si fuera la de un leproso.

—Le felicito por su pequeña orquesta —le dije con mi mejor sonrisa—. No esperaba encontrar este talento musical en provincias. Deberían presentarse en la civilización para recibir el reconocimiento que se merecen.

El tipo me miró con desprecio. Yo seguía sin recordar las circunstancias de nuestro anterior encuentro, pero sí tenía en la memoria que la mujer ya entonces se dedicaba a la música. Sin embargo recordaba haber oído rumores acerca de su carácter, aunque he de decir que le creía un caballero. Algo pomposo, eso sí.

—La música es siempre música, señor, se toque donde se toque —contestó, y su acento me pareció campesino—. No se necesita de la aprobación de la ciudad para probar su valía.

—Cierto, ¿pero qué valor tiene un diamante enterrado bajo tierra? Ninguno. Sólo cuando el minero lo saca a la luz, cuando el joyero lo talla y la dama lo luce es cuando se transforma en el objeto más hermoso del mundo.

Su mirada pareció congelarse en aquel momento, un síntoma de miedo sin duda, ya que los tres sabíamos que aquello era una pantomima.

La dama guardó aquel enorme violín, tan feo a la vista como delicioso al oído, y dijo con lo que podía ser una sonrisa:

—Somos gente de campo, señor, que nos damos por satisfechos con ganarnos la vida con nuestra música y tener una cama para pasar la noche. La ciudad nos ahogaría con sus tumultos, además de revelar nuestro talento como el humilde esfuerzo que es en realidad.

—De ninguna manera —dije yo, consciente de que el desprecio hacia su música era fingido—. La he estado escuchando con atención y he de decir que toca usted como los ángeles. Además la tonada que han interpretado es muy original, puesto que yo soy persona acostumbrada a hoteles y a las pequeñas orquestas que tocan en ellos, y no la había oído antes.

En aquella ocasión su sonrisa fue sincera. Cojeaba al caminar, lo que he de decir a mi pesar que estropeaba su belleza.

—Gracias, señor. De vez en cuando me entretengo escribiendo algunas composiciones.

—Música para bailar —intervino él—. Nada que pueda tocarse fuera de un hotel.

—Y no todas son mías —añadió ella—. Mi hermano ha entrado al servicio de la corte rusa como médico, y tenemos la fortuna de que de vez en cuando nos envía melodías populares de aquel país.

Sonrió de nuevo, obviamente orgullosa del logro de su hermano, pero el marido interrumpió aquella agradable charla con un amargo comentario:

—Conocemos nuestro oficio, *monsieur*. Somos músicos ambulantes y así nos ganamos el sustento.

¡Cuánta falsa modestia!

—No subestime el espíritu humano, amigo mío —contesté—. Hendel era hijo de un barbero, además de abogado. Si él pudo sobreponerse a ambas cargas, también ustedes podrían salir de las tabernas y alcanzar una audiencia más propicia.

Se miraron el uno al otro y con mi agudeza habitual caí en la cuenta de que aquel tema era una fuente de tensión entre ambos. Habría sido una crueldad por mi parte prolongar aquel momento así que acaricié la cabeza del muchacho y me gané una áspera mirada suya.

—¿Y tú como te llamas, jovencito?

—Antonio —contestó con la desconfianza de un ladronzuelo.

—Bueno, Antonio, déjame decirte algo. Tus padres son buena gente que te educarán del mejor modo posible, pero no olvides que cada uno de nosotros es un individuo independiente y que debe tomar sus propias decisiones. Si tocas tan admirablemente con la edad que tienes, te garantizo que a los veinte tendrás tu lugar en una orquesta.

El muchacho miró a su padre. Había una severidad forzada en aquel grupo que yo no podía comprender.

—Sólo deseo tocar tan bien como mi madre, señor. Y cuando sea mayor, ganarme el derecho de poseer su violín.

—¿Y después?

—Pues... —juro que me miró como si fuera un idiota—, haré lo mismo con mi hijo, y él con el suyo. Hasta que consigamos crear el mejor violinista del mundo que tocará con el violín de mi madre. Así que aunque para entonces ya seamos polvo nada más, un poco de nosotros pasará a la siguiente generación, y eso es casi la inmortalidad según dice mi padre. Lo mejor que un hombre puede conseguir.

Pobre muchacho, pensé. Tan serio y tan viejo para su edad. Era un niño guapo que había heredado los rasgos de su madre, y la belleza siempre ayuda en el camino.

—Y tú enseñarás a tocar a tu hijo, imagino.

—Sí señor. Como mamá me ha enseñado a mí. Todo.

Entonces me decidí a arrojarle una pregunta capciosa:

—¿Y qué le enseñaras de Dios?

Los tres me miraron fijamente y me pregunté si no me habría pasado de la raya. El padre ya tenía las manos manchadas de sangre y ¿qué es una mancha más cuando ya se tiene teñida la piel?

El niño miró a sus padres para que le ayudaran y fue la madre la que contestó:

—Responde al caballero como tú creas que debes hacerlo.

El niño se irguió, respiró hondo y me dijo como recitando un poema aprendido en la escuela:

—Nosotros... yo pienso que Dios es tan grande que no necesita mis alabanzas, y que sabe dónde encontrarme si me necesita.

Volví a acariciarle la cabeza y le di una moneda, que el muchacho guardó enseguida, eso sí, tras mirar a sus padres una vez más.

—He de decirles que esta noche he disfrutado generosamente con ustedes —sonreí—. Voy de camino a Venecia. Si quieren puedo devolverles el favor hablando con los empresarios de la ciudad.

La pareja palideció al instante, el niño los miró asustado y yo me sentí culpable. Lo que había dicho no era digno de mí, y no debería haberlo hecho. Toda historia tiene más de un punto de vista, y yo no tenía derecho a leer el periódico y a dar por sentado que lo que se publicaba en él era una verdad incontestable.

—Nos basta con seguir como estamos —respondió él en tono glacial, y siguieron recogiendo sus cosas con más premura que antes.

Yo me retiré con cierto recelo, debo admitir. La mirada del hombre se volvió implacable tras mi último comentario, hasta tal punto que me hizo temer por mi vida.

Apenas conseguí dormir aquella noche. El chocante encuentro volvía a mi cabeza una y otra vez, trayendo consigo más detalles de la otra ocasión en que nos habíamos encontrado en Venecia. Como ya he dicho, no ocurrió nada en aquella ocasión, pero analizando las cosas desde la distancia pude detectar que la semilla de una tragedia había empezado a germinar bajo el sol del Adriático.

Es curioso que después de toda una década sigan siendo tributarios de aquel engaño. Cuando me levanté a la mañana siguiente, su repentina desaparición había causado conmoción en el hotel. El dueño y su esposa parecían consternados, y no porque hubieran dejado la factura sin pagar, sino porque parecían haberle tomado bastante cariño a aquella extraña y dotada familia, y me miraron con desconfianza cuando mis preguntas les hicieron pensar que yo había podido tener algo que ver con su huida en mitad de la noche. Mentes provincianas... ¿acaso debo sentirme culpable? ¿Acaso el ahorcado debe culpar a la soga?

Se habían marchado y nadie sabía adónde ni le importaba demasiado. El mundo está lleno de gentes insólitas a las que se les puede desear que la fortuna les sonría, sea cual sea la naturaleza de la sombra que les acecha, pero su destino está sólo en sus propias manos, para bien o para mal. Sin embargo aquel no era un trío de vagabundos, como podía apreciarse fácilmente en sus modales o en su falta de despreocupación.

Un fugitivo debe cambiar de nombre cada vez que renueva su existencia. ¡Y con qué falta de imaginación buscan su camuflaje! Tras una noche de descanso recordé por fin al marido. Trabajaba en el negocio de la impresión. Era un artesano de los libros, con los dedos siempre manchados de tinta. ¿Y qué nuevo nombre había adoptado? ¡Precisamente el de uno de sus rivales en el campo de la edición! Una casa de las más antiguas que en su efímera existencia publicó varios tratados en árabe y hebreo que siguen estando en los anaqueles de muchos anticuarios.

Errores de esa naturaleza les hacen un flaco favor a los que huyen. Les deseo buena suerte a la familia *Paganini*. La van a necesitar.